国家社会科学基金项目资助

中南财经政法大学出版基金资助出版

Green Finance
Efficiency and Supervision

———

效率与监管

邓翔　著

绿色金融

人民出版社

目　　录

第二篇　绿色金融评价与效率测度

第三篇 绿色金融监管

第四篇　绿色金融发展专题

导　论

一、研究背景

经济增长带来的资源和环境"副作用"逐渐凸显。冰川消融、海平面上升、极端恶劣天气等气候变化带来的环境风险影响着人类社会的各个方面。二氧化碳过度排放造成的全球变暖成为了全球关注的热点问题,"减碳行动"已经上升到国家战略和外交高度。联合国大会、"G20"、"G8+5"等多国高层会议中,各国元首就缓解气候变化展开了广泛而深入的讨论,各国就降低碳排放问题达成了共识,发展低碳经济已然成为世界经济和社会发展的必然选择。

中国作为一个负责任大国,积极参与应对全球气候变化。在2016年G20峰会上,中国作为轮值主席国,首次引入绿色金融议题,主导成立了绿色金融研究小组。中国经济已由高速增长阶段转向高质量发展阶段,正处在转变发展方式、优化经济结构、转换增长动力的关键期。金融部门掌握社会闲散资金的具体投放,能够引导社会资金向绿色项目与绿色产业配置,促进中国绿色发展。在2020年9月22日第75届联合国代表大会一般性辩论上习近平主席宣布了"二氧化碳排放力争于2030年前达到峰值,努力争取2060年前实现碳中和"的雄心目标。因此,要想实现中国经济平稳向绿色转型,需要进行前所未有的转变,一方面企业的生产和经营模式应由温室气体、化石燃料和自然资源密集型转为资源节约和环境友好型,另一方面,完善绿色金融体系,大力发展绿色金融,引导和激励金融机构增加绿色投资。

尽管中国推行绿色金融政策较晚,但已经取得了举世瞩目的成就。截至2019年末,中国绿色贷款余额达到10.22万亿元,绿色贷款的不良率仅为

0.73%,较 2020 年上半年全国贷款不良率平均水平 2.10% 低 1.37 个百分点。截至 2020 年末,中国本外币绿色贷款余额约为 12 万亿元,存量规模居世界第一;绿色债券存量超过 8000 亿元,位居世界第二。2020 年底,中国可持续投资资金总规模已经超过 1172 亿元,数量达到 124 支,分别较 2019 年底增长 58%、12%。截至 2022 年末,绿色信贷余额为 22 万亿元,绿色债券存量约 1.54 万亿元,中国绿色投资资金规模位居世界前茅。然而,若想实现全面绿色发展,中国仍存在巨大的绿色资金缺口。2017 年,中国绿色金融新增资金需求为 2.186 万亿元,但新增绿色信贷余额仅为 0.94 万亿元,而绿色信贷占绿色金融余额总额度的 90% 以上,年度资金缺口高达 1 万亿元以上。2018 年,中国绿色金融资金总需求为 2.1 万亿元,但总供给为 1.3 万亿元,供需之间存在 0.8 万亿元的资金缺口。2019 年新增绿色金融需求为 2.048 万亿元,但 2019 年新增绿色资金供给只有 1.43 万亿元,2019 年新增绿色资金缺口 0.618 万亿元,绿色金融资金缺口仍然呈现增大趋势①。中国人民银行研究局(2017 年)估计,中国的绿色投资需求将约为每年 4500 亿至 6000 亿美元,而且这一年度需求在短期内将与中国GDP 的增长相一致。国家发改委价格监测中心(2021 年)指出实现碳达峰每年的绿色资金缺口在 2.5 万亿元以上。

2015 年,党的十八届五中全会将绿色发展提升为国家战略。2018 年,中国宪法修正案中明确指出"推动物质文明、政治文明、精神文明、社会文明、生态文明协调发展",绿色低碳发展成为中国改革和发展的新方向,金融监管机构积极配合并大力支持,但为何绿色金融资金仍难以满足市场需求? 究其原因,一方面,对微观经营主体的激励机制尚未完善,绿色金融监管缺失以及绿色金融基础设施不健全,导致绿色金融发展成效欠佳,绿色金融在提供大量资金的同时仍旧无法满足日益增长的市场需求;另一方面,绿色金融政策实施缺乏透明度,金融机构和企业存在一定程度的"漂绿"行为。据统计,大约有三分之二的碳投资基金是为了获得更多的资本回报,而不是为了帮助企业满足碳管制要求。环境规制会导致企业生产成本上升、生产率下降,企业没有强烈意愿主动实现生产方式

---

① 数据来源于《2018 年中国绿色金融发展报告》《2019 年中国绿色金融发展报告》《2020 年中国绿色金融发展报告》。

的绿色转型,并未真正满足绿色金融框架下的环境要求。地方政府官员担心加强环境管制会影响当地经济发展,导致绿色金融缺乏执行金融机构、企业和地方政府等微观基础。

为了实现绿色低碳的生态文明发展目标,中国出台了一系列绿色金融政策,修订了环境保护法律法规,是首个建立了绿色金融体系的国家,但绿色金融政策在实践中并未达到预期效果和实施初衷。主要源于绿色金融的理论研究和实践运作处于高度分散状态,且尚未建立绿色资金统计体系,缺乏具体监管标准和引导体系。金融机构较多关注绿色资金池的大小,未对绿色资金的投资回报进行深入的跟踪分析,对绿色资金效率认知不充分,导致其推行绿色金融政策积极性不高。企业层面等微观主体对短期的经济利益和长期的环境影响存在认知偏差,只注意测度企业的经济投入与产出,忽略了其环境成本和环境收益。随着绿色金融和环保政策趋严,企业将面临惩罚性高利率贷款或者高额环保罚款。

绿色金融政策倡导金融机构通过其资金中介功能来引导资金流向绿色项目和绿色产业,在一定程度上意味着金融范式的变革。绿色发展并不是叫停"棕色企业",而是引导和协助"棕色企业"朝"节能减排降污"的生产型式转化。从世界范围看,绿色金融仍属于新生事物,其运作及发展尚待深入探讨。立足中国国情,应对经济增长的资源环境压力,绿色金融能够也应当发挥重要作用,却因绿色资金监管缺位、统计数据口径不同,导致其绩效评价和风险管理无从谈起。规范的绿色金融资金监管,可以使金融资源通过投资链大规模流向绿色低碳项目。可见,发展绿色金融是中国金融发展战略中亟待解决的现实问题和研究的重大理论问题,若能以先进成熟的中国规则带动国际绿色准则的建立,将对未来中国掌握国际绿色金融领域的话语权具有重要意义。

二、研究对象

本书的研究目的之一是测度绿色金融政策推行后,绿色资金的投入产出效率,而资金的流转贯穿着生产、生活始终(如图 0-1 所示)。

社会闲散资金再分配主要由金融机构和金融市场实现。图 0-1 显示,从行

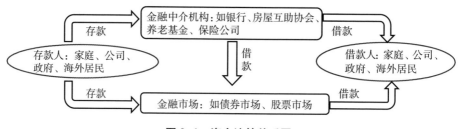

图 0-1 资金流转关系图

业属性来看,银行业金融机构能发挥资源配置功能,促进经济增长方式转变和产业结构优化升级,促进滞后领域和薄弱环节的发展;证券业金融机构能发挥财富功能,改善融资结构,提高资金转化效率;保险业金融机构能发挥保障作用,补偿应对自然灾害和重大风险。全球化背景下,金融机构道德失范将带来巨大的负面效应。世界可持续发展工商理事会将金融行业视为可持续发展的领头羊,金融机构是绿色金融政策的核心履行者。图 0-2 展示了金融机构对环境、社会、经济的影响。

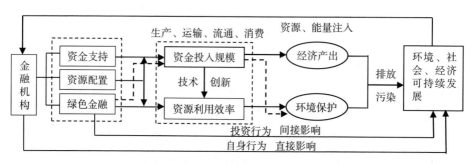

图 0-2 绿色金融与环境和经济的关系

如图 0-2 所示,绿色金融的核心仍是金融。金融机构为企业和家庭提供资金支持,在资源配置中,只要资金从污染性行业逐步退出,更多地投向绿色、环保行业,其他资源将随之优化配置。金融机构的投资行为间接影响了环境和社会经济的可持续发展,其自身的日常经营活动和理念直接影响着环境和社会经济的稳定发展。金融机构的绿色发展程度将直接影响绿色金融的发展程度。本书将建立金融机构绿色评价体系,既是金融机构的"绿色体检表",增强其社会责任感,也是提高绿色资金效率的指引图。此外,还有利于督促金融机构规避因环境污染项目审核失利导致的直接风险和企业受到高昂处罚后无法还贷的间接风险。

企业作为绿色金融政策的主要参与者,其生产经营方式将直接影响环境、社会和经济的可持续性。微观经济学假设企业追求利润最大化,企业在"经济人"理性决策的前提下,更多的将考虑"经济利益"而非"环境利益"。环境效应具有"外部性",一方面,节约资源和环境友好的企业可以为社会带来有益的"正外部性",另一方面,污染环境、浪费资源的企业对环境造成破坏带来"负外部性",但现实问题是,大部分投入品和产出品的市场价格并未充分反映生产和消费这些产品带来的外部性。绿色金融政策的实施可以引导企业提高生产活动中的"正外部性"和降低"负外部性"特征。但是企业的环境风险和环境效益的测度具有非常强的专业性和代际传递特征,现阶段金融机构在执行绿色金融政策时并没有形成有效方法,且对绿色转型和绿色企业的认知存在偏差,认为绿色转型的资金需求大、投资周期长、投资回报不确定,导致绿色金融发展存在争议和隐忧。

对绿色金融资金的实际使用效果进行测度,有助于清晰地掌握绿色金融发展的方向。中国已经开始使用测量、报告、核查(Measurement,Reporting and Verification,MRV)的方式来检查国内许多政策和行动的实施效果,但在绿色资金的筹集和应用上还未引入类似机制,导致绿色金融资金的投入产出无法衡量。对企业绿色投资回报率进行测算,有助于掌握企业绿色产出效率,而企业的绿色产出和绿色投资回报率是金融机构审核投资项目的主要依据,也是金融机构将资本引向绿色项目的原动力。选择企业为研究对象测度绿色资金效率,不但能强化企业社会责任意识,使其更主动地、更多地承担社会责任,也能使绿色金融政策达到事半功倍的效果。因此,本书将在借鉴国内外相关研究成果的基础上,对中国上市企业的绿色资金效率进行测度,进而探讨绿色金融政策实施以来绿色金融资金投放的实际效果。

绿色金融政策的发展对中国现有金融监管制度、监管合作以及国际监管等方面提出了新挑战。本书对金融机构"绿色发展"水平和企业"绿色资金"效率的测度,设计绿色金融监管体系,为促进金融机构和企业绿色发展提供理论依据。

三、研究内容

研究主要从五大模块展开:(1)金融机构的绿色金融研究是本书的起点,在对金融机构功能与环境关系的理论进行梳理后,分析国内外绿色金融研究现状和实践经验,构建适合中国金融机构的绿色评价指标体系,设计绿色资金统计和核算方法;(2)从企业层面评价绿色资金效率,将样本企业分为绿色企业和棕色企业,测算两组企业的绿色资金投入与产出效率,并对比分析绿色金融对两组企业的影响;(3)整合绿色资金的流向、投入与产出,运用 DSGE 模型,刻画绿色金融政策的传导路径,定量测算该政策在不同时间的系统性影响;(4)综合以上测度结果,从金融机构监管和参与主体自我规制两个方面设计绿色金融监管体系。研究内容安排如下:

第一部分,绿色金融总论。详细介绍了绿色金融发展背景,界定了绿色金融的内涵与外延,梳理了绿色金融相关理论,总结了绿色金融发展和实践现状,勾勒出绿色金融市场,为绿色金融政策实施与监管路径理清思路并提供理论依据。该部分为第一章至第四章。

第二部分,绿色金融效率评价体系。中国尚未形成系统的金融机构绿色评价指标体系理论,而金融机构的"绿色化"程度直接影响金融企业自身的社会责任承载力,也将影响绿色项目投融资资金量。本部分梳理了国际上构建绿色金融评价体系的相关经验以及国内各部构建的绿色金融评价体系,构建了金融机构绿色金融发展评价指标体系,分别测度了商业银行绿色信贷资金效率和企业绿色资金效率。该部分为第五章至第七章。

第三部分,中国绿色金融监管体系设计。梳理了国内外绿色金融监管实践,提出从绿色金融监管体系和参与主体自律监管体系两个方面建立绿色金融监管体系,并详细阐述了绿色金融监管实施路径,以促进中国金融机构和企业的绿色发展,提高其内在发展动力,实现可持续发展,推动经济绿色转型。该部分为第八章至第九章。

第四部分,金融机构绿色发展专题。金融机构是社会融资的重要供给方,在社会绿色低碳转型中起着至关重要的作用。本部分详细分析了商业银行绿色金融发展水平和保险公司绿色金融发展水平。最后,基于对中国商业银行和企业的绿色发展现状,构建了包含政府部门、家庭部门和企业部门的动态一般均衡模型,在微观效用最大化的基础上,考察居民的环境意识和政府政策对绿色企业产出及环境的影响,模拟"自上而下"和"自下而上"相结合的绿色金融传导机制,为绿色金融政策的有效推行和可持续发展探寻破局路线。该部分为专题一至专题三。

第一篇　绿色金融

大自然是人类赖以生存和发展的基本条件。蕾切尔·卡森揭露了化学农药对自然环境和人类健康的危害,警示人类应注重自然环境保护,推动了美国的环保运动。工业文明以来,经济发展伴随着无止境的资源索取,环境污染、生物多样性减少等生态系统受损问题愈发凸显,人类与自然环境的矛盾不断加剧。环境保护已经成为国际共识,各国政府高度重视绿色低碳发展和生态文明问题。

2015 年,中共中央、国务院印发的《生态文明体制改革总体方案》首次提出"建立绿色金融体系"总体目标。2016 年,中国人民银行等发布的《关于构建绿色金融体系的指导意见》明确构建绿色金融体系的重点任务和具体措施。中国各级政府不断出台相关政策和配套法律法规,推动绿色金融体系构建和完善,以支持绿色产业发展。绿色金融是指为支持环境改善、应对气候变化和资源节约高效利用的经济活动,即对环保、节能、清洁能源、绿色交通、绿色建筑等领域的项目投融资、项目运营、风险管理等所提供的金融服务。绿色金融引导金融资源向绿色产业和项目倾斜,推动环境友好型企业发展,促进经济发展和环境保护实现"双赢"。中国绿色金融"五大支柱"(即绿色金融标准体系、金融机构监管和信息披露要求、激励约束机制、绿色金融产品和市场体系、绿色金融国际合作)初步形成,"三大功能"(即资源配置、风险管理和市场定价功能)正在显现,在促进经济绿色发展过程中,发挥着不可替代的作用。

中国共产党第二十次全国代表大会上强调"推动绿色发展,促进人与自然和谐共生"。在新发展阶段,中国站在新起点持续奋斗,围绕美丽中国建设和绿色低碳发展实现中国式现代化建设。绿色金融的重要性不言而喻。本篇将追溯绿色金融发展历程,结合相关理论,纵览国际与国内绿色金融发展实践,探索"点绿成金"之路。

第一章　绿色金融起源

第一节　背　景

一、全球气候问题形势严峻

在传统经济增长理论中,自然资源的开发与使用是促进经济增长的重要因素。第二次世界大战以后,世界格局暂时稳定,发达国家迎来了黄金经济增长期,全球经济产值爆炸性增长,技术进步给全世界人民带来福祉。然而,在世界经济高增长背后,自然环境的过度开发,环境污染、资源短缺等一系列问题不断暴露,全球碳排放急剧上升。全球气候的极端变化对世界各国人民的生命财产造成不可挽回的打击,严重阻碍了世界经济的可持续发展,影响人类的前途与命运。

全球气候变暖已经毋庸置疑,联合国发布的《2019年全球气候状况声明》指出,2019年是历史记录以来除2016年以外温度最高的一年,到2019年结束时,全球平均温度比工业化前水平高出1.1℃,仅次于2016年创下的纪录。2023年全球平均温度进一步刷新历史记录,连续的气候变暖给全球生态环境系统带来沉重打击,导致一系列气候极端事件发生。1952年,英国伦敦由于过度燃烧煤炭,造成空气中尘粒浓度与二氧化硫浓度激增,形成酸雾,导致1万多人死亡。1953年至1956年,日本水俣镇一工厂长期排放工业废水,以致海湾中汞含量超标,导致当地居民患水俣病。1986年,位于乌克兰基辅市郊的切尔诺贝利核电站发生核泄漏,造成31人死亡,237人受到严重放射性危害。2017年,历史上首次有3个4级飓风在一年内登陆美国,给墨西哥湾沿岸造成大规模破坏。2018

年 5 月到 2019 年 5 月，美国发生了影响中西部和南部 1400 万人的毁灭性洪水，经历了有记录以来最潮湿的 12 个月。2018 年联合国减少灾害风险办公室发布的数据显示，仅 2018 年全球所有地区共有 6170 万人受到洪水、干旱、风暴和野火等极端天气的影响，造成 10373 人死亡。2019 年 6 月，位于北极地区的格陵兰岛仅在一天时间内就融化了近 20 亿吨冰。2019 年 9 月至 2020 年 1 月中旬，澳大利亚发生森林火灾，受灾面积超过 63000 平方千米，5 亿动物丧生。2020 年 6 月 20 日，西伯利亚东北部的维尔霍扬斯克观测到 38℃的高温天气，打破了北极圈的最高气温纪录。2021 年 6 月以来，北半球多地经历了异常炎热的天气，其中美国和加拿大等太平洋西北部地区最为严重，异常高温导致当地猝死率激增。在全球气候变暖的形势下，2021 年 7 月上旬，整个北极地区海冰范围已经达到历史最低点。气候变化具有乘数效应，使人类的生存环境进一步恶化，也使原本存在于国家或地区间的不平等现象被成倍放大。鉴于此，全球各国需齐心协力解决环境危机，提升对气候变化影响自然环境的认知，改变与自然环境相处的方式。

为应对气候变化，世界各国签订一系列公约，就迫切采取行动减少全球温室气体的排放达成共识。1992 年联合国大会通过《气候变化框架公约》，确定应对气候变化的最终目标是"将大气温室气体浓度稳定在防止气候系统受到危险的人为干扰水平上"，这是世界上第一个为全面控制二氧化碳等温室气体排放，应对全球气候变暖给人类经济和社会带来不利影响的国际公约，也是国际社会在应对全球气候变化问题上进行国际合作的一个基本框架，《公约》对发展中国家与发达国家制定了不同的义务，要求发达国家在 2000 年需将二氧化碳浓度降低到 1990 年的水平，并对发展中国家提供相应的资金援助。1997 年 12 月，联合国气候变化框架公约参加国第三次会议制定了《京都议定书》，对减排温室气体的种类、主要发达国家的减排时间表和额度等作出了具体规定，该规定于 2005 年 2 月 6 日正式生效，这是人类历史上首次以法规的形式限制温室气体排放。2009 年 12 月 7 日，哥本哈根世界气候大会商讨了 2012 年到 2020 年的全球减排协议，提出了将全球平均温升控制在工业革命以前 2℃之内，美国等发达国家需履行到 2020 年的量化减排指标，并承诺在 2010—2012 年间提供 300 亿美元的额外资金。2015 年 12 月 12 日，巴黎气候变化大会通过《巴黎协定》，对目标、减缓、适应、损失损害、资金、技术、能力建设、透明度、全球盘点等作出约定,提出"把全球平均气温升幅控制在工业化前水平以上低于2°C之内,并努力将气温升幅限制在工业化前水平以上1.5°C之内"的具体指标,将世界上所有国家纳入保护生态环境实现人类可持续发展的共同体当中,这是国际社会第一次就应对气候变化而努力达成共识,形成2020年后的全球气候治理格局。2020年9月,习近平总书记向世界庄严宣布"中国将力争2030年前实现碳达峰、2060年前实现碳中和",这将为中国绿色发展和产业绿色转型带来新的挑战和机遇。

气候变化对人类可持续发展将造成不可挽回的损害,世界各国为缓解气候变化做出的绿色技术创新、经济转型与可持续能源发展等方面的努力,急需大量资金和资源投入,也势必导致产业结构与资源配置变化。然而,经济绿色转型时间跨度长、资金需求大,仅靠各国政府的财政投入,无法切实有效实现绿色发展目标,市场资金的引领作用不可忽视。绿色金融的概念于1991年首次提出,1997年《京都议定书》对绿色金融的概念进行了界定,随后引起了广泛关注和快速发展。工业化起步较早的国家,开始逐步完善绿色金融政策、创新绿色金融产品和服务,引导私人投资满足实现经济绿色发展的巨额资金需求。据Buchner等(2017)统计,2015年绿色金融资金流高达4370亿美元,2016年达到3830亿美元。《2016—2020年全球可再生能源投资趋势报告》显示,2010—2019年全球共计向除大型水电之外的可再生能源投资2.7万亿美元,其中2015—2019年分别投入2859亿美元、2416亿美元、2798亿美元、2729亿美元和2822亿美元。据气候债券倡议组织统计,2019年与2020年全球绿色债券发行量分别为2665亿美元与2695亿美元,截至2020年11月末,全球金融市场绿色债券的发行规模已达2911亿美元。然而,不断增长的绿色金融资金投入仍然无法满足全球绿色发展的需要。联合国环境规划署2011年估计,在2010年至2050年间,为实现绿色经济所需的年均额外投资将占全球GDP的2%左右,即每年需1万亿美元至2.6万亿美元。仅针对亚洲而言,亚洲开发银行指出,如果亚洲要保持经济增长、消除贫困和应对气候变化,那么在2016年至2030年间,该地区将需要每年1.7万亿美元的投资。国际能源署(IEA)2016年公布的数据显示,全球需要44万亿美元的新投资用于全球能源供应,其中包括9万亿美元的可再生能源投资,以维持能源需求的增长直到 2040 年。可见,目前全球绿色发展资金缺口巨大。中国也不例外,2019 年中国新增绿色资金缺口高达 6180 亿元①,绿色投融资资金需求超过 4 万亿元,且每年以 1 万亿元左右的资金需求增速持续拓宽。尽管中国的绿色债券发行量已跃居世界第一,能有效缓解部分绿色资金的需求,但中国绿色债券标准与国际绿色债券标准存在一定差异,2019 年中国发行的绿色债券中有 43.9%不符合国际标准。在绿色金融发展的过程中,中国逐步积累经验,尤其是"双碳"目标提出以来,中央政府和相关职能部门出台了一系列绿色金融方案,快速缩小与国际标准间的差距。

二、资源与环境

中国自改革开放以来,经济高速增长,在积累了大量物质财富的同时,给生态环境带来了巨大压力。中国经济发展初期,能源消费结构实施粗放式管理,碳排放总量占全球首位,资源环境代价过大。

根据环境保护部公布的《2009 年中国环境经济核算报告》,中国经济发展引发的环境污染代价持续上升,自 2004 年以来,基于退化成本的环境污染代价从5118.12 亿元提高到 9707.1 亿元,2009 年环境退化成本和生态破坏损失成本近1.4 万亿元,占当年 GDP 的 3.8%。2011 年中国单位 GDP 能耗为 0.799 吨标准煤/万元人民币,是全球平均单位 GDP 能耗的两倍,远高于美国、德国和日本。亚洲开发银行和清华大学在 2013 年的研究报告中也指出,基于疾病成本估算,中国空气污染每年造成的经济损失相当于国内生产总值的 1.2%。2014 年,中国二氧化碳排放量为 97.6 亿吨,占全球排放量的 27%,超过美国和欧盟总排放量(97 亿吨),成为全球二氧化碳排放量最大的国家。美国耶鲁大学和哥伦比亚大学环境专家组于 2018 年公布的全球环境绩效指数排名显示,中国排名第 120位,在空气质量问题方面,中国排在倒数第四。环境保护部 2020 年公布的《2019年中国生态环境状况公报》显示,全国 337 个城市累计发生重度污染 1666 天,能源消耗较 2018 年增长 3.3%,其中煤炭消耗增长 1%,原油消耗增长 6.8%。经济增长的资源环境代价过大已成为当前经济社会发展中的突出问题。

---

① 数据来源于《中国绿色金融发展研究报告》(2020)。

面对粗放式经济增长带来的环境污染,中国政府高度重视环境保护。2012年11月,中国共产党第十八次全国代表大会第一次把生态文明建设纳入中国特色社会主义事业"五位一体"总体布局,提出"推进生态文明,建设美丽中国",并将"中国共产党领导人民建设社会主义生态文明"写入党章,作为行动纲领;2013年11月,中共十八届三中全会提出加快建立系统完整的生态文明制度体系,实施资源有偿使用制度和生态补偿制度;2014年10月,中共十八届四中全会要求用严格的法律制度保护生态环境;2015年5月,中共中央、国务院发布《关于加快推进生态文明建设的意见》,针对生态文明建设进行全面部署,提出"绿色化"概念,明确了建设美丽中国的实践路径;2015年9月,中共中央政治局印发《生态文明体制改革总体方案》,明确提出到2020年,构建由自然资源资产产权制度、国土空间开发保护制度、空间规划体系、资源总量管理和全面节约制度、资源有偿使用和生态补偿制度、环境治理体系、生态治理和生态保护市场体系、生态文明绩效评价考核和责任追究制度等八项制度组成的生态文明制度体系;2015年10月,中共十八届五中全会提出"创新、协调、绿色、开放、共享"的发展理念,将绿色发展作为中国经济社会发展的基本理念,绿色发展正式成为党和国家的执政理念;2017年10月,中国共产党第十九次全国代表大会进一步提出"绿水青山就是金山银山"的理念,要求牢固树立社会主义生态文明观,构建市场导向的绿色技术创新体系,发展绿色金融,壮大节能环保产业、清洁生产产业和清洁能源产业。2019年10月,中共十九届四中全会提出"实行最严格的生态环境保护制度,全面建立资源高效利用制度,严明生态环境保护责任制度"。2020年9月,习近平总书记向世界庄严宣布"中国将力争2030年前实现碳达峰、2060年前实现碳中和"之后,2021年政府工作报告中进一步强调"扎实做好碳达峰、碳中和各项工作,制定2030年前碳排放达峰行动方案"。2021年4月22日,习近平总书记在"领导人气候峰会"上又一次强调"以经济社会发展全面绿色转型为引领,以能源绿色低碳发展为关键,坚持走生态优先、绿色低碳的发展道路"。2021年5月21日,习近平总书记主持召开中央全面深化改革委员会第十九次会议时,强调围绕生态文明建设总体目标,加强同碳达峰、碳中和目标任务衔接,进一步推进生态保护补偿制度建设,发挥生态保护补偿的政策导向作用。2021年12月中央经济工作会议上,习近平总书记再次指出要正确认识和把握碳达峰碳中和，狠抓绿色低碳技术攻关，深入推动能源革命，加快建设能源强国。

三、全面推行绿色发展政策

生态文明、环境保护等字眼不断出现在重要国家战略和重要讲话的正式表述中。与此同时，中国各职能部门逐步制定有助于环境保护的相关政策，积极落实国家战略，践行社会主义生态文明观。至今，中国已经逐步形成环保部门、金融部门、司法部门和生产部门合力推进生态文明保护的工作体系，综合运用行政手段、金融手段和法律手段等多维度保护环境，全方位构建绿色发展体系。

（一）环保部门

在环境保护部成立之初，中国存在多个行政部门并行负责环境保护工作，包括国家发展和改革委员会①、国土资源部②、水利部③、农业部④、国家海洋局⑤、国务院南水北调工程建设委员会办公室⑥。众多部门负责环境保护工作致使职责内容相互交叉，协调难度大，政策执行难度大。2008 年 3 月，第十一届全国人民代表大会批准《国务院机构改革方案》，组建环境保护部，负责中国环境保护制度的建立、具体环保目标的落实、环境监测、突发环境事件处理以及技术发展、宣传教育等工作。为进一步统筹环境保护工作，2018 年中国整合上述机构，设立了中华人民共和国生态环境部，对环境保护工作统一协调开展，为中国绿色发展奠定了行政保障，并出台了一系列环境保护规章制度，逐步完善环境保护行政体系⑦。2020

---

① 国家发展和改革委员会承担应对气候变化和减排职责。
② 国土资源部承担监督防止地下水污染职责。
③ 水利部承担编制水功能区划、排污口设置管理、流域水环境保护职责。
④ 农业部承担监督指导农业面源污染治理职责。
⑤ 国家海洋局承担海洋环境保护职责。
⑥ 国务院南水北调工程建设委员会办公室承担南水北调工程项目区环境保护职责。
⑦ 2006 年，国家环保总局发布《环境保护违法违纪行为处分暂行规定》，主要针对国家行政人员违反环境保护行为的处分进行了具体规定。2007 年，国家环保总局发布《环境监测管理办法》，就统一环境监测进行了规定，该办法的发布弥补了中国环境监测方面的法律法规空缺，为各项环境监测工作的开展提供了法规依据。2010 年，环境保护部修订通过《环境行政处罚办法》，该办法在《中华人民共和国行政处罚法》及有关法律、法规的基本框架下针对环境保护主管部门的行政行为进行了详细规定。2012 年，环境保护部发布《环境监察办法》，就环境保护单位的执法活动进行详细规定。环境保护除了日常环境污染整治与监察之外，应对突发环境事件也是一项重要的内容，在突发环境事件频发与环境风险日益突出的背景下，2015 年，环境保护部公布《突发环境事件应急管理办法》，系统规范了应对突发环境事件的应急管理工作，完善了针对突发环境事件的相关法律法规体系。

年,生态环境部发布《生态环境标准管理办法》,明确各类标准的适用范围,为精确开展环境保护工作提供了支持。除上述针对较为宏观的环境保护工作的法规外,相关行政机关还发布了《废弃危险化学品污染环境防治办法》《电子废物污染环境防治管理办法》《放射性固体废物贮存和处置许可管理办法》《消耗臭氧层物质进出口管理办法》《污染地块土壤环境管理办法(试行)》《农用地土壤环境管理办法(试行)》《工矿用地土壤环境管理办法(试行)》《核动力厂管理体系安全规定》等环境保护规章制度。2021年1月,生态环境部印发了《关于统筹和加强应对气候变化与生态环境保护相关工作的指导意见》,统一谋划、统一布置、统一实施、统一检查气候变化与生态环境保护相关工作,把降碳作为源头治理的"牛鼻子",协同推进适应气候变化与生态保护修复。这意味着"十四五"期间及以后,生态环境保护工作要将污染防治、生态环境保护工作与应对气候变化、碳达峰、碳中和工作协同考虑、协调部署。2021年5月,生态环境部印发了《关于加强高排放、高耗能建设项目生态环境源头防控的指导意见》,引导"两高"项目低碳绿色转型发展。日趋完善的环境保护政策,为开展环境保护工作、实现绿色发展提供了政策指引。

(二)金融部门

金融机构作为经济运行的推进器,发展绿色金融是其承担社会责任的有效方式,并为其实现长期经济利益。胥刚(1995)首次在国内期刊上提出绿色金融概念,认为金融对环境保护和资源配置存在积极导向作用,这种金融与环境保护之间的关系即为绿色金融。1997年发布的《京都议定书》正式提出绿色金融的概念,随后在国际上引起广泛关注并快速发展。中国绿色金融最早发端于商业银行表内自营业务,例如"能效贷款""绿色信贷""赤道银行"等产品。2006年,国务院颁布了《关于保险业改革发展的若干意见》,明确提出发展环境责任保险业务。2007年,环保总局和保监会出台了《关于环境污染责任保险工作的指导意见》,就环境污染责任保险的开展提出详细指导意见。同年,国家环保总局、中国人民银行与银监会共同发布了《关于落实环保政策法规防范信贷风险的意见》,要求银行将企业环保行为作为授信依据,控制对污染企业的信贷规模。2012年银监会发布的《绿色信贷指引》,进一步规范了银行绿色信贷行为,并进行了全面指导。2015年国家发展改革委颁布的《绿色债券发行指引》,明确了绿色债券支持项目、发行要求和相关政策,进一步助推了中国绿色金融的发展。2016 年中国人民银行、财政部、发展改革委、环境保护部、银监会、证监会与保监会等七部委联合出台了《关于构建绿色金融体系的指导意见》,明确制定绿色金融体系的顶层架构,以绿色保险、绿色债券、绿色基金、绿色信贷等业务为导向的绿色金融体系逐步形成。此外,中国在绿色金融发展上不断寻求国际合作,2016 年 G20 峰会中,中国首次将绿色金融纳入 G20 财金议题中,将"绿色低碳发展,改善环境质量"列为主要议题。2021 年 3 月中国人民银行初步确立"三大功能""五大支柱"绿色金融发展政策思路。2021 年 5 月 27 日,中国人民银行印发《银行业金融机构绿色金融评价方案》,优化绿色金融激励约束机制,着力提升银行业金融机构绿色金融绩效。目前中国绿色金融发展已经取得一定成果,绿色金融市场不断完善,绿色金融助力绿色发展将大有可为。

(三)司法部门

环保部门和金融部门所推出的文件多属于行为准则与政策规则,约束力不强,存在一定的实施困境。为解决这一问题,我国司法部门相继推出了针对环境保护的法律法规。2014 年,第十二届全国人民代表大会常务委员会通过了新修订的《中华人民共和国环境保护法》,明确提出"国家采取有利于节约和循环利用资源、保护和改善环境、促进人与自然和谐的经济措施,使经济社会发展与环境保护相协调",为环境保护法律体系的建立奠定了基础。此后,陆续完善了与环境保护相关的各细分领域的法律,例如 2017 年第十二届全国人民代表大会常务委员会通过了修订《中华人民共和国水污染防治法》的决议①;2018 年第十三届全国人民代表大会常务委员会通过了修订《中华人民共和国土壤污染防治法》②《中华人民共和国大气污染防治法》③《中华人民共和国节约能源法》④《中

---

① 《中华人民共和国水污染防治法》对各项水污染防治作出详细规定,明确提出了"国家通过财政转移支付等方式"建立相应的水污染防治补偿机制。
② 《中华人民共和国土壤污染防治法》明确指出"国家采取有利于土壤污染防治的财政、税收、价格、金融等经济政策及措施"。
③ 《中华人民共和国大气污染防治法》对大气污染防治主体、标准等各项事宜作出了详细规定,并明确提出使用经济手段推广大气污染防治技术。
④ 《中华人民共和国节约能源法》针对中国节约能源的总纲领与各类细分领域节约能源工作的开展,作出了详细规定。

华人民共和国循环经济促进法》①《中华人民共和国环境保护税法》②等决议。
2020年,十三届全国人大常委会第十七次会议通过了修订《中华人民共和国固
体废物污染环境防治法》的决议,明确提出"国家采取有利于固体废物污染环境
防治的经济政策和措施"。2021年12月第十三届全国人民代表大会常务委员
会第三十二次会议通过《中华人民共和国湿地保护法》和《中华人民共和国噪声
污染防治法》,突出调节气候、维护生物多样性,以及保护和改善环境等多种生
态功能。这些法律的修订与颁布逐步形成了涵盖污染防范与治理、能源管理与
应用、生态保护与建设等多层次的法律法规体系,使中国环境保护工作开展和坚
决全面推行绿色发展有法可依。

(四)生产部门

实现绿色发展道路最重要的是企业在日常生产经营中做到绿色生产、绿色
经营、发展绿色技术。2015年国务院印发《中国制造2025》,明确提出中国制造
业要坚持绿色发展的基本方针,实现从粗制滥造到绿色制造的转变。2016年工
业和信息化部印发《工业绿色发展规划(2016—2020年)》,对促进中国工业绿
色发展提出具体目标与主要任务,并提出通过发展绿色金融,保障工业绿色发展
的实现。同年,国务院办公厅印发《关于建立统一的绿色产品标准、认证、标识
体系的意见》,提出完善绿色产品的内涵、评价标准等,为中国绿色产品的发展
提供机制保障。2018年国家知识产权局发布了《中国绿色专利统计报告
(2014—2017年)》,披露2014—2017年,中国绿色专利申请量累计达到24.9万
件,年均增速21.5%,2017年国内绿色专利占国内总体6.6%,中国绿色技术创
新活动活跃。2019年七部委联合发布了《绿色产业指导目录(2019年版)》,明
确中国绿色产业范围,并要求各地方和部门出台相应的经济、金融等政策推动绿
色产业的发展。2020年7月,国家发展改革委发布了《关于构建市场导向的绿
色技术创新体系的指导意见》和《关于组织开展绿色产业示范基地建设的通
知》,强调加强节能环保、清洁生产、清洁能源等领域相关技术创新和营业,培育

---

① 《中华人民共和国循环经济促进法》明确提出各部门在日常生产过程中应提高资源利用
率,尽到保护环境的义务。

② 《中华人民共和国环境保护税法》规定了需要交纳环境保护税的各项情形,是中国利用税
收手段推动企业履行环境保护义务的法律依据。

一批绿色产业龙头企业,引领全国绿色产业发展。2021年11月,工业和信息化部印发《"十四五"工业绿色发展规划》,立足新发展阶段,大力推进工业节能降碳,构建工业绿色低碳转型与工业赋能绿色发展相互促进、深度融合的现代化产业格局。在政府的引领下,各地区、各部门围绕大气、水体和土壤污染治理三项重点工作,加大环境保护工作力度,着力解决突出环境问题,绿色发展初见成效。

依据《全国污染源普查条例》的相关规定,环保部带领全国进行了两次全国污染源普查,时间节点分别为2007年12月31日与2017年12月31日,与第一次全国污染源普查结果相比,第二次全国污染源普查结果在各个方面都有明显改善(见图1-1)。

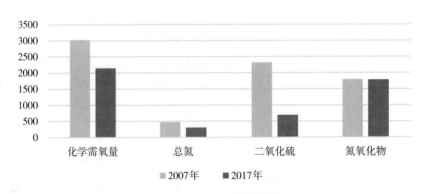

图1-1 中国主要污染源数据

数据来源:基于《第一次全国污染源普查公报》和《第二次全国污染源普查公报》整理。

图1-1显示,与第一次全国污染源普查相比,第二次污染源普查中各种主要污染物排放均有所下降,化学需氧量、总氮、二氧化硫与氮氧化物分别下降了29%、36%、70%、0.69%,环境治理取得一定成效。《2019年中国生态环境状况公报》披露,2018年万元国内生产总值能耗较2017年下降2.6%。《2016—2019年全国生态环境统计公报》显示,中国各类污染物排放都呈现逐年下降的趋势,如废水中氨氮排放量由2016年的56.8万吨下降到2019年的46.3万吨(下降18.5%),废水中总氮排放量由2016年的123.6万吨下降为2019年的117.6万吨(下降4.8%)。《2021年中国生态环境状况公报》披露,2021年国民经济和社会发展计划中生态环境领域8项约束性指标顺利完成,生态环境保护实现"十

四五"良好开局,国内生产总值能耗较 2020 年下降 2.7%,$PM_{2.5}$等六项污染物浓度均下降。

生态文明建设是中华民族永续发展的千年大计,尽管我国环境保护工作顺利开展,但是绿色发展之路仍任重道远。绿色金融为环境治理提供了有利的资金保障,是实现绿色低碳转型的有效经济手段。但对于全球而言,绿色金融体系和相关政策暂不完善,各国的绿色金融发展具有明显的本国特色,没有成熟的案例可以全面复制和借鉴。因此,有必要梳理国内外绿色金融发展历程,为我国绿色金融体系的完善,绿色金融监管体系的建立提供参考依据。

第二节　界　定

绿色金融起源于经济发展过程中带来的环境问题,无论是在发展中国家还是发达国家,经济的增长都不可避免地造成资源的消耗和环境的恶化,为了解决环境问题,绿色金融相关理念逐步形成。

一、相关概念

随着工业化进程的持续推进,环境资源问题日益凸显,成为困扰人类社会可持续发展的重要问题之一。1972 年,《增长的极限》首次提出了可持续发展理念,引发了学者们和社会各界对资源环境问题的广泛反思。《增长的极限》提到资源紧张及环境恶化等长期社会问题正在影响人类社会的未来进程,解决问题的关键取决于各国对这些问题做出反应的速度和效率。1987 年,世界环境与发展委员会在《我们共同的未来》报告中提出可持续发展战略,认为"可持续发展是在满足当代人需要的同时,不损害人类后代满足其自身需要的能力",主张通过产业政策、财政政策、金融政策等手段促进外部性内生化,解决因环境问题导致的市场失灵。金融作为市场化引导资源配置的重要方式,在解决环境外部性问题过程中的作用日益引起关注。环境经济学逐渐演化出环境金融这一分支,成为绿色金融的早期概念。

随着金融在应对环境问题中的功能和影响不断突出,不同绿色发展阶段和实践过程中,对绿色金融概念界定和认知存在明显的差异,出现了一些相关的金融产品与定义(见图 1-2)。"绿色"涉及环境、社会和经济发展的方方面面,绿色金融常与环境金融、可持续金融、碳金融、气候金融等概念混用,但就不同概念的缘起和实践而言,绿色金融与上述概念既相互重叠又存在差异。

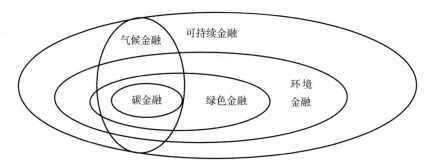

图 1-2 绿色金融及相关概念关系图

(一)气候金融

气候金融主要针对气候变化相关问题提供金融支持,如支持温室气体减排以及适应气候变化相关领域。根据联合国气候变化框架公约(UNFCC)的定义,气候金融是指从公共、私人和其他资金来源支持的地方、国家或跨国融资,目的是支持应对气候变化的减缓和适应行动。联合国环境规划署(UNEP)将气候金融定义为,气候金融与联合国应对气候变化框架公约相联,该投融资活动可减少排放,同时允许各国适应气候变化以及减缓气候变化带来的影响。世界银行集团(WBG)对于气候金融的定义为,向低碳、适应气候变化发展的项目提供投融资。关于气候金融,国际上已形成相对广泛的共识,气候金融(气候投融资)可以理解为应对和减缓气候变化的一切投融资活动,主要包括应对气候变化和减缓气候变化两类投融资活动。

(二)环境金融

环境金融的概念起源于环境经济学范畴,是指针对生态环境(空气、水、土壤等)的金融和投资,并禁止对环境造成损害或潜在损害的项目提供资金或融资。它将环境和金融连接起来,着力解决经济发展所造成的环境问题,以保护环境、改善生态为主要目的。随着环境金融的范围扩大至整个生态圈,出现了"生态金融"的概念,强调不仅要保护环境,还要维护生物多样性,但其本质仍然是借助金融手段实现保护环境和生态平衡的目的。环境金融研究范围主要集中在与环境相关的各类问题,相对于可持续金融关注的问题,其外延更聚焦。

（三）可持续金融

可持续金融自提出后得到不断发展,许多国家、地区和金融部门正制定相关标准,但目前尚未形成全球统一的概念和实施标准。国际货币基金组织(IMF)将其定义为:"可持续金融是将环境、社会和治理(ESG)原则纳入商业决策、投资战略和经济发展。"欧盟委员会认为:"可持续金融一般是指在金融部门做出投资决定时适当考虑环境(E)、社会(S)和治理(G)因素的过程,从而增加对可持续经济活动和项目的长期投资。"更具体地说,环境考虑因素包含减缓和适应气候变化,以及更广泛的环境,如保护生物多样性、减少污染和发展循环经济等内容。社会考虑因素包含不平等、包容性、劳动关系、人力资本和社区的投资以及人权问题的内容。公共和私营机构的治理,包括治理结构、雇员关系和行政薪酬,在确保将社会和环境考虑因素纳入决策过程中发挥着根本性作用。在欧盟的政策背景下,可持续融资被理解为支持经济增长的融资,同时减少对环境的压力,并考虑到社会和治理方面。汇丰银行将可持续金融定义为:"将环境、社会和治理标准纳入商业或投资决策的任何形式的金融服务。"可持续金融也支持联合国可持续发展目标的融资和投资活动,特别是采取行动应对气候变化。由上述定义可见,不同组织对可持续金融的概念界定不同,但是可持续发展这一最终目标基本趋同。

（四）绿色金融

绿色金融缘起于对气候变化和环境问题的关注。在绿色金融理念未提出之前,绿色金融经常与气候金融、环境金融、可持续金融等概念混用。绿色金融是一个先有实践,后有理论体系的领域。而后,绿色金融逐渐成为政策关注的重点,其中部分原因是全球政策议题从低碳发展扩展到绿色增长,相应地其范围也从应对气候变化,扩展到了控制空气和水污染、保护自然资源、生态系统和生物多样性。对于绿色金融的理论内涵、定义范畴以及作用机制,国际上目前尚未形成统一的界定。

Salazar(1998)认为绿色金融是寻求环境保护路径的金融创新,是金融业和环境产业的桥梁。Cowan(1999)认为绿色金融探讨发展绿色经济资金融通问题,是绿色经济和金融学的交叉学科。Labatt 和 White(2002)指出,绿色金融是以市场为研究基础,提高环境质量、转移环境风险的金融工具。尽管学者们对绿色金融的概念提出了不同的看法,但其核心没有偏离环境保护和可持续发展理念。概括而言,绿色金融旨在通过最优金融工具和金融产品组合解决全球环境污染和气候变迁问题,实现经济、社会、环境的可持续发展(Sholtens,2006)。邓翔(2012)认为各国绿色经济发展的阶段不同,对绿色金融的理解和界定存在一定的差异,但其宗旨均为金融机构从金融功能观和社会责任角度为本国的环境、生态、可持续发展解决融资问题,缓解气候变化和环境风险造成的影响和危害。

2016年,G20绿色金融研究小组发布的《G20绿色金融报告》中提出,绿色金融是能产生环境效益以支持可持续发展的投融资活动。这些环境效益包括减少空气、水和土壤污染,降低温室气体排放,提高资源使用效率,减缓和适应气候变化并体现其协调效应等。发展绿色金融要求将环境外部性内部化,并强化金融机构对环境风险的认知,以扩大环境友好型的投资和抑制污染型的投资。《关于构建绿色金融体系的指导意见》中明确指出绿色金融是指支持环境改善、应对气候变化和资源节约高效利用的经济活动,即对环保、节能、清洁能源、绿色交通、绿色建筑等领域的项目投融资、项目运营、风险管理等所提供的金融服务。绿色金融要求金融部门在投融资决策中考虑潜在的环境影响,把与环境条件相关的潜在的回报、风险和成本融合进日常业务中,在金融经营活动中注重对生态环境的保护以及环境污染的治理,通过对社会经济资源的引导,促进社会的可持续发展。绿色金融主要通过绿色信贷、绿色债券等金融产品为环保企业或转型企业提供相应的资金支持,实现绿色产业发展、低碳设备升级和清洁能源利用,同时提高企业的盈利能力,实现经济效益与社会效益的统一。

（五）碳金融

碳金融特指由温室气体排放总量约束与配额交易机制衍生出的碳交易市场,以及碳市场管理相关产品和服务构成的金融体系。中国人民银行研究局与中国金融学会绿色金融专业委员会出版的《绿色金融术语手册(2018年版)》指出,狭义的碳金融是指以碳配额、碳信用等碳排放权为媒介或标的的资金融通活动;广义的碳金融是指服务于旨在减少温室气体排放或者增加碳汇能力的商业活动而产生的金融交易与资金融通活动,包括以碳配额、碳信用为标的的交易行为,以及由此衍生出来的其他资金融通活动。马骏(2016)将碳金融定义为:为减少温室气体排放、减缓和适应气候变化相关的金融交易活动和各种金融制度安排。主要包括：碳排放权及其衍生品的交易，基于温室气体排放的低碳技术和低碳项目开发投融资活动，以及与应对气候变化、减少温室气体排放相关的担保、咨询和其他中介服务等。发达国家和发展中国家在碳金融发展的侧重点上有所不同，发达国家基本上解决了工业化造成的环境污染问题，更希望通过金融活动和相关技术支持解决气候问题。

综合来看，碳金融主要是和碳市场相联系提供的一系列金融服务。气候金融，从广义上讲，应该包括应对和减缓气候变化的一切投融资活动，如新能源可再生能源、提高能效、绿色建筑等。绿色金融的概念除了包括气候金融的活动外，还包括生物多样性保护、污染防治（如水、气、土壤的污染治理与防治）、资源高效利用等经济活动的投融资以及环境社会风险管理。可持续金融，既可以理解为将环境（E）、社会（S）和治理（G）因素纳入商业或投资决策的任何形式的金融服务，又可以理解为支持联合国可持续发展目标（SDGs），帮助经济社会实现可持续发展的金融手段和体系。但随着绿色发展理念逐步深化，绿色金融的外延逐步扩大，广义的绿色金融将环境作为一定的经济活动底层逻辑，其范畴包含了生物多样性、公共卫生、共同富裕等可持续发展理念。

二、相关政策

绿色金融政策是绿色发展的顶层设计，包含市场所有参与主体，而非某个单一金融机构的绿色发展指引或者规范。中国是首个建立绿色金融体系的国家，金融机构在各自绿色发展实践过程中，推出了相关绿色政策（详见表1-1），发展历程大致分为萌芽期、雏形期及推广期三个时期。

表1-1　中国绿色金融政策汇总表

时间	发文单位	文件名称
2007年7月	中国环保总局、中国人民银行、中国银监会	《关于落实环境保护政策法规规范防范信贷风险的意见》
2011年3月	第十一届全国人民代表大会第四次会议	《中华人民共和国国民经济和社会发展第十二个五年规划纲要》
2011年10月	国家发展改革委办公厅	《关于开展碳排放权交易试点工作的通知》

续表

时间	发文单位	文件名称
2011 年 10 月	中华人民共和国国务院①	《国务院关于加强环境保护重点工作的意见》
2012 年 11 月	中国共产党第十八次全国代表大会	《中国共产党第十八次全国代表大会上的报告》
2013 年 12 月	环境保护部、国家发展改革委、中国人民银行、中国银监会	《企业环境信用评价办法(试行)》
2015 年 3 月	国务院	《中共中央国务院关于加快推进生态文明建设的意见》
2015 年 9 月	国务院	《生态文明体制改革总体方案》
2016 年 3 月	第十二届全国人民代表大会第四次会议	《中华人民共和国国民经济和社会发展第十三个五年规划纲要》
2016 年 3 月	国家发展改革委、中宣部、科技部、财政部、环境保护部、住房城乡建设部、商务部、质检总局、旅游局、国管局	《关于促进绿色消费的指导意见》
2016 年 7 月	工业和信息化部	《工业绿色发展规划(2016—2020 年)》
2016 年 8 月	中国人民银行、财政部、国家发展改革委、环境保护部、银监会、证监会、保监会	《关于构建绿色金融体系的指导意见》
2017 年 6 月	环境保护部、证监会	《关于共同开展上市公司环境信息披露工作的合作协议》
2017 年 10 月	中国共产党第十九次全国代表大会	《中国共产党第十九次全国代表大会上的报告》
2017 年 12 月	国家发展改革委	《全国碳排放权交易市场建设方案(发电行业)》
2018 年 4 月	国务院	《关于全面推进金融业综合统计工作的意见》
2018 年 7 月	国家发展改革委	《关于创新和完善促进绿色发展价格机制的意见》
2018 年 9 月	证监会	《上市公司治理准则》
2018 年 11 月	亚洲金融合作协会绿色金融合作委员会	《亚洲金融合作协会绿色金融合作委员会2018—2020 三年工作规划纲要》
2018 年 11 月	工业和信息化部、中国农业银行	《关于推进金融支持县域工业绿色发展工作的通知》

---

① 中华人民共和国国务院,本书正文中简称国务院。

时间	发文单位	文件名称
2018 年 11 月	国家发展改革委、财政部、自然资源部、生态环境部、水利部、农业农村部、人民银行、市场监管总局、林草局	《建立市场化、多元化生态保护补偿机制行动计划》
2019 年 5 月	国家发展改革委、科技部	《关于构建市场导向的绿色技术创新体系的指导意见》
2019 年 11 月	中共中央	《坚持和完善中国特色社会主义制度推进国家治理体系和治理能力现代化若干重大问题的决定》
2020 年 5 月	国家发展改革委、工业和信息化部	《营造更好发展环境支持民营节能环保企业健康发展的实施意见》
2021 年 9 月	中共中央、国务院	《关于完整准确全面贯彻新发展理念做好碳达峰碳中和工作的意见》
2020 年 11 月	中共中央	《国民经济和社会发展第十四个五年规划和二〇三五年远景目标的建议》
2020 年 7 月	国家发展改革委	《关于组织开展绿色产业示范基地建设的通知》
2021 年 2 月	国务院	《关于加快建立健全绿色低碳循环发展经济体系的指导意见》
2021 年 6 月	中国人民银行	《银行业金融机构绿色金融评价方案》
2021 年 7 月	中国人民银行	《金融机构环境信息披露披露指南》
2021 年 7 月	中国人民银行	《环境权益融资工具》
2021 年 10 月	国家发展改革委、工业和信息化部、生态环境部、市场监督总局、国家能源局	《关于严格能效约束推动重点领域节能减碳的若干意见》
2021 年 10 月	国务院	《2030 年前碳达峰行动方案》
2021 年 11 月	生态环境部	《企业环境信息依法披露管理办法》
2022 年 1 月	工信部、国家发展和改革委员会、生态环境部	《关于促进钢铁工业高质量发展的指导意见》
2022 年 1 月	国家发展改革委、国家能源局	《关于完善能源绿色低碳转型体制机制和政策措施的意见》
2022 年 2 月	国家发展改革委、工业和信息化部、财政部、人力资源社会保障部、自然资源部、生态环境部、交通运输部、商务部、中国人民银行、税务总局、中国银保监会、国家能源局	《促进工业经济平稳增长的若干政策》

时间	发文单位	文件名称
2022 年 3 月	上海证券交易所	《上海证券交易所"十四五"期间碳达峰碳中和行动方案》
2022 年 5 月	财政部	《财政支持做好碳达峰碳中和工作的意见》
2022 年 6 月	中国银保监会	《银行业保险业绿色金融指引》

雏形期(2007—2011 年):中国较早地意识到了环境问题,且各金融机构开始进行绿色金融实践,但是针对绿色金融整体协调发展的纲领性政策制定,滞后于各个金融机构的绿色金融实践。2007 年 7 月,为遏制高耗能高污染产业的盲目扩张,环保总局、人民银行、银监会三部门联合提出《关于落实环境保护政策法规规范防范信贷风险的意见》,规定商业银行要将企业环保情况作为审批贷款的必备条件之一。2011 年 3 月出台《中华人民共和国国民经济和社会发展第十二个五年规划纲要》,提出要深化资源性产品改革并进行环保收费改革。2011 年 10 月国家发展改革委决定在北京市、天津市、上海市、重庆市、湖北省、广东省及深圳市开展碳排放权交易试点。这一阶段,除了绿色信贷政策之外,绿色保险、绿色证券、碳市场交易逐步走向正规化,绿色金融市场初具雏形,开始寻求绿色金融市场的协调发展。

发展期(2012—2015 年):2012 年,中国共产党第十八次全国代表大会提出了经济建设、政治建设、文化建设、社会建设、生态文明建设五位一体的总体布局,将生态文明建设上升为国家战略,绿色金融自此被纳入了经济建设战略目标,国家开始统筹协调各部门绿色金融的发展,为建立系统的绿色金融体系做准备。2013 年,为贯彻和落实《国务院关于加强环境保护重点工作的意见》等政策,环境保护部、国家发展改革委、中国人民银行与银监会等四部门联合出台《企业环境信用评价办法(试行)》,要求有关环保部门对企业环境信用进行评价并将结果通报给相关金融机构,金融机构需优先对环境评级高的企业进行拨款。2015 年 3 月,国务院出台《中共中央国务院关于加快推进生态文明建设的意见》要求完善经济政策引导各主体进行生态文明建设,并提出除绿色信贷之外的税收优惠和巨灾保险制度。同年 9 月,国务院出台《生态文明体制改革总体方案》,提出"健全环境治理和生态保护市场体系"和"建立绿色金融体系"。这一阶段,绿色金融政策进一步完善,绿色金融发展力度加大。

成熟期(2016年至今):2016年"十三五"①规划纲要提出了"建立绿色金融体系,发展绿色信贷、绿色债券,设立绿色发展基金",标志着绿色金融体系建设上升为国家战略,进入绿色金融体系构建阶段。2016年8月,中国人民银行等七部门联合出台《关于构建绿色金融体系的指导意见》,对绿色金融该如何发展进行了阐述,为协调发展绿色金融做出了相应的顶层设计规范②,标志着中国成为全球首个建立了比较完整绿色金融政策体系的经济体。2017年10月,"十九大"报告中提出"构建市场导向的绿色技术创新体系,发展绿色金融"。在这一阶段,中国除了全面构建绿色金融政策体系之外,还积极加强国际间绿色金融合作。2016年,中国首次将绿色金融纳入G20议题,并牵头成立G20绿色金融研究小组,就"如何推动各国根据自身特点发展绿色金融,提高全球金融机构的绿色化程度和资本市场向绿色产业配置资源的能力"进行研究。2017年,德国在担任G20主席国时,继续将绿色金融议题纳入G20峰会,并发布《2017年G20绿色金融综合报告》。2018年,阿根廷担任主席国后,在G20峰会中延续绿色金融议题,并将"绿色金融研究小组"扩展为"可持续金融研究小组",但核心议题仍是绿色金融。2018年3月,中国金融学会绿色金融专业委员会与伦敦金融城绿色金融倡议共同发布《"一带一路"绿色投资原则》,推动"一带一路"投资的绿色化。

2021年6月中国人民银行发布《银行业金融机构绿色金融评价方案》,对金融机构开展绿色金融评价,评价指标包括定量和定性两类,定量指标权重为80%,定性指标权重为20%。其中,定量指标主要包括绿色金融业务总额占比、绿色金融业务总额份额占比、绿色金融业务总额同比增速、绿色金融业务风险总额占比等4项内容。随着"双碳"目标的提出,2021年10月国务院发布《2030年前碳达峰行动方案》,要求完善绿色金融评价机制,建立健全绿色金融标准体系。大力发展绿色贷款、绿色股权、绿色债券、绿色保险、绿色基金等金融工具,

---

① 中华人民共和国国民经济和社会发展第十三个五年规划,简称"十三五"规划。

② 因《关于构建绿色金融体系的指导意见》的出台,2016年也被称为绿色金融元年。

设立碳减排支持工具,引导金融机构为绿色低碳项目提供长期限、低成本资金,鼓励开发性政策性金融机构按照市场化法治化原则为碳达峰行动提供长期稳定的融资支持。2022 年 6 月 1 日,中国银保监会印发《银行业保险业绿色金融指引》,从战略高度、人员管理、资产组合调整、投融资流程管理、内控管理和信息披露角度对银行保险机构提出进一步要求。

在绿色金融政策的顶层设计引导下,中国绿色金融市场迅速发展。2022 年中央本级预算支出中大量资金投向节能减排,其中,节能环保支出预算为125.43 亿元,其中污染减排预算为 19.21 亿元,能源节约利用预算为 24.59 亿元。随着绿色财政支出的局限性日趋明显,投入绿色发展的社会融资资金急速增长,绿色社会融资规模占社会融资总规模的比例快速增长,见图 1-3。

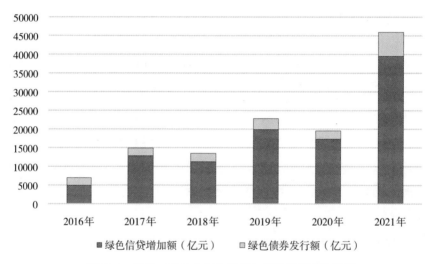

图 1-3 2016—2021 年绿色信贷与绿色债券融资规模

图 1-3 显示,中国绿色金融工具仍以绿色信贷为主,截至 2021 年末绿色金融资金激增,其中绿色信贷融资规模超出绿色债券融资规模的 6 倍,绿色信贷余额达到 15.9 万亿元,绿色债券发行规模为 6463.49 亿元。

三、主要产品

随着环保意识、节约意识、生态意识提升,金融机构竞相布局绿色金融赛道,不断创新绿色金融产品和服务。金融机构推出了绿色信贷、绿色债券、绿色基金和绿色保险等主要产品,积极参与绿色投资。

（一）绿色信贷产品

绿色信贷产品是最早推出的绿色金融产品。早期绿色信贷产品旨在抑制能源消耗和污染行业的无序发展,引导金融资源转向节能环保产业。近年来,绿色贷款规模持续增加,绿色信贷产品和服务覆盖面更广,可被划分成两大类:一类是零售类产品,指向自然人客户发放的,以绿色消费或经营为用途的贷款,主要满足居民在绿色生活方面的融资需求,信贷资金被用来鼓励家庭的低碳消费等。另一类是公司类产品,是为节能环保等绿色产业的企业客户所开发的信贷产品,用来支持企业在低碳领域的生产经营。

1. 零售类产品

绿色房产类贷款通过提供利率优惠的方式激励绿色住宅购买,进而推动城市绿色低碳发展。该类贷款可按照房地产类别分为绿色住房按揭贷款和绿色商业用房按揭贷款,其贷款利率低于一般地产类贷款利率。

绿色信用卡是典型的绿色消费类贷款产品,其基本功能包含了绿色理念,以鼓励客户绿色消费。2010 年,兴业银行与北环交所联合推出了中国首张绿色信用卡。绿色信用卡产品主要有三种:第一种是直接让利,即银行为持卡人购买绿色产品和服务提供优惠的利率,如英国巴克莱银行的呼吸卡;第二种是挂钩让利,即银行按照客户用信用卡购买绿色节能产品的金额捐赠一定比例利润给绿色产业、基金会等;第三种是客户让利,即银行鼓励客户将该卡的绿色积分捐赠给投资于温室气体减排的组织、兑换绿色商品等;或者鼓励客户建立个人碳账户,购买碳排放量满足个人碳排放需求,消除碳足迹,从而达到环保目的。

2. 公司类产品

能效项目贷款是指银行对节能服务等能源效率提高类项目发放贷款,主要包括合同能源管理贷款和损失分担融资。合同能源管理贷款指银行向节能服务公司贷款,用于该公司支付项目所需的成本投入,并以未来收益作为抵押。损失分担融资指银行对符合准入条件的节能服务商、设备制造商、公用业单位等提供项目资款、用于支付节能项目建设。随着绿色建筑增加,银行推出了绿色建筑贷款,主要包括为建造绿色建筑发放的房地产开发贷款,或以绿色建筑为抵押的贷款。

银行推出了以碳排放或者排污权作为抵押的贷款类产品,如碳排放权抵押融资和排污权抵押贷款。碳排放权抵押融资包括碳资产质押融资、碳保理等新型碳金融信贷产品。排污权抵押贷款是指银行向企业发放贷款,以其拥有的排污权作为抵押,或向其发放贷款用于购买排污权,以企业利润归还的贷款。

现阶段,中国绿色信贷统计暂未将个人零售类产品纳入其中,仍以公司类产品为主,主要涉及绿色农林业开发、节约资源循环利用、垃圾处理及污染防治、节能节水、绿色建筑交通等①等 13 种类型。随着中国绿色消费增加,应将零售类绿色信贷产品纳入绿色信贷统计范围。

(二)绿色债券产品

绿色债券是政府部门、实体企业、金融机构等发行主体向投资主体发行的,承诺到期按照约定利率和条件还本付息的债权债务凭证。绿色债券区别于普通债券最突出的特征,是其募集资金直接或间接投资符合规定条件的绿色项目。目前不同国家、国际组织对绿色债券的认定口径尚未统一,因此,绿色债券产品既可以根据发行主体进行分类,也可以根据筹资用途或者期限进行分类。

2008 年,世界银行发行了全球首单绿色债券支持项目发展以减缓和适应气候变化。自此,绿色债券市场重要参与者扩展至政府和企业。2012 年,法国发行首单募集资金 3.5 亿欧元的绿色市政债券。2013 年后,企业、与城市建设管理相关的组织或机构将次主权绿色债券的发行提升至重要战略地位,法国电力企业和瑞典地产企业开始发行绿色债券。2014 年,丰田汽车在美国发行了首单汽车业绿色资产支持债券(ABS)。2014 年 6 月,为促进新兴国家可再生能源、低碳交通发展,南非发行了首单绿色城市债券。2022 年 10 月,沙特公共投资基金(PIF)作为主权财富基金,开创性地发行全球首单绿色债券,通过吸引全球各国投资者关注,将募集资金主要用于 NEOM 新城建设,积极塑造绿色可持续发展形象。

中国绿色债券产品创新层出不穷,债券品种、发行期限和规模逐年增加,发行主体日渐丰富。2015 年 1 月,兴业银行发行募集资金用于环保节能项目的专项金融债。同年 7 月,新疆金风科技于香港发行首支绿色企业债券,并将资金投

---

① 绿色金融工作小组:《构建中国绿色金融》2015 年第 4 期。

资于再生能源项目。2016年1月,兴业银行与浦发银行获准共同发行不超500亿人民币的绿色金融债,成为国内绿色债券发行正式启动的标志性事件。《2022年全球可持续债务市场报告》中指出,中国绿色债券发行总额达854亿美元,位居世界第一。

中国绿色债券产品中,资产支持证券存续支数最多,金融债存量余额最大,整体分布由集中转为分散。2019年前,绿色债券发行以金融债为主,随着发行政策逐渐覆盖其他发行主体,其发行品种呈多样化。企业债、公司债等占比均不同程度上升。绿色债券产品期限主要集中在1—5年间,5年以上产品占比明显提升。

（三）绿色基金产品

绿色基金指面向不特定公众或特定投资对象的金融投资产品,其特殊之处在于投资标的为绿色产业,旨在治理污染和保护环境。绿色基金资产规模快速增长,投资回报与社会效益逐步得到认可,进入持续高速发展阶段。

随着中国绿色金融政策的逐步完善,绿色基金产品数量和规模逐步增加。绿色基金产品可根据价值取向分为政策或功能型绿色基金、社会责任型及公益型绿色基金、市场化盈利型绿色基金。政策或功能型绿色基金是指以实现政策意图或达到特定功能为目标的绿色基金,如绿色国家发展基金、绿色引导基金、绿色城市发展基金、环境或气候保护基金等。社会责任型及公益型绿色基金主要由非营利性组织、社会民间机构、企业或个人发起成立,是以履行绿色社会责任和实施公益为目的的绿色基金,如中国绿化基金会、菜鸟绿色联盟公益基金、绿色回收公益基金等。由于绿色公共产品具有明显的外部性特征、社会效益明显、投入产出不对等,私人部门不愿意直接投资,只能由政府进行投资或支持。绿色公益事业属于企业或个人履行社会责任的体现,绿色公益事业通常以捐助、低成本或无偿支持等方式给予绿色项目资金支持。市场化盈利型绿色基金是指以盈利目的,采用市场化方式进行投资的绿色基金。

绿色基金产品也可根据资金投向分为资本市场绿色基金、信用市场绿色基金、绿色权益及衍生品市场基金,以及投向非盈利领域的绿色基金。随着交易市场和交易平台的发展,各种绿色权益类及其衍生品的绿色基金产品逐步进入绿色金融市场,如碳基金、排污权基金、气候及环境基金、绿色衍生品基金、投资于绿色衍生品的对冲基金等,其中碳基金规模最大。

(四)绿色保险产品

2012年,联合国环境规划署金融行动机构推出《保险业促进可持续发展原则》,鼓励运用保险风险防范与管理的功能以支持绿色经济发展①。因此,早期的绿色保险等同于环境污染责任保险。随着绿色保险产品的创新,绿色保险产品逐渐覆盖了环境资源保护、社会治理、绿色产业运行、绿色消费等方面,即保险机构在负债端提供绿色保险产品和服务,在资产端对绿色产业投资。

绿色保险缘起于环境污染责任险,于20世纪70年代在美国推出,即生产企业通过投保将未来污染事故发生导致损失的不确定性转嫁给保险公司。1990年,德国政府通过《环境责任法案》,要求10个主要行业的96个分支(包括火电、矿业和石油)进行强制保险。欧盟通过立法坚持"谁污染谁付费"原则并颁布《欧盟环境责任指令》,促进了绿色保险服务快速发展。环境污染责任险产品分为强制环境污染责任保险和自愿与强制相结合的环境责任险等两类产品。2013年,《关于开展环境污染强制责任保险试点工作的指导意见》发布后,国内将环境污染强制责任保险试点落实到各省级城市。2020年10月,深圳市出台全国首部绿色金融法规,要求涉及高环境风险的企业必须投保环境污染强制责任险。

绿色建筑保险通过运用市场机制形成绿色建筑预期价值,推动建筑的"绿色化"从设计环节平稳过渡至运行环节。通过对企业建筑开发项目的事前、事中、事后进行阶段性风险保障。当前国际主流产品以绿色建筑财产保险和绿色建筑职业责任保险为主。

随着绿色保险产品不断创新,2014年8月,国务院《关于加快发展现代保险服务业的若干意见》首次提出天气指数保险等概念。天气指数保险指保险公司为投保人投保后遭受的天气异常带来的经济损失提供赔偿。2016年《关于落实发展新理念加快农业现代化实现全面小康目标的若干意见》才落实天气指数保险试点工作。气象指数保险因其风险可量化、交易成本低等优势,已被应用于种植业、畜牧业等多个领域。2017年6月,安信农险推出国内首个台风相关保险,

---

① 胡鹏:《论我国绿色保险法律制度的完善》,《税务与经济》2018年第4期。

并成功出具对台风可能造成的农作物、财产等损失作风险保障的首张保单,填补了我国保险行业在台风险领域的空白。2019 年 4 月,广州针对蔬菜种植印发《广州市政策性蔬菜种植气象指数保险实施方案(试行)》。

《京都议定书》开创性地将碳排放权作为可交易商品,主要承保碳交易过程中的融资风险、信用风险、交付风险、价格风险等。目前国际碳保险服务主要分为交付风险和其他风险。交付风险相关产品和服务包括碳减排交易担保、碳排放信用担保、CDM 支付风险保险、碳损失保险、碳信用保险等。例如,两家企业约定进行碳排放量交易,但最终卖方由于各种原因无法实现约定的减排量目标,就可以通过碳交易信用保险来弥补权利人损失。2016 年 11 月 8 日,湖北碳排放权交易中心与平安保险合作,开创中国首个"碳保险"业务。

此外,可再生能源项目保险也是绿色保险产品创新的产物,即转嫁在风电、光伏等可再生能源等开发和运营过程中的风险,包括光伏项目保险、风电保险等。2013 年,中国推出风力发电指数保险产品。2014 年,协鑫新能源为光伏电站运营损失投保国内首单险种。2016 年,多个光伏保险项目取得进展,汉能与中国人寿财险就"光伏+保险"扶贫新模式展开写作,山东航禹与中路保险签订国内首份光伏扶贫项目综合运营保险。2021 年 1 月,友太安保险经纪有限公司就质量和责任风险介绍了光伏市场装备、新材料相关保险。

第二章　绿色金融理论与实务

第一节　相关理论

一、外部性理论

1980年，马歇尔提出了"外部经济"概念。外部经济，指个体行为对社会、环境或者其他部门造成了正向影响，且无法得到补偿。庇古将外部因素对企业的影响拓展到企业活动对外部主体的影响——"外部不经济"。外部不经济是指个体行为对社会、环境或者其他部门造成了负向影响，但无须承担相应的义务或付出代价。庇古指出经济活动对环境的不利影响是一种负外部性，可以通过补贴和征税等激励或惩罚措施实现外部效应的内部化。科斯则认为可以通过市场交易手段解决外部性问题，即通过市场交易和自愿协商实现资源的最优配置和利用，也可以通过制度安排等途径实现资源高效配置。

根据外部性理论，各市场参与主体间相互影响，最优状态企业生产的产品价格能够充分反映生产和消费这些产品带来的外部性。外部性包括外部经济和外部不经济，然而企业追求利润最大化时，将有悖于社会福利最大化，导致外部不经济。例如煤的开采和燃烧导致环境"负经济性"，但是相关经济主体却没有付出相应的代价，使煤炭的消费远高于社会福利最大化的需求量，恶性循环对环境造成更不利的影响。如果企业在自身发展过程中注重环境保护，坚持绿色采购、绿色生产和绿色运营等正外部性经济活动，将不会破坏生态环境。因此，要通过金融手段激励企业开展更多的正外部性经济活动，限制负外部性经济活动的发生。绿色金融是解决外部不经济的重要途径，通过引导银行业等金融机构调整资金成本,促进企业提高社会责任意识和对环境问题的重视,鼓励其绿色发展。

环境作为一种公共产品,具有显著的外部性特征,需要借助相关工具实现外部性的内部化。绿色金融要求银行业金融机构实施差异化信贷利率,向环境友好型企业或项目提供较低信贷利率,对环境污染企业或项目则收取相对较高的信贷利率。此外,证券业、保险业等其他金融机构均向环境友好型企业或项目倾斜。在绿色金融推行过程中,环境友好型企业得到全面支持,逐渐做大做强;而环境污染企业在资金融通方面受限,对其破坏环境的行为负责并承担相应的成本,以至于绿色低碳转型。可见,绿色金融是增加企业环境正外部性内部化的实践。

二、可持续发展理论

随着各国对环境保护问题的重视和深入研究,可持续发展理论逐步完善。1980 年,国际自然资源保护联合会、联合国环境规划署和世界自然基金会联合发布《世界自然保护大纲》,系统阐述了可持续发展理论。1987 年,联合国世界环境与发展会议第一次明确定义了可持续发展,即"要满足当代人的生活需求,并且不损害后代人满足自身需求的发展"。继 1992 年联合国发展大会提出可持续发展纲领①,中国发布了"中国环境与发展的十大对策",指出要实行可持续发展战略,防止工业污染和加强城市环境综合治理。1994 年,国务院发布《中国 21世纪议程》,结合中国实际情况,从经济、社会与人口以及资源和环境保护三方面制定了可持续发展战略构想(如图 2-1 所示)。相较于联合国可持续发展纲领,中国可持续发展理论有了更丰富的含义,即"既要满足当代人需求,又不损害后代人满足其需求的能力;既要满足一个地区或国家的需求,又不损害其他地区或国家满足其需求的能力",包含了当代人与子孙后代的关系,以及地区间人民的关系。

---

① 可持续发展纲领呼吁全世界将生态环境发展和经济发展协调统一起来,标志着可持续发展将成为人类共同的行动纲领。

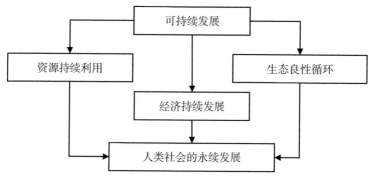

图 2-1　可持续发展理论

可持续发展理论包括公平性发展原则、整体性发展原则和可持续发展原则等三大原则。公平性发展原则强调资源分配在代内和代际的公正性,注重个人、自然和社会的协调统一;整体性发展原则从经济、环境与社会方面出发,以满足人类发展整体的利益诉求;可持续发展原则强调从自然环境保护、资源回收利用和生态补偿系统方面都要保证生态发展的可持续性。随着生态环境问题的显露,党的二十大报告指出"坚持可持续发展,坚持节约优先、保护优先、自然恢复为主的方针","推动绿色发展,促进人与自然和谐共生"。党和国家在持续推进环境保护和生态文明建设的过程中不断深化可持续发展理论,以指导国家生态保护工作的开展。绿色发展理念延续了可持续发展理论,以绿色低碳循环为主要原则,以生态文明建设为基本抓手,最终实现经济、环境和社会协调发展。良好的环境条件对经济和社会发展发挥着积极保障作用,将影响经济发展质量。

金融本身具有引导社会资本流动和配置社会资源的功能。绿色金融是推动绿色发展的关键力量,绿色金融政策和工具能够发挥"引流"功能,引导社会资本投向绿色发展领域,帮助实现经济结构绿色转型,挖掘新的经济增长点,协调好社会、经济和环境等三方面因素,实现绿色发展乃至可持续发展。

三、金融功能观

1968 年,Raymond 在《金融机构与发展》一书中提出"金融工具和金融机构的变化引起金融结构的变化"的观点,"金融机构观"在很长一段时间主导着人们对金融发展的认识。金融机构观认为金融组织机构都被看作既定的，即金融机构只能根据现有框架赋予的功能来发挥作用，并通过行为结构来判断功能的优劣。然而伴随着金融工具不断创新，金融工具不仅由传统金融机构所持有，各类金融机构也不断融合，不同类型金融机构间的界限愈发模糊。特别是1999年美国《金融服务现代化法案》颁布后，金融混业成为新潮流，整个金融体系也进入混合经营的时代，传统金融中介逐渐萎缩，金融市场和新金融中介逐渐占据更多市场。此时传统的金融机构观已经完全不能解释这种变化。

由于金融功能的演变，金融组织结构随之改变。Merton和Bodie于1993年率先提出了"金融功能观"，指出计算机通讯技术进步和金融体系变化等综合原因，使得金融交易成本降低、交易量增长，代替了部分金融中介职能。金融功能观主要基于两个假设：其一，随着时间的推移和地域的变迁，金融功能比金融机构更加稳定；其二，金融功能比金融机构的组织结构更重要。金融机构的创新和竞争将促使金融体系提高效率，使得金融功能更加完善。从金融功能观角度，经济社会首先要确定金融体系应该具备哪些经济功能，然后建立最合适的金融机构和金融组织。金融功能观认为任何金融体系的主要功能都是在不同地区间实现不同经济的资源配置和时间配置。金融体系的功能主要分为金融支付和清算功能、聚集和分配资源的功能、管理风险功能、转移资源功能、提供信息功能和解决激励问题的功能等六大功能。除上述金融体系的主要功能外，政策金融是调节经济发展的另一功能，可被细分为政策导向功能、逆向性选择功能、倡导与诱导功能、直接扶持和强力推进功能、辅助性和补充性功能、扩张性和虹吸性功能、服务功能和协调功能等基本功能。

绿色金融在六大主要金融功能观的基础上，也衍生出了"生态功能"。绿色金融通过引导金融机构和市场加大对环境友好企业或项目的资金投入的资金投入，创新绿色金融工具和产品拓宽企业的外源融资渠道，填补绿色转型资金融资缺口。此外，绿色金融降低环境污染企业或项目的资金可得性，促使环境污染企业进行绿色转型，并倒逼高污染企业退出市场，促使污染企业实现绿色发展和产业结构绿色升级与转型，降低对环境的不良影响。绿色金融使得环境外部性内部化，其带来的"生态功能"对于企业减少环境污染，加速绿色低碳转型大有裨益,有力助推人与自然和谐共生中国式现代化的实现。

四、社会责任理论

Carroll(1991)将企业定义为社会对经济组织在经济上的、法律上的、伦理上的和自行裁量的期望,具有经济性和社会性双重性质。关于企业如何履行社会责任形成了两种主要的观点,包括"股东价值论"和"利益相关者论"。"股东价值论"认为公司管理者是股东的代理人,公司的经营目标是股东利润最大化,确保资金来源供给者可以得到应有的投资回报。Friedman(1970)指出企业所需承担的社会责任有且仅有一种,即在法律法规许可范围内,利用自有资源开展增加利润的活动。"利益相关者论"指出公司的利益相关者包括其股东、债权人、员工、客户、政府部门、行业协会等相关监管机构、市场竞争者、社会公众以及自然环境等与企业经营相关联的各主体(如图 2-2 所示)。"利益相关者论"认为企业不仅要实现股东利益最大化,还需实现其他利益相关者的利益。

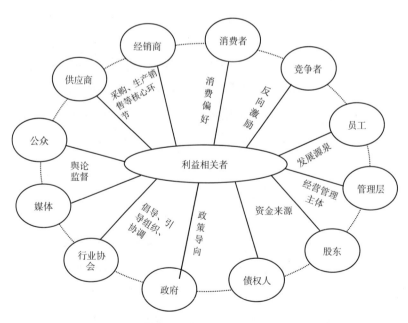

图 2-2　企业利益相关者

2010年,国际标准化组织(ISO)发布了一套自愿性标准ISO26000社会责任指南,是企业社会责任(CSR)发展的重要里程碑。ISO26000将CSR推广到任何形式组织的社会责任(SR),明确了社会责任的原则、核心主题(公司治理、人权、劳工、环境、公平运营实践、消费者问题以及对社会发展作贡献等七个方面)和目标,将社会责任融入组织战略和日常活动,并指出问责原则、道德行为、透明原则、尊重利益相关方利益、尊重法律、尊重国际行为准则原则和尊重人权原则等七项原则。绿色金融可以通过金融资源配置,促进企业实现环境保护的社会责任,鼓励企业减少环境污染。

作为企业的重要组成部分,银行业、保险业和证券业等金融机构贯彻落实绿色金融可以提高自身的声誉,维系顾客和员工的忠诚度。通过金融资源支持环境友好型企业发展壮大,有利于减少对环境的负面影响,促进中国经济结构绿色转型,也能践行银行业、保险业和证券业等金融机构对环境的责任。

此外,金融机构与企业之间存在严重的环境信息不对称,影响资金在企业间的分配。绿色金融要求金融机构加大对企业环境信息的关注,将资金从环境污染企业撤出,投向环境友好企业。随着绿色金融政策的发布和不断深化,政府率先向市场传递出经济绿色转型和发展的信号,引导银行业等金融机构增强对环境信息的关注,缓解了银行业金融机构与企业之间的环境信息不对称性。在政策引导下,企业开始逐步关注环境信息,增强自身的环境意识,绿色债券、绿色基金等更多市场资金投向绿色领域,逐步影响到金融系统的各个层面。环境友好的绿色企业或项目的资金可得性增加,环境污染的企业或项目的资金可得性降低,从而达到推动企业绿色转型和经济可持续发展的目的。

在绿色信贷政策下,向银行业金融机构和市场传递绿色发展和优质绿色客户的信号,是影响企业资金可得性和成本等方面的重要因素,影响企业发展。企业进行绿色创新,不仅可以向银行业金融机构和市场传递绿色发展的决心和信号,提高银行业金融机构和市场对该企业的环境表现评价,还可以增强该企业在未来绿色发展中的竞争力。此外,企业ESG评级能向银行业金融机构和市场传递绿色信号,ESG评级较高的企业向银行业金融机构和市场传递出更强的环境友好信号,意味着企业能够有效利用能源,降低能耗,减少环境负外部性。

五、环境经济学

环境经济包含两重含义:一方面是指与自然环境要素密切联系的一系列经济活动的总和,即"环境与经济",包括其涉及不同利益团体之间的相互作用以及由此引起的政策问题;另一方面是指对环境这一自然要素进行货币化计量和价值核算的活动的总和,即"环境的经济",主要研究"人类"对"自然"的价值评价。环境经济问题的实质是生态经济问题,主要分为环境污染治理和自然资源管理。它既受经济规律的制约,也受自然规律的制约。在处理环境经济问题上,必须处理经济与生态之间的矛盾。

林毅夫等(2021)指出新结构环境经济学是以马克思主义为指导,以新结构经济学①一个中心三个基本点②的视角,用新古典的研究方法研究一个经济体的环境结构及其变迁的决定因素和影响。他指出环境体系是人类行为和自然环境的复合系统,可以分为自然资源体系、"环境污染"体系和环境规制或治理体系等。环境体系是经济体系的一部分,有自身的结构安排和变迁过程,与整个经济体系的其他体系相互影响。环境体系一方面向其他体系提供矿产、能源等自然资源,即提供经济服务功能;另一方面向其他体系提供空气和吸收二氧化碳等污染物,即提供生态系统服务功能。在图2-3中,实线表示环境部门的资源进入市场进行配置,虚线表示由于外部性和公共物品的属性,环境部门未进入产品和要素市场的资源配置,换句话说是产品和要素市场未对环境部门提供的资源支付价格的部分。

绿色金融的贯彻落实,能够很好地处理经济发展和生态保护之间的矛盾,引导更多资金流向环境友好型企业或项目,通过向环境友好型企业或项目提供优惠利率,在一定程度上降低环境友好型企业或项目的融资成本,提高环境不友好型企业或项目的融资成本,从而对环境不友好型企业破坏环境的行为收费,使其为自身的生态污染表现付出代价,倒逼其治理环境污染活动。

---

① 新结构经济学是在给定要素禀赋约束下求解最优生产结构,是新古典经济学的进阶。
② 以要素禀赋结构作为分析的起点、中心,强调结构的内生性和扭曲的内生性以及在各个内生结构(及内生扭曲结构)上经济运行的内生性这三个基本点。

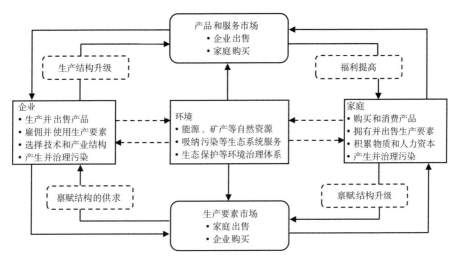

图 2-3　经济—环境循环流量图

第二节　绿色金融市场

一、供给方

绿色金融是支持全球经济实现绿色发展的重要手段。从自然资源的稀缺性、生态产品价值分析,在绿色金融发展初期,政府部门是主导力量,引导金融机构推行绿色金融政策和创新绿色金融产品。中国政府和相关监管部门在绿色金融市场中,承担了政策制定和监管的角色,尤其在绿色金融市场建设初期为绿色金融发展在政策体系完善、基础设施建设、考核评价标准等方面做了充分准备。金融机构在当前绿色金融发展中承担了政策落实和效果评估的角色,为兼顾经济绩效和环境效益创新出多样化的绿色金融产品及服务。

（一）政府部门

中国作为全球最早建立绿色金融体系的国家,政府部门在绿色金融发展中发挥了主导作用。2016 年,中国人民银行等七部门联合印发《关于构建绿色金融体系的指导意见》确立了绿色金融制度框架,明确了政府部门与市场的功能。

绿色低碳转型过程中,政府部门对绿色金融整体发展战略进行全面规划,通过制定相关政策法规完善绿色金融制度体系和优化顶层设计，对不同类型项目的目标确定、方式选择、评估风险标准等行动方向进行统一。健全的绿色金融法律法规为绿色金融市场各项工作顺利进行，规范市场运行提供了保障。相关部门对政策法规的宏观设计和引导，一方面，拓展宏观审慎评估范围，包括宏观审慎监管和微观审慎监管，考核绿色信贷，实施绿色风险指引及风险分担机制，将传统行业的环境管制政策落实到位，并展开绿色环保宣传。另一方面，完善绿色金融法律制度，完善绿色金融市场，建立具有政府功能的新型绿色金融机构，如政策性绿色投资银行和绿色产业引导基金①。2018 年 7 月，中国人民银行发布有关评估办法，正式启动对中国金融机构的绿色信贷绩效评估工作。2021 年 7 月，《银行业金融机构绿色金融评价方案》颁布实施，将绿色信贷、绿色债券等绿色金融业务正式纳入评估业务中，并将评估结果应用于央行信用评级等政策及审慎管理手段中。2021 年 8 月，中国人民银行颁布《金融机构环境信息披露指南》和《环境权益融资工具》两个绿色金融行业标准，规范了绿色金融相关业务实施。

此外，政府部门可以通过税收或补贴等激励措施引导市场参与者绿色转型。市场"无形之手"、产品竞争与环境税收具有协同作用，在可替代性较强的情况下，提高环境税收将促进企业采用绿色创新技术，也可以对绿色创新产品和技术进行补贴，激励企业进行绿色技术创新。在市场机制和企业竞争的双重影响下，将严格的环境税费和绿色技术创新的产品市场补贴政策结合起来，可以最大限度激励企业绿色技术创新。

（二）金融机构

金融机构是绿色金融市场长期良好运行的保障，也是绿色金融产品和服务的供给方。金融机构因其具有集散和配置资金的功能，发挥了资源配置、协调经济和社会福利的重要作用。金融机构作为特殊的企业，推行绿色金融政策是社会责任承担的体现，包含了银行、保险公司、投资机构等多元化主体，为需求方持续提供绿色资金。同时，金融机构在促进企业承担社会责任中，也扮演着重要角

---

①　李建涛、梅德文：《绿色金融市场体系：理论依据、现状和要素扩展》，《金融论坛》2021 年第 6 期。

色。例如金融机构可以通过绿色投融资促进企业绿色发展和技术创新,也可以通过贷款利率调整影响资金流向"倒逼"污染企业绿色转型。因此,金融机构必须充分认识金融服务于节能环保领域的重要性和必要性,在实现经济利益和满足社会责任之间找到合理的平衡点,促进经济高质量发展。

金融的强外部性与金融伦理对金融机构的生存和发展具有重要影响,这就决定其必须承担更多的社会责任。金融机构对外影响大,对其利益相关者的影响突出,从金融伦理的角度来讲金融机构需对其外部性行为负责。《关于构建绿色金融体系的指导意见》鼓励金融机构为绿色经济提供更多服务,促进绿色金融市场的迅速发展,即加大对现有金融机构绿色资本的投入,提高其投入总量与比重,建立更加专业的绿色金融组织和绿色金融市场。绿色金融主要是指金融部门以绿色经济和可持续发展为导向,以信贷、证券、基金、保险以及其他金融衍生工具为手段,以促进节能减排和经济资源环境协调发展为目标开展的金融活动。

银行在绿色金融市场中发挥着关键作用,通过绿色产品和服务创新为企业和居民部门提供绿色资金,是最主要的资金供给方。截止 2022 年末,中国本外币绿色信贷规模已达到 22.03 万亿元,位居世界首位。许多银行在绿色信贷业务基础上,推行了绿色权益担保业务,并制定了绿色信贷的专项补贴政策。部分银行积极推出与碳排放权、排污权、用能权、水权、碳汇、节能环保项目特许经营权、绿色工程项目收益权、可再生能源补贴等抵质押贷款,以及环境权益回购、保理、托管等金融产品。一些银行推出绿色信用卡,引导居民绿色消费,促进其生活方式向绿色低碳转变。

证券市场是绿色金融市场的重要组成部分,为企业绿色发展提供直接融资。2015 年《生态文明体制改革总体方案》提出"研究银行和企业发行绿色债券,鼓励对绿色信贷资产实行证券化。"业务范围涵盖可持续发展挂钩贷款、可持续发展挂钩债券、转型债券、蓝色债券、社会债券、绿色供应链金融产品、绿色 ABS、绿色基础设施 REITS 等。截至 2022 年末,中国绿色债券存量约 1.54 万亿元,位列世界第二。除大力发展绿色债券以外,中国证券市场还推出多种指数类产品。2017 年,兴业银行与中央国债登记结算有限责任公司合作发布中债-兴业绿色债券指数,这是中国首支绿色债券指数型理财产品。目前绿色股票指数主要分为三类,第一类是针对企业社会责任、环境等方面的综合评价的可持续发展指数,如中证 ECPI ESG 可持续发展 40 指数。第二类是针对宏观的环保产业指数,环保产业指数主要以股权指数为主,涉及内容与气候变化、节能减排、清洁能源等相关,欧美国家此类产品发展较为成熟,如 WilderHill 清洁能源指数(ECO)、美国清洁科技指数(CTIUS)等。2012 年,上海证券交易所和中证指数有限公司发布了上证环保产业指数和中证环保产业指数等。第三类是针对特定领域的绿色环境指数,如碳指数。中国的绿色指数、绿色基金、绿色信托尚有较大的发展空间。

保险机构是社会经济、生产和生活"精巧的稳定器",在风险管理方面发挥了重要作用。保险机构从资产端和负债端促进了绿色金融市场发展。资产端,保险资金具有长期性、灵活性和稳定性等特征,与绿色项目的长期性特征相一致,能为绿色低碳转型提供长期且稳定的资金来源。负债端,保险机构创新绿色保险产品和服务,面向清洁能源及节能环保的电力基础设施、新能源汽车、绿色建筑、绿色基建等领域的公司和项目,提供责任保险、保证保险等细分的财产保险产品及相关服务。保险机构推出的绿色保险包括了环境损害风险保障类、绿色资源风险保障类、绿色产业风险保障类、绿色金融信用风险保障类、巨灾或天气风险保障类、鼓励实施环境友好行为类、促进资源节约高效利用类。

二、需求方

企业作为绿色金融的资金需求方和使用方,是绿色技术创新、生产效率提升的主体,也直接受到绿色金融政策的影响。企业的生产行为影响着绿色金融工具的环境效应。Sheldon(1924)首次提出企业社会责任(Corporate Social Responsibility,简称 CSR)概念,认为"企业不能以获取利润为唯一目的,还应满足包括员工、消费者、债权人、环境乃至整个社会的利益"。企业仅以自身利润最大化为目标,容易忽略生产和销售环节对环境造成的危害。随着对社会责任认识深入,企业社会责任被赋予了更深刻的含义,Elkington(1974)指出"企业行为要考虑利益相关方与社会的期望,控制业务活动对社会和环境可能产生的不良影响,满足经济底线、社会底线与环境底线,追求经济、社会和环境价值的基本平衡"。

要求企业在对股东负责,追求最大利益目标的同时,还要承担基本的经济责任、社会责任和环境责任。

绿色金融的目的是解决外部不经济问题,通过改善金融体系,激励正外部性经济活动,增强企业的社会责任意识,并更加关注环境问题。受绿色金融政策影响最大的绿色企业和污染企业,也是现阶段绿色金融市场主要的资金需求方。

绿色企业作为绿色经济增长和环境保护的行为主体,其产品污染较小或污染轻微,也应当积极承担社会责任,进一步优化生态环境。在绿色金融系统中,对绿色企业的生产与运营进行监管具有内在动力。绿色企业间接融资时,金融机构在提供绿色资金前,会对其盈利能力、经营状况等进行调查,以确保信贷资金安全。绿色企业直接融资时,金融机构对其信息披露有严格的标准和要求,监督绿色资金的使用。随着绿色金融市场的发展,绿色企业融资方式趋于多元化,例如申请绿色信贷、发行绿色债券、申请绿色补贴等。

绿色金融政策的严格执行,增加了污染企业外源融资约束。此外,"双碳"目标下,国家环保政策更加严格,污染企业融资渠道变窄的同时,还可能面临罚款或者关停等惩罚,使其流动性风险和偿债压力增加,影响生产经营和投融资行为。然而,污染企业在中国产业结构中占有举足轻重的地位,在绿色企业的产能未能全面替代污染企业时,促使污染企业绿色低碳转型是维持经济稳定的有效手段。因此,实现"双碳"目标进程中,污染企业绿色低碳转型的资金需求不容忽视。长期而言,污染企业的绿色技术创新能够减少污染排放,提升企业生产效率,提高产品质量,降低生产成本,从而在市场中取得更好的竞争优势。污染企业可在绿色金融政策的引导下,充分利用从供给端获取的绿色金融资金,按产业分工和侧重点,推动企业进行绿色技术创新。在获得绿色融资之后,污染企业可以通过增加绿色技术的研发投入,来提升技术创新水平,积极攻关关键性绿色技术,充分发挥自主创新在推动工业企业转型中的重要作用。

居民部门这一绿色金融需求方经常被忽略。居民部门是绿色发展的支持者,更是受益者。居民部门根据自身效用的大小,来选择所消费或投资的产品是市场一切商品和服务的重要"选票",能够对企业生产、金融机构的服务产生直接或间接的影响。随着绿色发展理念的深入贯彻,居民部门的环保意识提高,其对绿色信用卡、绿色住房贷款、新能源汽车贷款等绿色金融产品需求增加。居民部门可以从生活和消费方式的转变,自下而上的参与到绿色金融市场的发展中,也可以对政府部门、金融机构、企业的行为进行外部监督。

三、绿色金融体系

绿色金融主要是指金融部门以绿色经济和可持续发展为导向,以信贷、证券、基金、保险以及其他金融衍生工具为手段,以促进节能减排和经济资源环境协调发展为目标开展的金融活动。绿色金融具有以下功能:

一是绿色金融具有资源绿色配置的功能。绿色金融的决策在实现经济效益最大化的同时,实现环境效益最大化。因此,绿色金融能够实现资源最优配置。金融机构可以利用金融政策和资金引导功能,选择环境友好型企业和项目提供资金,对产业升级调整和经济绿色转型发挥引导、控制和淘汰作用。例如,金融机构可以加强对重污染企业的信贷约束,通过减少对其信贷支持,抑制高污染企业过度扩张,避免环境污染问题严重化。鼓励银行发展绿色金融、低碳金融,对生态产业、循环产业、绿色产业以及新能源企业,优先给予信贷支持,利用金融引导作用,促进经济结构优化调整,实现经济和环境协调发展。

二是绿色金融具有环境风险控制的功能。规避风险是金融机构的基本行为,绿色金融可以减少和缓解环境保护与经济发展之间的矛盾,金融机构可以充分利用自身具备的专业知识和专业人才团队,识别、评估、预测和管理环境风险,实现企业、金融机构乃至整个经济社会环境风险最低,推动经济可持续发展。

三是绿色金融对企业和社会环境与经济行为的引导功能。金融机构通过发展绿色金融,创新绿色信用卡等产品和服务,能够引导消费者培养环保理念,做到绿色消费,推动消费者实现绿色低碳生活。除此之外,金融机构通过对不同环境影响的企业设置不同信贷准入条件和信用等级,增加环境表现不良企业的信贷约束,引导企业改变其生产方式,推动产业绿色升级。

发展绿色金融的作用主要包括促进金融业发展、经济增长和环境改善等三个方面(见图 2-4)。

图 2-4 绿色金融的作用及功能

　　绿色金融强调金融机构将环境保护作为基本行动准则,在投融资决策过程中要考虑环境影响带来的潜在风险,把与环境条件相关的潜在成本和收益融入日常业务中,在金融经营活动中注重对环境污染的治理和生态环境的保护,通过对社会经济资源的引导,促进社会的可持续发展。其核心是通过金融业务的运作推动社会可持续发展。在经济增长方面,传统的经济高速增长往往忽视环境成本而导致环境问题的产生。通过绿色金融手段加强环境污染治理和环境资源保护,引导各个地区社会资源的可持续利用,对区域经济的绿色转型升级和社会可持续发展具有重要的功能和作用。

　　绿色金融的发展依靠着政策驱动、市场驱动、创新驱动和行为驱动,其参与主体包含政府、金融机构、企业和居民等部门,主体间的制约与促进关系影响着绿色金融体系的稳定,其相互作用如图 2-5 所示。

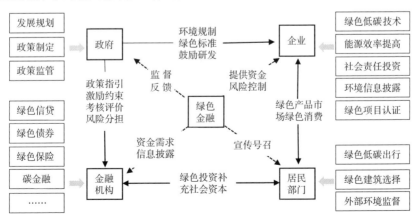

图 2-5 绿色金融参与方

　　绿色金融的宗旨是解决外部不经济的问题,通过改善金融体系,激励正外部性经济活动,提高企业的社会责任意识和对环境问题的重视。绿色金融能够为金融机构提供一个推动社会实现绿色发展的平台,本质上仍是金融,依托的是金融机构的基本作用,金融机构通过改变其资源配置方式,增加对环保项目的资源配置,限制对污染项目的资源配置来推动绿色产业的发展,不仅能够减少企业生产对环境造成的不良影响,而且对气候风险引致的金融风险起到防护作用。金融机构通过提供绿色金融产品和服务,实现自身及其所支持的企业的盈利和环境责任的共赢。例如银行拒绝向重污染企业贷款,政府对污染项目收取排污费,并对绿色企业进行财政补贴,从而鼓励企业做出环境友好型决策。这种解决外部不经济的方法既有政府的参与,也有金融机构和一般的企业甚至公众参与进来,共同助力产业升级和转型,降低经济发展对环境造成的危害。

　　金融机构承担着资源配置、经济调节和风险管理等诸多功能,其资源配置行为会对企业、生态环境和社会可持续发展造成影响。金融机构和企业应承担社会责任,在其日常运营中做到绿色环保,积极推动绿色金融发展。金融机构和企业发展绿色金融是市场需要。金融机构通过资源绿色配置能够向社会经济生产传递绿色理念,政府、企业与居民等部门的消费意识与投资意识受到金融机制的影响,如绿色金融在消费领域的创新能够推动居民在消费时选择更环保的商品,而对企业的影响主要体现在融资方面,银行进行绿色贷款会要求企业在生产过程减少对环境的污染,从而推动企业实现绿色生产。为维护绿色金融市场的有序运行,金融机构应根据绿色产业标准和特征提供合适的绿色金融工具,解决绿色项目建设和资金供给的期限错配问题,同时开展金融资产的环境压力测试,防范金融风险。针对投资到企业的资金,金融机构起到外部监管和效益评价的作用,及时披露金融机构业务的环境信息。针对消费者,金融机构创新推出绿色信用卡、绿色碳普惠等创新型产品,鼓励消费者开展绿色投资,并提供绿色低碳消费贷款业务。

　　从外部环境看,绿色低碳转型成为全球新一轮产业技术竞争的焦点之一,欧美国家有关碳关税等绿色贸易准入规则日益严苛。中国绿色低碳转型任务艰巨,政府应将其在绿色金融监管、绿色金融基础设施建设等方面的主体责任落实到各类市场,并引导金融机构、企业的行为。在信用市场方面,将绿色信贷纳入再贷款的担保与宏观审慎评估体系中,建立绿色信用统计体系与银行绿色信用评估体系,对放款人的环境法律责任进行界定。在证券市场方面,要求作为环境保护部门公示的重点排污单位的上市公司,研究并严格执行对主要污染物达标排放情况、企业环保设施建设和运行情况以及重大环境事件的具体信息披露要求。在债券市场方面,国家已经制定并健全中国绿色债券的统一定义标准,并对其公开披露和严格监督。在保险业方面,对于高风险行业应构建强制性的环境污染责任保险。在环境权益市场方面,应建立和实施碳市场的管理规则,对环境遵守情况进行监测和惩罚。在绿色工程市场上,通过建立绿色开发基金,放松进入条件;整合已有的节能、环境保护专项资金,成立"绿色发展基金"。坚定不移贯彻新发展理念,坚持系统观念,发挥制度供给、资金支持、创新引擎、产业联动、数字融合的驱动合力,形成完备的绿色金融市场。

第三章　绿色金融发展历程

第一节　国际与国内

一、国际发展历程

绿色金融是可持续金融的重要分支,它不仅限于绿色或者环境保护相关的投资实践,更注重构建为绿色发展服务的金融体系,包含了多种多样的金融工具和服务。为应对日益严峻的气候和环境风险,越来越多的经济主体推动绿色金融市场建设,为绿色企业及项目拓宽融资渠道,构建绿色金融体系。但是不同国家发展进程相差很大,在同一时间各国的绿色金融处于不同发展阶段。

（一）起步阶段（20 世纪 70 年代—2002 年）

在这一阶段中,少数发达国家意识到金融机构与环境保护之间的联系,尝试运用金融工具引导和改善本国的环境问题,绿色金融体系初步形成,但是仅有少数国家开始摸索实践。绿色金融发展最早可追溯至 1974 年联邦德国设立的第一家政策性环保银行"生态银行",亦称绿色银行,标志着绿色金融制度在全球发展过程中跨出第一步。该银行主要经营自然和环境保护信贷业务,专门负责为一般银行不愿接受的环境项目和生态项目提供优惠利率的融资支持。1975年,世界银行出台"项目环境发展指导方针,将环境保护工作纳入议事日程"。1977 年,英国保险公司和法国保险公司组成污染再保险联盟,制定了污染特别报检单,对环境污染突发事件造成的损失进行承保,是英法两国绿色保险发展的萌芽。1980 年,美国出台"超级基金法案",此法案要求企业需负责自身造成的环境污染问题,银行必须对客户造成的环境污染负责,并支付修复成本,这对其他国家相关法律的制定具有开创性意义。该法案要求金融机构必须为其信贷业务所引起的环境污染承担相应的社会责任,促使银行规避和防范由于潜在环境问题所导致的各种风险。1987年,世界环境与发展委员会在《我们共同的未来》报告中提出"可持续发展"理念,引发了各国联结可持续发展道路和金融制度的热潮。1992年,联合国环境规划署在里约地球峰会上宣布成立"金融倡议",并发布了《银行业关于环境可持续发展的声明》,提出金融系统需要助力可持续发展。1992年里约会议后,绿色革命席卷全球,美国于20世纪90年代末首次提出"绿色金融"这一概念,并开拓性地把环境因素与金融创新相结合,在金融活动中评估环境风险,并开发出许多成功的环境金融产品。银行业推出针对特定行业发放无抵押贷款利率的绿色信贷政策,保险业成立专门的环境保护保险公司,推出创新型绿色保险产品。1995年,联合国环境规划署发布《保险业关于环境和可持续发展的声明书》,将声明中的银行业金融机构扩充为银行和保险业金融机构,助力绿色金融发展。1997年,联合国环境规划署成立保险机构计划,金融机构不再只包括银行和保险机构,要求所有的一般性金融行业都应重视可持续发展。1997年12月,在日本京都,联合国气候变化框架公约参与国制定了《京都议定书》,其目标是"将大气中的温室气体含量稳定在一个适当的水平,进而防止剧烈的气候改变对人类造成伤害"。《京都议定书》及一系列相关制度文件,为全球碳减排行动以及排放权一体化市场搭建了制度框架,为碳资产规模化、标准化交易奠定了基础。

2000年,英国政府修改了养老金法案,要求养老金信托公司在制定投资决策时必须考虑环境因素。2001年,英国成立了碳基金和碳信托。碳基金公司是将气候变化税的税收作为资金来源,为企业转变生产模式开发新技术提供资金支持,帮助企业和公共机构提高能源利用效率,达到温室气体减排的目的。碳信托公司是为政府和企业提供碳减排和提高资源使用效率的咨询,并向企业和个人推广环保认证和低碳鉴证服务,从而助力低碳发展。2002年建立了碳排放交易体系,将碳排放作为可交易的商品,开拓了温室气体排放的处理机制,解决了市场失灵问题。为方便企业管理碳资产风险和收益,同时有利于投资者投资碳金融市场,在对碳资产交易和管理提供服务的基础上,金融机构创新发展碳价格指数、碳远期、期货、期权、互换等衍生产品。

（二）快速发展阶段（2003—2011 年）

在这一阶段中，绿色金融发展初见成效，许多发达国家纷纷开展绿色金融制度建设和相关产品开发。2003 年 6 月，花旗集团、巴克莱银行和荷兰银行等全球主要金融机构参照世界银行下属国际金融公司的可持续发展政策与指南，建立了一套自愿性金融行业基准——赤道原则，该原则属于国际性的非强制性准则。2004 年日本大型国有银行日本政策投资银行推出了旨在推动企业环保工作发展的"促进环境友好经营融资业务"，其投融资方向集中于政府确定的政策性重点项目，向这些项目提供长期稳定的资金供给。通过其"环境友好型企业评价"系统，在对企业环境绩效予以评分的基础上，向环保方面表现优异的企业提供环保专项低息贷款，支持企业增加环保投入。2006 年，英国将环境因素纳入机构的投资决策中，推动责任投资的理念推广和实践，金融机构纷纷加入责任投资原则组织，践行责任投资。2006 年，联合国环境规划署金融行动机构制定《负责任投资原则》，要求金融机构规范金融投资决策，在投资活动中充分考虑项目对环境和社会的影响。2006 年，隶属世界银行的国际金融公司出台可持续发展框架：社会和环境可持续性政策、绩效标准以及信息披露政策。2007 年，欧洲投资银行发行了世界上第一只气候意识债券，该债券被公认为全球首只绿色债券。绿色债券是指募集资金专门用于符合规定条件的现有或新建绿色项目的债券工具。国际市场通用的绿色债券标准包括国际资本市场协会与国际金融机构合作推出的绿色债券原则（GBP），以及由气候债券倡议组织开发的气候债券标准（CBS）。德国复兴信贷银行以发行绿色债券的方式支持风、水、光伏发电和生物发电项目，同时联邦政府对德国复兴信贷银行发行的所有债券提供担保。

（三）完善阶段（2012 年至今）

在这一阶段中，绿色金融体系逐步完善，世界各国逐渐达成共识，并开始展开国际合作。2012 年，国际金融公司将可持续发展框架在供应链管理、资源利用效率、应对气候变化等方面进行了更新，该绩效标准成为金融机构执行项目融资环保政策所公认的重要标准。2012 年英国成立绿色投资银行，借助金融机构吸引市场上的闲散资金，并将资金引流至绿色领域，推动英国的绿色金融发展。2014 年，联合国环境规划署发起了"可持续金融体系设计探寻"项目，首次研究了发展数字金融支持可持续发展的可能性。2016 年，G20 绿色金融研究小组首次提出更为广泛的绿色金融概念,即"能产生环境正效益以支持可持续发展,将社会资本引导至绿色发展领域的金融系统,包括减少土壤、水和空气等环境污染,降低温室气体排放,提高资源使用效率,减缓和适应气候变化并体现其协同效应等"。2017 年 11 月,联合国环境规划署联合世界银行制定了《可持续金融体系路线图》,强调数字金融或创新型金融科技在防范环境风险和支持可持续发展融资转型的潜力。2019 年 12 月,欧盟委员会发布了《欧洲绿色协议》,建立欧盟经济全面绿色转型框架,为碳交易和碳减排制定了全面路线,涉及碳关税、碳排放交易体系、能源和基建等多个领域。2021 年,英国财政部和英国债务管理办公室发布了英国政府绿色融资框架,规定了如何识别、甄选、验证和报告绿色项目,符合规定的项目可以从这些融资工具的收益中获得融资。通过发行绿色金边债券和零售绿色储蓄债券融资应对气候变化和其他环境挑战、投资急需资助的基础设施,以及在英国创造更多的绿色就业机会。

二、国内发展历程

中国绿色金融发展晚于国外,但是近年来呈现出蓬勃发展态势,成为首个构建了绿色金融体系的国家,出台了绿色金融标准、披露要求、激励绿色金融产品创新等一系列措施,具有较为完善的绿色金融市场体系。现阶段,中国绿色金融政策、绿色金融实践和市场规模发展等领域取得了长足发展,截至 2022 年末,我国绿色债券存量约 1.54 万亿元,成为全球第二大绿色债券市场,绿色贷款余额22 万亿元,存量规模居全球第一。关于中国绿色金融发展阶段的划分,暂未形成一致结论,不同专家学者观点存在一定差异,划分如下:

(一)起步阶段(1995—2008 年)

在绿色金融发展的起步阶段中,我国的相关政策较为分散,出台了部分环保政策、监管政策和金融机构实践案例。早在 1995 年,环保总局发布《关于运用绿色信贷促进环保工作的通知》,央行下发《关于贯彻信贷政策与环保工作通知》。中国"十五"计划(2000—2005 年)中已有环境保护的篇章,并提出主要污染物排放总量比 2000 年减少 10%的目标(尽管该目标并未完成)。2006 年,"十一五"计划(2006—2010 年)对节能减排与环境保护的重视程度显著提高,并提出单位 GDP 能耗下降 20%、主要污染物排放总量减少 10%的约束性目标。2007

年,《节能减排综合性工作方案》出台,提出控制高耗能、高污染行业过快增长,加速淘汰落后产能,以及实施十大重点节能工程。

2007 年,中国银监会出台《节能减排授信工作指导意见》,要求制定高耗能、高污染行业的授信政策和操作细则,同时支持节能减排行业和项目。鉴于银行信贷在中国企业融资体系中占据主导地位,作为监管机构的中国银监会出台的绿色金融监管政策,对中国经济绿色转型至关重要。为应对中国财政部要求,国际金融公司(IFC)在全球环境基金、芬兰政府、挪威政府和中国财政部的支持下,设计了中国节能减排融资项目(CHUEE),并创立了损失分担的商业模式,与选定的国内商业银行合作,在节能减排相关贷款中提供本金损失分担,同时为项目参与各方提供技术援助。2006 年,IFC 与兴业银行合作,推出了中国市场上第一个绿色信贷产品——能效融资产品,并与浦发银行和北京银行展开合作,支持气候变化领域的相关项目,包括能效项目和新能源可再生能源项目。在 IFC 的协助下,2008 年,兴业银行承诺采纳国际绿色金融领域的黄金标准——赤道原则,成为中国首家采纳赤道原则的金融机构,并按照赤道原则提供的方法、框架和工具,逐步建立和完善该行的环境与社会风险管理体系。

(二)试点阶段(2009—2015 年)

随着全球对气候变化的日益重视,2009 年 11 月,在联合国哥本哈根气候大会前夕,中国政府首次正式承诺温室气体排放控制目标——2020 年单位 GDP 的二氧化碳排放量相比 2005 年降低 40%—45%。2010 年,"十二五"规划明确"单位 GDP 能耗下降 16%,主要污染物排放减少 8%—10%"的目标。陆续推出节能减排政策,如《"十二五"节能减排综合性工作方案》和《节能减排"十二五"规划》。国家绿色政策不断加码,加强对生态文明建设的重视。2012 年,党的十八大将生态文明建设纳入建设中国特色社会主义"五位一体"总体布局,明确提出大力推进生态文明建设,努力建设美丽中国。2014 年 4 月,新《环境保护法》颁布,被称为"史上最严格环保法",环境立法修法进程加快。

中国绿色信贷政策体系开始建立、发展和逐步完善。2012 年,银监会印发《绿色信贷指引》,成为中国绿色信贷体系的纲领性文件。2013 年,银监会下发《关于绿色信贷工作的意见》,要求各银监局和银行业金融机构切实将绿色信贷理念融入银行经营活动和监管工作中,认真落实绿色信贷指引要求。同年,银监会制定《绿色信贷统计制度》，要求各家银行对所涉及的环境、安全重大风险企业贷款、节能环保项目及服务贷款进行统计。2014 年，银监会进一步印发《绿色信贷实施情况关键评价指标》，作为绿色银行评级的依据和基础。由此，中国形成了以《绿色信贷指引》为核心，以绿色信贷统计制度和考核评价机制为两大基石的相对完备的绿色信贷政策体系。更多银行开展绿色信贷相关业务，绿色金融产品逐渐丰富，支持项目的领域范围扩大。在监管政策的推动下，进入绿色金融市场的银行开始增多。除了兴业银行、浦发银行和北京银行外，国家开发银行、中国工商银行等银行也进入绿色金融市场。2013 年，中国 21 家主要银行（涵盖了政策性银行、大型银行和全国性股份制商业银行等）发布了《银行业绿色信贷共同承诺》，表示将加大对绿色信贷的投入。银行支持绿色项目的范围也逐步扩大，从能效项目、新能源和可再生能源项目，扩大到污水处理、水域治理、二氧化硫减排、固体废弃物的处理和利用等领域。同时，绿色金融的产品也开始丰富，除了传统的绿色信贷，银行推出了针对国际碳交易的碳金融产品（如碳资产质押贷款、碳保理、碳交易撮合服务、CDM 项目融资等），以及针对国内排污权的排污权抵押贷款等产品。

绿色发展、生态文明政策密集出台。2015 年 9 月，中共中央政治局会议审议通过《生态文明体制改革总体方案》，标志着生态文明顶层设计方案的推出。2015 年 10 月，党的十八届五中全会提出"绿色发展"，与"创新发展、协调发展、开放发展、共享发展"一同成为指导我国"十三五"甚至是更长时期的科学发展理念和发展方式。"十三五"规划除了明确单位 GDP 能耗下降 16%，还将资源环境指标由 8 项增加到 10 项，并首次将 PM2.5（细颗粒物）写入指标。政府和相关职能部门连续出台《水污染防治行动计划》《大气污染防治行动计划》《中华人民共和国大气污染防治法》《土壤污染防治行动计划》等众多环境领域的政策、法规、制度、规划等。

（三）规范发展阶段（2016 年至今）

随着这一系列绿色发展政策逐步完善和落实，中国绿色发展逐步向规范化和制度化发展，绿色金融顶层框架体系逐步完善。2016 年 8 月，中国人民银行、财政部等七部委联合印发《关于构建绿色金融体系的指导意见》，明确了中国绿色金融的定义，提出大力发展绿色信贷、推动证券市场支持绿色投资、设立绿色发展基金等八大举措,标志着中国绿色金融顶层框架体系的建立,中国成为全球首个建立了比较完整的绿色金融政策体系的国家。目前,落实方案已经出台,预计将在利用央行再贷款、绿色信贷纳入宏观审慎评估框架、开展绿色银行评价"等领域逐步展开,从而进一步提升银行发展绿色信贷的积极性和主动性。2020年,生态环境部、中国人民银行等联合印发《关于促进应对气候变化投融资的指导意见》,明确提出建立健全气候投融资发展机制和政策体系,不断健全绿色金融标准,全面推进应对气候变化的投融资政策机制与能力建设。

中国绿色金融在推进资金流向环境污染治理、生态环境保护、应对气候变化等领域成效明显,推动了金融市场的稳定绿色发展。绿色信贷余额从 2015 年底的 8.08 万亿元增长至 2020 年底的 11 万亿元,跃居世界第一。绿色债券存量达8132 亿元,居世界第二。2020 年 7 月 15 日,财政部、生态环境部和上海市人民政府共同设立了国家绿色发展基金,首期募集资金为 885 亿元,主要投向生态环境保护和节能减排、清洁能源、绿色交通等减污降碳重点领域。2020 年 9 月,生态环境部、国家发展改革委、国家开发银行联合推出了生态环境导向的开发(EOD)模式试点项目,积极引导金融机构服务绿色低碳发展。

2017 年以来,国务院在浙江、江西、广东、贵州、甘肃和新疆 6 省(区)的 9 个地方建设绿色金融改革创新试验区,鼓励地方先行先试,探索丰富绿色金融模式实践经验。试验省区在地理位置、自然资源以及经济基础等方面存在明显差异,面临的经济转型挑战不同,这意味着每个试验区的绿色转型需求与绿色金融的供给对象都存在差异。江西省赣江新区发布了《绿色金融标准体系》。新疆率先建立全国首个地方性绿色金融同业自律机制,并制定自律机制工作指引,吸纳银行业成员单位 30 家,促进绿色金融业务规范化和高质量发展。重庆、陕西、山东等省(市)积极推进气候投融资试点,推出碳中和贷款、碳排放权质押贷款等产品。地方试点成效显著,截至 2020 年底,试验区绿色信贷余额达 2368 亿元,占全部贷款余额的比重为 15.1%;绿色债券余额 1350 亿元,同比增长 66%。

作为绿色金融的先行者和倡导者,绿色金融国际合作不断深化。我国通过二十国集团(G20)领导人峰会、"一带一路"绿色投资原则(GIP)等与各国广泛开展绿色金融交流。2016 年,中国在 G20 杭州峰会上首次倡导国际绿色金融发展,推动形成绿色金融全球共识,首次将"绿色金融"写入成果文件。截至 2019

年年底,我国合作的"一带一路"沿线国家气候投融资项目约160个,主要项目集中在清洁能源、清洁汽车、可再生能源领域。2020年,习近平总书记在第75届联合国大会一般性辩论上提出"碳达峰、碳中和"的目标,并在此后的联合国生物多样性峰会、气候雄心峰会上再次强调"双碳"目标。党的十九届五中全会、中央经济工作会议等对这一目标的实现作出进一步工作部署。绿色金融作为实现"碳达峰、碳中和"目标的重要途径,已成为国际合作的重要领域。2021年10月24日,国务院印发《2030年前碳达峰行动方案》,明确指出"深化绿色金融国际合作,积极参与碳定价机制和绿色金融标准体系国际宏观协调"。

第二节 国内绿色金融现状

随着绿色金融体系的逐步完善以及绿色金融类产品的不断推出,中国已向节能减排、提高环境治理、推动绿色产业发展等领域投入大量资金。目前,中国绿色资金供给主要依靠财政资金与金融机构融资。中国财政资金来源主要包括:口径内财政收入(税收和非税收)、国有企业红利、政府基金性收入、新增政府城市债、社会保险预算收入、国有资本经营预算收入等(马中和陆琼,2016)。金融机构融资来源主要是绿色信贷、绿色债券、绿色基金和绿色保险业务等。

绿色社会资金迅速涌现并急速增长,为实现中国绿色发展之路注入资金,绿色社会融资规模实现了爆发式的增长,占社会融资总规模的比例也与日俱增。表3-1统计了2018年绿色资金融资规模占比。

表3-1 2018年绿色资金融资规模占比

类 别	绿色资金规模			社会融资规模
	信贷	债券	基金	
金额(亿元)	11300	2826	383.28	192584
绿色资金占总绿色资金规模之比	0.7788	0.1948	0.0264	—
绿色资金占社会融资规模之比	0.0587	0.0147	0.0020	—
绿色资金总规模占社会融资之比	0.0753			1

表3-1显示,截至2018年末,绿色金融资金已有爆发性增长,占社会融资规模的7.53%。绿色资金类别以绿色信贷、绿色债券和绿色基金为主,分别占绿

色资金总规模的 77.88%、19.48% 和 2.64%。现阶段,中国绿色金融工具以绿色信贷为主体,绿色债券与绿色基金还有较大推广空间。

一、绿色信贷

2012 年,中国先后发布了《绿色信贷指引》和《绿色信贷实施情况关键评价指标》等政策,在其推动和规范之下,中国绿色信贷逐步走向成熟,促进环境保护、资源节约、污染治理等成为信贷决策的重要依据,限制了银行将资金借贷给高能耗、高污染企业。《中国绿色金融发展报告(2019)》数据显示,绿色信贷规模持续保持高增长率,截至 2019 年末,中国绿色信贷余额从 36853 亿元增长至 102200 亿元人民币。

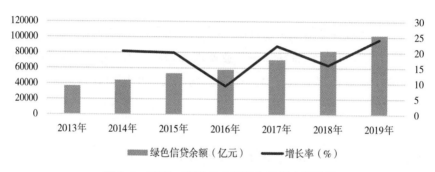

图 3-1　2013—2019 年中国绿色信贷余额数据

图 3-1 显示,绿色信贷余额增长率一直在高位水平波动,自 2012 年《绿色信贷指引》发布以来,中国绿色信贷总余额稳步增长。根据银保监会 2018 年 2 月发布的数据,我们可以得到 2013 年 6 月至 2017 年 6 月绿色信贷分行业贷款余额以及占比情况,如表 3-2 和表 3-3 所示。

表 3-2　2013 年 6 月—2017 年 6 月中国 21 家银行绿色信贷余额统计表

(单位:10 亿元)

项目名称	2013.6	2013.12	2014.6	2014.12	2015.6	2015.12	2016.6	2016.12	2017.6
绿色农业开发	2.17	2.29	2.42	3.05	3.44	4.00	3.76	4.31	5.36
绿色林业开发	1.67	1.94	2.42	2.52	2.54	2.74	3.34	3.92	4.47
工业节能节水环保	29.00	31.81	34.70	34.97	36.68	40.77	40.40	43.06	50.57

项目名称	2013.6	2013.12	2014.6	2014.12	2015.6	2015.12	2016.6	2016.12	2017.6
生态环境	9.19	9.99	12.76	16.42	17.70	21.61	21.50	21.92	33.79
资源循环利用	7.51	8.49	9.39	11.11	11.95	13.19	14.37	16.13	16.03
垃圾处理及污染防治	16.96	18.35	20.16	23.61	26.28	26.95	29.01	27.86	37.23
可再生、清洁能源	99.71	104.07	116.15	117.22	129.07	139.74	146.86	150.63	161.03
城市农村节水	7.38	9.32	10.29	10.26	10.72	12.58	13.54	14.72	19.21
绿色建筑	4.27	4.60	5.65	6.58	7.19	9.67	10.60	12.03	13.48
绿色交通运输	157.70	173.07	197.73	212.04	244.62	252.74	265.43	277.59	301.52
节能环保服务	4.09	3.62	3.49	4.06	5.33	5.95	6.13	6.44	6.72
新型节能环保	96.93	96.13	92.39	88.91	90.94	84.15	80.20	76.61	76.19
新能源	43.37	52.95	61.46	66.47	71.98	80.38	83.53	87.99	87.99
新能源汽车	2.04	2.22	2.22	2.27	3.35	4.12	5.33	4.97	6.50
绿色信贷总计	485.27	519.83	572.17	601.28	663.61	700.66	726.35	750.47	829.57

资料来源:银保监会官网,其中 2013.6 表示截至 2013 年 6 月,下同。

表 3-2 显示,自 2013 年 6 月以来,中国 21 家主要银行绿色信贷总余额稳步增长,且除新型节能环保行业之外其余 13 个行业的绿色信贷余额不断增长。

表 3-3　2013 年 6 月—2017 年 6 月中国 21 家银行绿色信贷占比统计表

（单位:%）

项目名称	2013.6	2013.12	2014.6	2014.12	2015.6	2015.12	2016.6	2016.12	2017.6
绿色林业开发	0.34	0.37	0.42	0.42	0.38	0.39	0.46	0.52	0.54
工业节能节水环保	5.98	6.12	6.06	5.82	5.53	5.82	5.56	5.74	6.10
生态环境	1.89	1.92	2.23	2.73	2.67	3.08	2.96	2.92	4.07
资源循环利用	1.55	1.63	1.64	1.85	1.80	1.88	1.98	2.15	1.93
垃圾处理及污染防治	3.49	3.53	3.52	3.93	3.96	3.85	3.99	3.71	4.49
可再生、清洁能源	20.55	20.02	20.30	19.50	19.45	19.94	20.22	20.07	19.41
城市农村节水	1.52	1.79	1.80	1.71	1.61	1.80	1.86	1.96	2.32
绿色建筑	0.88	0.89	0.99	1.09	1.08	1.38	1.46	1.60	1.62
绿色交通运输	32.50	33.29	34.56	35.26	36.86	36.07	36.54	36.99	36.35

项目名称	2013.6	2013.12	2014.6	2014.12	2015.6	2015.12	2016.6	2016.12	2017.6
节能环保服务	0.84	0.70	0.61	0.68	0.80	0.85	0.84	0.86	0.81
新型节能环保	19.97	18.49	16.15	14.79	13.70	12.01	11.04	10.21	9.18
新能源	8.94	10.19	10.74	11.06	10.85	11.47	11.50	11.73	10.61
新能源汽车	0.42	0.43	0.39	0.38	0.50	0.59	0.73	0.66	0.78
绿色信贷总计	100	100	100	100	100	100	100	100	100

资料来源:国家金融监督管理总局官网,其中2013.6表示截至2013年6月,下同。

表3-3显示,目前中国绿色信贷资金投向主要在工业节能节水环保、可再生清洁能源以及绿色交通运输领域,贷款余额在每一统计期中占比均达到了5%以上,尤其在绿色交通运输项目上的资金投入历期均超过了总量的30%,而各类新型行业的绿色信贷资金投入占比普遍不高,其中新兴节能环保即节能环保新技术应用项目占比整体呈现下降趋势,截至2017年6月新型节能环保余额占比仅为9.18%,除此之外,新能源与新能源汽车的余额占比虽然呈增长趋势,但整体水平较低,尤其对新能源汽车而言,截至2017年6月绿色信贷余额占比仅为0.78%。可见,绿色信贷资金投向从结构上来说,整体偏向保守,主要在基础性绿色项目上发挥作用,意味着战略性新兴产业在未来还有更大的发展空间。

二、绿色债券

绿色债券作为一种新型债券融资工具,在中国起步较晚,但发展极为迅速。2015年以来,中国先后发布了《绿色债券支持项目目录(2015年版)》《绿色债券发行指引》《关于开展绿色公司债券试点的通知》《绿色债券评估认证行为指引(暂行)》等政策推动及完善中国绿色债券发展,并取得了显著成效。2019年中国发行人在境内外贴标绿色债券发行量达到3862亿元,较2018年的2826亿元增长了37%,居世界第一[①];各地方政府融资平台共发行绿色债券425亿元人民

---

① 数据来源于气候债券倡议组织与中央国债登记结算有限责任公司联合发布的《2019 中国绿色债券市场报告》。

币,其中江西省赣江新区发行首只贴标绿色市政专用债券。此外,2019年绿色资产支持证券发行量达到503亿元,较2018年增长了3.5倍。截至2019年底,中国境内贴标绿色债券市场总余额为9772亿元人民币。

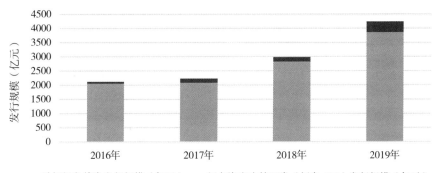

图3-2　2016—2019年中国贴标绿色债券发行情况

图3-2总结了2016年至2019年中国绿色贴标绿色债券与绿色ABS发行规模,由图可以看出中国绿色债券市场规模在不断增加,表明绿色债券市场已经趋于成熟。上海浦东发展银行、中国建设银行、中国银行与江苏金融租赁公司共发行210亿元的气候债券,中国成为最大的认证气候债券发行来源之一。2016年到2018年,金融机构一直是绿色债券最主要的发行主体,但2019年非金融企业绿色债券发行总额首次超过金融机构,占2019年总发行量的37%,成为最主要的发行主体。

根据中国人民银行2015年12月22日发布的《绿色债券支持项目目录(2015年版)》,可将绿色债券按照资金用途做出领域划分,结果如表3-4所示。

表3-4　2016—2019年中国绿色债券资金用途

序号	领　域	2016年	2017年	2018年	2019年
1	节能	18%	7%	7%	8%
2	污染防治	17%	19%	12%	13%
3	资源节约与循环利用	17%	8%	7%	4%
4	清洁交通	18%	16%	23%	26%
5	清洁能源	21%	27%	30%	27%

序号	领　域	2016 年	2017 年	2018 年	2019 年
6	生态保护和适应气候变化	8%	13%	8%	6%
7	其他	1%	10%	13%	16%
	总计	100%	100%	100%	100%

资料来源：《中国绿色债券市场研究报告 2016》《中国绿色债券市场研究报告 2017》《中国绿色债券市场研究报告 2018》《中国绿色债券市场研究报告 2019》。

表 3-4 显示，相比 2016 年 18% 的绿色债券发行额占比，2019 年在节能项目上的绿色债券发行额下降到了 8%，污染防治项目绿色债券资金投入也呈下行趋势，可见近年来工业节能污染治理成效显著。而绿色债券资金投向重点一直都在清洁能源与清洁交通项目上，在 2018 年占比分别达到了 30% 和 23%，并有上行的趋势。

三、绿色基金

目前中国绿色产业市场潜力巨大，未来绿色金融市场也有着广阔的发展空间。作为绿色金融体系重要组成部分，绿色基金的资金来源广泛，资金量充足，可有效汇集政府、机构及私人资金，并从运作模式上充分运用政府与市场的双轮驱动，势必在绿色产业中发挥巨大作用，成为助力中国经济可持续发展的重要引擎。

随着社会资金涌入绿色产业的热潮，绿色基金也迎来了井喷式发展。2015 年 11 月，《中共中央关于制定国民经济和社会发展第十三个五年规划的建议》提出发展绿色金融，设立绿色发展基金。2020 年 7 月，财政部、生态环境部、上海市共同发起设立国家绿色发展基金，首期募资规模达到 885 亿元。绿色基金通常包括两大类：一种是绿色指数和共同基金[①]，另一种是绿色私募股权和风险投资基金。随着绿色基金逐渐兴起，许多企业也开始积极建立绿色私募股权和风险投资基金，节能减排、低碳环保以及新能源等领域已成为热门投资领域。

鉴于数据的可得性，从 wind 数据库中获取了截至 2018 年 11 月底成功建立

---

① 国际上的主要绿色指数有道琼斯可持续发展指数、标准普尔环境社会治理指数、纳斯达克清洁优势绿色能源指数，每个指数有对应跟踪该指数的基金开展绿色投资。

的基金共 70 只指数型绿色基金数据,总规模达到了 383.28 亿元,统计其资金投向如表 3-5 所示。

表 3-5　中国绿色基金资金投向

绿色指数类别	基金个数	占比
中证环保产业指数	30	42.86%
中证低碳经济主题指数	1	1.43%
中证内地新能源主题指数	4	5.71%
中证环境治理指数	3	4.29%
中证新能源产业指数	6	8.57%
沪深 300	8	11.43%
中证新能源汽车指数	12	17.14%
国证新能源指数	3	4.29%
中证新能源指数	3	4.29%

资料来源:wind 数据库。

由表 3-5 可知,绿色基金 42.86% 投向了中证环保产业指数,其次是占比 17.14% 的中证新能源汽车指数。对这些指数成分股进行分析可知,绿色基金偏向于投资新能源及新能源汽车等战略性新兴产业。

四、绿色保险

绿色保险是绿色金融体系的重要组成部分,在应对环境污染与气候变化、保证企业资金正常运转、解决社会风险等方面发挥着重要作用。2022 年 11 月 11 日,银保监会制定的《绿色保险业务统计制度》指出"绿色保险是保险业在环境资源保护与社会治理、绿色产业运行和绿色生活消费等方面提供风险保障和资金支持等经济行为的统称"[1]。狭义上,绿色保险是指保险公司在规定范围内对因污染环境而造成第三方人身或财产的损害第三方进行赔偿,并对治理污染所产生费用予以补偿。广义上,绿色保险是一种可持续发展的保险,它将环保意识和生态文明理念结合起来的保险经营活动,通过保险业的绿色转型,保护生态环

---

① 中国银保监会:《绿色保险业务统计制度》2022 年 11 月 11 日。

境并支持环保产业发展,从而为绿色经济提供保障。

根据中国保险业协会数据,2018 至 2020 年,绿色保险的保额为 45.03 万亿元,赔付金额为 533.77 亿元,年平均增长率为 23.43%。2020 年,绿色保险获得213.57 亿元赔偿,比 2018 年多 84.78 亿元,年平均增长率为 28.77%。从承保端和投资端来看,中国绿色保险有较大发展空间。保险机构可利用中长期资金加大绿色领域资金扶持力度①。

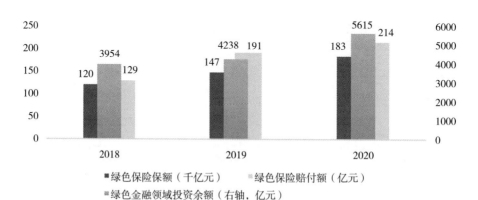

图 3-3　2018—2020 年绿色保险保额、赔付额和投资余额

中国绿色保险产品和服务日趋多元化,逐步渗透到整个产业链环节,以满足企业在生产和经营过程的需求,开发了清洁能源保险、绿色交通保险、农业相关保险、绿色技术保险、天气指数保险、绿色建筑保险等②。2018 至 2020 年,绿色交通保险迅速扩张,2020 年更是取代环境污染责任险在 2018 年产品体系中的主导地位,实现保额占比第一。

（一）环境污染责任保险

中国环境污染责任保险试点工作起步于 2007 年。据生态环境部统计,2018年中国共发生了环境责任险相关案件 286 起,到了 2021 年,全年环境案件增加到了 412 起,呈现逐年增加态势。2020 年环境污染责任险总保额达 5.4 万亿元。2020 年 8 月,山西省正式启动环境污染强制责任保险试点工作,将全省 8类高风险行业企业纳入试点范畴。截至 2020 年 12 月,全国 31 个省（区、市）均

① 中国保险行业协会:《保险业聚焦碳达峰、碳中和目标助推绿色发展蓝皮书》。
② 资料来源:泰康绿色金融发展白皮书。

已开展环境污染强制责任保险试点。2021 年 7 月深圳市明确要求四类生产单位须投保该险种。自试点工作展开以来,深圳、山西省环境污染责任险保额和投保企业数量持续攀升。2021 年,深圳市环责险保额达 27.65 亿元,投保企业数量为 1066 家;山西省环责险保额达 23.4 亿元,投保企业数量为 584 家。2022 年 4 月起,湖南省要求将 8 类高风险行业企业纳入环境污染强制责任保险试点[1]。2022 年 8 月,全国 39 家保险机构发行 178 支环境污染责任保险产品[2]。

（二）清洁能源保险

清洁能源保险以公司财产险和特种险为主（见图 3-4）。清洁能源保险金额在 2020 年达到 1.96 万亿,比 2018 年增加了 0.57 万亿,年平均增长 20.5%[3]（见图 3-5）。

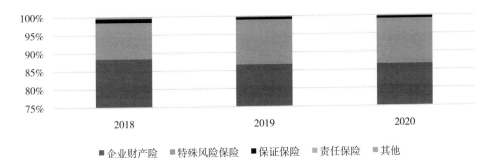

图 3-4 2018—2020 年清洁能源保额构成

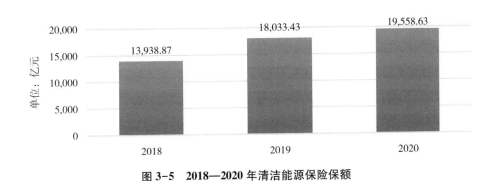

图 3-5 2018—2020 年清洁能源保险保额

---

① 深圳市生态环境局、山西新闻网、中国保险业协会。
② 数据来源:Wind。
③ 中国保险行业协会:《保险业聚焦碳达峰、碳中和目标助推绿色发展蓝皮书》。

(三)绿色交通保险

2020年,中国绿色交通保险业务规模为6.34兆元,相比2018年增加了3.7兆元,年平均增长率为73.83%。其中,新能源汽车的机动车保额从2018年的85.22%上升至2020年的90.75%①。2021年新能源车险保费收入增速显著,达56%(见图3-6)。2022年新能源汽车保险在财产险业务中占比仅为4.49%,保费收入在财产险业务中占比为7.87%②。

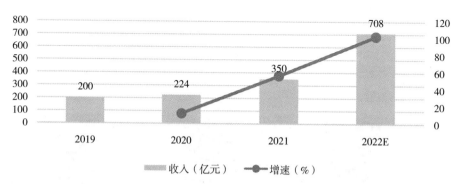

图3-6 2019—2022年新能源汽车保险保费收入及增速

第三节 中国绿色金融发展困境

近年来,中国出台了绿色金融标准、披露要求、激励绿色金融产品创新等一系列措施,逐渐建立了绿色金融市场。虽然绿色金融的发展方兴未艾,但目前绿色金融发展不足尚存,绿色低碳转型资金缺口较大。2021年3月,中国人民银行行长易纲指出"中国实现碳达峰和碳中和的资金需求规模达百万亿元,巨大的资金缺口需要市场资金弥补"。因此,需要建立和完善绿色金融政策体系,引导和激励金融体系以市场化的方式支持绿色投融资活动。现阶段,中国绿色金融发展主要面临以下发展困境。

---

① 中国保险行业协会:《保险业聚焦碳达峰、碳中和目标助推绿色发展蓝皮书》。
② 数据来源:中再产险。

一、产品创新

在绿色金融产品及服务方面,随着各金融机构逐步推出金融产品,中国的绿色金融产品日益丰富,但也存在诸多问题。

一是从产品类别来看,中国绿色金融产品类别仍有改善空间。现存绿色金融产品以面向大型清洁能源、节能减排项目和大型环保类企业为主,融资产品设计上重视融资渠道而忽视融资对象特征。但环保企业以中小型企业为主,较多企业为创新型初创企业,该类型企业融资难融资贵是多年来的现实问题。金融机构处于稳健型经营,避险是金融机构的经营宗旨,导致金融机构针对中小初创型企业授信动力不足。而融资对象特征多样性对融资产品的针对性要求更强。

二是融资产品覆盖对象范围有待进一步拓宽。中国绿色融资产品主要面向企业,针对家庭和个人的绿色金融产品非常少,从而阻碍了绿色金融产品向社会各个领域渗透,影响力受限。可持续发展目标①共计 17 条,其中 9 条与生态环境的保护相关,另外 8 条关乎人类的民生福祉。然而,环境保护和维护生态系统平衡并非仅为企业和金融机构的责任和义务,个人和家庭作为社会经济参与主体之一,对环境保护等同样具有不容推卸的责任和义务。居民生活所产生的碳排放不可忽视,据曲建升等(2018)研究结果,中国整体、城镇、农村三个层面居民生活碳排放总量,在基准情景和高碳情景下 2050 年均难实现达峰,在低碳情景下于 2046 年左右达峰,在强化情景下均在 2040 年达峰。现阶段开发适合个人和家庭的绿色金融产品既能引导人们绿色生活理念的转变,也能拓宽绿色资金的融资渠道。

三是各类绿色金融产品发展速度仍不均衡。从数据变化来看,中国碳金融产品发展快速,银行不断丰富碳金融产品体系,以碳金融产品为载体的碳市场逐渐发展壮大。但是,中国绿色信贷中间业务、环保金融产品等发展滞缓,合同能源管理未来收益权质押仍然处于探索起步阶段。截至 2020 年 8 月,中国试点省

---

① 可持续发展目标呼吁所有国家(不论该国是贫穷、富裕或是中等收入)行动起来,在促进经济繁荣的同时保护地球。目标指出,消除贫困必须与一系列战略齐头并进,包括促进经济增长,解决教育、卫生、社会保护和就业机会的社会需求,遏制气候变化和保护环境。见 https://www.un.org/sustainabledevelopment/zh/。

市碳市场累计配额成交量约 4.06 亿吨二氧化碳当量,成交额约 92.8 亿元①。而中国绿色信贷中间业务主要与国外合作,2010 年法国开发署与中国财政部、国家发展改革委签署开展第二期绿色中间信贷协议,并将贷款总额扩大至 1.2 亿欧元②。可见,无论规模还是发展方式,碳市场与绿色信贷中间业务的发展并不均衡。此外,不同类别的绿色金融产品融资规模差异仍较大。政府参与或主导型的环保项目融资规模大,但中小环保企业的融资规模较小。这种不均衡的融资资源配置在很大程度上约束了中小企业的融资行为,进一步加剧了中小环保企业融资难问题。除此之外,绿色债券、绿色基金等其他绿色金融市场发展尚不健全(彭雅愉和邓翔,2017;曾玥妍和邓翔,2018)。

在全球气候急剧变化,推动实现可持续发展的背景下,中国推动经济绿色转型已经是必然选择,由此带来的产业机遇与资金需求必然将推动中国绿色金融市场长期发展。国家应对气候变化战略研究和国际合作中心发布的测算报告指出,2016—2030 年中国将面临约 3.73 万亿元的年均气候资金需求量,与现有资金投入相比中国每年将面临约 1.4 万亿元的资金缺口(柴麒敏等,2019)。中国绿色金融市场规模正在不断扩张,截至 2020 年末,中国绿色贷款余额近 12 万亿元,存量规模居世界第一;绿色债券存量 8132 亿元,居世界第二③。尽管中国绿色资金投入不断增加,并位居世界前列,但是仍存在巨大绿色资金需求缺口,且金融机构、企业等市场主体参与积极性不强。究其原因,一方面是由于金融机构、企业等市场主体对“绿色”发展的认知程度存在差异,没有承担应有的社会责任。另一方面由于中国绿色金融发展尽管由政府主导,但是并没有形成系统的管理方案,例如对绿色资金的投入没有统一的测度口径,绿色资金的产出没有测算的标准,没有掌握绿色金融资金效率,使得绿色投资变成了“做慈善”或者成了“糊涂账”,导致绿色改革相关参与主体参与度不高。

二、政策体系

尽管中国已经出台一系列政策来引导绿色金融发展,中国也是世界上首个

---

① 数据来源:http://www.gov.cn/xinwen/2020-10/28/content_5555655.htm。

② 数据来源:https://news.qq.com/a/20100316/000417.htm。

③ 数据来源:https://www.sohu.com/a/450282684_100191068。

出台绿色金融管理体系的国家,形成了较为完善的绿色金融政策体系,但对于绿色金融实施细则方面仍存在许多政策盲区。其问题主要表现在以下几个方面:

第一,中国绿色金融标准与国际标准之间存在差异,影响中国在国际绿色金融政策制定的话语权。第二次世界大战之后,发达国家经济快速发展,但环境污染、资源短缺问题逐渐显现,20世纪七八十年代的美国爱河事件、日本水俣病等环境污染造成严重后果,使得发达国家意识到环境问题的严重性,开始"自下而上"地发展绿色金融,并由此推动本国经济绿色转型,实现绿色发展。而中国的绿色金融发展模式为"自上而下",直到2016年出台了《关于构建绿色金融体系的指导意见》才开始系统发展绿色金融。发达国家的绿色金融发展较早,已经形成了被广泛认可的绿色金融标准,如美国纳斯达克绿色经济指数等。然而,中国尚未出台国际性绿色金融标准,截至2020年末,仅有一项被国际标准化组织可持续金融技术委员会(ISO/TC322)正式立项①。除此之外,中国现行的绿色金融标准与国际绿色金融标准存在差异,如对于绿色债券标准,国际资本市场协会(ICMA)发布的《绿色债券原则2018》提出了国际绿色债券遵循募集资金用途、项目评估与遴选流程、募集资金管理、披露报告四大核心要素,与中国绿色债券体系有差异的地方,主要体现在募集资金用途和募集资金使用方面。因此,中国标准与国际标准之间的差异将影响国际投资者对中国绿色金融产品的认可度,影响中国在国际舞台上的话语权。

第二,绿色项目认定标准缺失。我国绿色金融标准体系从2012年《绿色信贷指引》到2015年《绿色债券发行指引》,初步形成标准化制度体系框架,但仍存在若干明显缺陷。首先,由于金融监管政策协调欠佳,我国尚无统一的绿色债券标准。目前中国金融机构需参照由国家发展改革委颁布的《绿色债券发行指引》和央行发布的《绿色债券支持项目目录》两套制度。由于这两套规则对绿色项目认定标准存在差异,不利于金融机构提高绿色金融投融资业务效率。例如,中水利用在《绿色债券发行指引》被纳入水资源节约利用和非常规水资源开发利用项目,而《绿色债券支持项目目录》有关"水资源节约和非常规水资源利用"条款并不包含中水利用项目。其次,绿色债券和绿色信贷的支持项目范围不尽

---

① 资料来源:https://mp.weixin.qq.com/s/cVtMWF01nHdLMLx0j714Lg。

相同。与《绿色债券支持项目目录》相比，《绿色信贷指引》仅涉及绿色信贷支持的宏观产业分类，未进行细化。以上制度设计很可能导致同时受惠于绿色信贷和绿色债券的绿色项目运转低效，碳减排边际贡献降低。不仅如此，以上两套标准制度体系存在"损害其他可持续发展目标"的可能性，不符合双碳目标要求。以清洁煤炭为例，与普通煤炭开发项目相比，清洁利用项目可减少空气污染，但该项目的碳排放量仍会大幅增加，与低碳环保可持续发展原则相违背。虽然《绿色债券支持项目目录（2021年版）》已将涉及传统化石能源的产业排除在支持目录以外，但《绿色债券发行指引》并未同步修订，仍将"煤炭、石油等高效清洁化利用"项目纳入支持范围。以上关键性绿色项目认定标准相关政策文件存在不同项目分类标准，必然对发展绿色金融的政策目标产生负面影响。中国现阶段主要从行业角度将企业划分为绿色企业和重污染企业，《绿色产业指导目录（2019年版）》提出了包括生态环境产业、清洁能源在内的六类绿色产业。银行在实施绿色信贷的过程中缩减对"两高一剩"行业的资金投放，加大对绿色产业的资金投放，但仅从产业角度判断企业是否绿色这一简单评判标准会导致"漂绿"现象出现，甚至造成绿色产业反而产能过剩的情况，光伏产业就是一个典型。绿色金融各领域之间未形成统一的绿色标准，尚未建立起绿色金融资金的相关统计体系，加之金融监管机构缺乏具体监管标准、管理和引导体系，金融机构是否承担社会责任以及承担社会责任对其自身利益的改善不得而知。同时，金融机构及监管者较多关注绿色资金池的大小，未对绿色资金的流向及绿色资金的投资回报进行深入的跟踪分析，为绿色金融工具自身的安全性留下隐患。

第三，信息披露制度有待完善。信息披露制度一直是中国绿色金融制度完善的重点。2015年《中国人民银行绿色金融债券公告》明确要求绿色金融债券发行人必须按期公开募集资金使用情况及有关环境效益影响的评估报告。2020年中央金融监管部门联合印发《关于促进应对气候变化投融资的指导意见》，该文件旨在推动金融机构进一步完善绿色投融资项目信息披露制度。但是，由于实际绿色金融发展和制度体系建设时间较短，信息披露的广度、深度和透明度亟待提高。一是监管立法发展未完全同步配合政策指引完善，各职能部门出台的规范性文件执行力度偏弱，强制性不足，导致以上文件对金融机构及相关企业的绿色信息披露行为的指引极为有限。就执行力度而言，国际广泛使用的环境、社会和公司治理(ESG)评价体系虽现已在中国得到重视,但该评价体系目前仅为自愿披露和部分强制披露,尚未被系统性地纳入广覆盖的绿色金融信息披露制度中,实际披露 ESG 信息的主体范围与政策制定机构期望的披露主体范围不匹配。二是中国目前推广的信息披露制度对绿色项目的风险评估、应对能力的指引偏弱。目前,中国有部分商业银行参与中英绿色项目信息披露机制试点。据相关试点商业银行反馈,大多商业银行并未采纳绿色项目情景分析和风险压力测试工具,且未重视绿色投融资项目的相关环境和气候风险信息。据《中国和美国最大型企业的气候风险披露现状》报告,截至 2020 年 10 月,仅 3%的沪深 300 指数企业在企业年报中提及环境及气候风险。三是政府及金融机构并未建立统一的信息共享平台,对企业环境相关信息掌握不充足、不及时,使中国绿色金融业务发展长期受困于"信息不对称"问题。多数企业及金融机构在项目信息评价时仅涉及环境信息的宏观描述,从主观及客观角度而言,他们无法有效披露相关项目的碳排放和碳足迹等信息。以河钢股份为例,其 2020 年公司年报"环境保护相关的情况"中仅披露主要污染物的大气污染物排放量,无法披露各产品具体碳足迹和碳排放量。

第四,金融机构对于气候变化产生的环境风险认知不足。气候变化可能通过三种不同类型的风险影响金融系统:转型风险、物理风险和责任风险。转型风险指在减缓气候变化和减少碳排放的过程中,与政策、价格和估值变化相关的不确定性。中国实现绿色发展需要强有力的政策措施,例如引入碳排放税或广泛的环境管制,这将降低碳密集型企业的估值和用煤企业(煤、天然气和石油公司)的资产价值,从而降低银行持有的相关资产价值,对金融机构经营造成风险。物理风险指自然灾害(如洪水和风暴)对银行产生的直接风险和银行授信企业造成的风险。物理风险可能对经济造成直接损害,也可能通过破坏全球供应链而间接造成损害。企业在向银行贷款时通常将拥有的厂房等固定资产抵押给银行,在银行持有抵押物的过程中若遇到抵押物贬值的情况,会对银行经营产生影响,导致坏账产生。责任风险是指由于借款人或被投资方的环境、社会责任带来的经济损失和经济赔偿的不确定性。随着绿色金融政策的严格实施,对企业施行惩罚性高利率贷款或者高额环保罚款,将会成为金融机构的直接隐患。目前中国并未对规避金融机构环境风险形成统一的规范要求,仅在不同文件中进行指引,如在《关于构建绿色金融体系的指导意见》中指出"人民银行、财政部、发展改革委、环境保护部、银监会、证监会、保监会等部门应当密切关注绿色金融业务发展及相关风险,对激励和监管政策进行跟踪评估,适时调整完善",仅靠银行自身意识到环境风险并进行环境压力测试等,无法有效地实现和满足绿色金融政策的要求。金融机构也难以形成推进和创新绿色业务的主动性,而是出于避险的考虑停止对"重污染企业"授信,然而绿色发展并不是叫停"重污染企业",而是引导和协助"重污染企业"朝"节能减排降污"的生产模式转化。

三、监管政策体系与效率评价体系

尽管中国是世界上第一个建立起系统绿色金融政策的国家,但绿色金融的效率评价体系和监管机制仍不完善。根据中国人民银行披露数据,中国绿色资金效率测算的投入端位居世界前列,但是当前绿色金融发展现状依旧无法与发达国家相比较,在考虑环境因素之后,同样或更多的绿色资金投入,产出的经济或环境效益却更少。现阶段,中国绿色资金的需求方大多都为产业结构需要进行绿色转型的传统高污染高排放类型的重工业,而此类企业所进行的绿色项目往往会出现投资期限较长、回报率较低、贷款损失风险较大等问题。所以,绿色资金的资金使用效率一直无法得到明显改善,金融机构由于实施绿色信贷的回报也较低,缺少项目执行动力,从而导致中国绿色金融发展受阻。此外,仍存在如下几个方面问题。

一是未制定出能够量化企业对环境影响的评估体系。一个完善且具有可操作性的企业对环境影响的评估体系是量化企业对环境影响的前提。由于环境保护涉及面广,环境风险不确定性大,量化企业对环境影响的评估体系尚未建立,致使绿色金融政策推行时缺乏可操作性。目前,国际通行的"赤道原则"和中国发布的《关于落实环保政策法规防范信贷风险的意见》,只是商业银行承担环境社会责任的自律性软约束,对环境和社会风险评估不合格的融资项目起到了一定的信贷控制作用,但是对采取上市、民间融资或自筹资金企业的约束力较小。因此,建立企业对环境影响的评估体系就成为当务之急。对企业产生的环境风险进行评估,是一个庞大的系统工程,除了需要对企业投融资项目进行环境风险评估外,还应该对其日常经营活动对环境造成的影响进行测度,否则容易低估企业对环境的冲击。

二是绿色金融发展配套政策不完善。推行绿色金融将带动社会制度、经济环境、文化理念发生变革,绿色金融模式的成功运转需要将零散的市场行为、行政力量、环境资源、金融机构进行有效整合。政府的配套政策和激励措施,可以有效推动绿色金融发展,公共财政补贴和激励政策可以有效刺激绿色金融兴盛。那么,对绿色金融活动给予何种税收优惠,建立何种财政支持机制,如何将绿色金融政策上升到法律层面,如何要求企业强制披露环境信息等问题,都需要上升到政策层面进行深入探讨。中国于2004年设立了中央环境保护专项资金,用于改善区域环境质量,迄今为止,资金投入量逐步增加,但环境治理效果并不明显。究其原因,现有的环保专项资金多是孤立地、临时地对已造成的环境污染进行补救,并没有形成系统的、长期的投资规划,其运作方式简单,资金来源渠道狭窄。环保项目普遍存在资金需求大、投资期长、见效慢等特点,仅专项资金无法满足环保项目的资金需求,此时就需要完备的绿色金融配套措施,推动社会资金整合,满足绿色发展的资金需要。

三是尚未建立起绿色金融监管和发展评价体系。随着绿色金融推行难题的不断攻克,绿色金融产品资产价值的评估、监管不容忽视。因为这类产品进入市场后,虽然可以对风险配置进行调控,但同时也增加了风险流动性,由此滋生的金融泡沫对金融市场稳定性将造成巨大冲击,如果泡沫破灭,那么不仅不能解决环境问题,反而增加了金融市场风险。因此,对绿色金融产品、绿色金融行为进行监管和控制是不容忽视的。建立绿色金融监管体系是绿色金融得以健康发展的基础。虽然深圳市已出台中国首部《深圳特区绿色金融条例》,但是商业银行法等法律法规中对绿色金融的相关描述还有待丰富。随着绿色金融发展,正确评价绿色金融发展状况,建立恰当绿色金融发展评判体系,以指导中国绿色金融健康发展,是绿色金融发展过程中不可回避的问题。

四是现阶段绿色金融政策由多部门联合发布,要求各个部门之间配合,这就导致绿色金融监管主要负责部门不清晰,部门之间的监管存在交叉,甚至出现监管真空或者矛盾。2013年中国环境保护部、国家发展改革委、中国人民银行、银监会联合出台的《企业环境信用评价办法(试行)》中指出,"环保部门应对企业环境行为作出信用评价,银行、证券、保险等部门依据环保部门作出的信用评价决定金融支持程度,对环保诚信企业给予积极的信贷支持"。在此过程中银行等金融机构判断企业环境表现仅依据环保部门给予的结果,但金融机构关心的环境风险与环保部门的标准并不一致,这将使得金融机构无法准确评定企业环境行为带来的风险,不利于金融机构的风险评估管理。

五是绿色金融激励机制力度不足。为激励商业银行及其他金融业务主体积极开展绿色金融业务,近年来中央政策机构不断推出配套激励工具。2018年央行印发《中国人民银行办公厅关于加大再贷款再贴现支持力度引导金融机构增加小微企业信贷投放的通知》,明确提出为绿色金融债项目提供再贷款担保业务。当前,绿色信贷与绿色债券已被各地方商业银行及金融业务开展机构纳入合格抵押质押类担保业务范围,各地政府也推出针对绿色信贷和绿色债券产品的再贴现、补助、担保和税收减免等支持政策。但由于中国绿色金融业务尚处于起步阶段,配套激励制度存在的不足亦十分明显。首先,激励工具单一。从金融机构考核机制视角来看,尽管央行已将符合条件的绿色债券和绿色贷款纳入合格抵质押品范围,但是宏观审慎评估体系考核作为商业银行宏观风险的主要考核标准,其考核范围暂未包括银行绿色业务。从激励手段来看,中国政府和社会资本合作项目(PPP)为绿色金融项目提供五分之一的资金,其中政府直接补贴占主导地位,极少通过市场激励机制引导多样化社会资本主体参与绿色项目投融资业务,且政府采取的激励工具侧重于面向绿色项目,而非金融机构。以财政贴息为例,财政资金的拨付一般会绕开金融机构直接面向绿色项目企业。这一政策表面上满足企业发展绿色项目的资金需求,实则长期而言,该补贴模式并不利于绿色金融投融资业务发展,充分的贴息将吸引更多企业进入绿色金融市场,而作为资金供给方的金融机构却被排除在这项激励政策之外,可能导致资金供需不平衡,影响全面碳减排局势形成。其次,当前已出台的金融政策工具大多针对绿色金融的单一产品及业务的零散环节予以支持,尚未形成系统化激励机制,无法激发绿色项目企业或金融机构的内在驱动力。以绿色信贷为例,2016年发布的《关于加大对新消费领域金融支持的指导意见》旨在鼓励商业银行针对新能源汽车消费市场推出多样化贷款产品。但该文件仅对"新能源汽车消费市场"予以支持,未将激励机制工具与新能源汽车产业其他环节建立关联,易致绿色金融资金集中在绿色项目的单一业务环节,不利于提高资金的流转效率和碳减排边际贡献率。

中国绿色金融发展已经初显成效,目前已经建立起"三大功能"和"五大支柱"的绿色金融发展框架。尽管中国绿色金融政策体系日益趋于完善,但不同部门及地方监管政策差异明显,难以实现协调、有效的监管。绿色金融所包含的业务较多,范围较广,绿色金融监管机构监管难度较大,因此,对于绿色产品的开发与运营、相关信息披露以及激励政策等都需要进行专业化监管。目前中国的监管机制仍然处于低效率状态,部门之间合作效率差、沟通不足或不及时等问题也成为导致中国当前"洗绿"现象频频出现的原因,综合作用下导致了中国绿色资金效率偏低。因此,中国想要通过提高绿色资金效率来推动绿色金融发展,监管部门应制定相关政策。

第四章　绿色金融行为准则与实践

第一节　国　际

一、绿色金融行为准则

（一）赤道原则

2002 年 10 月,荷兰银行(ABN·AMRO)、花旗银行(Citigroup)、巴克莱银行(Barclays)和西德意志州立银行(West LB)根据国际金融公司和世界银行的政策及指南建立了一份旨在决定、评估和管理项目融资中环境和社会风险的指南,即赤道原则(the Equator Principles,简称 Eps)。该原则倡导金融机构对项目融资中的环境和社会问题尽到审慎性核查义务,只有在融资申请方能够证明项目在执行中会对社会和环境负责的前提下,才能向其提供融资。

2003 年 6 月,包括花旗银行、荷兰银行、巴克莱银行和西德意志州立银行在内的 10 家国际领先银行宣布实行赤道原则;随后,汇丰银行(HSBC)、JP 摩根(JP Morgan)、渣打银行(Standard Charted)和美洲银行(Bank of America)等世界知名金融机构也纷纷接受这一原则。截至 2017 年底,实行赤道原则的金融机构(以下简称赤道银行,Equator Banks)已有 92 家,其项目融资额约占全球项目融资市场总额的 85%。赤道原则建立了国际项目融资的环境与社会的最低行业标准,亦是国际上第一个把环境和社会标准因素纳入项目融资的准则,在国际金融发展史上具有里程碑的意义。

赤道原则是一个同时对金融机构履行社会责任具有内在和外在约束力的准则。内在约束指的是,赤道原则并不具备法律约束,金融机构接受赤道原则是出于道德伦理和经济等方面的考虑,是金融机构自愿承担社会责任的选择,这种内在性的具体表现是金融机构对达到一定规模的项目融资要评估其对社会和环境的影响,给予审慎的核查和分级,制定行动计划,建立社会和环境管理体系等。外在约束指的是,金融机构聘请社会或环境专家对融资项目进行独立审查,建立相应的申诉机制,并定期报告环境信息。尽管赤道原则不是正式的国际公约或具有法律效应的文件,但其具有的内外在约束力将切实影响金融业的信贷机制,从资金源头上制约企业对社会、环境造成的负面影响,体现了高度的社会责任感。

随着可持续发展和节能减排政策的落实,中国的"绿色信贷"开始成为银行业日益关注的重点。兴业银行于 2008 年公开承诺采纳赤道原则,成为中国首家赤道银行,也成为中国银行业领导绿色金融的领路人。此后,江苏银行、湖州银行、重庆农村商业银行、绵阳市商业银行、贵州银行和重庆银行陆续加入赤道原则。随着绿色金融不断发展,中国将有更多银行加入赤道原则,成为赤道银行,更加注重贷款的环境影响,积极履行社会责任。

(二)负责任投资原则

负责任投资原则[①](Principles for Responsible Investment,简称 PRI)的理念就是帮助投资者充分了解资金投向对环境和社会经济带来的影响,进而把环境(Environmental)、社会(Social)和公司治理(Governance)整合到投资决策中,以更好地管理风险和促进永续发展。2016 年 7 月 18 日,北京举行关于促进社会投资健康发展工作会议,李克强总理首次明确:"要防止资金投向产能过剩、污染环境的行业,而是要多用于培育新动能和改善民生等领域。"因此,推动发展社会责任投资的基本原则,对深入实施推进中国绿色金融发展战略与促进经济社会的可持续发展都具有十分重要的指导意义。

目前,PRI 的原则已成功得到国际联合国环境规划署、国际金融环境行动研究机构及其他联合国国际全球环境合约研究机构的大力支持。然而,PRI 原则规定是由任何投资者本人自己自行设计、自愿进行参与并严格遵守其投资承诺,不是由任何官方组织强制执行。PRI 原则主要包含六个方面:(1)把 ESG 纳入

---

① 负责任投资原则有时也被翻译为负责任银行原则(PRB)。

投资分析和决策过程中,在整个机构中都要贯彻落实 ESG 投资的理念,其中主要包括董事会、研究数据分析师和投资法律顾问,与各种公共政策的制订者就如何实现可持续发展等相关话题加强沟通;(2)领导人积极履行 PRI 原则,将 ESG 议题整合至所有权政策与实践,参与规则的制定,披露与 PRI 原则相关的信息变动;(3)要求机构适当披露 ESG 相关指标,在年度财务报告中披露 ESG;(4)促进在投资行业接受并实施 PRI 原则,建立相应的激励机制和完善的监管程序;(5)建立合作机制,提升 PRI 原则实施的效率,构建信息共享平台和学习资源平台;(6)汇报 PRI 原则实施的活动与进程,利用"遵守或解释"的方法报告有关 PRI 原则实施的进展或成就。

目前,全世界全球范围内已经累计有 900 多家公司采用了 PRI 的原则,主要集中在一些欧美地区。投资者越来越深刻地认识到开展社会风险责任投资项目的重要性。相关现实投资案例及相关学术研究分析结果表明,不注重长期投资将给公司的投资业绩和长期投资价值回报造成负面影响。此外,实行 PRI 原则的机构年化收益率比不采纳 PRI 原则的投资机构平均高出 1 个百分点,并且面临更小的投资风险。德意志资产管理公司和汉堡大学对超过 2200 个投资机构进行了调查研究,发现 ESG 对公司财务绩效有长期的正向作用[1]。

在 PRI 原则的指引下,各个国家和地区也开始将 ESG 因素纳入政策和法律中。例如,2011 年《西班牙可持续经济法》规定,养老金必须以书面形式告知受益人基金是否以及如何将伦理、社会和环境利益纳入其投资方式;2012 年《南非退休金法》要求将 ESG 因素纳入受托责任;2014 年《日本尽责管理守则》旨在从企业层面促进可持续的经济增长,呼吁股东披露如何投票和沟通参与的信息;2014 年《巴西中央银行第 4327 号决议》为金融机构确立了社会和环境责任政策的指南。

(三)绿色债券原则

2014 年,国际资本市场协会(ICMA)联合 130 多家金融机构首次提出《绿色债券原则》(Green Bond Principle,GBP),将绿色债券定义为一种特殊的债券工具,为新增的或者现有的合格绿色项目提供部分或全部融资或再融资。GBP 从

---

① 该结论引自星焱(2016)《推进联合国责任投资原则》的论文。

募集资金的用途、绿色项目评估和筛选、募集资金的管理、信息披露四方面作出规定,将绿色项目定义为可以促进环境可持续发展,具体包括减缓和适应气候变化、遏制自然资源枯竭、保护生物多样性、污染治理等关键领域,同时要求绿色项目要通过相关机构的评估。

GBP 鼓励绿色项目在评估和筛选过程中明确环境可持续目标,要求发行人确定项目符合哪一项绿色项目类别并在管理募集资金时开设专门账户进行专业化管理。针对信息披露层面,发行人除了要对募集资金的使用情况披露年度报告,还要对突发的重大变化出具临时报告,内容应包括"募集资金投向的绿色项目清单、项目简要描述、募集资金支出总额以及项目预期影响",且披露信息包含定向和定量指标。GBP 另一重要内容是鼓励绿色债券的发行方积极进行第三方评估认证,包括评估发行方总体目标、战略和过程是否符合绿色债券的原则、验证业务实际流程是否与报告中的内容相一致、认证绿色债券收益的使用是否符合标准以及对绿色债券进行评级。GBP 自发行以来得到了各国的认可,是绿色债券领域最重要的自律准则与行业规范。

但是,GBP 并未明确界定绿色债券的范围,只规定了发行方需将募集到的资金用于绿色项目并提出四个核心要素。2011 年气候债券倡议组织发布《气候债券标准》(Climate Bonds Standard,CBS),并在 2017 年进行修订。CBS 将认可的绿色项目进一步细化,具体包括太阳能、风能、快速公交系统、低碳建筑、低碳运输、生物质能、水资源、农林、地热能、基础设施环境适应力、废弃物管理、工业能效和其他可再生能源等,并且明确将与化石燃料相关的项目排除在绿色项目之外。除此之外,CBS 的第三方评估认证与 GBP 存在较大的差异,明确规定必须经过第三方评估认证机构的认可后才能获得绿色债券的发行资格,并且存续期间也要有评估机构的参与。

(四)绿色贷款原则

2018 年贷款市场协会(Loan Market Association)和亚太贷款市场协会(Asia Pacific Loan Market Association)联合发布了《绿色贷款原则》(*Green Loan Principles*),将绿色贷款定义为贷款工具,与绿色债券原则类似,为新增的或者现有的合格绿色项目提供部分或全部融资或再融资。GLP 从资金使用、项目评估和筛选、资金管理、信息披露四方面作出规定,并提出《绿色计划大纲》对绿色项目范围作出明确规定,具体包括可再生能源、污染防治、清洁交通、适应气候变化等领域。

GLP 要求借款人向贷款人阐明其遵循环境可持续发展的目标,并判断其项目是否符合《绿色计划大纲》中的绿色项目要求以及相关准入标准。在资金管理方面,GLP 要求借款人将绿色贷款资金存入专用账户或者由借款人进行跟踪,并鼓励借款人开发专业程序对绿色贷款资金进行跟踪。在信息披露方面,借款人应在绿色贷款资金全部提取之前记录、保存并更新每年使用资金的详细信息,内容包括配置绿色贷款资金的项目清单、项目的简要说明、资金的配置数量以及预期的效果等,且 GLP 建议借款人在信息披露时使用定性的绩效指标,可操作的话一并披露定量指标,如绿色项目减少的温室气体排放量等。同时,GLP 建议借款人对绿色贷款部分或者全部内容是否符合 GLP 的要求进行外部审查。GLP 在推出后已经逐渐成为银行等金融机构在支持绿色经济转型以及推动全球绿色金融方面的行为准则。

绿色金融起源于欧美国家环境与资本配置的实践,是为数不多的尚未成熟却具有战略意义的金融研究前沿。无论是从研究理论的组织架构还是从实践运作模式来看,绿色金融都处于高度分散状态,并没有形成系统的研究理论,其相关理论可追溯到环境外部性理论、可持续发展理论及金融功能观理论。

二、绿色金融实践

国外关于绿色金融的实践较早,各个时期推出了大量绿色金融产品与服务,其主要原因在于:一是满足绿色项目的融资需求,二是满足投资者对气候和环境变化"自下而上"的投资需求。因此,根据绿色金融产品推行主体将其分为三类:绿色信贷、绿色证券与绿色保险产品,这些绿色金融产品受众群体包含企业、个人、家庭等。

(一)绿色信贷

在经济活动中,银行是调配资金、为各个项目与企业提供外源融资的主要渠道之一,银行在经济发展与环境保护之间能充分发挥其资金流向引导作用,推动社会经济绿色发展和可持续投资。在绿色金融政策实践中,国外银行主要借助两种形式推进其发展,一种是在传统银行中开发绿色信贷业务及相关产品,另一种则是成立绿色银行。

气候变化会对金融机构造成外生性的环境冲击,可能对金融部门和宏观经济的短期和长期的稳定与发展产生重大影响,若中央银行关注到这些风险,并采取相应措施,则将此类中央银行称为绿色中央银行。一方面,绿色中央银行将环境风险和其他可持续发展的影响因素考虑在货币政策与金融监管设计当中;另一方面,中央银行可能积极使用货币政策工具促进绿色投资或减少棕色投资,推动绿色发展。尽管世界各国就环境保护已达成共识,但到目前为止只有少数央行和金融监管机构持续关心环境风险,更少有央行将环境风险纳入系统性风险框架。2017 年,中国人民银行与新加坡金融管理局、荷兰央行、法国央行、德国央行、墨西哥央行、瑞典金融监管局、英格兰银行等八家机构共同成立了央行与监管机构绿色金融网络,以强化金融体系风险管理,动员资本开展绿色低碳投资,促进环境友好、可持续发展。截至 2020 年,央行与监管机构绿色金融网络已经包含 75 家中央银行,世界各国央行就发展绿色金融、推动绿色投资、控制环境风险等逐步达成共识。

除绿色中央银行外,在国际上,零售银行向个人、家庭和中小企业提供多种绿色信贷产品,其大致可以分为住房抵押贷款、绿色建筑信贷、房屋净值贷款、汽车及运输信贷等产品与服务。

针对购买新型节能房屋、投资于改造节能设备或绿色电力的客户,绿色抵押贷款或节能抵押贷款(EEM)为零售客户提供远远低于市场水平的贷款利率。例如荷兰银行提供政府主导的抵押贷款计划,为符合政府环保标准的贷款提供贷款减息 1%的优惠。加拿大帝国商业银行与蒙特利尔银行共同成立加拿大国家住房抵押贷款公司,为购买节能型住房或进行节能改造客户提供抵押贷款保险费 10%溢价退款及最长 35 年的延期分期付款优惠条款。英国要求所有租售的建筑和住宅出具"能源绩效认证(EPCs)",银行根据认证评级调整购房抵押贷款的条件,包括优惠利率、费率减免等。德国政府设定了一套绿色住宅评估标准,推行建筑"能源证书",允许德国银行向通过评估的房产的购房抵押贷款提供 1 个百分点的利率优惠(优惠总额不超过 3.4 万欧元)。

绿色建筑信贷主要针对"绿色"商业建筑建造过程,主要包括房地产开发贷款:用于开发建设供销售或出租的绿色建筑贷款;经营性物业贷款:以借款人自身拥有的绿色建筑经营性物业作为抵押,以租金收入作为主要还款来源的贷款。该商业建筑的主要特点是比传统建筑的能耗低15%—25%,且废弃物及污染更少。如美国富国银行在为建筑提供首次抵押贷款之后,为通过 LEED 认证的商业建筑提供再次融资,并且符合低运营成本与高性能的开发商可以不支付建筑初期的保险费。日本的绿色建筑市场是由政府主导的,法律监管、政策激励、市场推广多管齐下。日本推行建筑环境性能效率综合评估系统,扶持政策与评估结果挂钩,如财政补贴、税收减免、优惠利率等。日本横滨银行对三星级以上的新建公寓给予优惠利率支持;住友信托银行对四星级以上的新建公寓给予优惠利率支持。

利率降低的房屋净值贷款(有时被称为"二次抵押贷款")用于鼓励住户安装住宅可再生能源技术。在研制及提供此类激励型产品时,许多银行还与技术供应商和环保类非政府组织进行合作。如美国花旗银行与 Sharp Electronics Corporation 签署联合营销协议,为购买和安装住房太阳能技术进行房屋净值贷款客户提供便捷融资方案;美国新能源银行与高能效太阳能技术供应商 SunPower 公司合作推出一站式融资,为住宅安装太阳能的客户提供融资便利。

汽车及运输贷款旨在鼓励使用具有温室气体密集度低及节油等级高的绿色汽车。如加拿大温哥华城市商业银行推出清洁空气汽车贷款,为所有低排放汽车提供优惠利率。

除上述产品之外,银行还为客户提供绿色信用卡、环保租赁、小额信贷等零售金融产品与服务。绿色消费贷款是针对个人购买节能与新能源汽车、绿色环保和高效节能设备等发放的贷款,主要应用领域包括住宅和商业楼宇的绿色照明和热泵系统、屋顶光伏等小型设备。这些领域的消费产品在大部分地区处于起步阶段,有较强的市场潜力和节能环保效果,同时购置成本相对于普通产品较高。目前,对绿色消费贷款的扶持方式逐渐从公共财政支持向市场化的金融支持过渡。美国新能源银行与光伏技术厂商合作,为个人用户安装太阳能光伏设备提供融资,并制定了简化的申请流程。加拿大温哥华城市信用社针对低排放车的能效水平进行评级,据此设定贷款利率。但是零售银行在开展绿色项目时缺乏对绿色项目评估的专业知识技能,不能合理评估项目风险,容易出现"漂绿"。为了更好地弥补绿色资金缺口，一些国家和地区成立绿色银行，专门开展绿色业务，为环保企业或者绿色生产企业提供绿色资金支持。绿色银行旨在通过各类贷款和投资工具，刺激私营部门对绿色项目、资产或企业融资。绿色银行的优势包括，为清洁能源项目提供更好的信贷条件，能够将小型项目聚集起来以达到具有商业吸引力的规模，创造创新型金融产品，以及通过传播有关清洁能源好处等信息来扩大市场。2012 年，英国为了激活英国政府投资中的绿色部分，解决绿色领域投资约束，成立了英国绿色投资银行，主要为英国可再生能源、节能与循环经济方面的基础设施建设项目提供服务，这是世界上第一家专门从事绿色投资的国家级政策性银行。德国复兴信贷银行是另一个典范，以优惠利率支持中小企业提高能源效率，并向商业银行提供低息绿色贷款，并一直是全球清洁能源项目最大的开发银行投资者之一。同时，联邦政府向德国复兴信贷银行提供可长达十年的贴息，推动业务可持续发展。

美国的绿色银行主要由各州设立，银行资金主要由政府提供，以康涅狄格州绿色银行、纽约绿色银行和新泽西州绿色银行为例，利用公共资金开展市场业务，希望以有限的公共资金推动清洁能源发展。在清洁能源发展初期，康涅狄格州只通过公共拨款支持清洁能源，这一方面无法为州政府带来收益，另一方面给州政府带来资金压力，增加政府公共关系风险。因此，2011 年州立政府成立康涅狄格州绿色银行，以市场模式支持清洁能源项目，希望以此推动清洁能源私人投资。但该银行的资金来源并非为私人部门的闲散资金，而是主要利用公共资金开展业务，包括工业、居民电力用户缴纳的电费附加费，联邦和州政府的财政拨款，慈善捐赠，投资收益等。故康涅狄格州绿色银行属于政策性银行，且并未与其他政府机构或私人部门合作。新泽西州能源适应力银行①主要资金来源同样为公共资金，由美国住房和城市发展部向新泽西州下拨的自然灾害联邦救助拨款提供，但与康涅狄格州绿色银行不同，新泽西州能源适应力银行工作重点在于提高当地关键设施对自然灾害的适应力，并与新泽西公共事业委员会合作支持清洁能源项目。纽约绿色银行的发展模式为积极与私营部门合作，

① 新泽西州能源适应力银行由新泽西公共事业委员会和新泽西经济发展局共同合作建立，新泽西经济发展局作为监管机构，新泽西公共事业委员会为新泽西州能源适应力银行提供技术支持。

针对清洁能源项目实际金融需求提供信用增级、贷款损失准备金和贷款捆绑等金融产品,为证券化提供支持,打造二级市场,以此刺激私人资本市场推动清洁能源市场发展,减少清洁能源发展对政府补贴的依赖,完善清洁能源市场的融资方式。

(二)绿色证券

证券市场是企业进行直接融资的重要渠道,绿色证券产品、包括绿色债券、绿色基金、绿色指数等。

绿色债券是指将发行债券募集所得资金用于资助符合规定条件的绿色项目,或者为这些项目进行再融资的债券工具。国际市场通用的绿色债券标准包括国际资本市场协会与国际金融机构合作推出的绿色债券原则(GBP),以及由气候债券倡议组织开发的气候债券标准(CBS)。绿色债券一经推出,就在世界范围内得到迅速发展。2007年,欧洲投资银行发行了第一只绿色债券,称为"气候意识债券"。紧接着世界银行于2008年发行了绿色债券。2016年12月,波兰成为第一个发行绿色主权债券的国家。2017年,美国政府机构房利美发行了规模高达249亿美元的绿色抵押贷款支持证券。同年,马来西亚发行了全球首只绿色伊斯兰债券,为适应气候变化提供资金。根据气候债券倡议组织市场资讯平台(Climate Bonds Market Intelligence)数据,2021年全球绿色债券市场规模超过5000亿美元(5174亿美元)。此外,绿色债券发行机构类型也在逐步增加。除传统金融机构与政府机构外,企业也开始发行绿色债券,如自2016年以来,美国苹果公司陆续发行共计47亿美元的绿色债券,这些资金被用于可再生能源生产与碳减排等,截至2021年10月已投资30亿美元用于绿色技术创新。

资产管理部门提供的绿色金融产品以绿色基金的形式为主,包括财政基金、投资基金、碳基金等。绿色资产管理服务通过共同基金、资管计划、信托等综合性的投融资经纪及其他相关服务,引导资金在绿色金融市场进行投资,依托绿色金融市场持续、稳定的收益及发展前景,为投资者提供有保障的收益。财政基金如荷兰政府主导的绿色基金计划,公民通过购买绿色基金的股份或在绿色银行中投资获得免缴资本收益税并享受所得税优惠的便利条件,因此,投资者可以接受较低的投资利率,从而银行能以较低的成本为环保项目提供绿色贷款。投资基金如瑞士银行推出生态表现型股票基金与未来能源股票型基金,这两种基金均聚焦环保生态领域,但后者主要针对清洁能源市场。碳基金从投资者处获得资金,在现有减排项目中购买二氧化碳排放权或减排单位,或者投资于新的气候友好项目。荷兰合作银行是率先进入碳基金领域的私人银行之一,投资了全球第一只碳基金——世界银行原型碳基金,并与荷兰政府签署了采购10吨二氧化碳排放权的合作框架协议。瑞士银行推出"瑞银(卢森堡)—未来能源"股票型基金,专门投资于符合一定标准的新能源技术及服务供应商、能源供应商,以及新能源和能效设备生产商。

绿色指数是以绿色股票、债券等绿色金融产品为标的物衍生出的一类金融投资工具,包括市场主体绿色绩效指数、绿色产品指数、绿色金融市场发展指数三大类。该指数是提高绿色金融产品流动性、降低投资风险、扩大投资者群体的重要手段,发布主体包括评级机构、银行等。2007年2月,摩根大通推出第一个美国气候企业债指数,该指数有利于遵循及实施气候友好政策的债务发行商。之后其他银行或评级机构陆续推出标普全球清洁能源指数、纳斯达克美国清洁指数、FTSE日本绿色35指数等。其中,标普全球清洁能源指数包含全球30个主要清洁能源公司的股票,根据各公司碳足迹调整权重,加权平均得到指数。纳斯达克美国清洁指数跟踪50余家美国清洁能源公司股票。FTSE日本绿色35指数包含日本35家从事环保相关业务的上市公司股票。

除上述绿色金融产品之外,投资银行和企业还为政府部门、大型企业和相关机构提供项目融资。该项目融资主要集中在节能减排领域,如爱尔兰银行为废弃物再生能源项目提供融资;德克夏银行将可再生能源项目的资产组合融资与项目开发相关联的施工风险相结合等。

(三)绿色保险

绿色保险起源于欧美发达国家,美国在绿色保险制度建设和法律规范上更为成熟。碳保险是在碳交易和碳市场的基础上产生的,但是,从产品角度来看,国际上通常包括两类产品领域,第一类是根据环保特性,允许保险费差异化的保险产品,此类保险对环境友好型投保人降低保费,以鼓励环境保护行为。例如,瑞信银行推出的回收保险,为使用回收零部件维修汽车的客户提供20%的保费优惠。第二类是专门针对特定环保领域的保险产品,如环境损害保险和碳保险。

碳保险可以分为两类,第一类针对碳交易以及低碳项目评估与开发活动中的固有风险,如瑞士再保险公司与澳大利亚保险公司 Garant 合作,推出根据减排购买协议合同来开发碳交付的保险产品;第二类针对信贷担保,如美国国际集团与达信保险经纪公司合作,以推动私营企业参与碳减排项目和碳排放交易为目的,推出碳排放信贷担保和可再生能源相关的新型保险产品。

早期的绿色保险以被保险人因污染环境而应当承担的环境赔偿或治理责任为标的,故被称为环境损害保险或者环境责任保险。国际上对环境责任险的投保模式有以强制责任险为主,以强制责任保险与财务担保或担保制度相结合和任意环境责任险为主三种。

采取以强制责任险为主模式的国家以美国为代表。1976 年,美国出台《资源保护和恢复法案》,授权国家环保局对毒性废弃物的储存、处理制定管制标准,并对强制要求投保的企业作出规定,美国的强制责任保险制度逐渐形成。由于环境责任保险具有技术要求高、赔偿责任大等特点,普通保险公司可能不具备开展环境责任保险业务的能力,因此,1988 年,美国成立了环境保护保险公司,专门从事环境责任保险业务。除此之外,美国还采用税收减免、保费补贴、保险公司运营支出补贴等激励措施,鼓励保险公司承保绿色保险,扩大绿色保险的覆盖率。经过半个世纪的发展,美国保险市场上已经发展出产品责任保险① (Product Liability)、综合一般责任保险(Comprehensive General Liability,简称 CGL)及取代它的商业一般责任保险(Commercial General Liability)和专业环境损害责任保险(Environmental Impairment Liability,简称 EIL)。

采取强制责任保险与财务担保或担保制度相结合模式的国家以德国为代表。1991 年,德国出台《环境责任法》,明确规定了潜在环境侵权人必须证明其具有经济赔偿能力,使用"通过与在本法适用范围内有权从事经营活动的保险公司签订责任保险合同,或者由联邦或某个州承担履行担保或保证责任,或者由在该法适用范围内有权从事经营活动的信用机构提供履行担保或保证

---

① 产品责任是指由于产品存在缺陷造成消费者、使用者的人身伤害或财产损失,其生产者或销售者依法应承担的法律赔偿责任。

责任,但以该信用机构保证提供相当于责任保险的金钱保障为限"三种方法提供经济保障①。德国的环境责任保险主要分为两种:一种是基本保险,此类保险针对零售市场,即环境风险较低、无须进行深入环境风险评估的经营商;另一种是综合险,此类保险针对被认为特别容易受到环境损害的业务,与基本保险自动成为一般责任保险保单的一部分不同,综合险需要投保人单独与保险公司签订。

采取以任意环境责任险为主、强制责任险为辅模式的国家以法国为代表。法国是《国际油污损害赔偿民事责任公约》和《国际油污损害赔偿基金国际公约》成员国,在油污损害赔偿方面采用强制责任保险制度。但是,在其他环境保险领域,法国采取任意投保,即自愿投保方式。目前,法国环境责任保险的承保范围包括偶然、突发环境事故和反复性或持续性事故所引起的环境损害。

总之,绿色保险作为一种金融工具,以"被保险人因污染环境而应当承担的环境赔偿或治理责任"为保险标的,通过责任社会化方式对生态权益受到的损害给予补偿,在促进生态经济可持续发展方面发挥着积极作用。首先,保护环境需要全社会参与,绿色保险扩大了环境治理的参与主体。就投保双方而言,保险公司在承保期间会对企业环境风险状况进行评估,向投保人提出合理的消除隐患措施;投保人要求在投保期间披露企业的污染危险等级、风险状况变化等信息,基于污染程度越高保险缴费率越高的情况,为降低环境污染带来成本,企业会积极采取措施降低环境风险。其次,企业通过购买绿色保险产品,将不确定的损失转化为相对较少的确定性保费,将风险转移给保险公司。而保险公司为了降低自身风险,也会督促企业做好防污工作。同时,这也在一定程度上减轻了政府负担,如果没有绿色保险为环境突发事故托底,政府往往会承担大多数损失。而在绿色保险的机制下,保险公司和政府可以有序地对已发生的事故进行及时有效处理,减轻政府作为最后承担人的负担。

---

① 文件来源:https://wenku.baidu.com/view/42c2cadad15abe23482f4d41.html。

第二节　国　内

一、绿色金融相关政策

对绿色金融政策进行梳理可以发现,虽然中国已经出台了促进绿色金融协调发展的相关政策,但是,尚未形成系统的绿色金融发展评价体系,也没有明确绿色金融资金投入的监管机制。由于不同金融机构的绿色金融实践程度不一致,政策之间也存在差异。

（一）绿色信贷政策

中国的绿色金融政策实践中,银行是最早开始关注环境保护的金融机构之一,早在 1981 年国务院提出《关于在国民经济调整时期加强环境保护工作的决定》,指出利用经济杠杆推动企业进行污染治理,银行信贷作为中国企业外源融资的主要渠道,在推动绿色信贷,促进经济绿色发展方面走在各金融机构前列。通过对相关政策梳理,中国绿色信贷政策的发展可以分为雏形期、发展期和成熟期。具体政策见表 4-2。

雏形期(1995—2011 年):1995 年,中国人民银行就发布《关于贯彻信贷政策与加强环境保护工作有关问题的通知》,明确指出"要把支持生态资源的保护和污染的防治作为银行贷款考虑的因素之一"。可见,虽然没有明确提出绿色信贷的概念,但是,这一政策的工作思想与绿色信贷一致。2007 年 7 月,国家发展改革委、中国人民银行、银监会联合发布《关于落实环保政策法规防范信贷风险的意见》,要求金融机构要依据环境管理规定和环保部门通报情况,对不同类型的项目实行差别信贷①。为了提高银行对环境风险的意识,2010 年 5 月,银监会推出《关于进一步做好支持节能减排和淘汰落后产能金融服务工作的意见》,明确提出"要密切跟踪监测并有效防范加大节能减排和淘汰落后产能力度可能

---

① 《关于落实环保政策法规防范信贷风险的意见》中明确提出,"金融机构应依据国家产业政策,进一步加强信贷风险管理,对鼓励类项目在风险可控的前提下,积极给予信贷支持;对限制和淘汰类新建项目,不得提供信贷支持;对属于限制类的现有生产能力,且国家允许企业在一定期限内采取措施升级的,可按信贷原则继续给予信贷支持;对于淘汰类项目,应停止各类形式的新增授信支持,并采取措施收回已发放的贷款"。

引发的信贷风险"。

发展期(2012—2015年):在2012年之前,中国虽然已经要求银行依据环境表现,实行差别信贷原则,但此时并没有提出绿色信贷实施的统一规范,银行推行绿色信贷原则完全属于"自觉"行为。2012年2月,银监会发布《绿色信贷指引》,对银行业金融机构实施绿色信贷的组织管理、政策制度及能力建设、流程管理、内控管理与信息披露以及监督检查等方面进行详细的规范,提出"银行业自身进行评估与判断,决定信贷结构,做好风险防范"。2013年2月,银监会发布《关于绿色信贷工作的意见》,要求"完善绿色信贷统计制度"并且"持续推进国内外信贷合作的交流",同年7月发布《关于报送绿色信贷统计表的通知》,对相关信贷指标进行了更为详细的阐述,要求所有银行在授信时遵照绿色信贷指引。2014年8月,银监会发布《绿色信贷实施情况关键评价指标》,为绿色信贷评价体系的建立奠定了基础。这一阶段,绿色信贷的指引文件,为中国绿色信贷工作开展指明方向,并陆续建立相关评价指标,以保障绿色信贷政策落实。

成熟期(2016年至今):2016年,中国人民银行等七部委联合发布《关于构建绿色金融体系的指导意见》,提出"构建支持绿色信贷的政策体系、推动银行业自律组织逐步建立银行绿色评价机制"。在此之前,中国虽然已经对绿色信贷发展出台了专门指引,但没有与绿色金融的其他部门形成良好的协调发展,也没有形成绿色信贷的评价体系。2018年7月,中国人民银行发布了《关于开展银行业存款类金融机构绿色信贷业绩评价的通知》,要求人民银行各分支机构加强对辖区内银行构建绿色信贷评价体系的监管力度。这一政策的出台,为后续构建统一标准的绿色信贷评价体系奠定了基础,也进一步规范了银行的绿色信贷行为,引导银行承担社会责任,促进经济的绿色转型和发展。2021年6月《银行业金融机构绿色金融评价方案》发布后,扩大了绿色金融评价方案涵盖范围,既包含绿色信贷部分,也包括对绿色债券的考核,《关于开展银行业存款类金融机构绿色信贷业绩评价的通知》同时废止。

表 4-2　中国绿色信贷政策汇总表

时间	发文单位	文件名称	有效情况
1995 年 2 月	中国人民银行	《关于贯彻信贷政策与加强环境保护工作有关问题的通知》	
2007 年 7 月	国家环保总局、中国人民银行、银监会	《关于落实环境保护政策法规防范信贷风险的意见》	
	中国银监会	《关于防范和控制高能耗高污染行业贷款风险的通知》	
2007 年 11 月	中国银监会	《节能减排授信工作指导意见》	
2010 年 5 月	中国银监会	《关于进一步做好支持节能减排和淘汰落后产能金融服务工作的意见》	
2012 年 2 月	中国银监会	《绿色信贷指引》	
2013 年 2 月	中国银监会	《关于绿色信贷工作的意见》	
2013 年 7 月	中国银监会	《关于报送绿色信贷统计表的通知》	
2014 年 6 月	中国银监会	《绿色信贷实施情况关键评价指标》	
2015 年 2 月	中国银监会、国家发展改革委	《能效信贷指引》	
2018 年 7 月	中国人民银行	《关于开展银行业存款类金融机构绿色信贷业绩评价的通知》	已废止
2020 年 1 月	中国银保监会	《关于推动银行业和保险业高质量发展的指导意见》	
2020 年 12 月	财政部	《商业银行绩效评价办法》	
2021 年 6 月	中国人民银行	《银行业金融机构绿色金融评价方案》	

中国的绿色信贷主要侧重于节能减排，采取的手段主要是差异化信贷方式，即对重污染企业依照环境表现严格把控信贷规模、对节能企业优先信贷，而对于绿色信贷支持绿色技术发展等方面的政策几乎没有。绿色技术的发展是中国未来绿色发展的重要依托，绿色信贷业务实践中已经开始对绿色技术企业进行授信，却并未形成一个系统的政策文件，这是今后绿色信贷政策体系应该努力和发展的方向。

（二）绿色证券政策

企业除了可以向银行贷款，进行间接融资以外，还可以通过证券市场进行直接融资，证券市场也是推行绿色金融政策主要渠道之一。2015 年，中共中央政治局发布《生态文明体制改革总体方案》，明确提出"研究银行和企业发行绿色债券"，但绿色证券在中国的实践滞后于绿色信贷。中国绿色证券政策发展大致可以归纳为三个阶段，具体政策见表4-3。

表4-3　中国绿色证券政策汇总表

时间	组织	文件名称	有效情况
2001年3月	中国证监会	《公开发行证券的公司信息披露内容与格式准则第9号——首次公开发行股票申请文件》	已废止
2001年9月	国家环境保护总局	《关于做好上市公司环保情况核查工作的通知》	已废止
2003年6月	国家环境保护总局	《关于对申请上市的企业和申请再融资的上市公司进行环境保护核查的通知》	
2007年8月	国家环境保护总局	《关于进一步规范重污染行业生产经营的公司申请上市或再融资环境保护核查工作的通知》	
2008年1月	中国证监会	《关于重污染行业生产经营公司IPO申请申报文件的通知》	
2008年2月	国家环境保护总局	《关于加强上市公司环保监管工作的指导意见》	
2009年8月	环境保护部	《关于开展上市公司环保后督查工作的通知》	
2010年7月	环境保护部	《关于进一步严格上市环保核查管理制度加强上市公司环保核查后督查工作的通知》	已废止
2011年2月	环境保护部	《关于进一步规范监督管理严格开展上市公司环保核查工作的通知》	已废止
2012年10月	环境保护部	《关于进一步优化调整上市环保核查制度的通知》	已废止
2014年10月	环境保护部	《关于改革调整上市环保核查工作制度的通知》	
2015年12月	国家发展改革委	《绿色债券发行指引》	
	中国人民银行、中国金融学会绿色金融专业委员会	《关于在银行间债券市场发行绿色金融债券有关事宜的公告》	
2016年4月	深圳证券交易所	《关于开展绿色公司债券业务试点的通知》	

时间	组织	文件名称	有效情况
2017 年 3 月	中国证监会	《关于支持绿色债券发展的指导意见》	
	中国银行间市场交易商协会	《非金融企业绿色债务融资工具业务指引》	
2017 年 10 月	中国人民银行、证监会	《绿色债券评估认证行为指引(暂行)》	
2018 年 2 月	中国人民银行	《关于加强绿色金融债券存续期监督管理有关事宜的通知》	
2018 年 3 月	上海证券交易所	《上海证券交易所公司债券融资监管问答(一)绿色公司债券》	
2018 年 4 月	上海证券交易所	《上海证券交易所服务绿色发展推进绿色金融愿景与行动计划(2018—2020)》	
2018 年 8 月	上海证券交易所	《上海证券交易所资产证券化业务问答(二)绿色资产支持证券》	
2018 年 9 月	中国证监会	《上市公司治理准则》	
2018 年 11 月	中国证券投资基金业协会	《绿色投资指引(试行)》	
2019 年 5 月	中国人民银行	《关于支持绿色金融改革创新试验区发行绿色债务融资工具的通知》	
2021 年 4 月	中国人民银行、国家发展改革委、证监会	《绿色债券支持项目目录》	

雏形期(2001—2008 年):2001 年 3 月,中国证监会发布《公开发行证券的公司信息披露内容与格式准则第 9 号——首次公开发行股票申请文件》,明确要求股票发行人在首次公开发行时对其业务及募股资金拟投资项目是否符合环境保护要求进行说明,其中污染比较严重的公司还应提供省级环保部门的确认文件,这是中国首次对上市公司设定有环境保护的要求与限制。此后,环境保护核查内容、要求、核查程序相继作出明确规定并不断完善,对于需要核查的重污染行业数量不断增加。为贯彻落实《节能减排授信工作指导意见》,2008 年 2 月国家环保总局发布《关于加强上市公司环保监管工作的指导意见》,完善了环保核查制度,形成以上市公司环保核查和环境信息披露为重点的制度,抑制"两高一剩"行业的快速增长,也在一定程度上激励上市公司增强对保护环境、节省能耗的重视程度。

发展期（2009—2014 年）：2009—2014 年中国证券市场经历了从形成政府环境核查体系，到由市场对环境进行评估的转变。2009 年 8 月，环境保护部发布《关于开展上市公司环保后督查工作的通知》，提出开展环保后督查工作。此后，相关部门颁布了一系列关于上市环保核查的相关文件，如上市公司环保核查制度、上市环保核查后督查制度、上市公司环境信息披露制度共同构成了中国绿色证券制度体系。但是，这一政策体系主要依赖于政府的核查与监督。为深入贯彻党的十八届三中全会精神，认真落实国务院关于简政放权、转变政府职能要求，2014 年 10 月环境保护部发布《关于改革调整上市环保核查工作制度的通知》，废止了上市环保核查的相关政策，建立依赖市场主体、基于信息公开的绿色证券制度体系，由之前的环保核查制度改为由保荐机构和投资人依据政府、企业公开的环境信息，以及券商、律所等第三方机构评估结果等信息，对申请上市企业环境表现进行评估。尽管中国已经对上市公司的环境保护提出要求，但是未出台相应的市场制度规范和评价体系，也未建立绿色债券的标准。

成熟期（2015 年至今）：2015 年国家发展改革委颁布《绿色债券发行指引》，明确绿色债券支持的重点为绿色城镇化项目、节能减排技术改造项目、新能源开发利用项目和能源清洁高效利用项目，标志着中国绿色债券市场进入了有序发展阶段。2016 年 8 月，中国人民银行等七部委发布《关于构建绿色金融体系的指导意见》，要求建立强制性环境信息披露制度，并鼓励发展绿色债券。至此，中国已初步建立了包括证券交易所、全国中小企业股份转让系统和区域性场外市场在内的较为完善的多层次资本市场。不同层次市场的上市条件、信息披露准则及市场交易方式等多项要求都有所差别，绿色企业可以根据自身情况等特点，选取最适合的方式进行融资。之后出台的一系列政策丰富了《关于构建绿色金融体系的指导意见》中的绿色证券相关内容，并对各个机构的环境信息披露、绿色证券统计、监督管理等方面的要求进行补充。2019 年 5 月，中国人民银行发布《关于支持绿色金融改革创新试验区发行绿色债务融资工具的通知》，试验区的绿色产业融资渠道增加，有利于绿色项目能获得长期低成本资金，极大增加了企业运用资金的灵活性，同时担保机构的存在可以进一步降低企业的融资成本。2021 年 4 月，中国人民银行、国家发展改革委和证监会联合发布《绿色债券支持项目目录》,对绿色项目界定标准更加科学准确,绿色债券发行管理模式更加优化,为我国绿色债券发展提供了稳定框架和灵活空间。

虽然中国绿色债券的发行种类和发行规模在不断增加,但是相关的评价体系并不完善,没有形成一套公认的评价标准。对绿色债券募集后的资金使用监管力度不大,容易发生"漂绿行为"和"资金乱用"问题,影响绿色债券市场的发展。《中国绿色债券市场存续期信息披露研究报告 2022》显示,65%的发行人(占发行金额的 74%)提供了存续期募集资金用途的信息披露,披露环境影响的占比则远低于此,这为绿色债券埋下违约的隐患,表明中国的环境影响披露质量还有待提高。

(三)绿色保险政策

气候变化和环境风险是所有企业和金融部门不可避免的次级系统风险。保险机构的主要职能是风险管理,通过设计相关的产品和服务为财产和生命提供经济保障。气候和环境风险使得保险机构的相关业务均暴露在物理风险和转型风险之下,然而绿色发展进程中,保险机构既发挥着不可代替的作用,也承担着不可推卸的社会责任。

2006 年,国务院印发《关于保险业改革发展的若干意见》,使得巨灾保险重新进入大众视野。近年来,绿色保险顶层设计不断完善,《关于构建绿色金融体系的指导意见》(2016)明确指出,"绿色保险"对于强化气候环境风险管理和服务高质量发展具有重大意义。2022 年 6 月,银保监会印发《银行业保险业绿色金融指引》,指出要引导银行和保险业共同努力,将资金投向"绿色"领域,促进"绿色""低碳"快速转型。在环境风险较大的地区,实行强制性的环境污染责任险制度,积极开展农业绿色保险的创新和发展。中央有关部门已经相继出台引导地方发展的政策,一些省级政府也在贯彻落实相关政策的同时,提前发布了地方级的政策,引导地区发展。中国绿色保险在逐步试点中摸索发展。中国的绿色保险发展可以归纳为三个阶段,具体政策详见表 4-4。

表4-4　中国绿色保险政策汇总表

时间	文件名称	相关内容
2006 年	关于保险业改革发展的若干意见	由国务院发布,巨灾保险开始得到关注
2007 年	原保监会开始试点环境责任保险,国家及相关部门积极构建绿色保险体系建设	
2015 年	关于加快推进生态文明建设的意见	深化环境污染责任保险试点
2016 年	中华人民共和国国民经济和社会发展第十三个五年规划纲要	在高风险行业推行环境污染强制责任保险,建立绿色金融体系
	中国保险业发展"十三五"规划纲要	配合国家新能源战略,加快发展绿色保险完善配套保险产品研发
	关于构建绿色金融体系的指导意见	中国人民银行与原保监会等七部委联合印发,首次提出绿色保险的概念,明确指出发展绿色保险,在高风险领域建立环境污染强制责任保险;鼓励支持保险行业创新产品和服务,并参与环境风险治理体系建设
2017 年	环境污染强制责任保险管理办法(征求意见稿)	由原保监会发布,明确推进环污强制险
2018 年	环境污染强制责任保险管理办法(草案)	从事环境高风险生产经营活动的企业事业单位或其他生产经营者应当投保环境污染强制责任保险
2020 年	关于推动银行业和保险业高质量发展的指导意见	要求大力发展绿色金融,"探索碳金融、气候债券、蓝色债券、环境污染责任保险、气候保险等创新型绿色金融产品"
	中华人民共和国固体废物污染环境防治法	收集、贮存、运输、利用、处置危险废物的单位,应当按照国家有关规定,投保环境污染责任保险,意味着环境责任险将全面覆盖涉危险废物的企业
2021 年	新《安全生产法》	明确提出八大高危行业强制购买安全生产责任险
	关于加快建立健全绿色低碳循环发展经济体系的指导意见	加强绿色保险发展,发挥保险费率调节机制作用
2022 年	中国保险业标准化"十四五"规划	探索绿色保险统计、保险资金绿色运用、绿色保险业务评价等标准建设
	银行业保险业绿色金融指引	明确提出 ESG 对绿色保险创新的指导意义,要求银行保险机构将绿色金融发展提高到战略高度,对机构内部管理、机制流程的设置、信息披露均做出明确要求
	关于银行业保险业支持城市建设和治理的指导意见	引导绿色保险更好推动社会主义现代化城市建设
	绿色保险业务统计制度的通知	首次明确绿色保险进行定义,并正式印发《绿色保险统计制度》,主要从保险产品和保险客户两个维度出发,统计绿色保险业务承保和理赔情况

试点发展阶段(2006—2012年):中国的绿色保险最早可以追溯到1976年交通部颁发的《关于油污损害民事责任保险证书》,是最早的关于环境污染责任保险的条例。1980年,中国加入《国际油污损害民事责任公约》,建立了油污赔偿机制,有效处理海上油污事故,对保护海洋环境起到良好的作用。但是,市场自愿发展绿色保险过程中,存在产品单一、承保范围有限,费率高、赔付率低等问题,且社会公众对环境保护的意识不强,造成投保的企业数量少,绿色保险发展速度缓慢甚至停滞。1991年,中国率先在大连及周边城市推出环境保险,但对环境保险的承保范围、费率和赔保金额计算等方面并不合理,阻碍了中国绿色保险的发展。2005年11月,中石化吉林分公司双苯厂发生爆炸,引发了松花江水跨国污染,成为中国环境责任保险发展过程中的转折点。为落实"十一五"规划中,强调建设环境友好型社会,切实解决环境问题,2006年国务院颁布《关于保险业改革发展的若干意见》,明确提出"采取市场运作、政策引导、政府推动、立法强制等方式",发展环境污染责任保险。2007年,环境保护部和保监会发布《关于环境污染责任保险工作的指导意见》,明确了绿色保险制度发展路线图,绿色保险发展正式进入试点阶段。但是,这一阶段中,企业投保的意愿并不强烈,相关政策也有待进一步完善。

试点推广阶段(2013—2015年):为进一步落实"十二五"规划,加快建设资源节约型、环境友好型社会,2013年10月,环境保护部、保监会联合颁布《关于开展环境污染强制责任保险试点工作的指导意见》,明确指出在高能耗、高污染行业推进环境污染强制责任保险试点,并将试点推广至全国范围。截至2014年底,全国有28个省(区、市)开展企业环境污染责任险试点,投保企业累计2.4万家,相较于试点发展阶段有了质的改变①。2014年8月,国务院出台《关于加快发展现代保险服务业的若干意见》,将责任保险发展重点定位到环境污染等其他领域,至此,国内各重要保险公司都加入试点工作,参与的保险产品从初期的4种发展到目前的20余种。在这个阶段,各项政策的相继出台,完善了绿色保险相关指标。随着国家对生态环境的重视,企业也将绿色发展作为长远目标之一,投保企业数量不断扩大。

---

① 数据来源:http://politics.people.com.cn/n/2014/1205/c70731-26151149.html。

全国推行阶段(2016年至今):2016年,中国人民银行等七部委出台《关于构建绿色金融体系的指导意见》,对绿色保险发展提出要求。2018年,生态环境部颁布《环境污染强制责任保险管理办法(草案)》,提出在环境高风险领域建立环境污染强制保险,并在全国范围继续推广绿色保险,完善绿色保险制度,创新绿色保险产品和服务,标志着中国绿色保险开始走上立法的轨道。2020年,中国银保监会发布《关于推动银行业和保险业高质量发展的指导意见》,要求扩大巨灾保险试点范围,探索环境污染责任保险、气候保险等创新型绿色金融产品,支持绿色、低碳、循环经济发展,坚决打好污染防治攻坚战。通过在全国范围内推行绿色保险政策,发挥金融机构现有优势,以更好支持经济绿色发展。

中国保险政策对于巨灾保险与环境污染强制责任保险的相关判定体系暂不健全,未形成环境风险标准制度,缺乏对绿色项目和绿色产业的清晰界定,不利于绿色保险业务中保险对象的确定。此外,绿色保险制度的制定和推行缓慢,现阶段企业对保险的认识停留在初级阶段,导致主动进行环境风险投保的动力不足。

基于对中国绿色金融和相关金融机构的绿色发展政策的梳理,绿色金融政策没有形成完善的绿色金融评价体系和监管机制,不同金融部门对于绿色金融的认知存在差异,绿色金融实践也存在明显差异。尽管各个金融部门已经推出一系列绿色金融产品及服务,助力中国绿色转型和绿色发展,但是现阶段绿色资金缺口巨大,金融机构应该加快对绿色经济转型发展研究,加大绿色资金的投入,通过金融渠道引导闲散资金流入绿色企业,促进双碳目标早日实现。

二、相关政策实践

全球各类银行、资产管理公司、金融服务供应商和保险公司逐渐推出与环保产业相关的产品与服务,并推出了多元化投融资方案,极大地推动了绿色金融业的发展。为积极应对气候变化,发挥推动世界经济可持续发展的大国作用,中国开始积极探索发展绿色金融,为推进绿色金融健康可持续发展做出全方位顶层设计,各金融机构与企业积极践行政策,推出绿色金融产品与服务。

(一)绿色信贷产品及服务

中国商业银行积极配合国家政策,在新兴特定市场推出清洁能源融资、能效与节能减排融资、环境污染治理融资、绿色信贷中间业务、合同能源管理未来收益权质押融资和排污权抵押授信等一系列环保节能融资产品。

环保产业项目融资目前仍以传统抵押授信方式[①]为主,此类产品主要有四种。一是涉及水电、风能、生物质能等项目的清洁能源融资产品,如 2012 年世界银行为北京屋顶太阳能光伏发电扩大示范项目提供 1.2 亿美元贷款。二是能效与节能减排融资产品,该产品起步较早、发展较快,如 2006 年兴业银行与国际金融公司(IFC)合作,向中国 46 个节能减排项目贷款 9 亿元,随后北京银行、浦发银行等均推出了此类产品。三是环境污染治理融资产品,主要涉及废气、污水、固体废弃物等领域,该产品所需融资金额较大,如 2013 年兴业银行与平安保险合作,为株洲市湘江建设发展集团有限公司融资 12 亿元,用于湘江流域重金属水环境治理项目。四是绿色信贷中间业务,此类业务首先由国外金融机构为中国金融机构提供资金技术支持,再由中国金融机构为客户或项目提供融资方案、项目贷款和中间贷款,如 2007 年法国开发署(AFD)与中国财政部、国家发展改革委签订第一期绿色信贷中间业务之后,中国开展了多期绿色信贷中间业务,贷款额度从 6000 万欧元提升至 1.2 亿欧元;2012 年,中信银行获得由德国复兴信贷银行(KFW)支持的 4200 万欧元,推出首期绿色信贷中间业务项目。

中国商业银行也扩大了抵押标的物范围,将"未来收益权""排污权"等作为抵押标的物,为环保节能融资产品市场注入了新的活力,帮助解决担保资金不足、污染减排资金匮乏的中小企业融资难问题。此类产品包括排污权抵押授信产品和合同能源管理未来收益权质押融资产品两种。排污权抵押授信产品是借款人以排污权为抵押物向银行申请贷款,银行提供企业拟购买初始排污权或已持有排污权抵押授信业务,有助于缓解企业资金不足以及因购买排污权出现的流动资金短缺等问题。在浙江、湖南等 28 个试点地区开展了排污

---

① 本书所指的传统抵押授信方式主要指金融机构根据贷款企业的固定资产、股票等为其提供资金支持。

权有偿使用与交易,并有多地推出排污权抵押授信产品,如浙江绍兴柯桥2014年通过排污权抵押融资的企业有124家,获贷款约23.9亿元。合同能源管理未来收益权质押融资产品是节能服务公司等以项目的未来收益权为质押,银行为其提供专项贷款,提前将该项目部分未来收益以贷款形式发放给企业,使节能企业提前获得未来数年才能收回的项目效益,并投入到企业承接的项目中去,帮助企业降低还款压力。如2010年,浦发银行为江苏辰午节能科技有限公司提供合同能源管理未来收益权质押贷款业务,支持其节能项目。截至2014年,该企业在浦发银行的贷款余额已经达到3000余万元。除此之外,中国商业银行还积极寻求与国际机构合作,推出绿色信贷产品,如浦发银行在2011年联合亚洲开发银行推出了建筑节能融资产品,IFC的中国节能减排融资项目(CHUEE)、AFD的能效融资和可再生能源项目、世界银行的中国节能转贷项目等。

除了面向特定新兴市场推出环保节能融资产品和针对企业的绿色信贷产品之外,商业银行还将绿色业务创新融入支付结算、理财和个人消费等领域,发展出一系列针对个人的绿色信贷产品,如兴业银行联合北京环境交易所推出的中国低碳信用卡。

(二)绿色证券

发行债券是企业除信贷与股票之外的另一大外源融资途径,如今中国在绿色债券市场上已取得了一定成果。《2021年绿色债券市场运行情况报告》显示,2021年贴标绿色债券(以下简称"贴标绿债")发行规模共计6463.49亿元,较2020年增长123%。中国绿色债券市场已经初具规模,成为全球绿色债券的重要组成部分。

除大力发展绿色债券以外,中国证券市场还推出多种指数类产品。2017年,兴业银行与中央国债登记结算有限责任公司合作发布中债—兴业绿色债券指数,这是中国首只绿色债券指数型理财产品。同时,股票市场开始兴起绿色指数及其投资产品的开发。目前中国绿色股票指数可以分为三类:第一类绿色股票指数是针对企业社会责任、环境等方面的综合评价的可持续发展指数,如中证ECPI ESG可持续发展40指数。第二类绿色股票指数是宏观环保产业指数,主要以股权指数为主,涉及产业与气候变化、节能减排、清洁能源等相关领域。中国的环保产业指数产品处于起步阶段,发展空间较大。2007 年,深圳证券信息有限公司和天津泰达有限公司联合推出泰达环保指数,这是中国首个社会责任型指数。2008 年,海通证券研究所与中国环境保护部、荷兰银行、苏格兰皇家银行共同推出海通环保指数。2010 年,优点资本与北京环境交易所联合推出了中国低碳指数。2012 年,上海证券交易所和中证指数有限公司发布了上证环保产业指数和中证环保产业指数等。第三类绿色股票指数是针对特定领域的绿色环境指数,如碳指数。由于中国绿色金融的发展起步晚,绿色指数、绿色基金、绿色信托的发展都较缓慢,绿色证券市场存在很大的发展前景。

2021 年 2 月,中国首批碳中和债成功发行。碳中和债指将所筹集到的资金投入具有减少碳排放效应的领域,该债券需满足绿色债券资金用途、碳中和项目评估、资金管理以及后续信息披露等四个要求。碳中和债券须为筹集到的资金设立专门账户,及时披露相关信息,以确保资金投向碳中和项目。大部分碳中和债的信用评级为 AAA 级,信用风险较低,安全性较高,盈利性较稳定。

(三)绿色保险

2021 年,中国太平洋保险公司正式签署联合国可持续保险原则(UNEP FI Principles for Sustainable Insurance,简称 PSI),开发多款气象指数保险、巨灾保险产品,为全国 6000 多家企业提供环境污染风险保障,总保额超过 96 亿元①。绿色保险发展的同时也为保险公司扩大了业务范围,丰富了保险业的发展。

中国绿色保险产品依据承保对象可分为六类:第一类是以企业事业单位和其他生产经营者污染环境,导致损害应当承担的赔偿责任为标的的环境污染风险保障类保险,如环境污染责任险、土壤污染责任险等。第二类是为保护森林、野生动物等绿色自然资源,缓解人类社会与自然环境的矛盾,而提供风险保障的绿色资源风险保障类保险,如森林保险、野生动物肇事保险、环境污染责任保险等。第三类是为节能环保、清洁能源、绿色农业、绿色建筑、绿色交通等行业领域有关技术装备和产品提供风险保障的绿色产业风险保障类保险。第四类是在绿色金融活动中,针对绿色金融工具,以履约义务人的信用风险为标的的绿色金融信用风险保障类保险。第五类是为应对气候变化和极端天气,针对自然灾害损

---

① 数据来源于中国太平洋保险 2021 年年报。

失提供风险保障的巨灾天气风险保障类保险,如巨灾险、大气指数保险等。第六类是对实施绿色消费、绿色生产等环境友好行为的参保人,提供费率优惠或权益增进的鼓励实施环境友好行为类保险。

此外,保险公司还推出了将保险资金进行绿色投资的保险产品,如绿色建筑保险、清洁能源险、绿色项目贷款保证保险等。保险公司还推出了与绿色保险产品相配套的服务,如企业环境污染风险管理服务、养殖保险理赔与病死畜禽无害化处理联动机制。

第二篇　绿色金融评价与效率测度

　　绿色金融的本质仍是金融。绿色金融市场的迅速扩大伴随着潜在的金融风险。对绿色金融发展水平的评价和绿色金融资金效率的测度,有利于为绿色金融相关政策的制定和监管提供依据。

　　现阶段,绿色金融评价体系主要集中在绿色金融业务的事前评价,如对贷款方"绿色"资质的评价、对拟发行的绿色金融工具进行风险评估、对绿色资金募资用途进行评价等,这些评价体系为市场主体进入绿色市场设置了准入条件,初步确保资金能投向绿色产业或者绿色项目。然而,对绿色金融业务的事后评价体系鲜有涉及,即尚未构建绿色资金效率评价指标体系和测度方法。

　　绿色金融旨在将资金投向绿色产业和项目,以此产生正向的环境收益和经济收益。绿色资金效率评价指标体系和测度方法的缺乏,使得绿色资金的投入与产出成为一笔"糊涂账",投资者无法预估绿色业务的具体回报以及绿色资金能否如期收回。在推进绿色金融快速发展的同时,需要构建合理的绿色资金效率评价体系,动态监测绿色金融资金效率,调节绿色资金的流量和流向,提高绿色投资的积极性,降低潜在的信用风险。

　　企业作为社会生产的重要参与者和绿色金融资金的实际使用者,是本书的重要研究对象之一。在"理性经济人"假设下,企业在为全社会提供产品和服务的过程中,将更多考虑"经济利益",而其对环境造成的影响,即环境成本并未在企业产品或服务价格中得到有效体现。企业绿色资金效率的高低,既是其运营管理和竞争力的综合反映,又影响着社会范围内绿色资金配置效率。据此,本篇归纳总结了国际和国内绿色金融评价方法和不足之处,探索构建符合中国绿色金融发展实践的绿色资金效率评价体系,并测度了商业银行和企业绿色资金效率,评估现阶段中国绿色金融资金投入产出效率,为中国绿色金融政策制定和完善提供思路。

第五章　绿色金融评价体系

第一节　国际评价体系

一、美国

尽管美国已经出台一系列政策对环境保护问题做出一定约束，但是政策之间并不连续，2019年11月4日，美国正式退出《巴黎协定》。环境政策的不确定性使得美国绿色金融的发展主要依赖于市场对环境风险的意识及推动。美国的绿色评价指标体系以MSCI KLD 400社会指数和纳斯达克绿色经济指数最具代表性，已成为海外金融市场中重要的资产投资参考标准。

MSCI KLD 400社会指数（MSCI-KLD 400 Social Index）涵盖了400家符合社会和环境标准的公开交易公司的市值加权股票指数，也是首个社会责任投资（SRI）指数之一，旨在帮助具有社会意识的投资者衡量投资中的社会和环境因素选择，为具有高MSCI ESG评级的公司提供风险敞口，同时排除其产品可能对社会或环境产生负面影响的公司。

KLD评价体系始于1990年，是历史最悠久的ESG评价体系之一。自推出以来，KLD体系就广受学术界关注。其指标体系如图5-1所示，由环境、社会、治理和争议行业四个维度构成。其中，环境、社会、治理三个维度下的指标分为正面指标和负面指标。正面指标反映公司应对ESG风险和捕捉ESG机会的能力，负面指标则反映公司在ESG方面的不良表现，如违反相关法律法规。除环境、社会、治理三个维度外，还设置了6个争议行业指标，分别是酒精、枪支、博彩、军事、核能和烟草。如果企业涉足某个争议行业，在对应的争议行业指标上就会有所反映。

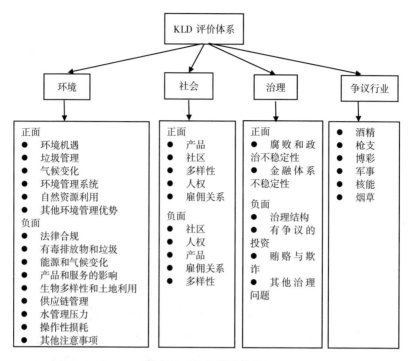

图 5-1　KLD 评价体系

该指数依据 MSCI-KLD 环境指标体系筛选与评价公司。MSCI-KLD 环境指标体系隶属于 MSCI ESG 社会责任投资体系,评价因子主要包括气候变化、产品服务和运作管理等,每个因子分别从积极筛选和消极筛选两个维度考量。其中,气候变化因子的积极筛选是指"公司是否采用清洁能源、可再生能源等其他清洁燃料、是否引入能源效率改善方案和出售改善能源效率产品等";消极筛选是指"公司是否直接或间接地从煤炭石油或其衍生燃料产品的销售中取得丰厚收入"。产品服务因子的积极筛选是指"公司是否提供有益的产品和服务,即从环境友好的创新产品研发中获取丰厚收入";消极筛选包括"臭氧化学物质和农用化学品"两个方面①。运作管理因子的积极筛选包括"污染防治政策和方案、回收以及管理系统"三个方面②;消极筛

① 如果大量生产破坏臭氧的化学物质,以及大量生产包括杀虫剂等农用化学品则规避投资。
② 第一个方面是指,公司是否制定污染防治政策和方案以减少污染排放和有毒物质的使用。回收方面指公司是否在生产过程中使用回收材料或其自身就是回收行业的龙头企业。管理系统指公司是否通过某些国际标准的验证,比如 ISO 标准等。

选则包括"公司是否排放大量有害废物、是否非法排放有害物质,导致巨额罚款或民事诉讼"。

纳斯达克绿色经济指数(NASDAQ OMX Green Economy Index)追踪各个经济部门和各个地区与可持续发展经济模式密切相关的各个行业的公司表现,是一个市值加权指数。该指数仅包含特定的证券类型,符合该指数标准的证券类型包括普通股、存托凭证(美国和全球)、存托股票、荷兰证券、实益权益或有限合伙权益股份、合订证券和追踪股票。被纳入该指数的证券发行企业应该符合可持续发展要求,筹集的资金应当投入如生物/清洁燃料、能源、绿色建筑、可再生能源发电、回收利用等行业。

二、欧盟

通过出台一系列的战略和政策,欧盟建立了清晰的绿色金融组织架构。联合国可持续发展目标和《巴黎协定》的通过,为欧盟承诺的资金流向低碳和气候适应性发展路径奠定了基础。在《气候基准和基准的 ESG 信息披露》报告中,欧盟委员会技术专家组建议各类机构在披露收益等信息时,还应披露 ESG 信息,分资产类别构建具体的指标体系,具体如表5-1所示。

表5-1　欧盟 ESG 披露因素①

	披露因素	主要资产类别			其他资产类别		
		股票	固定收益公司和证券化(资产抵押债券)	固定收益—SSA	对冲基金	商品	私募股权私人债务基础设施
整体 ESG 披露	综合 ESG 评级	是	是	是	是	否	是
	ESG 评级前十大要素	是	是	是	否	否	是
	UNGC 违规%	是	是	否	是	否	是
	国际标准签署国%	否	否	是	是	否	否

①　说明:固定收益—SSA 指由国际组织、主权国家、政府机构、市政、货币市场发行的固定收益债券;表中要求的评级可以是评级、覆盖率和评级分布;对于所有披露信息,要求报告对应指数的加权平均数。

披露因素		股票	固定收益公司和证券化（资产抵押债券）	固定收益—SSA	对冲基金	商品	私募股权私人债务基础设施
		主要资产类别			其他资产类别		
环境披露	综合环境评级	是	是	是	是	否	是
	碳强度	是	是	是	否	否	是
	化石燃料行业风险敞口%	是	是	否	否	否	是
	绿色收入%	是	是	否	否	否	是
	绿色债券%	否	是	是	是	否	否
	暴露与气候有关的身体风险	是	是	是	否	是	是
	暴露与气候相关的物理风险方法	是	是	是	否	是	否
社会披露	综合社会评级	是	是	是	是	否	否
	社会侵害	是	是	是	否	是	是
	有争议的武器%	是	是	否	是	否	是
	有争议的武器定义	是	是	否	是	否	是
	烟草%	是	是	否	否	否	否
	烟草定义	是	是	否	否	否	否
	人权(指数)	否	否	是	否	否	否
	收入不平等	否	否	是	否	否	否
	言论自由	否	否	是	否	否	否
政府披露	综合治理评级	是	是	是	否	否	否
	董事会独立性%	是	否	否	否	否	否
	董事会多样性%	是	否	否	否	否	否
	腐败	否	否	是	否	是	否
	政治稳定	否	否	是	否	否	否
	法治	否	否	是	否	否	否
	管理政策	否	否	否	是	否	否

资料来源:根据欧盟委员会官网(https://europa.eu/)环境信息披露文件整理。

表5-1显示,ESG披露信息为绿色资金投资指明了方向,但是缺少定量指标,且未对"绿色"进行有效界定,因此,现阶段的ESG评价结果并不能很好地作为绿色金融评价的标准。

因此,欧盟委员会于2021年7月发布了《欧盟绿色债券标准》(以下简称

《标准》)，为绿色债券产业发展提供了具体框架。该标准核心内容为：增强投资者对高质量绿色债券的识别和信任；明确绿色经济活动的范畴，降低发行人在转型行业的声誉风险，促进优质绿色债券的发行；引入自愿登记和监管制度，提高外部审查的透明度。《标准》提出绿色债券所支持的项目需要对下列六项环境目标中至少一项作出重大贡献：减缓气候变化、适应气候变化、水资源和海洋资源的可持续利用和保护、向循环经济转变、污染防治、生物多样性及生态系统的保护恢复。上述环境目标对绿色资金的流向做出了基本规定，可作为绿色金融评价的基本要求，即只对满足上述要求的绿色项目进行评价。

《标准》为欧盟企业发行的绿色债券设立了初步评价标准，具体表现为对绿色债券发行企业相关指标的衡量：(1)企业面向欧洲市场所发行的绿色债券的总发行额、总交易量和价格；(2)以同行业或类似行业作为基准，企业绿色债券的市场流动性数据；(3)企业外部督查机构的个数及企业支付给督查机构的费用；(4)外界对企业绿色项目的投诉或监督报告的数量。相关数据可从欧洲证券和市场管理局（ESMA）的数据库获取。《标准》还对外部监管者的市场准入进行了规定，监管机构需要统一在 ESMA 注册，同时符合相关资质要求，否则不具备监管效力。《标准》对欧盟的绿色债券市场的可持续发展奠定了坚实基础，"自上而下"的监管流程和相应的指标披露为绿色金融评价提供了方向。但是《标准》仍然存在不足，如披露指标未涉及定性标准或权重设计，评价结果仅仅局限于绿色主体之间的横向对比。

三、日本

与美国类似，日本关注环境保护源于工业废水随意排放导致水俣病爆发。此后，日本出台了一系列环境保护政策，并大力发展绿色金融政策，为绿色经济和社会可持续发展提供支持。为了促进绿色债券的发行并鼓励对绿色债券投资，2017 年日本环境部发布《2017 年绿色债券指引》。为了促进日本绿色金融传播，2018 年日本贷款市场协会在国际资本市场协会上发布绿色贷款原则（Green Loan Principles，GLP）。日本信用评级机构[①]（Japan Credit Rating Agency，简称

---

① 该评级机构为日本主要的债券评级机构之一，对包括资产支持证券在内的绝大多数日本企业债务进行评级，详见 https://www.jcr.co.jp/en/。

JCR)推出 JCR 绿色金融评价方法作为绿色债券和绿色贷款的外部审查依据。2019 年 9 月,JCR 成为气候债券倡议(Climate Bonds Initiative,CBI)的认证机构,并提供认证报告以获得 CBI 对气候债券的认证。这是 JCR 最初在绿色金融评估中对绿色贷款和绿色债券的独立服务。在审核报告中,JCR 根据 CBI 规定的气候债券标准、分类、行业标准等对债券资格进行审核。通过提供绿色金融评估,JCR 旨在向市场传播绿色金融知识,发展健康的绿色金融市场,并改善全球环境问题。JCR 绿色金融评价适用于各种融资工具,如债券、贷款等,以下是这些融资工具的行业或产品分类:(1)公司、金融机构、政府、公共实体;(2)项目融资;(3)投资基金;(4)资产支持证券。如图 5-2 所示,JCR 绿色金融评价方法分为三个流程。

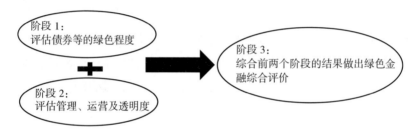

图 5-2　JCR 绿色金融评价流程

资料来源:根据日本信用评级机构官网(https://www.jcr.co.jp/en/)评价方法翻译整理。

第一阶段,对债券、信贷等的绿色程度进行评估。考察债券或信贷支持的项目是否为绿色项目,在绿色项目的基础上,考察筹集到的资金被分配给绿色项目的比例,并依据比例高低对绿色程度评级,具体评级标准如表 5-2 所示。

表 5-2　JCR 绿色评价标准

绿色评价 (收益分配给绿色项目的使用比例)	评价等级
90%到 100%(收益几乎全部分配给绿色项目)	g1
70%到 90%(大部分收益用于绿色项目)	g2
50%到 70%(超过一半的收益分配给绿色项目)	g3

绿色评价 （收益分配给绿色项目的使用比例）	评价等级
30%到50%（不到一半的收益用于绿色项目）	g4
10%到30%（只有很少一部分收益用于绿色项目）	g5
不到10%	不合格

资料来源：作者根据日本信用评级机构官网（https://www.jcr.co.jp/en/）评价方法翻译整理。

第二阶段，评估发行人的管理方式、运营模式与信息透明程度。同时，还评估发行人对筹集资金的使用与管理过程、项目的选择政策、标准与过程等方面的信息披露程度，并根据信息透明程度与政策完备程度进行评级。具体评级标准如表5-3所示。

表5-3　JCR管理、运营及透明度评价标准

分级评定分数	评价等级
80到100（AM系统很发达，透明度非常高。项目的执行和收益的分配很可能按照计划进行）	m1
60到80（开发了AM系统，透明度高。预计项目的执行和收益的分配将按照计划进行）	m2
40到60（AM系统和透明度存在一些问题，很少有人担心该计划和资金分配不会按照计划进行）	m3
20到39（AM系统和透明度存在问题，人们担心该计划和资金分配将无法按原计划进行）	m4
小于20（AM系统和透明度存在严重问题，很难期望计划和资金分配不会按照计划进行）	m5

资料来源：作者根据日本信用评级机构官网（https://www.jcr.co.jp/en/）评价方法翻译整理。

第三阶段，综合前两个阶段的评级结果，对该债券等金融工具做出优良程度为G1—G5及不合格的绿色金融评价，具体评价矩阵如表5-4所示。

表 5-4　JCR 绿色金融评价矩阵

		管理、经营、透明度				
		m1	**m2**	**m3**	**m4**	**m5**
绿色评价	g1	G1	G2	G3	G4	G5
	g2	G2	G2	G3	G4	G5
	g3	G3	G3	G4	G5	不合格
	g4	G4	G4	G5	不合格	不合格
	g5	G5	G5	不合格	不合格	不合格

资料来源:根据日本信用评级机构官网(https://www.jcr.co.jp/en/)评价方法翻译整理。

JCR 绿色金融评价方法认为好的管理、运营和较高的透明度能够提高绿色项目收益,该方法为日本绿色金融评估提供依据。

JCR 绿色金融评价是指发行人、借款人或第三方在计划发行绿色债券或借入绿色贷款时,通过定量或定性的方式,评估其对环境产生的影响。但是这项评估不能保证这种影响在未来会继续下去。绿色项目的积极和消极影响由内部或外部机构根据发行者的要求计算。JCR 根据计算结果对该影响进行评估,而不会自行计算该影响。

四、联合国 ESG 信息披露指引

随着环境保护意识的提高和气候变化被广泛关注,世界各国在各自发展绿色金融的同时,开始积极寻求国际合作与交流。1972 年,联合国在瑞典斯德哥尔摩召开人类环境大会,这是世界各国共同讨论环境问题的开端。1992 年,联合国环境署联合知名银行在纽约共同发布《银行业关于环境和可持续发展的声明书》,标志着联合国环境署银行计划正式成立。1995 年,联合国环境署将领域拓展至保险业,与瑞士再保险公司发布《保险业关于环境和可持续发展的声明》。1997 年,联合国环境署将领域扩展到一般性金融服务,对《银行业关于环境和可持续发展的声明书》进行适当修正后与《保险业关于环境和可持续发展的声明》合并,合称为金融计划。

除了针对全球可持续发展发布国际指引之外,联合国还针对 ESG 信息披露规范推出相关细则。高盛公司(2007)基于社会责任投资(SRI),将环境、社会和

公司治理(Environmental,Social and Government)三个价值的评估因素整合在一起①,提出 ESG 投资理念。该理念认为,在选择公司进行投资时,除了要关注企业财务绩效,还应该选择在环境、社会责任和公司治理方面表现优异的公司进行投资,该投资理念提出后被投资界广泛接受。为了应对气候变化、满足投资者的需要,国际上有许多交易所、证券机构等推出信息披露指引,要求上市公司披露 ESG 相关信息。联合国责任投资原则(UNPRI)与联合国可持续交易所(SSE)均提出了企业 ESG 信息披露指引。表 5-5 总结了联合国所提出的 ESG 信息披露指标要求。

表 5-5 联合国 ESG 信息披露指引

要素	UNPRI 制定的指标	SSE 制定的指标
环境	气候变化 温室气体排放 资源枯竭(包括水资源) 固体废弃物和污染 森林砍伐	直接和间接温室气体排放 碳排放强度 直接和间接能源消耗 能源强度 初级能源 可再生能源强度 水资源管理 废物管理 环境政策 环境影响
社会	工作条件和工作流程 客户/员工待遇 当地社区冲突 健康和安全 员工关系及多样性	CEO 薪酬比例 性别薪酬比例 员工流动比率 性别多样性 临时工比例 无犯罪 受伤率 国际健康 童工和强迫劳动 人权政策 人权侵犯

---

① 环境要素指考察企业业务和投资活动对环境的影响,选择对环境友好的企业;社会要素指考察企业业务和投资活动对社会的影响;公司治理要素指考察企业公司治理是否完善。

要素	UNPRI 制定的指标	SSE 制定的指标
公司治理	高管薪酬 贿赂和腐败 政治游说和捐款 董事会构成及多样性 税收政策	董事会—多样性 董事会—权力分离 董事会—秘密投票 有激励制度的薪酬 劳工公平制度 供应商选择准则 道德准则 反腐/反贿赂准则 税务透明 可持续报告 整体框架披露 外部检验/担保

资料来源:根据联合国官网(https://www.un.org/)环境信息披露文件翻译整理。

综上,当前国际绿色金融评价体系具有三个特点:(1)评价绿色资金需求方的资质,主要是基于 ESG 评级的相关指标对企业进行绿色资质审查,为绿色市场准入设立门槛;(2)评价以债券和信贷为代表的金融工具的"绿色"特征,为参与绿色经济活动的投资个体提供信息,例如监管当局公示的符合"绿色"特征的绿色金融工具;(3)监管当局对绿色资金的去向及分配情况进行评价,避免"洗绿""漂绿"现象的发生,例如评价筹集资金投入到绿色项目的分配比例。

但现有绿色金融评价体系主要存在以下两点不足:(1)评价指标多为主观性较强的定性指标,缺乏数值型的定量指标及占比权重的设计;(2)评价体系缺乏对绿色资金使用效率的评价,即缺少事后产出的评价指标。投资个体参与绿色金融的动力一方面是响应可持续发展的政策需要,另一方面是看好绿色产业所能带来的环境效益和经济效益,投入产出评价体系的缺失,会降低投资个体的参与度,从而影响绿色金融政策的推行。

第二节　国内机构评价体系

尽管国外绿色金融实践和发展较早,但现阶段全世界范围内并没有形成系统的绿色金融评价体系。2016 年,中国人民银行等七部委联合发布《关于构建绿色金融体系的指导意见》,为中国绿色金融发展做出顶层设计,中国成为第一个建立绿色金融体系的国家。然而,该指导意见并没有构建系统的绿色金融评价指标体系,朱海玲(2017)在尝试构建绿色 GDP 评价指标体系时,通过制定可持续金融市场准备度指数、碳金融体系、绿色金融工具体系 3 个二级指标体系及31 个三级指标,对绿色金融进行评价。

要实现绿色金融持续发展,除国家和政府顶层设计之外,各参与主体的落实和执行不可忽视。一方面,金融部门必须发展绿色金融,承担起相应的社会责任,根据金融功能观,金融的强外部性与金融伦理对金融机构的生存和发展具有重要影响;另一方面,企业作为产品与服务的生产者与提供者,也应承担其社会责任,合理充分利用各种资源,减少对生态系统的破坏。基于以上考虑,本节梳理了中国各部门针对金融机构和企业制定的绿色金融相关评价体系。

一、金融机构

金融是实现绿色经济的核心,一方面金融机构能够利用自身的资源配置功能推动社会实现绿色发展,另一方面金融机构应发展绿色金融实现自身绿色转型。对金融机构绿色金融业务实施状况进行评价有利于推动绿色金融更好地发展,操群等(2019)从金融机构自身与金融机构服务的实体经济对象两方面构建金融 ESG 评价指标体系,为金融机构对自身或企业进行评价提供思路。目前,中国尽管还未对金融机构形成系统的绿色金融评价,但已发布了一系列政策文件,对各类金融机构提出了针对绿色金融的评价体系。

(一)绿色信贷实施情况关键评价指标

绿色信贷是银行践行绿色金融政策推行的主要绿色金融业务和审贷授信策略,2014 年 12 月,银监会印发《绿色信贷实施情况关键评价指标》,较为明确地规定了评价绿色信贷实施状况的具体内容,并要求银行和监管机构对照绿色信贷实施情况的定性指标和定量指标进行评价,认真组织开展本机构绿色信贷实施情况自评价工作。

表 5-6　中国绿色信贷实施情况关键评价指标(部分)

<table>
<tr><td rowspan="5">定性指标</td><td>组织管理</td><td>董事会职责、高级管理层职责、归口管理</td></tr>
<tr><td>政策制定及能力建设</td><td>制定政策、分类管理、绿色创新、自身表现、能力建设</td></tr>
<tr><td>流程管理</td><td>尽职调查、合规审查、授信审批、合同管理、资金拨付管理、贷后管理、境外项目管理</td></tr>
<tr><td>内控管理与信息披露</td><td>内控检查、考核评价、信息披露</td></tr>
<tr><td>监督检查</td><td>自我评估</td></tr>
<tr><td rowspan="4">定量指标</td><td>支持及限制类贷款情况</td><td>1. 节能环保项目及服务贷款
2. 节能环保、新能源、新能源汽车贷款
3. 上述二类贷款合计情况
4. 涉及"两高一剩"行业贷款情况
5. 涉及落后产能且尚未完成淘汰的企业信贷情况
6. 涉及环境保护违法违规且尚未完成整改的企业信贷情况
7. 涉及安全生产违法违规且尚未完成整改的企业信贷情况
8. 每亿元贷款的二氧化碳减排当量
9. 主要电子银行业务发展情况</td></tr>
<tr><td>机构的环境和社会表现</td><td>1. 工作活动产生的员工人均碳排放量(吨)
2. 员工人均用电量(千瓦时)
3. 中高层女性员工情况
4. 残疾人员工情况</td></tr>
<tr><td>绿色信贷培训教育情况</td><td>1. 全体员工年内人均绿色信贷培训小时数
2. 新员工年内人均绿色信贷培训小时数
3. 中高层员工人均绿色信贷培训小时数</td></tr>
<tr><td>与利益相关方互动情况</td><td>与媒体、环境公益组织等的互动交流次数</td></tr>
</table>

资料来源:根据《绿色信贷实施情况关键评价指标》整理。

(二)中国银行业绿色银行评价实施方案

为了规范银行绿色信贷工作,推动构建绿色银行,2018 年 3 月中国银行业协会发布《中国银行业绿色银行评价实施方案(试行)》,并从定性与定量两个层面对银行进行评价,其中定性指标包括组织管理、政策制定及能力建设、流程管理、内控与信息披露、监督检查等 5 个一级指标,总分为 100 分;同时选取两项综合考评指标,定量指标最多附加 5 分。详细指标体系见表5-7。

表 5-7　中国绿色银行评价打分表

指标分类	一级指标	权重	二级指标	评价分值
定性指标	组织管理	30%	董事会职责	12分
			高管职责	10分
			归口管理	8分
	政策制定及能力建设	25%	制定政策	8分
			分类管理	5分
			绿色创新	5分
			自身表现	2分
			能力建设	5分
	流程管理	25%	尽职调查	5分
			合规审查	3分
			授信审批	3分
			合同管理	5分
			资金拨付管理	3分
			贷后管理	5分
			境外项目管理	1分
	内控与信息披露	15%	内控检查	5分
			考核评价	5分
			信息披露	5分
	监督检查	5%	自我评估	5分
合计				100分
定量指标	节能环保项目及服务贷款和节能环保、新能源、新能源汽车贷款两类合计年内增减值		年度同比增减值为正加3分；年度同比增减值为负不加分	加分项最多3分
	定量指标中核心指标和可选指标填写情况		全部填写加2分；核心指标填写完整但可选指标填写不全加1分；核心指标和可选指标填写均不完整不加分	加分项最多2分

资料来源：根据《中国银行业绿色银行评价实施方案（试行）》整理。

（三）银行业存款类金融机构绿色金融业绩评价方案

为了进一步加强对绿色金融业务的约束，2020年7月中国人民银行出台《关于印发〈银行业存款类金融机构绿色金融业绩评价方案〉的通知（征求意见稿）》，明确指出从定量指标与定性指标两个方面对绿色金融业绩进行评价，其中定量指标的权重为80%，定性指标的权重为20%，定量指标包括绿色金融业务总额占比、绿色金融业务总额份额占比、绿色金融业务总额同比增速、绿色金融业务风险总额占比等 4 项①,定性指标得分则由中国人民银行结合银行业存款类金融机构日常管理、风险控制等情况并参考定性指标体系确定。表 5-8 汇总了关于绿色金融业绩评价的定量与定性指标。

表 5-8　中国绿色金融业绩评价指标体系

绿色金融业绩评价定量指标体系		
指标	评分基准	权重
绿色金融业务 总额占比(25%)	纵向:最近三期该银行业存款类金融机构绿色金融业务总额占比平均值	10%
	横向:当期全部参评银行业存款类金融机构绿色金融业务总额占比平均值	15%
绿色金融业务总额 份额占比(25%)	纵向:最近三期该银行业存款类金融机构绿色金融业务总额份额占比平均值	10%
	横向:当期全部参评银行业存款类金融机构绿色金融业务总额份额占比平均值	15%
绿色金融业务总额 同比增速(25%)	纵向:最近三期该银行业存款类金融机构绿色金融业务总额同比增速平均值	10%
	横向:当期全部参评银行业存款类金融机构绿色金融业务总额同比增速平均值	15%
绿色金融业务风险 总额占比(25%)	纵向:最近三期该银行业存款类金融机构风险绿色金融业务总额占比平均值	10%
	横向:当期全部参评银行业存款类金融机构风险绿色金融业务总额占比平均值	15%
绿色金融业绩评价定性指标体系			
指标类别及权重	指标内涵	满分	评分规则
监管部门外部评价 (100%)	执行国家及地方绿色金融政策情况	30	综合考虑银行业存款类金融机构绿色金融政策落实情况评定得分
	机构自身绿色金融发展战略的实施情况	40	参考金融机构绿色信贷政策执行情况自评价等结果,综合考虑银行业存款类金融机构绿色金融发展战略、发展规划、风险管控、贷款审批、绩效考核、绿色金融债发行、产品服务创新及其他绿色金融相关制度的制定、实施、总结及更新情况评定得分

---

① 绿色金融业绩评价定量指标中的绿色贷款余额采用中国人民银行调查统计部门提供的统计数据。绿色债券持有量采用登记托管机构(包括中央国债登记结算公司、中央证券登记结算公司和上海清算所)提供的统计数据。

续表

绿色金融业绩评价定性指标体系			
指标类别及权重	指标内涵	满分	评分规则
监管部门外部评价 （100%）	金融支持绿色产业发展情况	30	综合考虑银行业存款类金融机构支持绿色产业、项目发展的资金规模、利率、投向、审批程序、尽职调查、放款计划、贷后管理、台账管理等情况评定得分

资料来源：根据《关于印发〈银行业存款类金融机构绿色金融业绩评价方案〉的通知（征求意见稿）》整理。

（四）绿色投资指引

2018年11月，中国证券投资基金业协会发布《绿色投资指引（试行）》，鼓励基金管理人关注环境可持续性方向，定义了绿色投资内涵，明确绿色投资范围，即围绕环保、低碳、循环利用等方面展开，阐述了绿色投资目标和准则，为基金管理人开展绿色投资提供了基本方法和对投资标的监督管理。该指引为绿色投资实践提供基础性、原则性和普适性的方法和行为框架，遵循绿色投资理念的基金管理人可根据自身条件作出适当调整，具体评价指标如表5-9所示。该指引并非强制性规定，仅提出基金管理人在每年开展一次对绿色投资行为进行自评估的同时，应接受基金业协会的监督管理，并于每年三月底以书面形式向中国证券投资基金业协会报送上一年度的自评报告。

表5-9　中国基金管理人绿色投资自评表主要指标

绿色投资理念和体系建设情况	是否在公司战略中纳入绿色投资理念 是否经常开展关于绿色投资应用方法的学习 是否配置研究人员进行绿色投资研究 是否有管理人员对绿色投资进行监督和管理
绿色投资产品运作情况	是否建立绿色投资标的评价方法 所投资的标的是否有内部绿色评价报告 是否满足绿色投资产品的持仓要求和持仓比例 是否督促被投资企业改善环境绩效并提高披露水平
绿色投资环境风险控制情况	是否建立环境负面清单 是否建立环境风险监控机制 是否对所投资产进行环境风险压力测试 是否有效避免投资于出现环境违规的标的

续表

绿色投资相关信息披露	是否公开披露绿色投资理念及应用方法 是否有定期设定并披露绿色投资目标完成情况 是否有定期披露绿色投资产品的绿色程度 是否有定期披露绿色投资产品的成分变化情况 是否有使用定量的方法披露所投资产对环保、低碳、循环的贡献
其他	是否有创新性地使用绿色投资应用方法

资料来源:根据中国证券投资基金业协会发布了《绿色投资指引(试行)》整理。

《绿色投资指引(试行)》引导从业机构开展自我评估,要求专业机构投资者在投资活动中考虑绿色因素,通过外部监督进一步规范资产管理者的投资活动,促进中国绿色投资规模的增长。

但现阶段中国金融机构绿色评价体系仍存在以下不足:第一,金融机构缺乏系统的绿色金融绩效评价体系。当前我国金融机构还处于绿色金融转型发展阶段,已经零散建立了绿色金融发展战略和规划、制定了气候环境风险管控制度等,但尚未形成一套系统且具备可操作性的绿色金融评价体系,造成了金融机构内部绿色金融控制乏力,单纯依靠监管部门的监管评价推动的被动局面,因而需要进一步加快推进绿色金融监管工作的协调与统一。第二,金融机构绿色发展理念不强,同时缺乏权威的第三方绿色评价机构。国内 ESG 评价处于起步阶段,缺乏权威的第三方评价机构,金融机构对企业做出客观专业的绿色发展评价难度很大,也不利于金融机构自身的绿色金融转型和发展,进而影响监管部门对金融机构的绿色金融评价结果。

二、企业

企业作为提供产品和服务的主体,推进企业绿色生产是实现经济绿色转型和可持续发展的必由之路。武春友等(2014)从绿色技术、绿色生产、绿色排放、绿色投入、绿色企业文化五个层面构建指标体系对企业的绿色程度进行评价。企业在生产过程中具有外部性,但市场上产品或服务的价格并没有包含外部成本或外部收益,经济绿色转型,需要对企业环境成本进行正确核算,使环境成本内部化。莫凌水等(2019)从绿色效益、绿色收益、绿色成本、绿色投资效率等四个方面,构建了"一带一路"投资绿色评级测度体系,并以计算得到的温室气体排放或污染物排放基准线①为基础,测度投资项目的绿色成本或绿色收益。目前,中国仅出台了企业环境信用评价和 ESG 评估等方面的办法。

（一）企业环境信用评价

2013 年 12 月,环保部、国家发展改革委、中国人民银行和银监会联合发布了《企业环境信用评价办法（试行）》,要求环保部门根据企业披露的环境行为信息,按照规定的指标、方法和程序对企业进行信用等级评价,并将评价结果向社会公开。该《评价办法》将污染物排放量大、环境风险高、生态环境影响大的企业以及规定的十类企业纳入环境信用评价范围。企业环境信用评价的具体内容,包括污染防治、生态保护、环境管理、社会监督等四个方面（如表 5-10 所示）,根据评价结果,将企业划分为环保诚信企业、环保良好企业、环保警示企业、环保不良企业四个等级,依次以绿牌、蓝牌、黄牌、红牌表示。

表 5-10　中国企业环境信用评价指标及评分方法

类别	指标名称
污染防治	大气及水污染物达标排放、一般固体废物处理处置、危险废物规范化管理、噪声污染防治
生态保护	选址布局中的生态保护、资源利用中的生态保护、开发建设中的生态保护
环境管理	排污许可证、排污申报、排污费缴纳、污染治理设施运行、排污口规范化整治、企业自行监测、内部环境管理情况、环境风险管理、强制性清洁生产审核、行政处罚与行政命令
社会监督	群众投诉、媒体监督、信息公开、自行监测信息公开

资料来源:根据《企业环境信用评价办法（试行）》整理。

该《评级办法》提出建立守信激励和失信惩戒机制,对于环保诚信企业,可以采取优先安排环保专项资金、建议银行业金融机构予以积极的信贷支持以及保险机构予以优惠的环境污染责任保险费率等激励性措施;对于环保警示企业将采取约束性措施,环保不良企业采取失信惩戒机制。

---

① 计算基准线排放可采用投资活动所在行业提供相同产品或服务所采用的技术类型及其产量结构加权平均各项生产技术的环境污染和温室气体排放水平,即作为"绿色项目判定基准线"。

(二)企业 ESG 信息披露指引与评估方法

企业推行 ESG 策略的重点是在经营过程中管理好自身的非财务风险,达到自身可持续发展。ESG 信息披露体系较为成熟的有美国与欧盟。美国要求所有上市公司均必须披露环境问题对公司财务状况的影响,并形成了众多信息披露标准,包括 GRI①、ISO26000②、TCFD③、UNGC④ 等。与美国不同,欧盟仅强制要求污染严重的企业披露环境信息,其他企业自愿披露,其披露标准同样包括 GRI、ISO26000、TCFD 等。

与美国、欧盟的环境信息披露标准由第三方提出不同,中国的环境信息披露标准主要由各证券交易所推出。

2015 年 12 月,香港联合证券交易所发布《环境、社会及管制报告指引》,由于《主板上市规则》已经对企业管理进行了详细要求,故该指引仅从环境和社会两个范畴⑤做出指引。2019 年 5 月,香港联合证券交易所对《环境、社会及管制报告指引》进一步提出关于加设强制披露要求,新增气候变化有关指标和修订环境关键绩效指标,提升社会关键绩效指标的披露责任,修订了社会关键绩效指标,并鼓励独立验证。

2006 年 9 月,深圳证券交易所发布《深圳证券交易所上市公司社会责任指引》,对"上市公司关于股东和债权人权益保护,职工权益保护,供应商、客户和消费者权益保护,环境保护与可持续发展,公共关系和社会公益事业,制度建设与信息披露"等八个方面的信息披露进行规定。2008 年 5 月,上海证券交易所发布《上海证券交易所上市公司环境信息披露指引》,鼓励上市公司编制和披露社会责任、可持续发展、环境责任等报告,披露本公司在"促进社会可持续发展、环境及生态可持续发展、经济可持续发展"等方面的信息。

国际上,常用的企业 ESG 评估方法包括 MSCIESG 评级、道琼斯可持续指数等。中国也推出多个企业 ESG 评估体系,包括中国工商银行 ESG 评估方

---

① 详见 Standards(globalreporting.org)。
② 详见 ISO—ISO 26000—Social responsibility。
③ 详见 Recommendations | Task Force on Climate-Related Financial Disclosures(fsb-tcfd.org)。
④ 详见 Homepage | UN Global Compact。
⑤ 环境范畴包括排放物、资源使用、环境及天然资源三个层面;社会范畴包括雇佣、健康与安全、发展及培训、劳工准则、供应链管理、产品责任、反贪污、社区投资八个层面。

法、融绿—财新 ESG 美好 50 指数 ESG 评估方法、中央财经大学绿色金融国际研究院(简称中财绿金院)ESG 评估方法,表 5-11 汇总了这三种企业 ESG 评估方法。

表 5-11　ESG 评估方法对比

维度	指标①		
	中财绿金院	中国工商银行	融绿—财新
环境	节能减排 污染处理 绿色供应链 绿色生产 绿色办公 绿色设计 绿色环保宣传 绿色技术 环境风险 绿色收入 环境量化信息	公司的环境友好程度分类 企业生产过程中各类污染物的排放强度 政府的环保处罚和突发环境事件给企业声誉和经营带来的影响 表征企业主动管理风险的能力的相关制度与信息披露水平	环境管理 环境披露 环境负面事件
社会	综合 供应商 扶贫及其他慈善 社区 员工 消费者 社会责任风险 社会责任量化信息	社会责任综合评价 劳动保护 工会与培训 社会公益 突发事件 社会信息披露	员工 供应链责任 客户 社区 产品 公司慈善 社会负面事件
公司治理	组织结构 投资者关系 信息透明度 技术创新 风险管理 商业道德 公司治理风险 公司治理量化信息	公司治理综合评价 企业经营足迹 反腐败 税收透明 商业道德 合规经营 公司治理信息披露	商业道德 公司治理 公司治理负面事件

---

① 所列指标均为二级指标,其中中财绿金院未继续设立三级指标,中国工商银行未披露所设的三级指标的信息,融绿—财经在每一二级指标下从通用指标与行业指标两个方面进一步设立三级指标,由于篇幅限制本书不再进行详细展示。

綠色金融:效率與監管

表5-11显示，不同机构推出的企业ESG评估体系的侧重点有所不同。2016年，中财绿金院上市公司绿色发展水平评估体系，涵盖定性指标、定量指标和负面环保行为等三部分，且都包含负面行为和风险，形成"扣分项"。各项指标信息来源于企业公开信息、环保处罚信息及环境、社会和治理相关的负面新闻报道。2017年，中国工商银行在环境、社会、公司治理等3个一级指标下设立17个二级指标以及若干三级关键指标，构建了相应的企业ESG评估体系，其评估数据来源为中证指数公司以及标普旗下Trucost公司的合作、企业内部数据进行深度挖掘及与海关、公安机关、检察院的数据共享等三个方面。商道融绿和财新传媒于2017年12月共同发布"融绿—财新ESG美好50指数"，在环境、社会和公司治理三个维度下设立13个二级指标及127个三级指标，通过收集上市公司的信息，其中正面信息主要来自公司公开披露的数据，而负面信息则是通过专业新闻监控系统的检索，分析师根据严重程度和影响范围进行减分，将企业ESG信息转化为投资者可用的绩效分数。

综上所述，国内外尚未形成一个全面且系统的企业绿色金融评价指标体系。现阶段企业绿色金融评价指标体系存在以下不足：一是评价角度较为单一。目前企业的绿色表现主要围绕"环境信用"、ESG表现展开，评价体系主要基于企业对环境的治理和改善设计指标，且较多从定性角度展开，没有统一定量分析标准。二是没有考虑企业绿色发展的潜在能力。企业是以盈利为首要目标的组织，企业的盈利能力是其进行绿色转型实现可持续发展的基础和保障，企业的财务状况会潜在影响企业绿色发展。三是对企业绿色发展评价时未考虑企业的经营状况。

中国各部门出台了一系列环境披露指引与评价体系，但未形成系统且具有可行性的针对企业环境风险和环境成本的测度评价体系，更未形成针对作为绿色金融资金使用方的企业的效率评价体系。中国绿色金融评价体系经历了从局部到整体、从定性到定量、从试行到推行的发展过程，但目前尚未形成系统的绿色金融评价体系，也缺乏对绿色金融资金使用情况的分析，具体来看主要存在以下问题：

第一，评价方案中定量指标设定不能明确反映绿色金融政策主导方向。我国绿色金融评价方案中定量指标主要集中于总额、份额、增速等方面，指标相对宽泛,没有明确反映监管部门希望金融机构重点关注的绿色金融领域或行业,因此我国绿色金融评价体系对绿色金融资源的引导作用有限。

第二,绿色金融评价结果应用场景有限。监管部门的评价结果通过中国人民银行和国家金融监督管理总局各自的工作职责范围纳入对金融机构的考核。一方面,中国人民银行将考核结果纳入央行的金融机构评级和宏观审慎管理。但中国人民银行地市级机构在对金融机构评级中仍沿用"绿色信贷执行情况"指标,而不是"绿色金融业务"指标,且宏观审慎管理仍未将绿色金融评价结果纳入考核。另一方面,地方政府没有与中国人民银行形成联动,金融机构更加关注的减税、贷款核销、财政贴息等优惠,并不能通过中国人民银行的绿色金融评价结果体现,绿色金融评价结果的应用场景存在局限性。

第三节　国内绿色资金评价体系

尽管各国对于绿色金融的定义不同,但绿色金融本质上仍然是金融,是金融机构绿色战略发展的重要举措,是经济参与者应对气候变化和环境风险的金融手段。广义绿色金融是指由金融机构参与的与所有可持续发展相关的金融政策、产品、投资等经济行为,但目前中国绿色金融政策主要体现为服务绿色经济转型与发展。国内外尚未形成系统的绿色金融评价体系,更未对目前绿色金融资金使用情况进行评价分析,国内缺乏对绿色金融资金投入和产出的相关统计数据和测度指标体系。据此,构建适合中国现阶段绿色金融发展和实践的绿色金融资金评价体系。

一、业绩

(一)金融机构

将金融机构绿色金融业绩评价指标体系分为通用指标与行业指标,从两方面对金融机构进行综合评价。通用指标适用于所有金融机构,而行业指标仅适用于该行业分类下的金融机构(如表5-12所示)。

表 5-12 金融企业绿色金融发展水平评价指标体系

一级指标	二级指标	三级指标	四级指标
财务状况	盈利能力	资产收益率(ROA)	—
		净资产收益率(ROE)	—
		加权净资产收益率	—
		绿色经济增加值(GEVA)	—
	成长性	可持续增长率(SGR)	—
企业责任	客户层面	客户满意度	—
		客户投诉增长率	—
	社会层面	社会声誉	该金融机构的绿色金融项目是否被报道或被引用到绿色金融相关报告中
			是否在环境保护方面获奖
			是否被评入环境表现良好的榜单
内部控制	内部环境	人力资源质量	管理者学历水平
			普通员工学历水平
			员工满意度
		企业文化	企业文化是否植入可持续发展、低碳节能和绿色环保等精神
			企业文化内部宣传度
			企业文化外部曝光度
		资源消耗情况	耗纸量
			耗水量
			耗电量
		废弃物排放量	温室气体排放量①
			固体垃圾产量
			办公垃圾分类执行情况
		办公环保循环	水循环系统情况
			循环纸张利用率②

---

① 计算方法:温室气体排放量=职工数量×人均二氧化碳排放量+公司公用汽车数量＊汽车二氧化碳排放量。

② 计算方法:循环纸张利用率=再生纸张用量/办公纸张总用量。

一级 指标	二级 指标	三级指标	四级指标
内部 控制	控制 活动	经营目标设定	经营目标是否包含绿色可持续增长
			各层级经营目标是否协调一致
		业务控制	是否明确绿色金融项目参与人员的职责分离
			是否有适当的绿色金融项目授权审批程序
	信息与 沟通	信息数据库	是否建立绿色金融项目数据库
			是否建立企业环保信息数据库
		企业社会责任	是否及时披露社会责任报告和企业责任报告
			社会责任报告和企业责任报告持续披露期
			是否有效承担社会责任
		信息披露	是否披露节能减排具体数据
			是否披露绿色金融业务或产品具体数据
	内部 监督	环保管理规章制度	是否建立健全环保管理规章制度
			是否执行环保管理规章制度
		外部监管处罚记录	重大处罚次数
			重大处罚罚款金额
学习 与 成长	产品 研发 与创新	产品研发与创新投入	—
		绿色金融产品研发资金投入占比	—
		金融产品创新效率	当期金融产品创新数量
	员工 教育 培训	绿色金融产品有效开发率	当期绿色金融产品创新数量/金融产品创新数量
		教育培训费用	—
		教育培训频率	—
		员工环保意识	员工环保意识普及度①
		绿色环保教育培训	绿色环保教育培训费用占比
			绿色环保教育培训频次
			绿色环保教育员工覆盖率②

---

① 员工环保意识普及度通过对员工发放问卷调查,根据调查结果进行评估。

② 计算方法:绿色环保教育员工覆盖率＝接受过绿色环保教育员工数/总员工数。

表 5-12 中,通用指标包含财务状况、企业责任、内部控制、学习与成长等 4 个一级指标,并下设 10 个二级指标与 28 个三级指标,对其中的 17 个三级指标下设 38 个四级指标。

如表 5-13 所示,对银行、证券、保险等金融行业依据其行业特征分别设立绿色金融发展水平评价行业指标。

表 5-13　金融行业绿色金融发展水平评价指标体系

行业类别	一级指标	二级指标	三级指标	四级指标
商业银行	财务状况	风险控制	权益乘数(杠杆率)	—
			资本充足率	—
			流动性覆盖率	—
			不良贷款率	—
			拨备覆盖率	—
		绿色业务与绩效	投资绿色回报	对外投资时带来的环境效益①
			绿色黏性	商业银行持有总资产中绿色资产占比
				商业银行客户中绿色客户的数量
			绿色信托	绿色信托业务规模占所有信托业务的比重
				绿色信贷业务规模增长率
			绿色租赁	绿色租赁业务规模占所有租赁业务的比重
				绿色租赁业务规模增长率
			绿色金融债	绿色金融债券规模占所有金融债券的比重
				绿色金融债券利率比占固定利率品种人民币绿色金融债利率
			绿色信贷	绿色信贷规模占所有信贷业务的比重
				绿色信贷规模增长率
	企业责任	客户层面	绿色金融新增客户占比	—
			客户保持率	—
	内部控制	风险评估	绿色债券责任机制	是否建立健全绿色债券责任机制
				是否执行绿色债券责任机制
			绿色信贷责任机制	是否建立健全绿色信贷责任机制
				是否执行绿色信贷责任机制
			绿色债券项目评估	是否建立健全绿色债券评估机制
				是否执行绿色债券评估机制
		内部监督	环保一票否决制	是否执行环保一票否决制

① 环境效益包括节能减排量、开发的绿色技术数量等。

行业类别	一级指标	二级指标	三级指标	四级指标
证券业	财务状况	风险控制	权益乘数(杠杆率)	—
			净资本	—
			流动性覆盖率	—
			净稳定资金率	—
			风险覆盖率	—
		绿色业务与绩效	"绿色"相关业务收入占总收入的比重	—
			自营业务在"绿色"证券上的资产配置比率	—
			财富管理、投资管理业务中"绿色"证券的资产配置比率	—
	企业责任	客户层面	"绿色"相关企业股票增发成功率	—
			"绿色"相关企业IPO成功率	—
			"绿色"相关企业证券发行平均消耗时间	—
	内部控制	风险评估	绿色债券责任机制	是否建立健全绿色债券责任机制
				是否执行绿色债券责任机制
			绿色债券项目评估	是否建立健全绿色债券评估机制
				是否执行绿色债券评估机制
			环保企业IPO项目评估	是否建立健全环保企业IPO项目评估机制
				是否执行环保企业IPO项目评估机制
保险业	财务状况	风险控制	权益乘数(杠杆率)	—
			偿付能力额度	—
			风险综合评级	—
			流动性覆盖率	—
		绿色业务与绩效	"绿色"相关保费收入占总保费收入比重	—
			"绿色"相关风险保障价值占总风险保障的比例	—
			"绿色"证券在资产配置中的占比	—
	内部控制	风险评估	农业险项目评估	是否建立健全农业险项目评估机制
				是否执行农业险项目评估机制
			环保责任险项目评估	是否建立健全环保责任险项目评估机制
				是否执行环保责任险项目评估机制

　　其中,对银行和证券业设立财务状况、企业责任、内部控制等3个一级指标,但对不同金融机构设立对应的二级指标、三级指标以及四级指标进行详细解释说明;对保险业设立财务状况与内部控制2个一级指标,并下设对应的3个二级指标,9个三级指标,针对内部控制设置了4个四级指标。

　　(二)企业

　　企业绿色发展评价指标体系设立财务状况、环境与社会责任、内部控制3个一级指标(见表5-14)。

表5-14　企业绿色发展评价指标体系

一级指标	二级指标	三级指标	四级指标
财务状况	盈利能力	净资产收益率	—
		营业净利润率	—
	偿债能力	资产负债率	—
		流动比率	—
		速动比率	—
	运营能力	资产周转率	—
		应收账款周转率	—
	成长能力	主营业务增长率	—
		总资产增长率	—
		净利润增长率	—
环境与社会责任	节能减排	空气污染处理率	—
		废水排放达标率	—
		固体废弃物处理率	—
	绿色生产	原料利用率	—
		能源转换率	—
		工艺设计和工艺技术清洁化	—
		生产环境	—
	绿色产品	产品对环境影响	—
		产品包装的无害性	—
		产品的可回收利用性	—
		绿色产品占比	—
	社会影响力	社会声誉(和"绿色"相关词语一起出现的次数)	—
		绿色产品市场份额(总量上的占比、细分市场占比)	—

一级指标	二级指标	三级指标	四级指标
环境与社会责任	客户责任	绿色产品新增客户占比	—
		客户保持率	—
		客户满意度	—
		客户投诉增长率	—
内部控制	绿色业务与绩效	绿色产品销售额占比	—
		绿色产品市场份额占比	—
	科技水平	科研创新能力	企业研发投入占比
			企业专利数
			绿色技术改造率
	可持续水平	资源可持续化	—
		环境可持续化	—
		经济效益可持续化	—
	信息与沟通	信息数据库	是否建立绿色项目数据库
			是否建立环保信息数据库
		信息披露	是否披露节能减排具体数据
			是否披露绿色业务或产品具体数据
	内部监督	环保管理规章制度	是否建立健全环保管理规章制度
			是否执行环保管理规章制度
			是否执行环保一票否决制
		外部监管处罚记录	重大处罚次数
			重大处罚款金额
	人力资源管理	人力资源质量	管理者学历水平
			普通员工学历水平
			员工满意度
		员工教育培训	员工环保意识普及度
			绿色环保教育培训费用占比
			绿色环保教育培训频次

　　企业的盈利能力是其可持续经营的前提和保障,因此,评价企业的财务状况时参考邓翔(2015),从盈利能力、偿债能力、运营能力和成长能力等四个方面构建二级指标分设 10 个三级指标。企业的生产和经营会对环境造成很大的影响,构建环境与社会责任指标体系时,应将企业的生产过程和产品对环境产生的影响考虑其中,设立节能减排、绿色生产、绿色产品、社会影响力、客户责任等 5 个二级指标及 17 个三级指标。关于企业内部控制的评价设立了绿色业务与绩效、

科技水平、可持续水平、信息与沟通、内部监督、人力资源管理等6个二级指标及12个三级指标,并对科研创新能力等7个三级指标设立四级指标进行评价,充分考量企业环境友好型的可持续发展。

二、效率

效率是经济学领域的重要概念,国内外关于效率理论的研究中,提出了效益、效果、效应的概念,但关于"效率"的定义并没有统一。在经济生产过程中,每个经济环节都涉及效率,如生产效率、交换效率、分配效率、消费效率、技术效率、市场效率、静态效率、动态效率等。目前,西方经济学中最广泛使用的效率的定义是帕累托(1906)在其著作《政治经济学教程》中提出的"帕累托有效",即"帕累托最优"①。萨缪尔森(1948)认为有效率的经济位于其生产可能性边界上,即可以有效运用经济资源且不存在浪费。樊纲(1995)指出效率不是物量概念,是资源的利益效率,是资源分配后所达到的效用满足程度。

事实上,效率是一种价值最大化的状态。效率代表投入各种资源进行配置的有效程度,即在不减少一种物品生产的情况下,就不能增加另一种物品的生产。效率可分为宏观效率和微观效率两大类,前者指社会资源的配置效率,后者是指具体到某一特定层面的效率,如企业效率、能源效率、治污效率等。广义来看,绿色金融的发展也是一种生产经营可持续的最优状态,并不局限于环保或节能减排。生态环境是人类和企业赖以生存的前提,资源和环境均为有限且稀缺的,高效且低碳节能环保地配置自然资源既是生态文明发展的宗旨,也是绿色金融政策的宗旨。金融机构作为社会资源配置的核心主体,测度金融机构的绿色金融资金效率,一方面能了解现阶段中国金融机构的绿色运营效率,另一方面能了解中国绿色金融政策的实施效果。企业作为生态文明发展的重要参与主体,测度企业的绿色金融资金使用效率,属于对微观效率的探讨,通过测度企业的微观效率,明晰中国绿色金融政策的实施对企业绿色金融资金效率的影响,从微观角度透析宏观效率的现状及趋势和影响因素。

---

① 帕累托最优是指"对于某种资源的配置,如果不存在其他生产上可能的配置,使得该经济中的所有个人至少和他们的初始时情况一样良好,而且至少有一个人的情况比初始时严格地更好,那么资源配置就是最优的"。

（一）效率测度

现代效率测量方法主要是前沿分析法,即通过测量某一单元与效率前沿的偏离程度来测度该单元的效率。根据是否需要设定前沿生产函数,分为参数方法和非参数方法两类,二者的主要区别是参数方法采用统计学方法求得效率前沿面,而非参数方法是在不考虑随机影响的前提下采用线性规划方法求得效率前沿面。无论是参数方法还是非参数方法,其对效率测度的主流思想都是以Farrell(1957)提出的效率测量为基础,从不同角度对效率测量方法加以完善。

1.非参数方法

Farrell(1957)在Debreu(1951)和Koopmans(1951)定义的多投入公司效率理论基础上,定义了边界生产函数,提出了可以测度具有多投入特点的企业效率模型,并将公司效率分为技术效率和配置效率。Farrell效率的主要思想是假设企业在固定规模收益下,将企业生产所需要的投入和产出,即所有生产可能集的最佳组合点,形成的边界(包络线),通过逐段凸函数逼近的方法估计该前沿面。如果一个公司刚好位于前沿面上,说明该公司满足技术效率,即效率为优。然而,在实际研究过程中,企业的投入和产出数据之间并不一定存在明确的数学关系式,确立准确的生产函数难度很大,而且生产企业很难达到规模收益不变的状况,大部分企业都是先处于规模收益递增状态,然后随着规模的不断扩大,达到一定程度后,其收益又开始随着规模增加而减少。因此,在Farrell(1957)之后的20多年内,很少有学者继续开展效率研究,尽管Boles(1966)、Shephard(1970)、Afriat(1972)提出可以运用数学规划法进行估算,但仍没有引起学者的广泛关注。直到Charnes、Cooper & Rhodes(1978)运用数学规划法,首次建立了可计算效率的数据包络分析方法(Data Envelopment Analysis),即CRS模型[①]。Banker,Charnes & Cooper(1984)放松规模报酬不变的假设,即建立了规模可变模型(VRS模型,亦称为BCC模型),并将技术效率进一步分解为纯技术效率和规模效率。在实际运用中,CRS模型通常用来判断决策单元是否同时为技术有效和规模有效,而VRS模型则用来判断决策单元是否为技术有效,二者结合使用,便

---

① Charnes、Cooper & Rhodes(1978)提出了面向投入的模型,并假设规模报酬不变,所以CRS模型也被称作CCR模型。

可以得到企业"综合效率"对"纯技术效率"和"规模效率"的分解公式,即
TECRS=TEVRS×SE。

DEA 模型运用线性规划理论,不需要用特定的函数来描述样本的效率前沿
面,在测度企业效率的过程中不考虑随机因素的影响。在不需要估计有关系数
和参数的情况下,将所有决策单元投入和产出的统计数据投影到几何空间中,寻
找最低投入和最高产出的投入—产出包络面(DEA 效率前沿面),通过比较决策
单元偏离 DEA 前沿面的程度来评价决策单元的相对效率。这种方法的优点是
不需要进行参数估计和处理多投入多产出变量。随着 DEA 模型的不断改进及
相关理论研究的不断深入,其应用领域日益广泛(Liu et al.,2013)。

非参数方法中还有一个特例,即 Deprins、Simar & Tulkens(1984)提出自由排
列包方法(Free Disposal Hull,FDH),这种方法放松了 DEA 模型的凸性假设条件,
其效率前沿面是阶梯式前沿方式,不是通常 DEA 模型所形成的包络曲线。由于
FDH 前沿面与 DEA 前沿面一致,或者在 DEA 前沿面内部,导致 FDH 测度的平均
效率高于 DEA 测度的平均效率,这种结果导致几乎所有的企业效率皆为有效率单
元,无法区分真正有效率的生产单元,因此,FDH 方法在研究中并不常用。

由于 DEA 模型无法比较两个时期内,同一决策单元的效率变化情况,为了
弥补这一不足,Malmquist(1953)提出用于消费分析的定量指数,即以消费群体
中的无差异曲线为参考集,应用输入距离函数比较分析多消费的群体差异,开启
了 Malmquist 指数研究的先河。Caves、Christensen & Diewert(1982)首次将
Malmquist 指数引入生产率评估理论中,并将其与 DEA 方法结合用来分析决策
单元生产率的增长。Nishimizu(1982)在测度规模报酬及其理论可变情况的
VRS 模型基础上,首次应用 Malmquist 指数方法进行实证分析。Färe et al.
(1994)根据前人的研究成果,基于规模收益不变的假设条件,将 Malmquist 指数
进一步分解为效率改善和技术进步的乘积①,并且应用非参数线性规划方法进
行计算,奠定了 Malmquist 指数研究体系的基础。随着 Malmquist 指数理论体系
的不断完善,Malmquist 指数被广泛应用在动态效率的评价,国外学者已经应用

---

① Malmquist 指数被分解为 Efficiency Change 和 Technical Change,Efficiency Change 通常被理
解为效率改善或者技术效率,Technical Change 被理解为技术进步或技术变化,本书在对企业效率变
化分析的时候这几种理解形式并未固定。

该方法研究分析银行、医药行业、农业及工业行业的全要素生产率。

2.参数方法

参数方法对单元效率进行测度过程中,需要事先界定效率边界函数,以样本企业数据库为基础,估计效率边界的参数值,并检验其有效性和合理性。参数方法主要分为随机前沿法(Stochastic Frontier Approach,SFA)、自由分布方法(Distribution Free Approach,DFA)以及厚前沿方法(Thick Frontier Approach,TFA)等三种方法,这些方法的主要区别在于对非效率项和随机扰动项的分布及相关性的假设不同。

Aigner et al.(1977)、Battese et al.(1977)和 Meeusen et al.(1977)的研究结果标志着测度效率的随机前沿法(SFA)的诞生,也是最早使用和得到最广泛应用的参数方法,其他几种参数方法都是在它的基础上发展起来的。SFA 模型框架最初是以生产函数为切入点,将其误差项区分为两个部分:一个代表随机影响,一个用于估计技术无效率。模型的形式为:

$$Y_i = X_i\beta + (V_i + U_i) \quad i = 1,\cdots,n \tag{5-1}$$

SFA 模型将误差项分解为随机误差项 V_i 和无效率项 U_i,并假定随机误差项服从标准正态分布,无效率项服从正态分布,同时假定随机误差项和无效率项均与投入、产出或估计方程中设定的环境变量呈正交关系。在对企业效率进行测度时,首先通过样本企业估计效率前沿函数的系数,继而得到效率前沿面上企业的利润函数或者成本函数;其次,通过比较待测度企业的实际利润或成本与前沿面上企业利润或成本的差异,得到该企业的效率值。

由于 SFA 模型对无效率项分布假设比较随意,假设本身也难以验证,降低了 SFA 效率值的有效性。在对企业效率进行测度时,一旦无效率项的实际分布情况偏离了事先设定的分布形式,那么使用这种方法将无法区别企业效率的随机误差项和无效率项。因此,Schmidt(1986)在 SFA 模型的基础上,放松外在干扰因素服从独立正态分布的条件,利用广义最小二乘法估算外界干扰对效率的影响,这也就是 Berger(1993)提出的自由分布方法(DFA)。DFA 模型通过计算样本数据中各企业的平均残差与效率前沿之间的距离,得到各企业的效率值。尽管 DFA 模型放松了无效率项分布的假设,但是 DFA 模型只能测度该单元在整个考察期内的平均效率。然而,效率会因技术改变、改革、利率变动或其他影响发生变化,也可能受到时间因素的影响。因此,用 DFA 测度得到的整个考察期内恒定的单元效率值的指导意义和参考价值具有一定的局限性。

此外,Berger & Humphrey(1992)在 SFA 模型的基础上,使用面板数据和更自由的分布方法来估计前沿成本函数,即厚前沿方法(TFA)。TFA 模型事先并不假定随机误差项和无效率项的分布,而是将样本分为四分位区间的两组(绩效最佳组和最差组),两组样本之间的差异代表效率差异,组内样本企业之间的差异代表随机误差。由于 TFA 模型对随机误差或无效率没有给出任何分布假定,因此,TFA 效率值不能提供单个效率的点估计,只能反映样本间总效率的平均水平。此外,TFA 模型对样本的分类比较随意,尽管 Wagenvoort & Schure(1999)提出了递归厚前沿法,但在实际研究中这种方法的运用还是较少。

(二)效率测度方法选择

前文简要介绍了效率测度的方法(如图 5-3 所示),但学界对于最优的前沿效率分析方法并没有达成共识。Berger & Humphery(1992)总结和研究了涉及 21 个国家的 130 项关于金融机构效率研究的方法和结论,结果表明采用非参数方法和采用参数方法的效率估计值近似。Bauer et al.(1998)运用不同前沿测度方法对同一组银行数据进行测度,发现大多数指标的研究结论是一致的,包括效率分布情况、效率排名及效率表现最佳和最差银行的确定等。而无论是参数方法还是非参数方法都有其自身的优点和缺点,因此,在实际研究的应用中,应根据研究问题的需要进行选择。

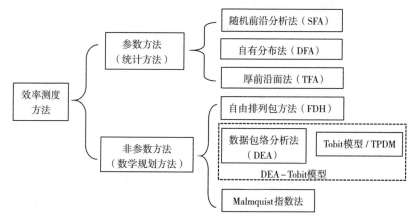

图 5-3　效率测度方法分类图

目前,国内相关文献关于资金效率的测度主要采用财务指标法进行描述性统计分析(韩世君和韩阅川,2009;韩世君,2011;岳正坤等,2013),但财务指标只能反映金融机构或企业某一特定方面的运营情况,不能反映整体绩效。此外,财务指标选取的随意性较大,可比性受限。因此,本书将尝试运用DEA模型测度中国绿色金融资金使用效率,并对其效率值进行横向比较和分析,选择理由如下:其一,应用参数方法前需要确定前沿生产函数,对技术进步及要素替代率等限制较多,很难找到准确刻画金融机构或企业效率特点的生产函数,而DEA模型不必事先设定决策单元的具体输入输出函数,符合没有固定的生产函数的特征;其二,DEA模型测度的效率为相对效率,能为金融机构和不同行业企业找出其差距和优化方向提供依据;其三,DEA模型不仅能为非有效决策单元指出有关指标调整的方向,而且能给出具体的调整量,有助于查找研究样本低效率环节,从而采取相应的改进措施。

三、资金效率评价指标的再探索

本书运用数据包络分析法(DEA),分别对金融机构和企业的绿色金融资金进行效率测度,根据研究对象的特点构建相应的投入产出指标体系。

(一)金融机构

中国的证券业主要从事证券经纪、证券承销与保荐、证券资产管理、并购、协助企业IPO等业务,其收入来源主要是手续费等中介管理费用。现阶段,中国关于证券企业绿色金融相关的信息披露较少,由于数据受限,本书暂时不测度证券企业的绿色金融资金效率,故不构建证券企业的绿色金融资金效率测度指标体系。中国的商业银行与保险公司较早响应绿色金融政策,并开展了绿色金融的相关业务和相关信息的披露,本书依据商业银行与保险的相关实践经验,从经营投入、环境投入、经营产出、环境产出四个方面构建起绿色金融资金效率评价指标体系,见表5-15和表5-16。

表 5-15 银行绿色金融资金效率测度指标体系

	一级指标	二级指标	三级指标	指标说明
投入	经营投入	劳动投入	职工人数	财务报表中披露的职工数量
			职工薪酬	财务报表中披露的应付职工薪酬
		可贷资金	吸收存款	向储户吸收的存款总额
			同业借款	—
			同业拆解	—
			中央银行借款	—
			发行债券	发行金融债吸收的资金总额
		经营投入	营业成本	—
			非利息支出	—
			管理费用	—
		资金成本	利息支出	包括借款与发行的债券应付的利息
		资本投入	一级资本	—
			股本	—
			固定资产	—
			总资产	—
			分支机构数量	—
			固定资产折旧	—
	环境投入	绿色教育投入	对职工开展绿色理念教育的费用	—
		绿色项目投入	绿色金融产品创新研发投入	—
			绿色金融产品运营成本	—
		其他环境投入	绿色设备购买成本	—
			绿色公益投入	—
产出	经营产出	盈利	贷款业务规模	—
			利息收入	—
			非利息收入	—
			营业收入	—
			投资收益	—
			利润总额	税前利润
			净利润	税后利润
			资产收益率	—
			净资产收益率	—
		风险控制	不良贷款率	不良贷款占贷款总额的比重
			不良资产比率	不良资产占总资产的比重

一级指标	二级指标	三级指标	指标说明
产出	环境产出	环境成本	投资带来的环境成本	银行投资的项目带来的污染物数量,包括废水、废气、固体废弃物
		环境收益	投资带来的环境收益	银行投资的绿色项目带来的污染物减排量、节约能源的数量、绿色技术的创新数量
		绿色金融产品	绿色金融产品规模	包括绿色信贷、绿色租赁、绿色信托、绿色金融债等的规模

表 5-15 为银行绿色金融资金效率测度指标体系。其中,投入指标包括经营投入指标和环境投入指标,经营投入指标下设劳动投入、可贷资金、经营投入、资金成本、资本投入 5 个二级指标和 17 个三级指标,环境投入下设绿色教育投入、绿色项目投入、其他环境投入 3 个二级指标和 5 个三级指标;产出指标包括经营产出和环境产出,经营产出下设盈利、风险控制两个二级指标和 9 个三级指标,环境产出下设环境成本、环境收益、绿色金融产品 3 个二级指标和 3 个三级指标。

表 5-16 保险绿色金融资金效率测度指标体系

一级指标	二级指标	三级指标	指标说明
投入	劳动投入	职工人数	财务报表中披露的职工数量
		职工薪酬	财务报表中披露的应付职工薪酬
	融资投入	负债融资	发行公司债券规模
		股权融资	增发股票数量
		融资成本	保险公司在融资时支付的利息
	经营投入	营业成本	—
		非利息支出	—
		保险赔付支出	
		业务及管理费用	包括管理费用、税金及附加、应收账款等其他资产减值损失
	资本投入	核心资本	—
		股本	—
		固定资产	—
		总资产	—

续表

一级指标	二级指标	三级指标	指标说明
投入		绿色教育投入	对职工开展绿色理念的费用	—
	环境投入	绿色项目投入	绿色金融产品创新研发投入	包括绿色信贷、绿色保险、绿色投资等
			绿色金融产品运营成本	包括绿色信贷、绿色保险、绿色投资等
		其他环境投入	节能改造投入	—
			绿色公益投入	—
产出	经营产出	盈利	保费收入	—
			营业收入	—
			投资收益	—
			利润总额	税前利润
			净利润	税后利润
			资产收益率	—
			净资产收益率	—
			每股收益	—
	环境产出	环境成本	投资带来的环境成本	对外投资项目带来的污染物排放,包括废水、废气、固体废弃物
		环境收益	投资带来的环境收益	对外投资的绿色项目带来的污染物减排量、节约能源的数量、绿色技术的创新数量
		绿色金融产品	绿色金融产品规模	包括绿色信贷、绿色保险、绿色投资等的规模

表 5-16 为保险绿色金融资金效率测度指标体系。其中,投入指标包括经营投入指标和环境投入指标,经营投入指标下设劳动投入、融资投入、经营投入、资本投入 4 个二级指标和 13 个三级指标,环境投入下设绿色教育投入、绿色项目投入、其他环境投入 3 个二级指标和 5 个三级指标;产出指标包括经营产出和环境产出,经营产出设置盈利一个二级指标和 8 个三级指标,环境产出下设环境成本、环境收益、绿色金融产品 3 个二级指标和 3 个三级指标。

(二)企业

与金融机构类似,对企业绿色金融资金效率测度指标体系设立经营投入、环境投入、经营产出、环境产出等 4 个一级指标,12 个二级指标和 35 个三级指标,见表 5-17。

表 5-17　企业绿色金融资金效率测度指标体系

一级指标	二级指标		三级指标	指标说明
投入	经营投入	劳动投入	员工人数	企业披露的职工数量
			员工薪酬	企业财务报表中披露的应付职工薪酬
		资本投入	企业自有资本	企业股本、资本公积、盈余公积、留存收益
			信贷融资	银行借款规模
			负债融资	发行公司债券规模
			股权融资	增发股票数量
			融资成本	企业在融资时支付的利息
			生产材料	企业生产产品投入的原材料
	环境投入	资金投入	节能减排研发费用	企业内部节能减排型技术与设备研发费用
			减排设施购置与运行费用	治污与减排设施的购置及运行费用
			排污费用	企业正常排放污染物需支付的费用
			污染罚款	企业因违规排放而向执法部门缴纳的罚款
		设备投入	治污与减排设备投入数量	—
		管理投入	污染与减排披露情况	—
产出	经营产出	生产产出	生产产品数量	企业主要生产的工业品,其价值由主营业务收入确定
		盈利能力	营业收入	—
			营业利润	—
			总收入	—
			总利润	税前利润
			净利润	税后利润
			资产收益率	—
			净资产收益率	—
			每股收益	—
		规模扩张	总资产增长率	期末总资产与期初总资产之差比上期初总资产
			固定资产增长率	期末固定资产与期初固定资产之差比上期初固定资产
		成长性	营业利润增长率	期末营业利润与期初营业利润之差比上期初营业利润
			净利润增长率	期末净利润与期初净利润之差比上期初净利润
			所有者权益增长率	期末所有者权益与期初所有者权益之差比上期初所有者权益

一级指标	二级指标	三级指标	指标说明
产出 环境产出	废水	废水排放总量	—
		废水处理量	—
	废气	废气排放总量	包括二氧化碳、二氧化硫等气体
		废气处理量	—
	固体废弃物	固体废弃物综合利用率	—
		固体废弃物排放量	—
		固体废弃物处理量	—

其中,经营投入下设劳动投入、资本投入两个二级指标和 8 个三级指标,环境投入下设资金投入、设备投入、管理投入 3 个二级指标和 6 个三级指标,经营产出下设生产产出、盈利能力、规模扩张、成长性 4 个二级指标和 14 个三级指标,环境产出下设废水、废气、固体废弃物 3 个二级指标和 7 个三级指标。

第六章 商业银行绿色信贷与效率测度

第一节 缘 起

一、商业银行经营与气候风险

现阶段,中国金融业对于气候变化引发的环境风险缺乏有效的防控(预防)机制,这是现行经济体系存在的缺陷,任何有关气候相关金融风险管理的讨论,都应关注这一市场失灵。Stern(2007)指出"气候变化是世界上有史以来最严重、范围最广的市场失灵"。从经济学角度看,温室气体污染和环境污染都是负外部性的例子,但是这些负外部性并没有反映在商品和服务的价格上,这导致企业和金融机构没有保护环境、节能减排和低碳生产的动机。此外,缺乏对碳排放的有效定价,也使得资本朝着错误的方向流动。现阶段,金融市场的资本分配未包含环境成本,资本供需价格较为平衡,但是金融机构的日常运营暴露在气候变化和环境风险中,这些风险均无可避免。金融机构需要尽早提高自身发展的"绿色"意识,才能有效降低这类风险。首先,环境风险的不确定性导致任何客观评估都极为困难(Barnett et al.,2020)。假如银行自身并没有环境意识,在发放贷款时并不会考虑企业的绿色状况,企业的"绿色"则不会得到任何价值肯定,相反,如果银行重视企业的环保行为和"绿色"程度,则企业的环境友好会得到认可,可能获得优惠的贷款条件(较低的贷款利息或者较长的贷款期限)。Kim et al.(2014)发现,当借款人和贷款人在道德领域存在相似性时,贷款条件会改善。Houston & Shan(2020)支持了此观点,并指出环境态度的相似性对贷款决策很重要,因为银行更可能贷款给 ESG

分数相似(高)的借款人。

现阶段,中国的温室气体排放量位居世界首位,超过了全球二氧化碳排放总量的四分之一(Ritchie & Roser,2017)。就经济规模和实力而言,中国是世界上最具活力的经济体,也是化石燃料和能源的最大生产国和消费国之一,工业活动、长期资产和庞大人口的范围和规模使中国金融机构的往来业务严重暴露于气候变化影响之下。中国经济对银行的依赖程度极高,银行的经营业务将直接或者间接面临着环境风险中的物理风险和转型风险。表6-1总结了现阶段银行受气候变化影响的资产类别。

表6-1 金融机构受气候变化影响的资产

类 别	业 务
与房地产直接相关的金融资产	商业地产银行贷款 房地产资产证券化产品 房地产投资信托基金 住宅按揭贷款 住宅抵押贷款
与基础设施相关的金融资产	电力、水务和通信公司的债务 公共交通基础设施的债务
金融资产相关的公司与业务模型或操作可能是引发物理风险或转型风险	下列部门企业的股票和债务: 农业 航空公司和更广泛的运输行业 汽车 水泥、钢铁、化工、塑料 能源,包括煤炭、石油和天然气生产 酒店 金属和矿业 发电 石油和天然气服务和基础设施提供商

物理风险可能通过各种渠道影响金融部门。自然灾害不仅会中断企业和家庭的生产活动(增加了他们的财务脆弱性),而且还会降低贷款抵押资产价值,导致财产或资产受损。大量银行信贷资金流入房地产行业,由于中国大多数住宅房地产是通过抵押贷款购买的,气候变化和环境风险也将影响这些抵押贷款的估值,物理风险也会影响基础抵押贷款。Ouazad & Kahn(2019)、Keenan & Bradt(2020)指出气候风险会影响银行将发起的抵押贷款证券化的

决定,银行可能会直接暴露在房地产市场环境风险的影响之下。此外,基础设施所面临的物理风险,也成为银行在此领域发放贷款和融资不可回避的风险。如能源和水利基础建设、交通和通信在内的基础设施,将因为物理风险缩短基础设施的生命周期,降低其运行可靠性(Maxwell et al.,2018)。基础设施生命周期的业绩即使稍有下降,也会危及公共和企业部门产生收入和资产的长期收益。此外,人们越来越认识到,能源、交通和通信基础设施的中断会给社区造成经济损失,增加基础设施本身受损造成的损失。David et al.(2020)统计发现,美国的基础设施中断给企业和家庭带来了3910亿至6470亿美元的年度成本。与气候相关的影响或对未来此类影响的感知导致房地产价值下降,可能会严重抑制经济活动,这可能会给银行带来重大经济损失。环境冲击可能增加银行投资组合中的不良贷款数量,甚至可能导致银行限制信贷供应,这将会影响货币政策信贷渠道的有效性。此外,如果这些影响是大规模的,将威胁到整个金融体系的稳定。

转型风险来自不确定性和实质性变化,包括市场、信用、政策、法律、技术和声誉风险。这些转型风险范围很广,从引入明确或隐含的碳排放交易价格,到由于消费者偏好的变化而导致整个资产类别的淘汰(如新能源车的兴起)。转型风险可能会给一些金融机构带来经济损失,同时也会给另一些金融机构带来利益。NGFS(2019)指出转型风险可能导致资本搁浅(资产及资本面临贬值风险),或价值搁浅(项目或公司的市场价值面临贬值风险或以其他方式负折价)。例如,中国经济在向净零排放过渡时,化石燃料行业的资产可能会陷入困境(Harvey et al.,2018),这取决于化石燃料公司如何应对全球减排(IEA,2020)。鉴于公共政策和消费者偏好,许多能源转型场景的时机、模式、深度和成本分担方面存在重大不确定性,资产可能会也可能不会完全折旧(Kefford et al.,2018)。从本质上讲,转型风险是当企业未能做好准备或未能认识到更广泛的市场转型时产生的,进而导致银行面临连带责任风险。

虽然物理风险和转型风险通常作为不同的概念进行讨论,但在现实世界中,它们并非完全分开,两者可能会以复杂的方式相互作用。例如,投入更多的资金来加速净零排放能源发电(风能、光能、氢能等)时,可能会产生权衡问题,进而放大了物理风险的脆弱性。相反,在不考虑碳排放的情况时,可能最终放大了转型风险。各国政府在绿色发展政策推进时,等待时间越长,物理风险和转型风险能同时增加的速度就越快。公共、企业和金融部门必须同时推进减缓和适应气候变化,以有效管理物理风险和转型风险。Batten et al.(2016)描绘了公共和企业部门中的物理风险和转型风险对金融部门的影响。

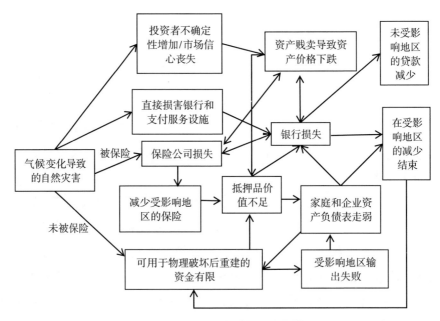

图 6-1　物理风险向金融部门的传播机制

资料来源:Batten et al.(2016)。

图 6-1 显示了物理风险向金融部门的传播机制。物理风险可能直接影响银行,也可能通过企业和保险公司的信用风险和抵押品贬值风险间接影响银行的经营状况(Ma & Deng,2018)。例如,如果公共和企业部门购买了气候变化导致的环境风险相关保险,那出售保险的保险公司的财务状况会随着损失的严重程度而恶化,保险公司财务状况的恶化可能直接影响业务关联银行的经营。如果因自然灾害而受损的基础设施没有被购买相关保险,基础设施的价值损失得不到赔偿,企业面临巨大的财务困难,这可能会导致企业的抵押贷款价值减少。抵押品价值的下降,与受影响的家庭和企业财务脆弱性增加关联,可能会

增加企业和家庭违约的可能性,致使银行在借款人违约时必须承担损失金额。如果受影响的区域很大或事件特别强烈,这些影响可能会传播到整个银行系统。表6-2汇总了银行所面临的物理风险和转型风险对信用风险和市场风险转化的原因。

表 6-2 气候变化导致银行面临的风险

	信用风险	市场风险
物理风险	—极端天气事件影响企业/家庭生产,增加其财务脆弱性,降低其偿债能力。 —极端天气事件影响负债企业/家庭的担保价值。	—极端天气事件导致银行财产(房屋、土地等)价值减少。 —业绩受气候变化重大影响的公司所发行的银行证券组合价值减少。
转型风险	—未来业绩受气候变化政策影响的企业面临的困难(如:煤炭发电公司、石油和天然气部门的能源密集型公司,能源产品成本或特定化石能源的可得性对其生产过程至关重要的公司)。	—未来业绩受气候变化政策影响的公司所发行的银行证券组合价值减少所造成的损失(如:使用煤炭发电的公司、能源密集型公司以及石油和天然气部门的公司)。
系统性风险	如果物理风险和转型风险影响到整个行业(建筑、能源生产和分配、农业等),则会对整个金融体系(股东、债券持有人、债权人)产生溢出效应的风险。	

数据来源:Ivan & Danila(2020):The climate risk for finance in Italy。

由表6-2可知,银行的信贷资金投向和投资资金去向都面临着环境风险的影响,银行自身对绿色发展的认知是其避免风险的内动力。银行引导资金流向环境友好企业和绿色生产转型项目是改善环境恶化减缓气候变化的外动力,也是降低银行转型风险的有效手段。可见,银行信贷资金的流向既决定了银行自身可持续发展,也影响着社会的可持续发展。2019年,联合国环境规划署向金融机构成员发布《负责任的银行框架原则》,其目标是"改造银行业,使其在实现巴黎气候协议中发挥主导作用"。短期而言,债权人面临的风险不是气候变化本身,而是损害非绿色企业的公共政策变化。长期而言,《巴黎协定》可能改变银行对气候转型风险的默认看法。

由此,有些国家成立了绿色银行,有些国家则开始推行绿色信贷政策,即引导银行放贷时考虑企业的环境因素或者向绿色企业提供优惠的贷款条件。1995

年,中国人民银行发布《关于贯彻信贷政策与加强环境保护工作有关问题的通知》,要求金融机构把支持生态环境保护和污染防治作为信贷工作的重要考察因素之一。2003 年,花旗集团、荷兰银行等银行以世界银行的环境保护标准与国际金融公司的社会责任方针为基础,形成《赤道原则》,指引并规范了银行绿色信贷业务实践。2007 年,国家环境保护总局、中国人民银行和银监会联合出台《关于落实环境保护政策法规防范信贷风险的意见》,首次提出绿色信贷的概念。2008 年,最早开展绿色金融业务的兴业银行加入"赤道原则",成为国内首家"赤道银行",承诺银行在发放贷款时对项目环境和社会影响进行评估。2012年,银监会发布《绿色信贷指引》,开始对银行业实施绿色信贷的各方面进行详细规范。2016 年,中国人民银行等七部委发布的《关于构建绿色金融体系的指导意见》进一步明确发展绿色金融的政策框架,银行业纷纷响应,并结合绿色环保产业特点,逐步开发出节能贷、排污权抵押融资等专门针对绿色企业或项目的信贷产品。同时积极与国际组织合作,创建 IFC 的中国节能减排融资项目(CHUEE)、AFD 的能效融资和可再生能源项目以及世界银行的中国节能转贷项目等。尽管中国绿色信贷政策和绿色金融发展起步较晚,但在高度重视环保的大背景下,各种绿色金融政策逐渐推出,中国绿色金融政策的实践走在了世界前沿。

二、商业银行信贷资金现状分析

为深入研究中国商业银行的绿色发展水平和信贷资金现状,本节选取中国沪深 A 股上市的商业银行和香港上市的商业银行作为研究对象,通过手工整理各银行的社会责任报告、年报和公开报道,分析商业银行绿色经营活动的开展情况和绿色发展水平。

中国商业银行是社会资金配置的主要参与者,银行信贷资金的投放对中国绿色发展起着举足轻重的作用。随着中国绿色金融政策的深化执行,绿色信贷资金规模不断扩大(如图 6-2 所示)。

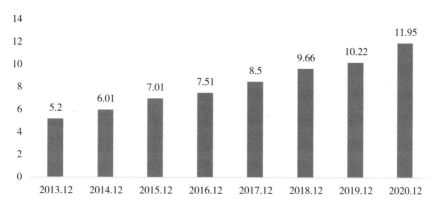

图6-2 2013—2020年21家银行绿色信贷余额(单位:万亿元)①

图6-2显示,2013—2020年21家主要银行机构绿色信贷余额从5.2万亿元增加至11.95万亿元,绿色信贷投放量占银行总贷款的比例逐渐增加。2014年银监会发布《绿色信贷实施情况关键评价指标》,提出要严控"两高一剩"企业信贷规模,资金从高污染、高能耗产业抽离,目前中国环保服务行业的规模和企业呈逐年增长趋势,由2011年的3900家增长至2018年的6433家。从绿色信贷涉及的领域来看,根据2013年银监会出台的《绿色信贷统计制度》,绿色信贷主要用于支持节能环保、新能源、新能源汽车三大战略新兴产业制端和支持节能环保项目和服务,其中节能环保项目和服务贷款支持的项目包括工业节能节水环保项目、绿色交通运输项目、建筑节能及绿色建筑、绿色农业开发项目、资源循环利用项目、垃圾处理及污染防治项目等12类。根据银保监会披露的数据,2016年6月末,21家主要银行机构提供绿色信贷余额7.26万亿元,其中新兴产业贷款余额1.69万亿元,节能环保项目和服务贷款余额5.57万亿元。从投向的具体项目来看,绿色交通运输项目、可再生能源及清洁能源项目、工业节能节水环保项目占比位列前三,分别为47.6%、26.4%和7.3%,而绿色农业项目和绿色林业项目贷款占比最少,不足1%。

---

① 21家主要银行包括国家开发银行、中国进出口银行、中国农业发展银行、中国工商银行、中国农业银行、中国银行、中国建设银行、交通银行、中信银行、中国光大银行、华夏银行、广东发展银行、平安银行、招商银行、浦东发展银行、兴业银行、民生银行、恒丰银行、浙商银行、渤海银行、中国邮政储蓄银行。

根据银保监会公开披露的数据①,2018 年上半年绿色信贷余额约为 9 万亿元,2019 年上半年绿色信贷余额达 10.6 万亿元,同比增速达 17.8%,较前两年有大幅提升。2017—2019 年绿色交通运输项目和可再生能源及清洁能源项目在 12 类项目中的贷款额仍然居于前列,截至 2019 年第二季度末,绿色交通运输项目和可再生能源及清洁能源项目贷款余额分别为 4.22 万亿元和 2.32 万亿元,占比 44.56% 和 24.50%。2020 年中国本外币绿色贷款余额达 11.95 万亿元,较 2019 年增加了 1.73 万亿元,同比增长 16.93%。2021 年中国本外币绿色贷款余额占金融机构人民币贷款余额的 8.25%。从用途来看,2021 年基础设施绿色升级产业贷款余额为 7.4 万亿元,占绿色贷款余额的 46.54%,占比最大;清洁能源产业贷款余额为 4.21 万亿元,占绿色贷款余额的 26.48%;节能环保产业贷款余额为 1.94 万亿元,占绿色贷款余额的 12.20%。虽然国家在绿色信贷支持的项目上有较广的覆盖面,但是中国目前的绿色信贷资金投向比较固定和局限,大部分用于支持节能环保项目,对新能源汽车等新兴产业的支持力度较小,在节能环保项目中绿色交通运输项目所占的比重最大,多达 40% 以上。

《中美联合声明》中,中国提出在 2030 年碳排放达到峰值,并且清洁能源在一次能源中的比例达到 20%,要达到这个目标,将面临每年超过 2 万亿元的绿色资金缺口。据国家能源局统计,截至 2019 年可再生能源补贴资金缺口累计超过千亿元,补贴不到位造成了清洁能源企业的巨大融资需求。虽然绿色信贷余额逐年增加,但是银行间绿色金融业绩存在明显差异,国有商业银行的绿色发展水平较高,绿色金融业绩排名靠前,股份制商业银行次之,城(农)商行起步较晚,在绿色金融的发展水平上落后于前两者,大多数商业银行投向绿色产业和项目的资金占比不足 10%,城(农)商行绿色信贷余额甚至不足 3%。可见,现有绿色信贷资金规模的扩大并未真正解决中国绿色资金的缺口问题。如图 6-3 描绘了 2009—2021 年中国商业银行信贷余额和绿色信贷余额变化趋势。

---

① 数据来源:https://www.sohu.com/a/278375772_808781、http://greenfinance.xinhua08.com/a/20191023/1894434.shtml、http://news.sohu.com/a/526231178_120961824。

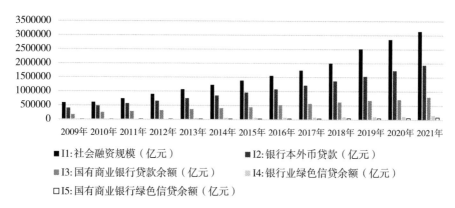

图 6-3　2009—2021 年社会融资与商业银行信贷资金变化趋势

图 6-3 显示,银行业作为重要的资金中介,本外币贷款在社会总融资中占较高比重,银行绿色金融政策的执行程度会直接影响中国生态文明绿色低碳转型进程。表 6-3 汇总了 2009—2021 年商业银行的绿色信贷余额水平,详细展示了银行在社会融资中的影响程度及绿色信贷资金投入状况。

表 6-3　2009—2021 年社会融资与商业银行信贷资金汇总表　（单位:%）

	比率	2009年	2010年	2011年	2012年	2013年	2014年	2015年	2016年	2017年	2018年	2019年	2020年	2021年
中国银行业	I2/I1	67.35	79.60	76.67	73.36	70.34	69.28	69.26	69.12	69.55	68.19	61.12	61.04	61.69
	I4/I1	—	—	—	—	4.86	4.66	5.07	4.81	4.88	4.81	3.98	4.20	5.06
	I4/I2	—	—	—	—	6.91	6.72	7.32	6.97	7.02	7.06	8.09	6.88	8.21
国有商业银行	I3/I1	28.99	41.45	38.99	36.31	34.23	32.95	31.94	33.14	32.51	30.90	27.19	25.09	25.63
	I3/I2	43.05	52.08	50.86	49.50	48.66	47.56	46.12	47.95	46.74	45.31	55.28	41.11	41.54
	I5/I4	—	—	—	—	35.40	36.14	37.05	43.94	45.03	45.92	50.29	52.22	54.59
	I5/I3	4.82	4.18	4.41	4.17	5.03	5.10	5.88	6.38	6.76	7.15	7.36	8.73	10.78

表 6-3 中第 1 行至第 3 行反映了银行业贷款规模与绿色信贷占比情况。第 1 行显示,2009 年至 2021 年间,银行本外币贷款占社会融资规模的比例均在 60% 以上,2010 年最高达到 79.60%。随着资本市场的完善和金融创新发展,融资工具越来越多样化,2021 年上述比例下降至 61.69%,但银行仍然是社会融资中重要的资金供给方。银行业贷款规模占比下降,也说明金融脱媒现象对商业银行的贷款业务造成一定影响。第 2 行显示,随着社会融资规模的扩大,银行业

绿色信贷余额占社会融资规模的比例在2015年后呈现先下降后上升的趋势。第3行显示，银行业绿色信贷余额占银行本外币贷款比例有缓慢上升趋势，就银行业来说，绿色信贷规模在逐渐扩大，但是其增长速度明显低于社会融资规模的增长速度，银行业在绿色信贷资金投入还存在很大的进步空间。

表6-3中第4行至第7行反映了国有商业银行的贷款规模和绿色信贷占比情况。从国有商业银行的贷款余额来看，社会融资中有30%左右来自国有银行，而银行业的贷款余额总量中有50%左右来自国有商业银行，在2019年这一比例甚至达到了55.28%。可见，国有商业银行在调节经济和信用创造上发挥着更大作用。因此，在银行推行绿色金融政策的过程中，国有商业银行应该继续发挥主力军作用。但是，国有商业银行历年绿色信贷余额虽有上升趋势，绿色信贷余额占比却仍处于较低水平，2021年最高仅达到10.78%。

中国环境污染问题和产业结构密切相关，优化产业结构是治理环境、实现绿色可持续发展的关键。一方面，粗放式的生产模式造成了环境恶化，另一方面银行在贷款时，会倾向于选择有重资产特性的行业，信贷资源错配进一步加剧环境问题。自推行绿色信贷以来，银行加大了对绿色企业的贷款力度，以期环保项目有更充足的资金。然而，无论银行将有限的资金投放到哪个行业，资金的安全性、流动性和盈利性是银行运营中不可忽视的经营原则，银行资金效率的高低直接影响着银行经营的"安全性、流动性、盈利性"。国际清算银行（Bank for International Settlements）研究证实了全球银行业普遍面临着存贷净息差缩小的困境，因此，银行的盈利能力受到越来越大的压力，确保持续的盈利能力是维持当前银行业韧性的关键问题。经验证据表明，提高银行资金效率是银行实现长期收益的主要方式。部分银行通过收购和并购加速了资产增长，但没有对它们的新产品、流程和系统进行完整和全面的整合，出现的结果是，许多大型银行都是复杂的矩阵式机构，拥有广泛、多样的服务和产品，资金效率却没有得到改善和提升。银行的资金效率措施旨在最大限度提高投资和信贷资金的周转效率和服务效率，减少组织的复杂性。然而，"可持续发展"理念背景下的银行有必要考虑气候变化和环境风险，即提高资金效率的同时需要确定哪些资产会过度暴露在资产价值崩溃的风险之下。

三、商业银行效率与绿色发展

金融业的发达程度对国家经济发展水平有直接影响,根据表6-3数据,银行作为重要的经济部门,其贷款规模占社会融资规模的60%以上,因此,银行高效发展是推动金融业良性发展的关键。2004年国有商业银行先后完成股份制改革,彻底摆脱了银行只是国家计划和财政附属的标签,自负盈亏。现阶段,中国银行业的主要目标转为实现自身可持续经营和促进国内经济高效快速运转,而银行资金效率是衡量银行盈利能力,反映银行资源利用效果和整体经营状况的重要指标,逐渐受到国内外学者关注。

（一）银行效率与宏观经济

银行效率的测算分为微观效率和宏观效率,其中微观效率指单个银行自身的效率,包括规模效率、范围效率和X效率,而宏观效率反映银行资源配置的效率,即银行将存款转化为贷款的效率。银行的微观效率能有效衡量自身的盈利水平,宏观效率则在一定程度上代表了银行信贷资源配置的有效程度,如果银行能保持宏观效率的高效,则意味着60%的社会资金处于高效运转中,进而对宏观经济产生积极影响。易会满(2006)认为银行效率能反映出银行的市场竞争能力、投入产出能力和可持续发展能力,即银行的高效率建立在盈利性、流动性和安全性三者协调统一的基础上,是商业银行经营活动的核心。随着银行业中介功能的发挥对国内经济的影响加强,国内学者逐渐意识到银行效率除了反映银行的盈利水平和发展能力,也体现出银行在资源配置上的有效程度。谢朝华和陈学彬(2005)在研究银行效率时,认为银行效率是银行体系资金配置和风险管理功能发挥的集中体现。许荣和向文华(2009)指出银行作为微观经济主体,和一般企业一样追求利益最大化,但同时银行独有的资金配置功能,又为其他经济主体提供有效的风险管理手段和经济决策信息。因此,银行效率不仅代表自身的竞争力,同时也关系到银行业发挥金融功能和配置资金的效率。李志辉和王文宏(2011)则认为银行效率不仅影响社会资源的优化配置,甚至对金融经济政策的传递和贯彻实施起到重要作用。吴沐林(2016)认为商业银行在信用创造、资金流动以及支付结算上都发挥着重要作用,有效维持了金融产业乃至整个行业的平稳有序运行,银行效率直接关系到金融产业的健康发展水平。随着产业优化升级等一系列政策的提出,银行的资金配置功能将发挥更显著的作用,其效率高低会进一步对经济发展产生影响。李沂(2015)认为银行效率高低既会对自身经营产生制约,又会间接影响实体经济的资金成本,因此提高银行效率有助于降低社会融资成本,优化产业结构,促进国民经济可持续发展。邵汉华和杨俊等(2014)认为高效的金融体系能在风险可控的条件下,将聚集的社会闲散资金配置到最有效率的生产部门,从而实现经济增长,而对于间接融资为主的国家,银行效率将直接影响经济的可持续增长。

(二)银行效率与绿色发展

银行效率的测算在国内外已形成较为成熟的体系和方法,Berger et al.(1997)总结测度银行效率的五种方法,认为 DEA 是最具应用优势的银行效率测度方法。考虑到 DEA 方法的 CCR 模型无法解决相对有效单元效率的进一步识别,罗勇等(2005)采用超效率的方法对 2001—2003 年 15 家商业银行进行效率测度,指出股份制商业银行的效率普遍高于国有商业银行的效率。袁云峰等(2006)采用多阶段超效率模型对银行效率进行测度,发现国有商业银行与股份制商业银行之间的效率差异主要源于盈利效率差异,在服务效率上二者并没有明显差别。汪洋等(2008)对国有商业银行与股份制商业银行的 X 效率进行测度,发现国有商业银行在配置效率、技术效率与成本效率上均低于股份制商业银行。韩松等(2015)构建网络 DEA 模型对 16 家上市银行进行效率研究,指出不同类型的银行效率优势存在不同,国有商业银行在负债业务与中间业务方面存在优势,而股份制商业银行在资产业务阶段存在优势。

在绿色信贷政策不断完善的情况下,部分学者开始关注银行绿色信贷的效率。绿色信贷效率可以理解为商业银行狭义的绿色金融资金效率,大多数学者选择绿色信贷余额作为投入指标。由于中国商业银行绿色信贷余额占比过低,其中绿色信贷余额规模较大的国有商业银行,在 2019 年也仅有 7.36% 的信贷投放在绿色信贷项目。学者们将绿色信贷效率偏低的主要原因归结于现有投入条件下,商业银行没有得到应有的收益回报。朱宁等(2020)使用 MEA 方法对中国 21 家主要银行进行绿色信贷效率测度和内生性评价,指出绿色信贷效率不高主要原因在于产出效率太低。

现有文献主要是探究不同类型银行效率高低以及差异原因,进而分析影响银行效率的因素,关于银行绿色信贷资金效率的描述也主要集中在产出企业方面,鲜有对银行自身绿色信贷资金投放效率的相关研究。在银行绿色信贷效率的测算方面,更多的是对绿色信贷实行效果进行研究,而很少关注银行绿色信贷资金在环境投资方面的有效性。银行作为金融体系中最重要的组成部分,其效率高低对资金配置效率和经济发展有直接影响。高效的银行既可以提高盈利能力,降低风险,也可以更有效地配置社会资金,从而助力企业绿色转型,降低气候和环境变化带来的转型风险。本章将在总结梳理现有文献的基础上,选择 Undesirable-SBM-DEA 模型,测算中国商业银行的绿色信贷资金效率水平。

第二节　绿色信贷效率测度设计

一、效率测度模型选取

关于银行效率的测度方法并没有统一,学者们根据研究目的进行方法选择和指标体系构建,不同指标选取可能会对效率测度的最终结果产生影响。对银行资金效率测度的 DEA 模型方法有很多种,最常见的是生产法、中介法和资产法。

生产法是把银行当成普通的生产型企业来分析,将银行的各种业务抽象为一般企业的生产活动。这一方式是将劳动力、固定资产和资本作为投入指标,将存款和贷款作为产出指标,这个方法没有考虑利息这一银行特有的经营产出。此外,生产法中的产出指标通常选取的是存、贷款账户数量,未将各个账户金额考虑进去。因此,选择生产法来测度银行的资金效率并不符合银行的日常经营特征。

资产法的核心是基于银行的资产负债表来选取投入和产出指标。通常选取存款等资产负债表中的负债方作为投入指标,选取贷款等资产方作为产出指标。银行这一特殊的企业还存在大量的中间业务,中间业务日益成为银行间竞争的新领地,中间业务为银行带来的非利息收入逐年增加。可见,生产法与资产法忽视了银行的经营特征,存在明显缺陷,故在进行银行效率测度时,大多数学者采用中介法。

中介法不再将银行当成一般经营性企业对待，而是考虑了银行的金融中介特征。银行通过投入劳动力、固定资产、资本来吸收存款，再将这些资金作为贷款转化为银行的资产，其经营利润主要来源于存款和贷款的利息差。中介法的投入指标通常选取银行的员工人数、固定资产、资本等，产出指标通常选取净利润、营业收入等。部分学者结合多种方法进行指标选择，以弥补单一指标选择方法存在的偏误。

然而，生产法、资产法和中介法均没有考虑商业银行在绿色发展过程中的资金引导功能和社会责任。2007年绿色信贷政策在中国开始初步推出，希望银行在发放贷款时考虑企业的环境影响因素，2012年《绿色信贷指引》更是明确规定了银行的资金流向问题，2016年银行开始严格执行"环保一票否决制"，因此，在对商业银行的资金效率测度时应该考虑银行人力物力的投入是否绿色，且绿色信贷资金的投放是否达到了绿色经济转型和绿色发展的初衷。本章第一节的统计数据显示，中国商业银行的绿色信贷资金的投放占社会总融资比率极低，究其原因，可能是商业银行对"绿色经济发展"的认知不一致，导致发展缓慢且不一致；也可能是商业银行对"绿色信贷"存在认知偏差，绿色企业和环境友好型企业是近年来发展绿色经济的产物，资金需求量大、可抵押资产少、投资收益测算困难，银行基于避险考虑，对绿色信贷政策的响应动力不足。

绿色发展是中国未来发展的战略目标，银行践行绿色金融政策是不变的事实，有必要详细分析银行绿色信贷资金效率。银行绿色金融资金狭义上指绿色信贷资金，广义上可以界定为与可持续发展目标一致的所有资金。测度银行的绿色信贷资金效率时，除了要考虑信贷资金效率，更要充分考虑信贷资金带来的环境问题。现阶段中国绿色信贷资金主要投放于工业节能环保、可再生清洁能源以及绿色交通这几个方面，而各类新兴行业的绿色信贷资金投入占比普遍不高，新能源与新能源汽车的余额占比整体水平较低，绿色信贷资金投向从结构上来说，整体偏保守，主要在基础性绿色项目上发挥作用。在构建银行绿色信贷资金效率测度指标体系时，应考虑银行绿色信贷资金投入对环境的影响。商业银行的经营性产出对环境直接造成的影响较小，其对环境的影响路径主要通过企业传导，即商业银行对企业提供信贷支持，企业的生产经营活动可能对环境产生直接或者间接影响。因此,引入企业的非期望产出指标来衡量企业的环境污染,间接地描述银行绿色信贷资金投入的非期望产出。

银行业金融机构开展绿色信贷工作,通过投入绿色信贷资金来实现经济效益与节能环保效益。经济效益可以用收益衡量,节能环保效益可以用节能环保领域贷款所形成的节能减排量来衡量。对银行绿色信贷资金效率测度时,选择不同的投入和产出的变量,最终测度出的效率值也会不同。因此选取一个恰当的模型至关重要。本书选非参数分析法中的数据包络分析法(DEA),其中,投入指标为银行对外的绿色信贷资金投入和经营管理中的运营投入,产出方面则考虑银行的盈利能力和对环境影响的非期望产出。

BBC-DEA 模型和 CCR-DEA 模型在进行指标的冗余分析时,为径向分析,然而,对于银行绿色信贷资金效率测度指标无法实现同步增减,不适合运用径向分析,因此,选择非径向的 SBM 模型进行效率测度。

BBC 和 CCR 分别表示规模报酬可变和规模报酬不变的效率测度模型,将两种导向合在一起,得到 additive 模型,它的基本形式为:

$$\max_{\lambda, s^-, s^+} z = es^- + es^+$$

$$\begin{cases} X\lambda + s^- = x_o \\ Y\lambda - s^+ = y_o \\ e\lambda = 1 \\ \lambda \geqslant 0, s^- \geqslant 0, s^+ \geqslant 0 \end{cases}$$

从模型方程可以看出,additive 模型把投入的减少和产出的增加都考虑到效率测算当中。为了进一步让 additive 模型实现单位不变性,Tone(1997,2001)提出了 SBM(Slack-Based Measure)模型,又名松弛测度。对于 DMU[①] (x_o, y_o) 效率的测量,SBM 模型的基本形式为:

$$\min_{\lambda, s^-, s^+} \rho = \frac{1 - \dfrac{1}{m} \sum_{i=1}^{m} s_i^- / x_{io}}{1 + \dfrac{1}{s} \sum_{r=1}^{s} s_r^+ / y_{ro}}$$

---

① DMU 为 Decision Making Unit,即决策单位。

$$\begin{cases} x_o = X\lambda + s^- \\ y_o = Y\lambda - s^+ \\ \lambda \geqslant 0, s^- \geqslant 0, s^+ \geqslant 0 \end{cases}$$

在该模型中,一般认为 $X \geqslant 0$。如果 $x_{io} = 0$,则在目标方程中剔除 s_i^- / x_{io}。如果 $y_{ro} \leqslant 0$,则用一个非常小的正数来代替它,以保证 s_r^+ / y_{ro} 具有惩罚作用。从目标方程的形式可知 ρ 满足 SBM 的单位不变性,因为分子和分母的每一项单位都被统一了。在其他条件不变的情况下,随着 s_i^- 或 s_r^+ 值不断变大,目标值 ρ ($0 \leqslant \rho \leqslant 1$)会不断降低,并且该方程严格满足单调性。如果松弛变量全部为 0,那么, $\rho = 1$。目标值 ρ 还可以看作是投入效率值和产出效率值的组合,分子中 $\frac{1}{m} \sum_{i=1}^{m} s_i^- / x_{io}$ 测量的是投入平均非效率值,分母中 $\frac{1}{s} \sum_{r=1}^{s} s_r^+ / y_{ro}$ 测量的是产出平均非效率值。

上述模型中均存在一种效率计算的基本逻辑,即缩减投入使投入最小化或者扩大产出使产出最大化,然而在实际生产过程中并不是所有产出都是合理的,即存在非期望产出,若按照之前的描述,提升效率需要扩大非期望产出,这显然是不合理的,因此在上述模型基础上衍生出非期望产出的 DEA 模型,即 Undesirable-SBM-DEA 模型。

考虑一个包含非期望产出的生产可能性集:

$$P = \{(x, y^g, y^b) \mid x \geqslant X\lambda, y^g \leqslant Y^g \lambda, y^b \geqslant Y^b \lambda, L \leqslant e\lambda \leqslant U, \lambda \geqslant 0\} \tag{6-1}$$

其中, x 表示投入, y^g 表示正常产出, y^b 表示非期望产出。

与式(5-2)类似,Undesirable-SBM-DEA 模型表达式为:

$$\rho^* = \min \frac{1 - \dfrac{1}{m} \sum_{i=1}^{m} \dfrac{s_{i0}^-}{x_{i0}}}{1 + \dfrac{1}{s} \left(\sum_{r=1}^{s_1} \dfrac{s_r^g}{y_{r0}^g} + \sum_{r=1}^{s_2} \dfrac{s_r^b}{y_{r0}^b} \right)} \tag{6-2}$$

$$subject\ to \begin{cases} x_0 = X\lambda + s^- \\ y_0^g = Y\lambda - s^g \\ y_0^b = Y\lambda + s^b \\ L \le e\lambda \le U \\ s^-, s^g, s^b, \lambda \ge 0 \end{cases}$$

其中，x_0、y_0^g、y_0^b 为目标值。

二、效率测度指标体系构建

银行信贷资金的流向直接影响着企业生产和效益。企业效益可分为经济效益和环境效益。环境收益是指在市场经济中,企业通过投入现实的资金与物资获取环境治理中得到的效用总量,即环境盈利。按照目前的分类,环境收益有两种分类方法,其一,根据来源渠道可以分为企业行为型环境收益与企业投资型环境收益。行为型环境收益企业通过制定环保计划方案、实施环保措施,解决环境污染问题的同时也改善资源结构并节约资源用量,使得土地资源重新发挥其生态系统服务功能,并使大气及水资源在一定程度上质量得到提升,以上措施被称为行为型环境收益;投资型环境收益是指企业通过自身经济实力购置环境资产所产生的环境收益,诸如脱硫除尘、垃圾回收、污水处理等装置。其二,根据具体形态则可以分为实际收益与虚拟收益两种,分别指企业通过良好的环境表现所争取到的银行优惠利率贷款、发行企业绿色债通道、国家政府的优惠税率等实质性有助于提高企业自身经营利润的收益以及通过积极承担企业社会责任建立良好企业形象及消费者口碑所带来的收益。

环保政策趋严,企业的环境行为不仅会影响其融资约束程度,也会使授信银行受到连带责任。由中华人民共和国第十二届全国人民代表大会常务委员会第八次会议通过的修订版《中华人民共和国环境保护法》从 2015 年 1 月 1 日起实施,本次新修订的法案从源头上加重了对违法排污企业的处罚力度,通过加强对企业经济为主的行政处罚,遏制企业的违法排污活动。对企业排放危险污染物,造成严重环境破坏,给公共私人财产造成重大损失及人身伤亡的行为予以刑事立案侦查。党的十八届三中全会,中华人民共和国环境保护部环境规划院在借鉴了国内外环境损害鉴定评估方法与相关实践经验的基础上,对《环境污染损害数额计算推荐方法(第Ⅰ版)》进行修订,编制适用于因污染环境或破坏生态行为导致的人身、财产、生态环境损害、应急处置费用和其他事务性费用鉴定评估的《环境损害鉴定评估推荐方法(第Ⅱ版)》。在新版的环境保护法中对计罚方式也有所改进,对8种严重环境违法行为采取按日计罚的处罚方式。其中指出"违法排放污染物,受到罚款处罚,被责令改正,拒不改正的,依法做出处罚决定的行政机关可以自责令改正之日的次日起,按照原处罚数额按日连续处罚",对企业来说这意味着违法成本大幅提高,环境污染行为自然也会得到改善。更进一步,对部分污染行为较为严重的企业给予经济处罚的同时,直接负责的管理人员或其他负责人也将面临5至15日的行政拘留。

银行作为绿色金融政策的主要参与主体,其信贷资金的效率影响着绿色金融的推行程度和效率。绿色金融政策推行在引导银行关注和参与绿色发展,扶持环境友好型企业的发展,实现节能减排和减少企业对环境的污染。然而,披露绿色信贷数据的银行数量较少,纳入绿色信贷资金统计范围的资金不到社会总融资的5%。由于对绿色金融政策的认知存在差异,导致现阶段的绿色金融推行变成了银行经营业务的"可选项",有绿色发展战略眼光的银行靠着"情怀"来披露相关数据和响应国家的绿色政策。

测度银行绿色信贷资金效率的难点在于信贷资金的环境效益测算。银行依据绿色信贷政策指引,将资金贷款给企业,企业生产的最终产品通过货币化体现其市场价值,但环境资源与服务的价值用单纯的市场价值很难进行准确衡量。因为市场现值只能代表其作为生产原材料成本的价值,而很难反映出其对社会及人类福祉的根本性作用价值,因此,自然资源在利益驱导的资本社会中便很难得到重视,进而容易引发环境恶化与资源短缺问题。产品的环境价值和风险难以通过货币计算,导致绿色金融政策的执行难度较大。

为帮助中国政府及金融机构了解其投资策略所产生的环境成本,2016年英国Trucost在中国工商银行的支持下,选出35个行业并量化其运营和供应过程中的自然资源成本,对"温室气体、空气污染物排放、水资源消耗、废物处理、土地利用变化和水污染物"六大环境因素构建了"自然资本成本估值方法"。

Barrows & Ollivier(2020)以印度的制造业公司为例,认为公司测度非期望产出的一种方法是计算企业在生产经营中投入各种资源导致的非期望产出的增加,另外一种方法是从企业生产出的产品数量角度出发,计算生产单位产品会产生的非期望产出的数量。但这些方法较为局限,一方面需要企业披露详细信息,另一方面不同行业的非期望产出部分是不同的。银行作为授信机构,无论将资金投放给绿色企业还是污染企业均会对环境产生影响,只是影响程度有所差异。节能减排是绿色信贷政策推行的主要目的之一。如果银行将有限的资金更多引流至绿色企业,环境污染便能得到有效控制,甚至改善环境。因此,在测度银行的绿色信贷资金效率时,由银行授信引起的环境污染越少,且经济产出越多,则说明该银行的绿色信贷资金效率越高。尽管银行的授信客群的生产方式有着各种区别,但无论是绿色企业还是污染企业都将直接或者间接产生碳排放。因此,通过测度银行贷款给企业后,企业产生的碳排放量作为银行的非期望产出指标。

银行提高信贷而带来的碳排放应包括银行投入到的所有企业在生产经营过程中的碳排放,但是由数据获取困难,将银行向"两高一剩"行业投放贷款而间接导致每年二氧化碳排放量作为环保因素上的非期望产出指标的代理变量。二氧化碳排放量的计算则按照联合国政府间气候变化专门委员会(IPCC)披露的计算方式:

$$CO_2 = \sum_i fc^i \times cv^i \times cc^i \times cor^i \times (44/12) \tag{6-3}$$

其中,i表示含碳物质的化石燃料类型,fc^i表示燃料i消费量,cv^i表示燃料i平均热量值,cc^i表示燃料i每一单位热量所含的碳含量,cor^i表示燃料i的碳氧化率。不同燃料下的指标值可见表6-4。以上是每年总的二氧化碳排放量计算方法,对于如何衡量每家银行每年间接产出的二氧化碳排放量,则根据每家银行在"两高一剩"行业的贷款余额来计算每家银行"两高一剩"贷款余额占所有银行"两高一剩"贷款余额的比率。将该比率乘上每年总的二氧化碳排放量则是每年每家银行间接排放的二氧化碳量。

表6-4　中国主要含碳燃料的碳排放元素值

燃料	煤	石油	煤油	柴油	燃油	天然气
cc(t/TJ)	27.28	18.90	19.60	20.17	21.09	15.32
cv(TJ/0.1 Bkg)	192.14	448.00	447.50	433.30	401.90	3839.10
cor(%)	92.30	98.00	98.60	98.20	98.50	99.00

数据来源:国家发展和改革委员会能源研究所报告(2007)。

注:cc 表示每万亿焦耳热量中所含的碳含量,cv 则表示每亿千克燃料所含的多少万亿焦耳热量。

运用 DEA 模型测度银行绿色信贷资金效率的重点在于投入和产出指标的选取。Coelli et al.(1998)指出应用非参数方法进行分析时,变量个数的增加将会减少技术无效个体的数量,即模型计算结果会出现大量决策单元效率值为 1 的情况,这将影响综合评价分析结果的准确性。因此,在对投入和产出指标进行选择的时候,应该在保证尽量反映银行运行特征的同时,合理控制变量的数量,减少 DEA 模型的测量偏误。根据以上思路,并参考上述学者的指标选择方法,本章选取投入产出指标如下:

表6-5　投入与产出指标体系

指标种类	一级指标	二级指标	计算方法
投入指标	绿色金融投入	绿色信贷资金	银行社会责任报告披露的(本期绿色信贷余额+上期绿色信贷余额)/2
	运营投入	人力投入	银行年报中披露的应付职工薪酬
		日常运营投入	银行年报披露的手续费及佣金支出与营业支出之和
		资本投入	银行年报披露的固定资产
正常产出指标	盈利能力	生息能力	银行年报披露的净利息收入
		收益能力	银行年报披露的净利润
非期望产出指标	环境污染	二氧化碳排放额	银行社会责任报告披露的"两高一剩"余额

将银行每年的绿色信贷资金作为银行绿色金融活动上的主要投入。相对于过程值,年末绿色信贷余额具有偶然性,存在某些银行为了应对监管,只在年末投放大量绿色信贷,在第二年年初就收回的情况。由于银行在披露绿色信贷情况时,仅在社会责任报告中披露,且大部分银行未披露过程

值,故在无法直接获得银行绿色信贷余额过程值的情况下,采用银行绿色信贷余额的年初值加年末值除以 2 的方法替代。对于银行运营投入方面,主要从人力投入、资本投入、日常运营投入三方面衡量。其中,人力投入以银行每年的应付职工薪酬表示。虽然很多学者使用员工人数作为劳动力投入指标,但因为不同层级的员工对银行带来的价值不同,并且银行体量、类型等都会影响银行员工人数的大小,所以用应付职工薪酬作为银行劳动力投入指标更加合理。日常运营投入采用手续费及佣金支出与营业支出之和,利息支出虽然是银行经营的重要成本支出,但是利息支出主要体现银行使用资金的成本,与银行绿色信贷效率高低的关联较小,不能真实反映银行在日常运营中投入的成本,而银行年报中披露的手续费及佣金支出核算银行发生的与其经营活动有关的各项手续费等,营业成本主要包括业务及管理费等经营支出,故选取手续费及佣金支出与营业支出之和作为银行日常运营投入。资本投入采用银行年报披露的固定资产。利息净收入体现了银行生息能力,即创收能力,是银行主要业务即存贷款业务带来的利润,而净利润作为综合绩效指标,不仅代表了银行的存贷款业务收入,还包括银行中间业务的发展带来的利润,同时反映了银行成本控制等方面的能力,是银行最终获利能力的反映。虽然大部分学者都采用净资产收益率作为产出指标,但由于样本中各个银行的规模差距过大,如果采用净资产收益率作为产出指标,会忽略银行资产规模的信息,所以采用净利润和利息净收入作为反映银行盈利能力的指标。银行效率测度时,考虑到"两高一剩"余额为银行的非期望产出,选取 Undesirable-SBM-DEA 模型进行效率测度。

三、数据来源及描述性统计

由于 2008 年仅有建设银行披露绿色信贷资金额,故效率测度的研究区间为 2009—2019 年。投入指标中银行的绿色信贷余额、"两高一剩"余额均为手工整理和收集,来源于各大商业银行历年披露的社会责任报告;应付职工薪酬、固定资产、净利润、净利息收入、手续费及佣金支出、营业支出等数据来源于万德数据库。从银行历年的社会责任报告中发现,"两高一剩"贷款余额这一数据的披露存在缺失值,采用拟合的方式插补缺失值。

表6-6为2009—2019年样本银行绿色信贷资金、固定资产、应付职工薪酬、非利息支出、利息净收入、净利润、"两高一剩"余额的描述性统计结果。

表6-6　2009—2019年商业银行投入产出指标描述性统计表 (单位:亿元)

指标	样本量			平均值			最大值			最小值		
类别	A	B	C	A	B	C	A	B	C	A	B	C
绿色信贷资金	55	68	84	4574	1083	101.2	12950	9280	828	739.4	21.32	5.105
固定资产	55	68	84	1389	182.5	35.66	2535	652.7	87.34	258.4	36.94	3.864
应付职工薪酬	55	68	84	273.2	83.16	15.89	504.7	177.4	54.61	56.73	32.20	0.432
日常经营投入	55	68	84	2364	709.6	113.0	4806	1603	295.7	571.3	199.9	19.12
利息净收入	55	68	84	3271	817.4	152.8	6070	1730	375	850	244	29.50
净利润	55	68	84	1664	384.2	71.76	3134	934.2	203.3	391.7	109.7	10.76
"两高一剩"贷款余额	55	68	84	4056.4	840.7	137.8	9570	2227	714	612.4	137.6	6.740

注:A为国有商业银行,B为股份制商业银行,C为城(农)商行,下同。

表6-6显示,2009—2019年国有商业银行所有指标的均值均大于股份制商业银行和城(农)商行,这是由于国有商业在体量上有绝对优势,所以投入和产出指标都明显高于其他两类商业银行。研究区间内,工商银行绿色信贷资金最高,股份制商业银行中兴业银行2019年的绿色信贷资金达到9280亿元,超过了国有商业银行中的中国银行、交通银行和邮储银行。股份制商业银行中,绿色信贷资金的最小值是浙商银行,该银行在2017年首次披露绿色信贷数据,绿色信贷资金为21.32亿元,2019年绿色信贷资金增长至382.5亿元。江苏银行的绿色信贷资金处于城(农)商行前列,2019年达到828亿元,城(农)商行绿色信贷业务和资金投放方面存在明显差距。

描述性统计分析显示,银行的绿色信贷执行力度虽然有所增加,但还需要进一步提升,引导社会闲散资金流向绿色发展中去,弥补中国绿色发展的资金缺口。

第三节　绿色信贷效率分析

根据前面构建的投入产出效率测度指标体系,运用 DEA Solver Pro5.0 基于 Undesirable-SBM-DEA 模型测度中国商业银行的绿色信贷资金效率。

一、商业银行绿色信贷效率

表 6-7 汇总了中国商业银行基于 Undesirable-SBM-DEA 模型的绿色信贷资金效率测度结果。数据显示,研究区间内,各银行的绿色信贷资金效率均不高。

表 6-7　2009—2019 年商业银行绿色信贷效率测度结果汇总表

效率区间	1		[0.8,1)		[0.7,0.8)		[0.6,0.7)		[0.5,0.6)		[0.4,0.5)		[0.3,0.4)		[0,0.3)		总计
年份	计数	占比	计数	占比	计数	占比	计数	占比	计数	占比	计数	占比	计数	占比	计数	占比	
2009年	1	20%	0	0%	0	0%	0	0%	0	0%	0	0%	0	0%	4	80%	5
2010年	4	50%	0	0%	0	0%	0	0%	0	0%	1	13%	3	38%	0	0%	8
2011年	6	50%	0	0%	0	0%	0	0%	1	8%	3	25%	2	17%	0	0%	12
2012年	7	54%	0	0%	0	0%	1	8%	3	23%	1	8%	1	8%	0	0%	13
2013年	11	61%	0	0%	1	6%	0	0%	3	17%	2	11%	1	6%	0	0%	18
效率区间	1		[0.8,1)		[0.7,0.8)		[0.6,0.7)		[0.5,0.6)		[0.4,0.5)		[0.3,0.4)		[0,0.3)		总计
年份	计数	占比	计数	占比	计数	占比	计数	占比	计数	占比	计数	占比	计数	占比	计数	占比	
2014年	12	67%	1	6%	0	0%	0	0%	3	17%	2	11%	0	0%	0	0%	18
2015年	12	63%	1	5%	0	0%	0	0%	2	11%	4	21%	0	0%	0	0%	19
2016年	8	35%	0	0%	0	0%	1	4%	2	9%	4	17%	8	35%	0	0%	23
2017年	10	37%	0	0%	0	0%	3	11%	5	19%	7	26%	2	7%			27
2018年	16	55%	3	10%	1	3%	4	14%	3	10%	2	7%	0	0%			29
2019年	11	31%	0	0%	1	3%	3	9%	6	17%	7	20%	6	17%	1	3%	35

在绿色信贷发展初期,银行间绿色信贷资金效率差异尤为明显。尽管基于 Undesirable-SBM-DEA 模型测度的效率结果为静态值,每一年效率前沿面均有所不同,无法直接通过时间序列上效率值的大小判断效率有没有提高,但是从每

年落在不同效率区间的银行占比来看,落在效率前沿面上的银行即效率为 1 的银行占比呈增长趋势,但是落在效率低于 0.5 的区间的银行占比一直很高,这说明银行之间的效率仍然存在很大差异。表 6-8 汇总了 2009—2019 年中国商业银行的绿色信贷资金效率描述性统计结果。

表 6-8　2009—2019 年商业银行绿色信贷资金效率描述性统计表

指标	样本量			均值			最大值			最小值			标准差		
类别	A	B	C	A	B	C	A	B	C	A	B	C	A	B	C
2009 年	3	1	1	0.242	0.230	1	0.295	0.230	1	0.184	0.230	1	0.055	—	—
2010 年	4	3	1	0.518	0.797	1	1	1	1	0.328	0.390	1	0.323	0.352	—
2011 年	5	5	2	0.505	0.791	1	1	1	1	0.307	0.440	1	0.281	0.288	0
2012 年	5	5	3	0.588	0.821	1	1	1	1	0.342	0.547	1	0.258	0.246	0
2013 年	5	7	6	0.658	0.786	0.959	1	1	1	0.386	0.484	0.755	0.315	0.266	0.099
2014 年	5	7	6	0.700	0.903	0.923	1	1	1	0.457	0.505	0.535	0.276	0.189	0.190
2015 年	5	7	7	0.715	0.814	0.930	1	1	1	0.492	0.434	0.510	0.263	0.262	0.185
2016 年	5	8	10	0.369	0.589	0.776	0.512	1	1	0.310	0.343	0.363	0.083	0.273	0.292
2017 年	6	8	13	0.460	0.550	0.736	1	1	1	0.293	0.323	0.327	0.271	0.284	0.301
2018 年	6	8	15	0.728	0.681	0.891	1	1	1	0.387	0.498	0.370	0.302	0.217	0.207
2019 年	6	9	20	0.492	0.525	0.757	1	0.689	1	0.369	0.348	0.296	0.147	0.120	0.285

表 6-8 中,依据银行类型进行分组,汇总了组内样本银行的绿色信贷资金效率测度结果。研究区间内,由于城(农)商行对绿色信贷信息披露的起步时间较晚,组内样本数量增长幅度较大,历年城(农)商行的绿色信贷资金效率均值均高于国有商业银行与股份制商业银行,这说明虽然城(农)商行信息披露较晚,但其绿色信贷资金效率较高,绿色信贷表现优于国有商业银行与股份制商业银行。对比三组样本银行的绿色信贷资金效率最大值,城(农)商行的历年效率最大值均为 1,而国有商业银行与股份制商业银行均存在效率最大值不为 1 的情况,说明城(农)商行尽管承担的绿色信贷资金体量小,但其绿色信贷资金效率优于国有商业银行与股份制商业银行。表 6-9 展示了 2009—2019 年中国商业银行绿色信贷资金效率测度结果。

表 6-9 2009—2019 年商业银行绿色信贷资金效率值汇总表

银行类型	银行名称	2009年	2010年	2011年	2012年	2013年	2014年	2015年	2016年	2017年	2018年	2019年
A	工商银行	0.295	1	1	1	1	1	1	0.512	0.457	1	0.765
	建设银行	0.246	0.401	0.402	0.579	0.504	0.561	0.582	0.371	0.368	1	0.491
	农业银行	—	—	0.445	0.403	0.386	0.457	0.492	0.322	0.349	0.540	0.369
	中国银行	0.184	0.328	0.307	0.342	0.401	0.483	0.500	0.310	0.295	0.441	0.393
	邮储银行	—	—	—	—	—	—	—	—	1	1	0.525
	交通银行	—	0.344	0.372	0.616	1	1	1	0.331	0.293	0.387	0.406
B	中信银行	—	1	1	1	1	1	1	0.673	0.506	0.759	0.663
	光大银行	—	—	—	—	0.514	—	0.456	0.376	0.355	0.511	0.495
	兴业银行	—	1	1	1	1	1	1	1	1	—	0.576
	华夏银行	—	—	—	0.556	0.484	0.505	0.434	0.343	0.323	0.510	0.404
	平安银行	—	—	—	—	—	1	1	1	1	—	0.579
	招商银行	0.230	0.390	0.440	0.547	0.507	0.815	1	0.433	0.448	1	0.689
	民生银行	—	—	1	—	—	—	—	0.404	0.358	0.515	0.566
	浙商银行	—	—	—	—	—	—	—	—	1	0.498	0.348
	浦发银行	—	—	0.515	1	1	1	0.806	0.481	0.410	0.654	0.403
C	上海银行	—	—	1	1	1	1	1	1	1	1	1
	中原银行	—	—	—	—	—	—	—	—	—	—	0.664
	九江银行	—	—	—	—	—	—	—	—	—	—	0.392
	北京银行	1	1	1	1	1	1	1	0.481	—	—	—
	南京银行	—	—	—	—	0.755	1	1	0.386	0.376	1	0.389
	哈尔滨银行	—	—	—	—	1	1	1	1	1	1	1
	天津银行	—	—	—	—	—	—	—	—	1	1	1
	宁波银行	—	—	—	1	1	1	1	1	0.430	1	1
	常熟银行	—	—	—	—	—	—	—	—	0.524	—	—
	广州农商银行	—	—	—	—	—	—	—	1	1	1	1
	徽商银行	—	—	—	—	—	—	—	—	—	1	1
	无锡银行	—	—	—	—	—	—	—	—	—	1	1
	杭州银行	—	—	—	—	—	—	1	1	1	1	0.463
	江苏银行	—	—	—	—	1	0.535	0.510	0.363	0.400	0.493	0.296
	江西银行	—	—	—	—	—	—	—	0.533	0.506	0.763	0.539
	渝农商行	—	—	—	—	—	—	—	—	—	—	0.459
	苏州银行	—	—	—	—	—	—	—	—	—	0.743	0.540
	西安银行	—	—	—	—	—	—	—	—	—	—	1
	贵阳银行	—	—	—	—	—	—	—	—	1	1	1
	郑州银行	—	—	—	—	—	—	—	1	1	1	1
	长沙银行	—	—	—	—	—	—	—	—	—	—	1
	青岛银行	—	—	—	—	—	—	—	—	0.327	0.370	0.392

表6-9中，由于部分年份存在绿色信贷资金额未披露的情况，该指标存在缺失值，无法测度其绿色信贷资金效率，如平安银行、北京银行、常熟银行的绿色信贷资金效率测度年份不连续。可见，尽管绿色信贷政策已经推行了较长时间，但是，现阶段中国商业银行的绿色信贷信息披露制度并不完善，不同银行披露绿色信贷信息的方式也不相同，这对绿色信贷数据统计与未来发展都会造成不良影响。就理论分析而言，绿色信贷是银行必须遵照执行的信贷准则，银行推行了绿色信贷既可以完成考核要求，也可以通过声誉的提高获得相应的正向市场回馈。银行投放了绿色信贷资金，披露该指标是有益无害的，但现阶段披露绿色信贷资金额的银行极少。针对此现象，对部分银行进行深度访谈，究其原因，一是部分银行对绿色信贷资金统计口径的解读存在差异，没有对此数据进行统计；二是部分银行在授信时，基于企业的环评报告进行初审，环评合格才能获得信贷资金，并未严格区分对应的贷款是否为绿色信贷；三是部分银行为了完成考核，对当年的绿色信贷投放总额进行单列，故披露的绿色信贷资金为绿色信贷专项资金。可见，现阶段银行披露的绿色信贷资金额，多数为狭义的绿色信贷资金额。

表6-9显示，上海银行、哈尔滨银行、天津银行、广州农商银行、徽商银行、无锡银行、贵阳银行、郑州银行在研究区间内，较多的年份绿色信贷资金效率为1。可见，尽管城（农）商行的银行规模与绿色信贷资金体量低于国有商业银行与股份制商业银行，但是其整体绿色信贷效率较高。农业银行、中国银行、华夏银行、青岛银行等银行的绿色信贷资金效率从未达到优秀水平。可见，这些银行尽管规模较大、绿色信贷资金投放量较高，但其绿色信贷质量不高，如此恶性循环下去，将损害银行绿色信贷投放的积极性，并对日常经营造成不利影响，导致盈利能力受损。

二、商业银行绿色信贷纯技术效率测度

银行绿色信贷资金效率可以被分解为纯技术效率与规模效率，银行绿色信贷资金纯技术效率指在不考虑银行规模的情况下，执行绿色信贷的能力大小，银行绿色信贷资金规模效率指银行投放的资金规模不同带来的效率上的差异。由于银行与其他企业存在业务上的不同，银行自身能够使用的资金规模受到银行负债规模、地域等因素的影响，自身进行规模扩张的难度较大，故对于银行绿色信贷规模效率不作过多分析。表6-10汇总了中国商业银行绿色信贷纯技术效率测度结果。

表 6-10　2009—2019 年商业银行绿色信贷纯技术效率汇总表

效率区间	1		[0.8,1)		[0.7,0.8)		[0.6,0.7)		[0.5,0.6)		[0.4,0.5)		[0.3,0.4)		[0,0.3)		总计
年份	计数	占比	计数	占比	计数	占比	计数	占比	计数	占比	计数	占比	计数	占比	计数	占比	
2009 年	4	80%	0	0%	0	0%	0	0%	1	20%	0	0%	0	0%	0	0%	5
2010 年	6	75%	1	13%	1	13%	0	0%	0	0%	0	0%	0	0%	0	0%	8
2011 年	10	83%	1	8%	0	0%	1	8%	0	0%	0	0%	0	0%	0	0%	12
2012 年	10	77%	1	8%	0	0%	0	0%	1	8%	0	0%	0	0%	0	0%	13
2013 年	16	89%	0	0%	1	6%	0	0%	1	6%	0	0%	0	0%	0	0%	18
效率区间	**1**		**[0.8,1)**		**[0.7,0.8)**		**[0.6,0.7)**		**[0.5,0.6)**		**[0.4,0.5)**		**[0.3,0.4)**		**[0,0.3)**		**总计**
年份	计数	占比	计数	占比	计数	占比	计数	占比	计数	占比	计数	占比	计数	占比	计数	占比	
2014 年	16	89%	0	0%	0	0%	0	0%	2	11%	0	0%	0	0%	0	0%	18
2015 年	16	84%	0	0%	0	0%	0	0%	2	11%	1	5%	0	0%	0	0%	19
2016 年	19	83%	0	0%	0	0%	3	13%	1	4%	0	0%	0	0%	0	0%	23
2017 年	23	85%	0	0%	1	4%	1	4%	2	7%	0	0%	0	0%	0	0%	27
2018 年	23	79%	0	0%	0	0%	3	10%	2	7%	1	3%	0	0%	0	0%	29
2019 年	24	69%	1	3%	0	0%	3	9%	3	9%	3	9%	1	3%	0	0%	35

表 6-10 中,绿色信贷资金纯技术效率为 1 的银行数量占比均保持在 70%以上,说明该银行的绿色信贷资金运用能力较强。对比表 6-7 与表 6-10,在规模可变的情况下,银行绿色信贷资金效率显著提升,纯技术效率为 1 的银行占比数均高于绿色信贷效率为 1 的银行占比数,这说明银行在推进绿色信贷的过程中,资金运用和管理的技术差异较小,绿色信贷资金效率较低源自规模影响。

表 6-11　2009—2019 年绿色信贷资金纯技术效率描述性统计表

指标	样本量			均值			最大值			最小值			标准差		
类别	A	B	C	A	B	C	A	B	C	A	B	C	A	B	C
2009 年	3	1	1	1	0.590	1	1	0.590	1	1	0.590	1	0	—	—
2010 年	4	3	1	0.889	1	1	1	1	1	0.724	1	1	0.136	0	—
2011 年	5	5	2	0.894	1	1	1	1	1	0.645	1	1	0.158	0	0
2012 年	5	5	3	0.898	0.944	1	1	1	1	0.599	0.721	1	0.174	0.125	0

续表

指标	样本量			均值			最大值			最小值			标准差		
2013年	5	7	6	1	0.899	1	1	1	1	1	0.551	1	0	0.181	0
2014年	5	7	6	1	0.936	0.929	1	1	1	1	0.554	0.573	0	0.169	0.174
2015年	5	7	7	1	0.867	0.930	1	1	1	1	0.496	0.512	0	0.229	0.184
2016年	5	8	10	1	0.916	0.919	1	1	1	1	0.632	0.556	0	0.156	0.171
2017年	6	8	13	0.930	0.952	0.943	1	1	1	0.582	0.616	0.542	0.93	0.136	0.144
2018年	6	8	15	0.929	0.860	0.930	1	1	1	0.578	0.627	0.408	0.172	0.193	0.185
2019年	6	9	20	0.924	0.889	0.836	1	1	1	0.546	0.494	0.394	0.185	0.186	0.236

表6-11汇总了2009—2019年分组样本银行的绿色信贷资金纯技术效率描述性统计结果。国有商业银行的纯技术效率值高于股份制商业银行与城(农)商行,2013年以来,国有商业银行纯技术效率均值均为1或者接近1。可见,国有商业银行的绿色信贷资金管理水平优于股份制商业银行与城(农)商行。此外,银行绿色信贷资金纯技术效率最小值都较低,尤其是2015年以后,最小值仅为均值的一半,进一步说明不同银行之间的绿色信贷资金管理水平存在明显差异。对比表6-9,银行的绿色信贷资金纯技术效率均值均保持在0.8以上,说明绿色信贷资金效率低的原因主要是规模效率影响。对比表6-10,相对于股份制商业银行与城(农)商行,国有商业银行受到规模效率的影响最大,这与国有商业银行规模大,日常运营投入大有关。表6-12汇总了各银行的绿色信贷资金纯技术效率测度结果。

表6-12 2009—2019年商业银行绿色信贷资金纯技术效率值汇总表

银行类型	银行名称	2009年	2010年	2011年	2012年	2013年	2014年	2015年	2016年	2017年	2018年	2019年
A	工商银行	1	1	1	1	1	1	1	1	1	1	1
	建设银行	1	1	1	1	1	1	1	1	1	1	1
	农业银行	—	—	1	1	1	1	1	1	1	1	1
	中国银行	1	0.724	0.645	0.599	1	1	1	1	1	1	1
	邮储银行	—	—	1	1	1	1	1	1	1	1	1
	交通银行	—	0.831	0.825	0.889	1	1	1	1	0.582	0.578	0.546

银行类型	银行名称	2009年	2010年	2011年	2012年	2013年	2014年	2015年	2016年	2017年	2018年	2019年
B	中信银行	—	1	1	1	1	1	1	1	1	1	1
	光大银行	—	—	—	—	0.743	1	0.569	0.697	1	0.628	1
	兴业银行	—	1	1	1	1	1	1	1	1	1	1
	华夏银行	—	—	—	0.721	0.551	0.554	0.496	0.632	0.616	0.629	0.677
	平安银行	—	—	—	—	1	1	1	1	1	—	1
	招商银行	0.590	1	1	1	1	1	1	1	1	1	1
	民生银行	—	—	1	—	—	—	—	1	1	1	1
	浙商银行	—	—	—	—	—	—	—	—	1	0.627	0.494
	浦发银行	—	—	1	1	1	1	1	1	1	1	0.829
C	上海银行	—	—	1	1	1	1	1	1	1	1	1
	中原银行	—	—	—	—	—	—	—	—	—	—	1
	九江银行	—	—	—	—	—	—	—	—	—	—	0.394
	北京银行	1	1	1	1	1	1	1	1	—	—	—
	南京银行	—	—	—	—	1	1	1	0.637	0.714	1	0.639
	哈尔滨银行	—	—	—	—	1	1	1	1	1	1	1
	天津银行	—	—	—	—	—	—	—	—	1	1	1
	宁波银行	—	—	1	1	1	1	1	1	1	1	1
	常熟银行	—	—	—	—	—	—	—	—	1		
	广州农商银行	—	—	—	—	—	—	—	1	1	1	1
	徽商银行	—	—	—	—	—	—	—	—	—	1	1
	无锡银行	—	—	—	—	—	—	—	—	—	1	1
	杭州银行	—	—	—	—	—	—	1	1	1	1	0.595
	江苏银行	—	—	—	—	1	0.573	0.512	0.556	1	0.550	0.441
	江西银行	—	—	—	—	—	—	—	1	0.542	1	0.622
	渝农商行	—	—	—	—	—	—	—	—	—	—	1
	苏州银行	—	—	—	—	—	—	—	—	—	1	0.592
	西安银行	—	—	—	—	—	—	—	—	—	—	1
	贵阳银行	—	—	—	—	—	—	—	—	1	1	1
	郑州银行	—	—	—	—	—	—	—	1	1	1	1
	长沙银行	—	—	—	—	—	—	—	—	—	—	1
	青岛银行	—	—	—	—	—	—	—	—	1	0.408	0.437

表 6-12 展示了中国商业银行的绿色信贷资金纯技术效率的水平,对比表 6-10,表 6-12 中绿色信贷资金纯技术效率值为 1 的银行数量显著增加,且银行的绿色信贷资金纯技术效率值均高于同年的绿色信贷资金效率值,说明商业银行绿色信贷效率偏低的主要原因是银行规模效率偏低,这与商业银行的发展历程存在较大关系。例如,研究区间内,华夏银行的绿色信贷资金纯技术效率均不为优,说明该银行在绿色信贷的管理技术水平不高,可能是由于识别绿色项目的能力不足或者对"两高一剩"行业贷款的管控不够等原因造成。银行的绿色信贷资金纯技术效率的差异也体现了现阶段银行对绿色项目的管理能力和自身的绿色发展理念。绿色发展水平较高的银行绿色信贷资金纯技术效率水平也较高,例如兴业银行——中国最早的赤道银行、工商银行——最早与国外进行绿色金融研究合作的银行、农业银行——对农业生态发展投入最多的银行、建设银行——最早参与"一带一路"绿色投资的银行等。可见,绿色金融政策的有效推行需要加强银行的绿色发展引导,银行的经营理念"绿"了,信贷资金的投放才能"绿"起来。

此外,由于区域经济的差异,各地城(农)商行、股份制商业银行和国有商业银行分支机构数量差异较大,银行内也存在较多的改革进程造成的历史遗留问题,导致银行间的规模差异较大,使得银行的规模效率差异较大。

三、商业银行绿色信贷资金效率提升路径

中国商业银行的绿色信贷资金规模效率对其绿色信贷资金效率影响的原因,可能是银行承担了与银行自身经营不相匹配的绿色信贷规模,以及日常运营的经营性投入过大,导致绿色信贷资金规模效率偏低,抑或银行对"两高一剩"行业的贷款规模未及时控制。基于以上猜测,表 6-13 汇总了绿色信贷资金效率不为 1 的银行的"两高一剩"余额的冗余值,并与其绿色信贷纯技术效率进行比较。

表6-13　绿色信贷效率银行的绿色信贷资金与"两高一剩"冗余值比较表

（单位：亿元）

年份	银行名称	对于绿色信贷效率			对于绿色信贷纯技术效率		
		效率值	绿色信贷资金冗余额	"两高一剩"余额冗余额	效率值	绿色信贷资金冗余额	"两高一剩"余额冗余额
2009年	工商银行	0.295	1989.070	675.168	1	0	0
	建设银行	0.246	1427.527	2444.782	1	0	0
	中国银行	0.184	1061.512	2727.872	1	0	0
	招商银行	0.230	274.887	1098.102	0.590	25.045	1011.565
2010年	建设银行	0.401	650.285	2667.480	1	0	0
	中国银行	0.328	702.617	3083.266	0.724	0	1168.282
	交通银行	0.344	621.621	686.093	0.831	0	218.887
	招商银行	0.390	184.879	1221.867	1	0	0
2011年	农业银行	0.445	297.106	2578.527	1	0	0
	交通银行	0.372	773.249	593.366	0.825	0	236.596
	建设银行	0.402	890.829	2777.886	1	0	0
	中国银行	0.307	1295.307	3463.024	0.645	0	1966.431
	浦发银行	0.515	29.898	715.682	1	0	0
	招商银行	0.440	231.126	1363.442	1	0	0
2012年	农业银行	0.403	751.261	3032.591	1	0	0
	交通银行	0.616	1146.356	146.333	0.889	0	70.658
	建设银行	0.579	1441.890	2388.134	1	0	0
	中国银行	0.342	1738.841	1988.678	0.599	0	3073.327
	华夏银行	0.556	30.491	187.999	0.721	4.973	29.445
	招商银行	0.547	357.680	332.277	1	0	0
2013年	建设银行	0.504	3014.923	4481.144	1	0	0
	中国银行	0.401	1283.127	1408.278	1	0	0
	农业银行	0.386	1874.545	3755.791	1	0	0
	华夏银行	0.484	198.688	448.229	0.551	140.724	345.814
	招商银行	0.507	522.512	508.897	1	0	0
	光大银行	0.514	240.610	260.237	0.743	62.431	102.356
	南京银行	0.755	23.056	6.429	1	0	0

年份	银行名称	对于绿色信贷效率			对于绿色信贷纯技术效率		
		效率值	绿色信贷资金冗余额	"两高一剩"余额冗余额	效率值	绿色信贷资金冗余额	"两高一剩"余额冗余额
2014 年	农业银行	0.457	3669.851	4209.030	1	0	0
	建设银行	0.561	2971.288	0.000	1	0	0
	中国银行	0.483	2154.519	2835.372	1	0	0
	华夏银行	0.505	315.865	467.375	0.554	253.900	277.185
	招商银行	0.815	588.109	0.000	1	0	0
	江苏银行	0.535	82.202	129.867	0.573	74.838	71.023
2015 年	建设银行	0.582	5224.262	1459.562	1	0	0
	中国银行	0.500	3133.882	1252.095	1	0	0
	农业银行	0.492	4589.784	3284.092	1	0	0
	浦发银行	0.806	204.681	754.855	1	0	0
	华夏银行	0.434	342.267	247.828	0.496	254.179	388.924
	光大银行	0.456	288.047	574.131	0.569	136.213	864.502
	江苏银行	0.510	163.948	77.369	0.512	163.910	73.676
2016 年	农业银行	0.322	5677.084	4718.699	1	0	0
	交通银行	0.330	2131.326	1490.343	1	0	0
	工商银行	0.512	8002.907	484.138	1	0	0
	建设银行	0.371	7771.024	5723.192	1	0	0
	中国银行	0.310	4131.473	4954.546	1	0	0
	浦发银行	0.481	1614.405	1515.254	1	0	0
	华夏银行	0.343	392.169	526.398	0.632	142.176	273.249
	民生银行	0.404	54.850	412.655	1	0	0
	招商银行	0.433	1404.036	381.157	1	0	0
	光大银行	0.376	393.582	770.322	0.697	79.824	523.288
	中信银行	0.673	141.844	116.812	1	0	0
	江西银行	0.533	77.662	0.000	1	0.004	0
	江苏银行	0.363	337.016	350.201	0.556	275.020	81.674
	南京银行	0.386	123.930	94.564	0.637	37.576	83.353
	北京银行	0.481	298.343	476.488	1	0	0

续表

年份	银行名称	对于绿色信贷效率			对于绿色信贷纯技术效率		
		效率值	绿色信贷资金冗余额	"两高一剩"余额冗余额	效率值	绿色信贷资金冗余额	"两高一剩"余额冗余额
2017年	农业银行	0.349	6557.075	5317.443	1	0	0
	交通银行	0.293	2463.430	1413.287	0.582	643.027	1106.648
	工商银行	0.457	9885.233	994.633	1	0	0
	建设银行	0.368	9003.836	6659.467	1	0	0
	中国银行	0.295	4698.759	5759.677	1	0	0
	浦发银行	0.410	1677.618	827.996	1	0	0
	华夏银行	0.323	447.741	649.996	0.616	139.820	500.601
	民生银行	0.358	127.828	428.819	1	0	0
	招商银行	0.448	1361.258	328.038	1	0	0
	光大银行	0.355	562.633	858.493	1	0	0
	中信银行	0.506	317.818	121.499	1	0	0
	江苏银行	0.400	529.405	424.421	1	0	0
	南京银行	0.376	163.767	134.307	0.714	0	107.457
	常熟银行	0.524	16.566	0.321	1	0	0
	江西银行	0.506	69.864	0.000	0.542	66.640	0
	宁波银行	0.430	20.148	120.296	1	0	0
	青岛银行	0.327	63.307	6.757	1	0.003	0.000
2018年	农业银行	0.540	3319.290	6206.486	1	0	0
	中国银行	0.441	5189.901	6644.654	1	0	0
	浦发银行	0.654	1118.785	671.358	1	0	0
2018年	华夏银行	0.510	323.173	775.432	0.629	135.889	593.468
	民生银行	0.515	137.152	577.733	1	0	0
	光大银行	0.511	413.577	418.826	0.628	222.429	732.273
	浙商银行	0.498	91.930	194.684	0.627	0	179.139
	中信银行	0.759	277.521	107.014	1	0	0
	江西银行	0.763	39.592	3.012	1	0	0
	青岛银行	0.370	75.798	16.014	0.408	48.580	10.151
	苏州银行	0.743	3.504	3.053	1	0	0
	江苏银行	0.493	562.001	330.421	0.550	495.160	337.676
	交通银行	0.387	2549.839	1205.589	0.578	1098.85	568.963

年份	银行名称	对于绿色信贷效率			对于绿色信贷纯技术效率		
		效率值	绿色信贷资金冗余额	"两高一剩"余额冗余额	效率值	绿色信贷资金冗余额	"两高一剩"余额冗余额
2019年	农业银行	0.369	9813.523	5893.025	1	0	0
	工商银行	0.765	7004.070	0.000	1	0	0
	邮储银行	0.525	1008.595	1861.145	1	0	0
	建设银行	0.491	8657.037	6386.602	1	0	0
	中国银行	0.393	5623.484	6048.543	1	0	0
	平安银行	0.579	0.772	5.870	1	0	0
	浦发银行	0.403	1812.740	542.797	0.829	17.785	503.483
	华夏银行	0.404	499.085	281.861	0.677	178.795	360.898
	民生银行	0.566	52.170	614.763	1	0	0
	招商银行	0.689	688.758	144.378	1	0	0
	兴业银行	0.576	7790.934	114.938	1	0	0
	光大银行	0.495	502.473	668.637	1	0	0
	浙商银行	0.348	286.488	150.633	0.494	202.205	225.115
	中信银行	0.663	437.435	105.540	1	0	0
	江西银行	0.539	76.815	16.417	0.622	19.094	19.651
	青岛银行	0.392	53.884	12.177	0.437	68.760	0
	苏州银行	0.540	27.432	2.668	0.592	22.835	1.197
	九江银行	0.392	40.956	0.000	0.394	49.180	16.690
	江苏银行	0.296	738.653	545.358	0.441	708.065	315.414
	杭州银行	0.463	82.587	133.171	0.595	50.941	73.165
	南京银行	0.389	290.927	156.300	0.639	268.317	29.017
	渝农商行	0.459	78.203	111.646	1	0	0
	中原银行	0.664	0.000	0.679	1	0	0
	交通银行	0.406	1678.339	603.024	0.546	1626.748	575.797

表6-13显示,对比研究区间内,绿色信贷资金效率值与绿色信贷资金纯技术效率值对应的绿色信贷资金总额冗余额和"两高一剩"余额冗余额可以发现,大部分样本银行"两高一剩"冗余额高于绿色信贷资金总额冗余额,这说明尽管绿色信贷政策要求银行对"两高一剩"行业的贷款规模进行控制,但在实际上,银行未能意识到"两高一剩"行业带来的转型风险,没有将"两高一剩"行业的信

贷规模控制在最优水平,另一方面也反映出重污染企业的资金需求较大。绿色信贷资金效率对应的绿色信贷资金冗余,而绿色信贷资金纯技术效率对应的绿色信贷资金不冗余,这在一定程度上说明,目前银行规模下绿色信贷规模未实现更好的节能减排的效果,即绿色信贷资金存在"漂绿"的情况,"漂绿"的绿色信贷规模将使银行面临转型风险和抵押品贬值的交易风险,既不利于银行绿色信贷资金效率的提高,也会使银行受到监管惩罚,影响银行正常经营。

第七章　上市企业绿色资金效率与测度

第一节　缘　起

一、企业经营与环境风险

环境风险加剧将影响企业持续经营,而企业的生产经营过程伴随着生态资源消耗和污染物排放,对生态环境造成影响,又将加速环境风险形成。随着居民环保意识的增强,将越来越看重产品的环境成本以及企业的环境责任,高能耗和高污染企业将面临经营风险。若企业没有做到绿色生产或者其产品无法满足消费者对环境的要求,企业产品滞销将影响其持续经营。不重视环境问题的企业也无法与主要客户形成良好的商业关系,对其财务绩效产生负面影响(Banerjee et al.,2015)。这是由于环境监管政策趋于严格,环境表现差的企业更容易受到行政处罚或环境诉讼等问题,企业未来经营的不确定性增加,隐形风险加大,削弱主要客户的竞争力,使得环境风险暴露程度高的企业无法构建良好的商业关系,进而影响其生产运营。

近年来,为了引导和推动绿色金融发展与实现经济绿色转型,中国政府先后出台了一系列绿色金融政策,依据行业环境特征对企业进行"绿色"贴标,影响不同企业的绿色金融资金可得性与融资成本。对于绿色信贷,环保总局、人民银行、银监会三部门于2007年联合颁布《关于落实环境保护政策法规规范防范信贷风险的意见》,规定要缩减对重污染企业的信贷规模,这一政策将直接影响重污染企业可以获得的信贷额度。2012年银监会颁布的《绿色信贷指引》成为银行实行绿色信贷最基本标准,明确指出银行在实行贷款时,需考虑企业的环境问题,明确绿色信贷支持的重点方向和领域。2019 年国家发展改革委印发《绿色产业指导目录(2019 年版)》,明确要求各地方以该目录为基础发展绿色产业。企业的环境表现会对外源融资成本产生显著影响。Deng(2016)研究显示,污染企业环境信息披露越多,受到的信贷约束越小,承担更多社会责任的企业会更愿意披露环境信息,减少环境污染(Deng et al.,2017)。相比较而言,绿色企业的环保属性符合绿色信贷的政策支持条件,其信贷可得性提升。不论是绿色企业还是重污染企业,绿色信贷政策的实施将对其融资约束造成影响,进而影响其资金效率。

发行债券也是企业外源融资的渠道之一。部分环境污染企业转而选择债权融资来获取外源融资。但是由于其生产方式对环境造成损害同样将受到环境相关的法律监管或处罚,影响企业声誉,进而降低发债企业的信用评级,使得债券投资者期待获得更高的环境风险溢价,增加该企业的融资成本。2015 年,国家发展改革委印发《绿色债券发行指引》,明确了现阶段绿色债券支持项目,并提出"发行绿色债券的企业不受发债指标限制",绿色债券市场的完善扩大了企业外源融资的渠道,环境表现良好企业的债权融资成本较低,甚至被环保类人士视为无风险债券(Bauer & Hann,2010)。对于股权融资而言,随着股东环保意识提高,企业的环境表现将反映到股票价格中,环境表现好的企业,股票表现优于环境表现较差的企业(Flammer,2012)。

环境表现不佳的企业将面临更大的法律风险。2012 年,中国共产党第十八次全国人民代表大会将生态文明建设纳入"五位一体"总体布局当中,把节约资源和保护环境上升为基本国策。中国对环境保护问题日趋严格,在多部法律法规中要求企业做到清洁生产,减少对环境的污染。2013 年 6 月 18 日公布的《最高人民法院、最高人民检察院关于办理环境污染刑事案件适用法律若干问题的解释》提到 14 种破坏环境入刑的行为。2014 年修改通过《中华人民共和国环境保护法》,明确要求"企业事业单位和其他生产经营者应当承担防止、减少环境污染和生态环境破坏,对所造成的损害依法承担责任",对各种环境污染行为规定罚款、查封、扣押、停改、拘留等处罚手段,并规定"因污染环境和破坏生态造成损害的,应当按照《中华人民共和国侵权责任法》的有关规定承担侵权责任"。2018 年 1 月 1 日开始实施的《中华人民共和国环境保护税法》规定,直接向环境排放污染物的企业事业单位和其他生产经营者应按照规定缴纳环境保护税。还有一系列涉及环境保护的法律法规、司法解释、规范性文件,如《环境保护法》《环境影响评价法》、最高人民法院出台的《关于审理环境民事公益诉讼案件适用法律若干问题的解释》《审理环境侵权责任纠纷案件适用法律若干问题的解释》等。这些政策文件、法律文件标志着环境法治进入新的阶段。

从处罚方式上看,对环境造成破坏的企业一方面要承受经济处罚,即需要缴纳相应的税款、罚款等,增加企业的经营成本,影响企业盈利能力。数据显示,仅从 2020 年 1 月到 2021 年 5 月,已经有超过 50 家 A 股上市企业因环境问题被处罚,其中,露天煤业因非法侵占农业用地被罚款达 1.01 亿元。另一方面,相关企业还要承受行政处罚,且日趋严厉。《环境保护法》第六十条规定:"企业事业单位和其他生产经营者超过污染物排放标准或者超过重点污染物排放总量控制指标排放污染物的,县级以上人民政府环境保护主管部门可以责令其采取限制生产、停产整治等措施;情节严重的,报经有批准权的人民政府批准,责令停业、关闭。"社会公众对于环境违法行为的监督更加普遍,这些使得企业违反环境保护法律法规所面临的法律风险日益增大,与企业环境相关的赔偿纠纷案件日益增多。此外,极端气候频发,气候风险对企业经营的影响不容忽视。极端气候会破坏企业的固定资产、存货等物质资本,迫使企业投入额外资金用于重建,挤压用于再投资的资源。额外的资源投入会降低企业偿债能力,增加企业融资成本。更频发和严重的气候灾害会迫使受灾地区生产活动中断,对公众、企业财产造成损失。

主要国家承诺碳中和目标之后,企业和金融机构面临的最大气候风险是转型风险。"碳中和"背景下,转型政策和措施对金融机构造成的转型风险将变得更为紧迫和重要。高碳企业如果不能在可预见的未来转型为低碳或零碳企业,将被淘汰。各类能源转型政策引发化石能源需求下降、碳排放成本上升,导致化石能源等高碳企业财务状况恶化,估值减少,增加其信用风险和破产风险,并通过估值下降和贷款坏账等形式演化为金融风险。孙天印(2020)指出气候风险将引发抵押资产价值减弱,相关抵押贷款违约率上升。综上,相关环保政策和绿色金融政策的推行,影响了重污染企业和绿色企业的资金可得性,进而影响企业绿色资金效率。

二、企业经营效率与绿色发展

(一)企业效率测度

企业效率的概念尚未形成统一标准。企业效率广义而言,可包含企业日常营运管理效率、企业投融资效率、企业创新效率等方面。为了契合企业绿色资金使用效率的相关分析,在此仅考虑企业投资效率。投资效率高低影响企业可持续发展的重要因素,决定了企业的长期价值,是评估企业绩效的重要标准。企业能否有效将稀缺资本配置到投资项目中去,顺利将投资机会转化为实际投资,不仅决定微观企业的自身竞争能力和发展前景,而且关系着宏观经济的资源配置效率和发展质量。

国内外学者针对企业投资效率开展了广泛的研究。在完美市场中,企业投资效率的唯一影响因素是投资机会的盈利能力,任何净现值为正的项目都应该被投资,直到边际收入等于边际资本成本(Modigliani & Miller,1958),因此不存在企业投资效率偏低的问题。然而,由于信息不对称,企业投资决策受到众多因素影响,非效率投资行为普遍存在。代理问题可能造成企业投资效率下降,高质量的财务信息、信息披露水平可通过缓解信息不对称问题,提高企业投资效率。股东与管理层之间以及大股东与中小股东之间的代理问题,可能导致过度投资或投资不足现象,不仅降低资金使用效率,也将损害企业价值最大化(Jensen,1986;Jensen & Meckling,1976)。

投资效率的测度方法主要分为投资期望模型(Richardson,2006)和数据包络方法(DEA)。前者通过企业的期望投资水平和实际投资水平的差值衡量企业投资不足或过度投资的程度。后者由于具备无须设定生产函数形式等优点,在效率测度方面被广泛使用。Charnes et al.(1987)采用 DEA 模型对企业的综合经营效率进行分析后,DEA 模型在企业效率方面得到广泛的应用。Xie et al.(2019)运用 DEA 方法分析企业效率与 ESG 信息披露间的关系,指出在适度披露水平下,企业信息透明度对企业效率的影响大于高披露水平或低披露水平下的影响。

(二)企业绿色资金效率

企业在生产商品或提供服务时,必然伴随着资源的利用消耗和污染物排放等环境不利因素的产生。企业生产活动所带来的"负外部性",将对整个社会可持续发展造成影响,因此,测度企业资金使用效率时,应兼顾资金使用效率和环境成本。企业将资金投入环境相关项目不仅增加了成本,还要面临绿色项目不确定的回报或收益所带来的风险,企业绿色投资的关键问题是在不降低企业效率的情况下,将环境不利影响消除甚至产生正向的环境收益(Lee & Min,2014)。Alam et al.(2018)指出企业层面的研发投资能显著降低不可再生能源消耗和二氧化碳排放量,优化企业内部能源消耗结构,提高企业的绿色投资效率。Zhang et al.(2020)指出政府应当完善企业"节能减排"税收激励制度,限制重污染企业的能源消耗总量,制定不同行业及地区的能源征税标准。Chen et al.(2020)认为政府和企业应当共同营造绿色经济环境,金融机构要加大对绿色创新项目的支持力度,服务于棕色项目的绿色转型。

在可持续发展背景下,企业投资应考虑环境因素,绿色投资所带来的环境收益不应地以牺牲企业经济收益为代价。选择能同时实现环境收益和经济收益的投资项目,需要监管制度环境风险评估和资金效率评价体系等共同作用。

现阶段中国绿色资金投放的主要依据企业所处行业进行区分,而不是依据企业的绿色发展水平。因此,企业的行业特征和项目属性将影响企业的融资成本和难易程度。部分学者指出,绿色信贷政策实施后,绿色产业的债务成本低于污染产业,环境绩效表现良好的企业,银行信贷融资约束较小(邓学衷和杨杰英,2013;连莉莉,2015;苏冬蔚等,2018;朱朝晖等,2020)。企业是绿色金融政策执行过程中资金的实际使用者,仅做到绿色生产而没有高效利用绿色资金,将会削减绿色金融政策的实施效果,造成经济资源浪费。

纳入绿色信贷统计的绿色资金是狭义的绿色资金。中国绿色信贷政策实施以来,国内银行投入的绿色资金逐年增加,但是占社会总融资的比例仍然较低。银行绿色信贷资金效率测度结果显示,银行整体的绿色信贷资金效率偏低。但绿色资金并不局限于绿色信贷资金投入,应该包含所有用于绿色改革和节能减排的资金。企业作为经济绿色转型的参与主体,其绿色生产设备升级资金的投入和绿色创新资金的投入等与节能减排相关的资金投入都应纳入绿色资金投入。因此,应对广义的绿色资金效率进行测度。

测度企业绿色资金效率,有利于了解国内绿色金融资金效率的发展现状和瓶颈。分析企业的绿色资金效率,不仅可以提高企业可持续发展能力,也可以推动金融机构扩大绿色资金投资规模。但是,学者对企业绿色效率的测度集中在绿色技术创新效率领域(张江雪和朱磊,2012;冯志军,2013;何枫等,2015;王玉梅等,2019),尚未形成对企业绿色资金效率测度的研究体系。基于上述考虑,依据行业特征将样本企业分为绿色企业和重污染企业两类,测度企业的绿色资金效率,详细分析影响企业绿色资金效率的因素。

第二节 研究设计

一、效率测度模型选择

本章效率分析方法同第六章相同,将使用 Undesirable-SBM-DEA 模型测度基于环境因素的企业绿色资金效率,具体模型原理已在第六章进行了介绍,故在此不做过多赘述。

二、企业绿色资金效率测度指标选择

企业的经营活动是一个不断投入各项经济资源来生产出产品或服务的过程,也是资金筹集、使用、耗费、回收和分配过程(见图7-1)。当企业尚未开展经营业务时,这些资产一般以现金和银行存款的形式存在。当经营活动开始,企业通过购置或租用办公场地、建设生产线、购买原材料和招聘人员等活动,使现金资产陆续转化为固定资产、存货、生产成本等。企业再通过销售活动,将库存商品转化为现金,形成生产经营全过程。企业的资金流动伴随经营活动始终。

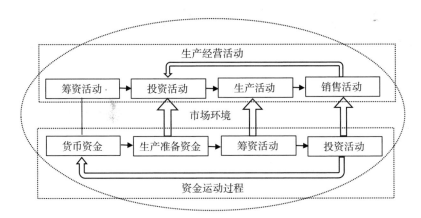

图 7-1 企业资金流转机制

由图 7-1 可知,资金是企业运转的起点,企业资金来源于其自有资金、筹资活动和投资活动。企业资金流转是一个经过生产、筹资和销售后又转换为货币资金的周而复始不断循环的过程。企业融资活动可以分为外源融资与内源融资,外源融资包括银行贷款、增发股票、发行债券获得的资金,内源融资即公司股本以及留存收益等。依据许立新等(2013)的做法,将外源融资分为信贷融资、负债融资与权益融资三部分。

其中,信贷融资为当期企业向银行贷款获得的资金,负债融资为当期企业发行企业债券获得的资金,权益融资为当期新增发股票获得的资金。企业通过举债来弥补经营过程中的资金短缺,银行贷款是中国企业外源融资的主要来源。2007 年国家环保总局发布的《关于落实环境保护政策法规规范防范信贷风险的意见》、2012 年银监会发布的《绿色信贷指引》以及 2016 年中国人民银行等七部委发布的《关于构建绿色金融体系的指导意见》等绿色金融政策均明确指出,银行应发展绿色信贷,在进行贷款时应考虑企业的环境表现,严格控制对重污染企业的信贷规模。因此,企业只有在符合相关环境要求的条件下才能够获得银行贷款,此阶段企业贷款可以看作银行绿色资金投放。由于企业并没有完整地披露向银行贷款的详细信息(如贷款期限、贷款金额和贷款利息),财务费用反映了企业当期借款等活动时产生的成本,选择财务费用作为信贷融资的代理变量。

在中国上市公司的实际运营中,对银行信贷资金的依赖程度较高,新增发债次之,增发新股发生频率较低,连续性差,通常情况下,其发生金额和频率远小于企业向银行贷款。此外,当对不同企业资金效率进行比较时,企业间增发新股资金流入的差异非常大,而 DEA 模型非常容易受到极端值的影响,从而影响 DEA分析结果的准确性,综上,外源融资投入指标剔除股权融资。自有资金为企业经营过程中投入的原始资本以及盈余公积、未分配利润等计入营业成本,故选取营业成本作为自有资金指标。

依据《国有资本金效绩评价规则》①《企业效绩评价操作细则(修订)》②和国内外相关文献,参照邓翔(2016)做法,将产出指标分为经营能力、盈利能力、成长能力三部分,选择了流动资产增长额与固定资产增长额来反映企业的经营能力,净利润与每股收益两个指标更全面地反映出企业的盈利能力,营业利润增长额与本期所有者权益增长额反映企业的成长能力,共计 6 个财务指标作为正常产出指标,构建 DEA 模型测度企业绿色资金效率(见表 7-1)。

表 7-1　基于环境因素的企业绿色资金效率测度指标体系

	一级指标	二级指标	计算方法
投入	外源融资	信贷融资	财务费用
		负债融资	当期公司新发债券实际发行总额
		权益融资	当期增发新股募集资金净额
	自有资金	经营性资金流出	现金流量表中经营活动现金流出+筹资活动现金流出+投资活动现金流出
正常产出	经营能力	流动资产增长额	本期流动资产期末总额-期初总额
		固定资产增长额	本期固定资产期末总额-期初总额
	盈利能力	净利润	
		每股收益	净利润/普通股股数
	成长能力	营业利润增长额	本期营业利润期末总额-期初总额
		所有者权益增加额	本期所有者权益期末总额-期初总额
非期望产出	无害排放	二氧化碳排放	(管理费用-职工薪酬-折旧和摊销-中介机构费)×0.203 千克/元

①　1999 年 6 月 1 日,财政部、国家经济贸易委员会、人事部和国家发展计划委员会(以下简称"四部委")联合发布了《国有资本金效绩评价规则》和《国有资本金效绩评价操作细则》,其中工商类竞争性企业绩效评价体系一级指标包括财务效益状况、资产营运状况、偿债能力状况、发展能力状况。
②　2002 年 2 月 22 日,财政部、国家经济贸易委员会、中共中央企业工作委员会、劳动和社会保障部和国家发展计划委员会对《国有资本金效绩评价操作细则》进行了重新修订,制定了《企业效绩评价操作细则(修订)》,其中绩效评价一级指标与《国有资本金效绩评价操作细则》一致。

其中,经营能力选择流动资产增长额和固定资产增长额两个指标来衡量。流动资产是企业所拥有的现金及现金等价物,展现出该企业的短期偿债能力,流动资产增加额可以反映出该企业偿债能力的大小,从而反映出该企业的经营能力的变化。固定资产是企业日常赖以经营的主要资产,包括厂房、生产机器等。固定资产的大小能够在一定程度上反映出该企业的规模,选取的绿色企业和重污染企业大多属于制造业及相关行业,本期固定资产增长额能够反映该企业的规模扩张情况,从而反映出该企业的经营能力,特别是对于供给存在缺口的行业,产能的扩张意味着公司未来业绩的增长。

盈利能力选择净利润和每股收益两个指标。企业经营是以利润最大化为目标的,当期企业经营获得的净利润是由当期利润总额减去所得税费用计算得到,净利润的大小直接影响企业管理层的经营决策以及投资者的投资决策。该指标能反映出企业费用管理、产品营销、成本控制、经营策略等方面的不足与绩效,是评价企业经营效益的主要指标。每股收益是指企业当期的净利润与股本总数的比率,通常被用来反映企业的经营成果,综合反映了公司获利能力,即每股创造的税后利润。它也用于测度普通股的获利水平及投资风险,是投资者等相关信息使用者据以评价企业盈利能力、预测企业成长潜力,进而做出相关经济决策的重要财务指标之一。该比率越高,表明企业创造的利润就越多。

成长能力选择营业利润增长额和所有者权益两个指标。营业利润是企业在进行经营时获得的利润,与总利润不同的是总利润还包括了企业营业外收入。企业通过营业外活动获得的利润是不可持续的、偶然的,主营业务才是企业利润的主要来源,主营业务的经营情况直接影响企业是否能够持续经营,因此选取营业利润增长额来反映该企业的成长能力,营业利润增长越多表明该企业主营业务经营越好,越有利于企业的持续经营。一般来说,主营业务利润呈现稳定增长趋势且占利润总额的比例有增长趋势的公司,其正处在成长期。而一些公司尽管年度利润总额存在较大幅度的增加,但主营业务利润却没有相应增加,甚至出现大幅下降,这样的公司质量不高,还可能蕴藏着巨大风险,也可能存在资产管理费用居高不下等问题。该指标为负值说明这个时间周期内,企业的利润增长呈负增长,其日常运营存在着严重的经营问题。所有者权益是企业资产扣除负债以后由企业所有者享有的剩余权益,其来源包括实收资本、资本公积、盈余公积、未分配利润四个部分,因此,本期所有者权益变动额一方面来源于企业投资变化导致的实收资本与资本公积变化,反映出市场对于该企业的评价,另一方面来源于企业日常经营导致的盈余公积与未分配利润的变化,反映出企业的经营情况,两方面共同反映出该企业的成长性,所有者权益有所增加的企业有利于其后续经营。所有者权益是评价企业发展潜力的重要指标,也反映了企业所有者权益在当年的变动水平,是企业发展繁荣的标志,也是企业扩大再生产的源泉,展示了企业的发展潜力。该指标越高,表明企业资本积累越多,企业资本保全性越强,该企业应付风险、持续发展的能力越强;如果该值较低,则说明该企业资本受到侵蚀,所有者利益受到损害。

企业在生产经营中会利用自然资源,并且排放废水、废气、固体废弃物等污染物,对环境产生不良影响。企业在提高绿色资金效率时,不能以损坏环境为代价,应在减少对环境污染的基础上提高效率。不同企业的环境排放物不同,测度企业环境影响程度的难度极大,但无论绿色企业还是重污染企业,在企业生产过程中都将产生碳排放。因此,选择测度企业二氧化碳排放量为其生产的非期望产出,主要理由为以下三点:(1)不同类型的企业对环境造成不同的影响,由于现阶段企业环境信息披露不完善,无法准确测度其环境污染值和环境效益值,但是任何企业在生产过程中都将直接或者间接产生碳排放,对企业碳排放的测量一定程度上能衡量其对生态环境的影响;(2)国务院于 2007 年印发的《节能减排综合性工作方案》提出节能降碳的目标,对于企业而言,降碳是现阶段生产经营不可忽视的经营准则,尤其 2013 年开始在北京、天津、上海、重庆、湖北、广东及深圳七地推行碳交易市场试点,2017 年开始在全国各省市地区扩展碳交易市场,企业的碳排量将直接影响企业的生产成本和可持续经营;(3)国际上对二氧化碳的货币化计算较为成熟,选择二氧化碳计算企业的非期望产出具有可操作性。因此,参照娄伟(2011)做法,采用"碳足迹"思路对企业经营过程中的二氧化碳排放量进行测算,进而得到银行向企业提供信贷这一行为会产生多少碳排放。将环境因素纳入财务分析中,测度基于环境因素的企业绿色资金效率。

在产出不变的前提下,投入指标(绿色信贷资金和企业自有资金)越小越好;在投入不变的情况下,产出指标(盈利能力、成长能力、经营能力)越大越好,符合应用 DEA 方法进行效率测度的指标选取原则。DEA 模型分为投入导向和产出导向两种模式，对于绿色资金效率的测度，企业控制资金投入量，比追求产出的增加更容易实现，因此，使用投入导向测度中国上市企业绿色资金效率。

三、样本来源及描述性统计

（一）样本选择

中国人民银行、国家环保总局、银监会三部门为了遏制高耗能高污染产业盲目扩张，于 2007 年 7 月 30 日联合提出《关于落实环境保护政策法规规范防范信贷风险的意见》，规定对不符合产业政策和环境违法的企业和项目进行信贷控制，缩减对重污染企业的信贷额度，商业银行要将企业环保情况作为审批贷款的必备条件之一。自该政策执行起，企业获得的银行贷款必须符合一定程度的环保政策要求。2008 年，环保部颁布《上市公司环保核查行业分类管理名录》，名录共包含火电、钢铁等在内的十四个类别行业，要求对这十四个行业类别的企业进行环保核查。为了进一步完善上市公司环境信息披露，满足公众的环境知情权，督促上市企业履行环境保护的社会职责，环保部于 2010 年发布《上市公司环境信息披露指南》，要求重污染行业上市公司定期发布环境报告。2012 年银监会颁布的《绿色信贷指引》进一步明确指出银行在实行贷款时需考虑企业的环境问题，并明确了绿色信贷支持的重点方向和领域。为了明确绿色信贷支持领域，2019 年国家发展改革委印发了《绿色产业指导目录（2019 年版）》，要求各地方以该目录为基础发展绿色产业。因此，选取 2008—2019 年为企业绿色资金效率研究区间。

参考苏冬蔚等（2018）、李青原等（2020）、刘强等（2020）的做法，根据环保部发布的《上市公司环境信息披露指南》与《上市公司环保核查行业分类管理名录》，从《申万行业分类（2014 年版）》中选取一级行业分类为有色金属、建筑材料、化工、钢铁，二级行业分类为石油开采、煤炭开采、其他采掘、造纸、饲料、饮料制造、化学制药、中药、生物制品、汽车整车，三级行业分类为调味发酵品、火电的上市公司作为重污染企业样本企业。参照王韧等（2020）、尚勇敏等（2020）的做法，根据《绿色产业指导目录（2019 年版）》和《关于交通运输的第十二个五年规划》，从《申万行业分类（2014 年版）》中选取三级行业名称为园林工程、风电设备、光伏设备、环保设备、水电、燃机发电、热电、新能源发电、燃气、环保工程及服务和一级行业名称为交通运输的上市公司作为绿色企业样本企业。共筛选出2008—2019 年中国沪深 A 股市场中绿色企业 301 家、重污染企业 852 家。剔除研究期间内被 ST、*ST 的样本企业后,最终得到绿色企业 264 家、重污染企业776 家,共计 9181 个样本观测值。数据来源于锐思数据库、万德数据库和对企业年报的手工整理,数据整理运用 STATA 15.0,采用 DEA Solver 13.0 测算效率值。

由于 DEA 方法测度效率要求所有投入产出指标的数值均为正数,而所选效率测度指标中流动资产增长额、固定资产增长额、净利润、每股收益、营业利润增长额、所有者权益增长额均存在负数,导致使用原始数据无法测度效率值。因此,对所有指标数据进行标准化处理,具体计算方法如下:

$$x_i = \frac{X_i - mean\ X_i}{cov\ X_i} + 10 \tag{7-1}$$

其中,x_i 表示第 i 个指标标准化后的值,X_i 表示第 i 个指标的原始值,$mean\ X_i$ 表示第 i 个指标所有原始值的平均数,$cov\ X_i$ 表示第 i 个指标所有原始值的标准差。

(二)描述性统计

企业财务数据是其经营状况的直观体现和综合反映,银行贷款是企业外源融资的主要来源。企业在会计年度中可能出现同时贷款与还款的情况,其贷款总额难以准确计算,但企业在获得银行贷款的同时将产生利息,并计入企业财务费用,财务费用高低能侧面反映其贷款额度。企业在生产经营时,以利润最大化与成本最小化为目标,其营业成本指日常销售商品与提供劳务时产生的成本,该值大小体现了企业的经营能力。企业净利润是其经营效果的直观结果,但是该值的大小将受到企业资产、产权性质等多种因素的影响,故选择所有者权益、每股收益与资产收益率(ROA)作为企业经营情况的代理变量。表 7-2归纳了 2008—2019 年中国沪深 A 市场污染和绿色样本企业的财务费用、融资规模、经营资金、资产增长额、净利润、每股收益和二氧化碳排放量等指标的描述性统计结果。

表 7-2 2008—2019 年企业描述性统计表

指标	均值			最大值			最小值			标准差		
样本类别	S	G	P	S	G	P	S	G	P	S	G	P
财务费用(千万元)	2.323	2.766	2.174	278.2	79.49	278.2	-22.17	-16.35	-22.2	9.95	7.89	10.55
负债融资(千万元)	3.541	5.577	2.883	340	340	322	0	0	0	16.89	20.12	15.65
权益融资(千万元)	0.016	0.066	0	132.79	132.79	0	0	0	0	1.465	2.965	0
经营性资金流出(千万元)	126.64	140.53	122.14	4957.8	4957.8	3841.2	0.807	1.569	0.807	292.8	361.6	266.7
流动资产增长额(千万元)	5.197	6.363	4.821	437.53	437.53	301.43	-178.6	-169.5	-178.6	21.65	26.57	19.80
固定资产增长额(千万元)	4.469	6.433	3.835	1010.4	1010.4	503.87	-359.3	-202.4	-359.3	23.62	34.34	18.87
净利润(千万元)	5.314	6.529	4.922	439.7	161.47	439.7	-92.60	-92.60	-74.11	15.81	15.67	15.83
每股收益	0.461	0.377	0.489	32.8	3.63	32.8	-5.24	-4.377	-5.24	0.84	0.47	0.94
营业利润增长额(千万元)	0.643	0.748	0.61	190.57	152.84	190.57	-160.6	-160.6	-124.8	9.39	9.58	9.32
所有者权益增长额(千万元)	6.524	8.597	5.855	738.5	738.5	338.92	-111.5	-111.5	-74.02	19.87	26.10	17.34
二氧化碳排放量(吨)	0.696	0.598	0.728	19.69	19.69	17.425	0.011	0.011	0.016	0.25	0.24	0.26

注:样本类别指根据绿色属性对样本企业进行分类,S 表示全样本,G 表示绿色企业,P 表示重污染企业,
下文同。

表 7-2 显示,2008—2019 年间,绿色企业和重污染企业两组样本间财务费用存在一定差异。绿色企业均值较高、标准差较小,但是重污染企业财务费用最大值远大于绿色企业最大值,且重污染企业的财务费用标准差较大,重污染企业组内有 15.73% 的企业财务费用大于其均值,可见重污染企业的借款额度整体较高,绿色企业有 20.11% 的财务费用大于其均值,说明绿色企业的资金需求更高。绿色金融政策的推行,一定程度上为绿色企业解决了融资需求。绿色企业

的平均负债融资规模高于重污染企业,两者的平均权益融资规模都比较低,全样本中重污染企业的权益融资规模甚至为 0,绿色企业权益融资的最大值远远高于其平均值,说明能够获得大规模权益融资的绿色企业极少。绿色企业和重污染企业间的经营性资金流出和流动资产增长额无明显差异,但是两者的固定资产增长额差异较大,绿色企业增加的固定资产明显高于重污染企业。值得指出的是,绿色企业的平均净利润水平、平均营业利润水平和平均股东权益水平明显高于重污染企业,且两者利润水平的波动基本一致,这一现象与投资者的固有偏见相悖,即重污染企业如重工业会以牺牲环境为代价获取高收益,而绿色企业的盈利和收益水平较低。尽管重污染企业的平均每股收益高于绿色企业,但是收益的波动水平接近绿色企业的两倍。绿色企业的平均二氧化碳排放量低于重污染企业。综上,投资者应该更多地关注绿色企业,一方面能响应国家的"节能减排"政策号召,另一方面也能获得不低于重污染企业的回报。为了消除极端值的影响,根据总资产与资产负债率对样本数据进行了 10% 的缩尾处理,最终得到的全样本中累计包含绿色企业 248 家、重污染企业 751 家,共计 8226 个样本观测值。

第三节　基于环境因素的企业绿色资金效率测度

本节将企业的二氧化碳排放量作为企业生产经营的非期望产出指标,运用 Undesirable-SBM-DEA 模型测度考虑了环境因素的企业绿色资金效率值(简称"非期望效率值"),揭示绿色资金在节能减排上发挥的资金引导作用。

一、企业绿色资金效率测度

表 7-3 汇总了 2008—2019 年将二氧化碳排放量作为非期望产出的全样本企业的绿色资金非期望效率值结果。

表 7-3　2008—2019 年企业绿色资金非期望效率值汇总表

效率区间		1		[0.9,1)		[0.8,0.9)		[0.7,0.8)		[0.6,0.7)		[0,0.6)		总计
年份	分类	计数	占比	计数	占比	计数	占比	计数	占比	计数	占比	计数	占比	
2008年	S	17	4.14%	15	3.65%	319	77.62%	41	9.98%	12	2.92%	7	1.70%	411
	P	13	4.18%	9	2.89%	240	77.17%	34	10.93%	10	3.22%	5	1.61%	311
	G	4	4.00%	6	6.00%	79	79.00%	7	7.00%	2	2.00%	2	2.00%	100
2009年	S	16	3.67%	8	1.83%	348	79.82%	54	12.39%	6	1.38%	4	0.92%	436
	P	11	3.31%	6	1.81%	264	79.52%	43	12.95%	5	1.51%	3	0.90%	332
	G	5	4.81%	2	1.92%	84	80.77%	11	10.58%	1	0.96%	1	0.96%	104
2010年	S	14	2.98%	1	0.21%	3	0.64%	35	7.45%	386	82.13%	31	6.60%	470
	P	6	1.68%	0	0.00%	2	0.56%	26	7.28%	297	83.19%	26	7.28%	357
	G	8	7.08%	1	0.88%	1	0.88%	9	7.96%	89	78.76%	5	4.42%	113
2011年	S	19	3.31%	3	0.52%	7	1.22%	311	54.18%	224	39.02%	10	1.74%	574
	P	13	2.97%	1	0.23%	3	0.68%	242	55.25%	170	38.81%	9	2.05%	438
	G	6	4.41%	2	1.47%	4	2.94%	69	50.74%	54	39.71%	1	0.74%	136
2012年	S	10	1.55%	0	0.00%	1	0.16%	8	1.24%	520	80.62%	106	16.43%	645
	P	6	1.22%	0	0.00%	0	0.00%	3	0.61%	399	81.26%	83	16.90%	491
	G	4	2.60%	0	0.00%	1	0.65%	5	3.25%	121	78.57%	23	14.94%	154
2013年	S	18	2.62%	1	0.15%	15	2.18%	480	69.87%	142	20.67%	31	4.51%	687
	P	13	2.50%	0	0.00%	11	2.12%	361	69.42%	109	20.96%	26	5.00%	520
	G	5	2.99%	1	0.60%	4	2.40%	119	71.26%	33	19.76%	5	2.99%	167
2014年	S	15	2.14%	2	0.29%	23	3.29%	570	81.43%	73	10.43%	17	2.43%	700
	P	8	1.52%	2	0.38%	16	3.05%	422	80.38%	62	11.81%	15	2.86%	525
	G	7	4.00%	0	0.00%	7	4.00%	148	84.57%	11	6.29%	2	1.14%	175
2015年	S	23	3.11%	1	0.14%	25	3.38%	592	80.00%	72	9.73%	27	3.65%	740
	P	13	2.35%	0	0.00%	14	2.53%	440	79.42%	62	11.19%	25	4.51%	554
	G	10	5.38%	1	0.54%	11	5.91%	152	81.72%	10	5.38%	2	1.08%	186
2016年	S	20	2.57%	4	0.51%	27	3.47%	614	78.92%	94	12.08%	19	2.44%	778
	P	13	2.22%	2	0.34%	19	3.25%	463	79.15%	75	12.82%	13	2.22%	585
	G	7	3.63%	2	1.04%	8	4.15%	151	78.24%	19	9.84%	6	3.11%	193
2017年	S	13	1.51%	0	0.00%	3	0.35%	20	2.33%	660	76.83%	163	18.98%	859
	P	7	1.07%	0	0.00%	3	0.46%	14	2.15%	507	77.76%	121	18.56%	652
	G	6	2.90%	0	0.00%	0	0.00%	6	2.90%	153	73.91%	42	20.29%	207
2018年	S	11	1.16%	1	0.11%	1	0.11%	12	1.26%	804	84.45%	123	12.92%	952
	P	5	0.70%	1	0.14%	1	0.14%	8	1.11%	622	86.51%	82	11.40%	719
	G	6	2.58%	0	0.00%	0	0.00%	4	1.72%	182	78.11%	41	17.60%	233

效率区间		1		[0.9,1)		[0.8,0.9)		[0.7,0.8)		[0.6,0.7)		[0,0.6)		总计
年份	分类	计数	占比	计数	占比	计数	占比	计数	占比	计数	占比	计数	占比	
2019年	S	8	0.82%	0	0.00%	0	0.00%	3	0.31%	16	1.64%	947	97.23%	974
	P	5	0.68%	0	0.00%	0	0.00%	1	0.14%	13	1.77%	716	97.41%	735
	G	3	1.26%	0	0.00%	0	0.00%	2	0.84%	3	1.26%	231	96.65%	239
总计		184	2.24%	36	0.44%	772	9.38%	2740	33.31%	3009	36.58%	1485	18.05%	8226

表7-3显示,2008—2019年绿色资金非期望效率等于1的重污染企业占比大致呈现出下降趋势(2011年和2013年除外),重污染企业的绿色资金非期望效率不断下降。这一结果基本符合预期,即随着"绿色低碳"政策深入贯彻,重污染企业申请贷款的审批趋严,增加了其外源融资约束,使得资金效率等于1的重污染企业占比不断下降。

2008—2019年,资金效率等于1的绿色企业占比大致呈现出"下降—上升—下降"(2008年和2009年除外)的趋势。"下降—上升"趋势不难理解,起初相关机构为响应政策要求,会更偏好绿色企业,即绿色企业具有"绿色标签"的融资优势。但是随着绿色金融政策不断完善,绿色信贷审核趋严,例如中央环保督查政策和信贷"环保评一票否决制"并非只针对重污染企业,当银行开始严格执行绿色信贷政策后,绿色企业在申请贷款时,同样需要提供"环境评估报告",使得这种融资优势逐渐消失。

2008—2019年,绿色资金非期望效率等于1的绿色企业占比高于重污染企业(2008年除外)。此外,绿色企业和重污染企业的绿色资金非期望效率的变动也基本同步。2008—2009年,两类企业的资金非期望效率主要集中在[0.8,1]区间;2010—2016年(2010年和2012年除外),两类企业的资金非期望效率主要集中在[0.7,0.8)区间;2017—2018年,两类企业的资金非期望效率主要集中在[0.6,0.7)区间,而2019年则集中在[0,0.6)区间。

表7-4　2008—2019年企业绿色资金非期望效率值描述性统计表

指标		均值			最大值			最小值			标准差		
样本类别	S	G	P	S	G	P	S	G	P	S	G	P
2008年	0.842	0.845	0.842	1	1	1	0.0001	0.0001	0.336	0.0873	0.107	0.08

续表

指标	均值			最大值			最小值			标准差		
样本类别	S	G	P	S	G	P	S	G	P	S	G	P
2009 年	0.833	0.834	0.833	1	1	1	0.419	0.419	0.435	0.0617	0.0654	0.0606
2010 年	0.655	0.675	0.648	1	1	1	0.38	0.569	0.38	0.075	0.101	0.0633
2011 年	0.71	0.718	0.708	1	1	1	0.431	0.431	0.517	0.0668	0.0793	0.0623
2012 年	0.622	0.634	0.618	1	1	1	0.00007	0.508	0.00007	0.0683	0.0691	0.0677
2013 年	0.717	0.725	0.714	1	1	1	0.00007	0.525	0.00007	0.0757	0.0698	0.0773
2014 年	0.738	0.75	0.735	1	1	1	0.00007	0.00007	0.413	0.0685	0.0828	0.0627
2015 年	0.747	0.768	0.741	1	1	1	0.247	0.425	0.247	0.0766	0.0721	0.077
2016 年	0.737	0.741	0.735	1	1	1	0.126	0.363	0.126	0.0708	0.0793	0.0677
2017 年	0.625	0.631	0.623	1	1	1	0.308	0.365	0.308	0.0637	0.0779	0.0585
2018 年	0.627	0.627	0.627	1	1	1	0.191	0.191	0.352	0.0578	0.078	0.0496
2019 年	0.538	0.539	0.537	1	1	1	0.203	0.337	0.203	0.0571	0.0662	0.0539

表 7-4 显示,企业绿色资金非期望效率均值大致呈现出下降趋势,尽管无法判断历年企业的非期望效率是增加还是下降,但是当期效率与前沿面的距离在扩大,说明与当期效率优秀的企业差距在增加。对比绿色企业非期望效率均值和重污染企业非期望效率均值,结果显示,考虑了二氧化碳排放量后,绿色企业的资金效率优于重污染企业,并且两者的非期望资金效率波动幅度都不大。由此可见,对绿色企业提供外源融资便利有利于绿色企业的发展和提升绿色转型效率。

将企业非期望效率值分解为非期望纯技术效率与非期望规模效率两个方面。表 7-5 和表 7-7 分别汇总了全样本企业的绿色资金非期望纯技术效率和绿色资金非期望规模效率测度结果。

表 7-5　2008—2019 年企业绿色资金非期望纯技术效率值汇总表

效率区间		1		[0.9,1)		[0.8,0.9)		[0.7,0.8)		[0.6,0.7)		[0,0.6)		总计
年份	分类	计数	占比	计数	占比	计数	占比	计数	占比	计数	占比	计数	占比	
2008 年	S	28	6.81%	301	73.24%	60	14.60%	14	3.41%	3	0.73%	5	1.22%	411
	P	17	5.47%	224	72.03%	52	16.72%	12	3.86%	3	0.96%	3	0.96%	311
	G	11	11.00%	77	77.00%	8	8.00%	2	2.00%	0	0.00%	2	2.00%	100

续表

效率区间		1		[0.9,1)		[0.8,0.9)		[0.7,0.8)		[0.6,0.7)		[0,0.6)		总计
年份	分类	计数	占比	计数	占比	计数	占比	计数	占比	计数	占比	计数	占比	
2009年	S	52	11.93%	329	75.46%	44	10.09%	8	1.83%	0	0.00%	3	0.69%	436
	P	34	10.24%	251	75.60%	39	11.75%	6	1.81%	0	0.00%	2	0.60%	332
	G	18	17.31%	78	75.00%	5	4.81%	2	1.92%	0	0.00%	1	0.96%	104
2010年	S	40	8.51%	342	72.77%	70	14.89%	11	2.34%	4	0.85%	3	0.64%	470
	P	21	5.88%	259	72.55%	60	16.81%	10	2.80%	4	1.12%	3	0.84%	357
	G	19	16.81%	83	73.45%	10	8.85%	1	0.88%	0	0.00%	0	0.00%	113
2011年	S	49	8.54%	407	70.91%	86	14.98%	22	3.83%	7	1.22%	3	0.52%	574
	P	27	6.16%	312	71.23%	71	16.21%	20	4.57%	6	1.37%	2	0.46%	438
	G	22	16.18%	95	69.85%	15	11.03%	2	1.47%	1	0.74%	1	0.74%	136
2012年	S	26	4.03%	466	72.25%	95	14.73%	32	4.96%	12	1.86%	14	2.17%	645
	P	16	3.26%	353	71.89%	75	15.27%	25	5.09%	11	2.24%	11	2.24%	491
	G	10	6.49%	113	73.38%	20	12.99%	7	4.55%	1	0.65%	3	1.95%	154
2013年	S	45	6.55%	511	74.38%	91	13.25%	21	3.06%	13	1.89%	6	0.87%	687
	P	29	5.58%	385	74.04%	73	14.04%	17	3.27%	11	2.12%	5	0.96%	520
	G	16	9.58%	126	75.45%	18	10.78%	4	2.40%	2	1.20%	1	0.60%	167
2014年	S	43	6.14%	477	68.14%	139	19.86%	26	3.71%	8	1.14%	7	1.00%	700
	P	26	4.95%	354	67.43%	107	20.38%	24	4.57%	8	1.52%	6	1.14%	525
	G	17	9.71%	123	70.29%	32	18.29%	2	1.14%	0	0.00%	1	0.57%	175
2015年	S	50	6.76%	551	74.46%	101	13.65%	22	2.97%	7	0.95%	9	1.22%	740
	P	25	4.51%	416	75.09%	80	14.44%	18	3.25%	7	1.26%	8	1.44%	554
	G	25	13.44%	135	72.58%	21	11.29%	4	2.15%	0	0.00%	1	0.54%	186
2016年	S	50	6.43%	605	77.76%	88	11.31%	23	2.96%	4	0.51%	8	1.03%	778
	P	29	4.96%	460	78.63%	68	11.62%	21	3.59%	2	0.34%	5	0.85%	585
	G	21	10.88%	145	75.13%	20	10.36%	2	1.04%	2	1.04%	3	1.55%	193
2017年	S	60	6.98%	558	64.96%	160	18.63%	54	6.29%	19	2.21%	8	0.93%	859
	P	36	5.52%	433	66.41%	118	18.10%	43	6.60%	17	2.61%	5	0.77%	652
	G	24	11.59%	125	60.39%	42	20.29%	11	5.31%	2	0.97%	3	1.45%	207
2018年	S	41	4.31%	709	74.47%	139	14.60%	41	4.31%	15	1.58%	7	0.74%	952
	P	29	4.03%	547	76.08%	97	13.49%	32	4.45%	10	1.39%	4	0.56%	719
	G	12	5.15%	162	69.53%	42	18.03%	9	3.86%	5	2.15%	3	1.29%	233
2019年	S	41	4.21%	646	66.32%	208	21.36%	49	5.03%	19	1.95%	11	1.13%	974
	P	28	3.81%	499	67.89%	145	19.73%	41	5.58%	14	1.90%	8	1.09%	735
	G	13	5.44%	147	61.51%	63	26.36%	8	3.35%	5	2.09%	3	1.26%	239
总计		525	6.38%	5902	71.75%	1281	15.57%	323	3.93%	111	1.35%	84	1.02%	8226

表 7-5 显示,研究区间内绿色企业和重污染企业两组样本中,绿色资金非期望纯技术效率为 1 的企业数量差距并不大。非期望纯技术效率值为 1 的绿色企业所占比例明显高于重污染企业所占比例,且两者的非期望纯技术效率主要集中在[0.9,1)区间。绿色企业对环境的改善作用和节能减排效果能有效促进绿色转型和绿色发展,投资者应改变对绿色企业或绿色项目"回报低、收益差"这一固有的认知偏差,加大对绿色企业资金投放规模。值得指出的是,自 2018年之后,绿色企业的非期望纯技术效率显著下降,这可能和绿色企业间竞争越发激烈有关,即绿色技术日趋成熟导致进入门槛降低,绿色企业利润空间变小,绿色企业的绿色资金回报率下降。

表 7-6　2008—2019 年企业绿色资金非期望纯技术效率值描述性统计表

指标	平均值			最大值			最小值			标准差		
类别	S	G	P	S	G	P	S	G	P	S	G	P
2008 年	0.933	0.941	0.93	1	1	1	0.00011	0.00011	0.388	0.0876	0.115	0.077
2009 年	0.948	0.957	0.946	1	1	1	0.444	0.58	0.444	0.0602	0.0587	0.0605
2010 年	0.938	0.957	0.932	1	1	1	0.465	0.736	0.465	0.0658	0.0435	0.0704
2011 年	0.931	0.944	0.927	1	1	1	0.444	0.444	0.559	0.0721	0.0696	0.0725
2012 年	0.92	0.932	0.917	1	1	1	0.00007	0.516	0.00007	0.104	0.0803	0.11
2013 年	0.933	0.943	0.929	1	1	1	0.00008	0.555	0.00008	0.0843	0.0661	0.0892
2014 年	0.919	0.93	0.916	1	1	1	0.00009	0.00009	0.483	0.0817	0.0876	0.0794
2015 年	0.929	0.942	0.925	1	1	1	0.298	0.429	0.298	0.078	0.0635	0.0819
2016 年	0.935	0.937	0.934	1	1	1	0.128	0.402	0.128	0.0743	0.0799	0.0724
2017 年	0.913	0.918	0.912	1	1	1	0.393	0.437	0.393	0.0823	0.0794	0.0832
2018 年	0.93	0.92	0.933	1	1	1	0.252	0.252	0.396	0.0787	0.0899	0.0746
2019 年	0.918	0.913	0.92	1	1	1	0.309	0.496	0.309	0.0849	0.0824	0.0857

表 7-6 对全样本的绿色资金非期望纯技术效率值进行了描述性统计分析。绿色企业与重污染企业的非期望纯技术效率均值相差不大,说明绿色企业在承担了更多环境责任的同时,并没有因此被削弱经济实力。绿色企业绿色资金非期望纯技术效率值的最小值高于重污染企业。绿色企业绿色资金非期望纯技术效率标准差小于重污染企业。上述结果表明绿色企业的绿色资金非期望纯技术

效率取值区间更小且分布更集中,绿色企业组内差距更小。总体而言,承担环境责任并不一定会损害企业利益,银行应该加大对绿色企业的信贷资金投放力度,鼓励企业积极承担环境责任。现有绿色企业的资金运用和管理能力能支撑和驾驭其扩大再发展的经营需要,加大绿色企业的绿色资金投入,有助于实现中国节能减排和绿色发展的目标。

表7-7　2008—2019年企业绿色资金非期望规模效率值汇总表

效率区间		1		[0.9,1)		[0.8,0.9)		[0.7,0.8)		[0.6,0.7)		[0,0.6)		总计
年份	分类	计数	占比	计数	占比	计数	占比	计数	占比	计数	占比	计数	占比	
2008年	S	17	4.14%	166	40.39%	224	54.50%	2	0.49%	1	0.24%	1	0.24%	411
	P	13	4.18%	129	41.48%	167	53.70%	1	0.32%	0	0.00%	1	0.32%	311
	G	4	4.00%	37	37.00%	57	57.00%	1	1.00%	1	1.00%	0	0.00%	100
2009年	S	16	3.67%	55	12.61%	358	82.11%	6	1.38%	1	0.23%	0	0.00%	436
	P	11	3.31%	49	14.76%	268	80.72%	3	0.90%	1	0.30%	0	0.00%	332
	G	5	4.81%	6	5.77%	90	86.54%	3	2.88%	0	0.00%	0	0.00%	104
2010年	S	14	2.98%	4	0.85%	15	3.19%	117	24.89%	319	67.87%	1	0.21%	470
	P	6	1.68%	3	0.84%	13	3.64%	98	27.45%	236	66.11%	1	0.28%	357
	G	8	7.08%	1	0.88%	2	1.77%	19	16.81%	83	73.45%	0	0.00%	113
2011年	S	20	3.48%	12	2.09%	63	10.98%	473	82.40%	6	1.05%	0	0.00%	574
	P	14	3.20%	9	2.05%	47	10.73%	367	83.79%	1	0.23%	0	0.00%	438
	G	6	4.41%	3	2.21%	16	11.76%	106	77.94%	5	3.68%	0	0.00%	136
2012年	S	11	1.71%	12	1.86%	17	2.64%	78	12.09%	526	81.55%	1	0.16%	645
	P	7	1.43%	8	1.63%	14	2.85%	61	12.42%	401	81.67%	0	0.00%	491
	G	4	2.60%	4	2.60%	3	1.95%	17	11.04%	125	81.17%	1	0.65%	154
2013年	S	18	2.62%	16	2.33%	55	8.01%	585	85.15%	12	1.75%	1	0.15%	687
	P	13	2.50%	12	2.31%	46	8.85%	440	84.62%	8	1.54%	1	0.19%	520
	G	5	2.99%	4	2.40%	9	5.39%	145	86.83%	4	2.40%	0	0.00%	167
2014年	S	15	2.14%	26	3.71%	245	35.00%	410	58.57%	4	0.57%	0	0.00%	700
	P	8	1.52%	22	4.19%	178	33.90%	313	59.62%	4	0.76%	0	0.00%	525
	G	7	4.00%	4	2.29%	67	38.29%	97	55.43%	0	0.00%	0	0.00%	175
2015年	S	23	3.11%	7	0.95%	263	35.54%	445	60.14%	2	0.27%	0	0.00%	740
	P	13	2.35%	4	0.72%	187	33.75%	348	62.82%	2	0.36%	0	0.00%	554
	G	10	5.38%	3	1.61%	76	40.86%	97	52.15%	0	0.00%	0	0.00%	186
2016年	S	20	2.57%	18	2.31%	113	14.52%	624	80.21%	3	0.39%	0	0.00%	778
	P	13	2.22%	13	2.22%	82	14.02%	474	81.03%	3	0.51%	0	0.00%	585
	G	7	3.63%	5	2.59%	31	16.06%	150	77.72%	0	0.00%	0	0.00%	193

续表

效率区间		1		[0.9,1)		[0.8,0.9)		[0.7,0.8)		[0.6,0.7)		[0,0.6)		总计
年份	分类	计数	占比	计数	占比	计数	占比	计数	占比	计数	占比	计数	占比	
2017年	S	13	1.51%	4	0.47%	26	3.03%	148	17.23%	664	77.30%	4	0.47%	859
	P	7	1.07%	3	0.46%	19	2.91%	117	17.94%	505	77.45%	1	0.15%	652
	G	6	2.90%	1	0.48%	7	3.38%	31	14.98%	159	76.81%	3	1.45%	207
2018年	S	11	1.16%	4	0.42%	10	1.05%	119	12.50%	807	84.77%	1	0.11%	952
	P	5	0.70%	4	0.56%	8	1.11%	84	11.68%	618	85.95%	0	0.00%	719
	G	6	2.58%	0	0.00%	2	0.86%	35	15.02%	189	81.12%	1	0.43%	233
2019年	S	8	0.82%	0	0.00%	7	0.72%	18	1.85%	204	20.94%	737	75.67%	974
	P	5	0.68%	0	0.00%	5	0.68%	12	1.63%	152	20.68%	561	76.33%	735
	G	3	1.26%	0	0.00%	2	0.84%	6	2.51%	52	21.76%	176	73.64%	239
总计		186	2.26%	324	3.94%	1396	16.97%	3025	36.77%	2549	30.99%	746	9.07%	8226

表7-7显示,2008—2019年绿色企业和重污染企业的绿色资金非期望规模效率值为1和处于[0.9,1)区间的企业占比均有所下降,而处于(0.6,1]区间的两类企业占比有所上升。规模效率不优源于企业资金冗余或投入不足,在绿色金融政策趋严的背景下,重污染企业面临更大的融资约束,导致其资金规模效率下降。对于绿色企业而言,绿色资金缺口和绿色资金供给不足对其规模效率产生不利影响。

表7-8 2008—2019年企业绿色资金非期望规模效率值描述性统计表

指标	平均值			最大值			最小值			标准差		
类别	S	G	P	S	G	P	S	G	P	S	G	P
2008年	0.903	0.899	0.905	1	1	1	0.349	0.662	0.349	0.044	0.044	0.045
2009年	0.879	0.872	0.881	1	1	1	0.625	0.719	0.625	0.039	0.043	0.038
2010年	0.699	0.705	0.697	1	1	1	0.585	0.604	0.585	0.072	0.093	0.064
2011年	0.765	0.761	0.766	1	1	1	0.606	0.606	0.69	0.068	0.072	0.066
2012年	0.681	0.684	0.68	1	1	1	0.582	0.582	0.62	0.072	0.083	0.069
2013年	0.77	0.77	0.77	1	1	1	0.553	0.636	0.553	0.058	0.057	0.058
2014年	0.805	0.807	0.804	1	1	1	0.625	0.709	0.625	0.052	0.055	0.051
2015年	0.805	0.815	0.801	1	1	1	0.672	0.752	0.672	0.046	0.054	0.043
2016年	0.789	0.793	0.788	1	1	1	0.653	0.719	0.653	0.051	0.055	0.05
2017年	0.686	0.689	0.685	1	1	1	0.539	0.539	0.599	0.060	0.073	0.055
2018年	0.676	0.683	0.674	1	1	1	0.597	0.597	0.606	0.052	0.063	0.047
2019年	0.588	0.593	0.587	1	1	1	0.509	0.529	0.509	0.056	0.063	0.053

表 7-8 显示,绿色企业和重污染企业的绿色资金非期望规模效率均值差异较小,但前者的最小值大于后者,主要原因在于绿色金融政策的推行,绿色资金的投入量问题,扩大了两组样本企业与前沿面的距离。其中,重污染企业进行绿色转型的资金需求增加,却面临融资约束,导致资金供给不足,而绿色企业则因为绿色资金供给不足造成资金短缺。

二、不同类型企业绿色资金效率测度

表 7-9 呈现了绿色金融政策实施后,绿色企业和重污染企业两组样本内的绿色资金非期望效率。

表 7-9　2008—2019 年分组企业绿色资金非期望效率值汇总表

效率区间		1		[0.9,1)		[0.8,0.9)		[0.7,0.8)		[0.6,0.7)		[0,0.6)		总计
年份	分类	计数	占比	计数	占比	计数	占比	计数	占比	计数	占比	计数	占比	
2008年	S	30	7.30%	87	21.17%	253	61.56%	30	7.30%	5	1.22%	6	1.46%	411
	P	15	4.82%	21	6.75%	238	76.53%	27	8.68%	5	1.61%	5	1.61%	311
	G	15	15.00%	66	66.00%	15	15.00%	3	3.00%		0.00%	1	1.00%	100
2009年	S	44	10.09%	297	68.12%	82	18.81%	9	2.06%	1	0.23%	3	0.69%	436
	P	33	9.94%	249	75.00%	40	12.05%	7	2.11%	1	0.30%	2	0.60%	332
	G	11	10.58%	48	46.15%	42	40.38%	2	1.92%		0.00%	1	0.96%	104
2010年	S	26	5.53%	13	2.77%	279	59.36%	144	30.64%	5	1.06%	3	0.64%	470
	P	17	4.76%	10	2.80%	259	72.55%	64	17.93%	4	1.12%	3	0.84%	357
	G	9	7.96%	3	2.65%	20	17.70%	80	70.80%	1	0.88%	0	0.00%	113
2011年	S	33	5.75%	41	7.14%	82	14.29%	351	61.15%	60	10.45%	7	1.22%	574
	P	15	3.42%	0	0.00%	8	1.83%	349	79.68%	60	13.70%	6	1.37%	438
	G	18	13.24%	41	30.15%	74	54.41%	2	1.47%	0	0.00%	1	0.74%	136
2012年	S	28	4.34%	110	17.05%	20	3.10%	5	0.78%	399	61.86%	83	12.87%	645
	P	7	1.43%	0	0.00%	2	0.20%	2	0.41%	398	81.06%	83	16.90%	491
	G	21	13.64%	110	71.43%	19	12.34%	3	1.95%	1	0.65%	0	0.00%	154
2013年	S	30	4.37%	52	7.57%	105	15.28%	435	63.32%	55	8.01%	10	1.46%	687
	P	15	2.88%	3	0.58%	13	2.50%	426	81.92%	53	10.19%	10	1.92%	520
	G	15	8.98%	49	29.34%	92	55.09%	9	5.39%	2	1.20%	0	0.00%	167
2014年	S	28	4.00%	16	2.29%	212	30.29%	392	56.00%	38	5.43%	14	2.00%	700
	P	15	2.86%	2	0.38%	75	14.29%	382	72.76%	38	7.24%	13	2.48%	525
	G	13	7.43%	14	8.00%	137	78.29%	10	5.71%	0	0.00%	1	0.57%	175

续表

效率区间		1		[0.9,1)		[0.8,0.9)		[0.7,0.8)		[0.6,0.7)		[0,0.6)		总计
年份	分类	计数	占比	计数	占比	计数	占比	计数	占比	计数	占比	计数	占比	
2015年	S	38	5.14%	17	2.30%	548	74.05%	102	13.78%	18	2.43%	17	2.30%	740
	P	19	3.43%	5	0.90%	405	73.10%	93	16.79%	16	2.89%	16	2.89%	554
	G	19	10.22%	12	6.45%	143	76.88%	9	4.84%	2	1.08%	1	0.54%	186
2016年	S	39	5.01%	27	3.47%	152	19.54%	469	60.28%	75	9.64%	16	2.06%	778
	P	15	2.56%	1	0.17%	18	3.08%	463	79.15%	75	12.82%	13	2.22%	585
	G	24	12.44%	26	13.47%	134	69.43%	6	3.11%	0	0.00%	3	1.55%	193
2017年	S	22	2.56%	6	0.70%	43	5.01%	153	17.81%	514	59.84%	121	14.09%	859
	P	9	1.38%	0	0.00%	2	0.31%	13	1.99%	508	77.91%	120	18.40%	652
	G	13	6.28%	6	2.90%	41	19.81%	140	67.63%	6	2.90%	1	0.48%	207
2018年	S	22	2.31%	13	1.37%	168	17.65%	53	5.57%	637	66.91%	59	6.20%	952
	P	10	1.39%	0	0.00%	5	0.70%	18	2.50%	630	87.62%	56	7.79%	719
	G	12	5.15%	13	5.58%	163	69.96%	35	15.02%	7	3.00%	3	1.29%	233
2019年	S	13	1.33%	0	0.00%	57	5.85%	157	16.12%	28	2.87%	719	73.82%	974
	P	5	0.68%	0	0.00%	0	0.00%	1	0.14%	13	1.77%	716	97.41%	735
	G	8	3.35%	0	0.00%	57	23.85%	156	65.27%	15	6.28%	3	1.26%	239
总计		353	4.29%	679	8.25%	2001	24.33%	2300	27.96%	1835	22.31%	1058	12.86%	8226

表7-9显示,尽管两组样本企业的非期望效率前沿面的凸性不同,不能直接比较两组样本企业非期望效率值为1的企业数量,但绿色企业的绿色资金非期望效率均值更接近效率前沿面,重污染企业距离前沿面则略远。绿色资金非期望效率等于1的重污染企业占比呈现出波动下降趋势。2008—2019年间,绿色资金非期望效率等于1的绿色企业占比均高于重污染企业,其中2012年和2016年非期望效率等于1的绿色企业占比远高于其他年份。非期望效率值分布的变化趋势显示,绿色金融政策的积极推进对两组样本企业均产生了明显的影响,但该政策对重污染企业的影响更大(见表7-10)。从金融功能观分析,绿色金融政策能通过引导社会资金流向,即引导重污染企业向"节能减排"转型并帮扶绿色企业更环保地扩大再生产,进而影响企业绿色资金效率。

表 7-10　2008—2019 年分组企业绿色资金非期望效率值描述性统计表

指标	平均值			最大值			最小值			标准差		
类别	S	G	P	S	G	P	S	G	P	S	G	P
2008 年	0.876	0.928	0.859	1	1	1	0.336	0.522	0.336	0.0812	0.0665	0.0785
2009 年	0.929	0.904	0.937	1	1	1	0.435	0.509	0.435	0.0614	0.0584	0.0602
2010 年	0.816	0.789	0.824	1	1	1	0.429	0.626	0.429	0.0672	0.0772	0.0614
2011 年	0.768	0.9	0.727	1	1	1	0.486	0.486	0.536	0.0958	0.0604	0.0618
2012 年	0.694	0.936	0.619	1	1	1	0.00007	0.673	0.00007	0.151	0.0509	0.0701
2013 年	0.779	0.89	0.743	1	1	1	0.327	0.664	0.327	0.0894	0.0567	0.0652
2014 年	0.795	0.86	0.774	1	1	1	0.00008	0.00008	0.413	0.0826	0.0835	0.0702
2015 年	0.827	0.864	0.815	1	1	1	0.292	0.45	0.292	0.0782	0.0661	0.0781
2016 年	0.773	0.888	0.735	1	1	1	0.126	0.508	0.126	0.0948	0.0665	0.0686
2017 年	0.666	0.797	0.624	1	1	1	0.308	0.463	0.308	0.0978	0.0706	0.0616
2018 年	0.696	0.835	0.651	1	1	1	0.297	0.297	0.352	0.101	0.077	0.058
2019 年	0.598	0.783	0.537	1	1	1	0.203	0.495	0.203	0.12	0.065	0.0539

表 7-10 显示,在对全样本分组测度非期望效率值后,研究区间内,绿色企业和重污染企业的非期望效率均值都有所减小,与表 7-4 的结果一致。对于重污染企业而言,绿色信贷政策趋严增加了融资约束,使其资金效率下降。而由于绿色金融信息披露制度与服务体系尚未完善,绿色企业则面临巨大的绿色资金缺口,使其资金效率下降。将绿色企业和重污染企业的绿色资金非期望效率值进行分解,测度其非期望纯技术效率值和非期望规模效率值(见表 7-11 和表7-13),进一步分析绿色金融政策对两类企业造成的影响。在规模报酬可变的情况下,将企业对环境的影响因素纳入绿色资金效率值的测度指标体系,能真实地反映企业对绿色资金的管理和运用能力。

表 7-11　2008—2019 年分组企业绿色资金非期望纯技术效率汇总表

效率区间		1		[0.9,1)		[0.8,0.9)		[0.7,0.8)		[0.6,0.7)		[0,0.6)		总计
年份	分类	计数	占比	计数	占比	计数	占比	计数	占比	计数	占比	计数	占比	
2008 年	S	52	12.65%	284	69.10%	55	13.38%	13	3.16%	3	0.73%	4	0.97%	411
	P	24	7.72%	218	70.10%	51	16.40%	12	3.86%	3	0.96%	3	0.96%	311
	G	28	28.00%	66	66.00%	4	4.00%	1	1.00%	0	0.00%	1	1.00%	100

效率区间		1		[0.9,1)		[0.8,0.9)		[0.7,0.8)		[0.6,0.7)		[0,0.6)		总计
年份	分类	计数	占比	计数	占比	计数	占比	计数	占比	计数	占比	计数	占比	
2009年	S	88	20.18%	307	70.41%	33	7.57%	5	1.15%	1	0.23%	2	0.46%	436
	P	46	13.86%	247	74.40%	32	9.64%	5	1.51%	0	0.00%	2	0.60%	332
	G	42	40.38%	60	57.69%	1	0.96%	0	0.00%	1	0.96%	0	0.00%	104
2010年	S	74	15.74%	333	70.85%	51	10.85%	7	1.49%	3	0.64%	2	0.43%	470
	P	44	12.32%	254	71.15%	47	13.17%	7	1.96%	3	0.84%	2	0.56%	357
	G	30	26.55%	79	69.91%	4	3.54%	0	0.00%	0	0.00%	0	0.00%	113
2011年	S	75	13.07%	398	69.34%	74	12.89%	19	3.31%	6	1.05%	2	0.35%	574
	P	37	8.45%	311	71.00%	64	14.61%	19	4.34%	6	1.37%	1	0.23%	438
	G	38	27.94%	87	63.97%	10	7.35%	0	0.00%	0	0.00%	1	0.74%	136
2012年	S	68	10.54%	456	70.70%	76	11.78%	24	3.72%	10	1.55%	11	1.71%	645
	P	27	5.50%	354	72.10%	66	13.44%	23	4.68%	10	2.04%	11	2.24%	491
	G	41	26.62%	102	66.23%	10	6.49%	1	0.65%	0	0.00%	0	0.00%	154
2013年	S	83	12.08%	489	71.18%	83	12.08%	17	2.47%	12	1.75%	3	0.44%	687
	P	52	10.00%	370	71.15%	69	13.27%	15	2.88%	11	2.12%	3	0.58%	520
	G	31	18.56%	119	71.26%	14	8.38%	2	1.20%	1	0.60%	0	0.00%	167
2014年	S	67	9.57%	479	68.43%	115	16.43%	24	3.43%	8	1.14%	7	1.00%	700
	P	40	7.62%	359	68.38%	89	16.95%	23	4.38%	8	1.52%	6	1.14%	525
	G	27	15.43%	120	68.57%	26	14.86%	1	0.57%	0	0.00%	1	0.57%	175
2015年	S	63	8.51%	545	73.65%	95	12.84%	22	2.97%	6	0.81%	9	1.22%	740
	P	29	5.23%	415	74.91%	77	13.90%	19	3.43%	6	1.08%	8	1.44%	554
	G	34	18.28%	130	69.89%	18	9.68%	3	1.61%	0	0.00%	1	0.54%	186
2016年	S	84	10.80%	580	74.55%	82	10.54%	23	2.96%	2	0.26%	7	0.90%	778
	P	45	7.69%	445	76.07%	68	11.62%	20	3.42%	2	0.34%	5	0.85%	585
	G	39	20.21%	135	69.95%	14	7.25%	3	1.55%	0	0.00%	2	1.04%	193
2017年	S	86	10.01%	575	66.94%	136	15.83%	41	4.77%	17	1.98%	4	0.47%	859
	P	46	7.06%	430	65.95%	120	18.40%	36	5.52%	17	2.61%	3	0.46%	652
	G	40	19.32%	145	70.05%	16	7.73%	5	2.42%	0	0.00%	1	0.48%	207
2018年	S	77	8.09%	705	74.05%	114	11.97%	39	4.10%	11	1.16%	6	0.63%	952
	P	36	5.01%	544	75.66%	94	13.07%	34	4.73%	7	0.97%	4	0.56%	719
	G	41	17.60%	161	69.10%	20	8.58%	5	2.15%	4	1.72%	2	0.86%	233
2019年	S	64	6.57%	693	71.15%	153	15.71%	38	3.90%	17	1.75%	9	0.92%	974
	P	34	4.63%	552	75.10%	98	13.33%	30	4.08%	13	1.77%	8	1.09%	735
	G	30	12.55%	141	59.00%	55	23.01%	8	3.35%	4	1.67%	1	0.42%	239
总计		881	10.71%	5844	71.04%	1067	12.97%	272	3.31%	96	1.17%	66	0.80%	8226

表7-11显示,绿色资金非期望纯技术效率等于1的重污染企业和绿色企业占比整体上呈现下降趋势,但后者的下降幅度更大。2008—2019年间,绿色资金非期望纯技术效率等于1的绿色企业占比始终高于重污染企业,说明绿色企业具有更高的资金效率。绿色企业的绿色资金非期望纯技术效率值主要集中在[0.9,1)区间,其中效率优秀的企业数量占比较高,2009年绿色资金非期望纯技术效率值为1的绿色企业高达40.38%。由于历年效率结果前沿面不同,无法比较绿色企业的绿色资金非期望纯技术效率值的变化,但从效率为优秀和近似优秀的企业数量占比值不难发现,绿色企业作为绿色发展的主要践行者,加大对其绿色信贷资金的投放,能促使其为"节能减排、改善生态环境"发挥更好的作用。

表7-12　2008—2019年分组企业绿色资金非期望纯技术效率值描述性统计表

指标	平均值			最大值			最小值			标准差		
类别	S	G	P	S	G	P	S	G	P	S	G	P
2008年	0.941	0.969	0.932	1	1	1	0.388	0.535	0.388	0.074	0.0576	0.0765
2009年	0.956	0.978	0.949	1	1	1	0.464	0.618	0.464	0.0568	0.044	0.0585
2010年	0.95	0.969	0.945	1	1	1	0.5	0.878	0.5	0.0593	0.0318	0.0646
2011年	0.939	0.964	0.932	1	1	1	0.496	0.496	0.58	0.0682	0.0547	0.0702
2012年	0.932	0.968	0.921	1	1	1	0.00007	0.799	0.00007	0.0996	0.0405	0.11
2013年	0.942	0.959	0.936	1	1	1	0.354	0.677	0.354	0.0723	0.0505	0.0772
2014年	0.926	0.942	0.921	1	1	1	0.00009	0.00009	0.486	0.0813	0.0861	0.079
2015年	0.933	0.952	0.927	1	1	1	0.298	0.452	0.298	0.0772	0.0614	0.0809
2016年	0.942	0.953	0.938	1	1	1	0.128	0.564	0.128	0.0706	0.0584	0.0738
2017年	0.925	0.953	0.916	1	1	1	0.406	0.508	0.406	0.0769	0.0582	0.08
2018年	0.938	0.949	0.934	1	1	1	0.299	0.299	0.396	0.075	0.0794	0.0733
2019年	0.93	0.93	0.93	1	1	1	0.317	0.522	0.317	0.0816	0.0756	0.0835

表7-12显示,重污染企业和绿色企业的非期望纯技术效率均值变化都不大,说明企业的绿色资金非期望效率值的降低主要源于资金规模效率下降,而非企业绿色资金管理和运用能力变化。此外,研究区间内,绿色企业的非期望纯技术效率最小值和平均值均高于重污染企业,且前者的标准差数值较小。可见,推行绿色金融政策的过程中,鼓励金融机构加大绿色资金的投入,缩小绿色资金缺

口有利于绿色企业发展。

表 7-13　2008—2019 年分组企业绿色资金非期望规模效率测度汇总表

效率区间		1		[0.9,1)		[0.8,0.9)		[0.7,0.8)		[0.6,0.7)		[0,0.6)		总计
年份	分类	计数	占比	计数	占比	计数	占比	计数	占比	计数	占比	计数	占比	
2008 年	S	30	7.30%	355	86.37%	23	5.60%	2	0.49%	0	0.00%	1	0.24%	411
	P	15	4.82%	271	87.14%	23	7.40%	1	0.32%	0	0.00%	1	0.32%	311
	G	15	15.00%	84	84.00%	0	0.00%	1	1.00%	0	0.00%	0	0.00%	100
2009 年	S	51	11.70%	373	85.55%	11	2.52%	1	0.23%	0	0.00%	0	0.00%	436
	P	40	12.05%	292	87.95%	0	0.00%	0	0.00%	0	0.00%	0	0.00%	332
	G	11	10.58%	81	77.88%	11	10.58%	1	0.96%	0	0.00%	0	0.00%	104
2010 年	S	28	5.96%	49	10.43%	325	69.15%	67	14.26%	1	0.21%	0	0.00%	470
	P	19	5.32%	45	12.61%	293	82.07%	0	0.00%	0	0.00%	0	0.00%	357
	G	9	7.96%	4	3.54%	32	28.32%	67	59.29%	1	0.88%	0	0.00%	113
2011 年	S	34	5.92%	118	20.56%	85	14.81%	334	58.19%	3	0.52%	0	0.00%	574
	P	16	3.65%	14	3.20%	71	16.21%	334	76.26%	3	0.68%	0	0.00%	438
	G	18	13.24%	104	76.47%	14	10.29%	0	0.00%	0	0.00%	0	0.00%	136
2012 年	S	30	4.65%	138	21.40%	14	2.17%	54	8.37%	409	63.41%	0	0.00%	645
	P	8	1.63%	10	2.04%	11	2.24%	54	11.00%	408	83.10%	0	0.00%	491
	G	22	14.29%	128	83.12%	3	1.95%	0	0.00%	1	0.65%	0	0.00%	154
2013 年	S	30	4.37%	147	21.40%	102	14.85%	406	59.10%	2	0.29%	0	0.00%	687
	P	15	2.88%	24	4.62%	74	14.23%	405	77.88%	2	0.38%	0	0.00%	520
	G	15	8.98%	123	73.65%	28	16.77%	1	0.60%	0	0.00%	0	0.00%	167
2014 年	S	28	4.00%	120	17.14%	509	72.71%	41	5.86%	2	0.29%	0	0.00%	700
	P	15	2.86%	30	5.71%	439	83.62%	39	7.43%	2	0.38%	0	0.00%	525
	G	13	7.43%	90	51.43%	70	40.00%	2	1.14%	0	0.00%	0	0.00%	175
2015 年	S	38	5.14%	142	19.19%	554	74.86%	5	0.68%	1	0.14%	0	0.00%	740
	P	19	3.43%	70	12.64%	459	82.85%	5	0.90%	1	0.18%	0	0.00%	554
	G	19	10.22%	72	38.71%	95	51.08%	0	0.00%	0	0.00%	0	0.00%	186
2016 年	S	39	5.01%	157	20.18%	99	12.72%	477	61.31%	4	0.51%	2	0.26%	778
	P	15	2.56%	12	2.05%	76	12.99%	477	81.54%	4	0.68%	1	0.17%	585
	G	24	12.44%	145	75.13%	23	11.92%	0	0.00%	0	0.00%	1	0.52%	193
2017 年	S	22	2.56%	18	2.10%	150	17.46%	150	17.46%	517	60.19%	2	0.23%	859
	P	9	1.38%	1	0.15%	12	1.84%	111	17.02%	517	79.29%	2	0.31%	652
	G	13	6.28%	17	8.21%	138	66.67%	39	18.84%	0	0.00%	0	0.00%	207
2018 年	S	22	2.31%	51	5.36%	179	18.80%	196	20.59%	504	52.94%	0	0.00%	952
	P	10	1.39%	5	0.70%	11	1.53%	190	26.43%	503	69.96%	0	0.00%	719
	G	12	5.15%	46	19.74%	168	72.10%	6	2.58%	1	0.43%	0	0.00%	233

效率区间		1		[0.9,1)		[0.8,0.9)		[0.7,0.8)		[0.6,0.7)		[0,0.6)		总计
年份	分类	计数	占比	计数	占比	计数	占比	计数	占比	计数	占比	计数	占比	
2019年	S	13	1.33%	24	2.46%	179	18.38%	42	4.31%	104	10.68%	612	62.83%	974
	P	5	0.68%	0	0.00%	4	0.54%	12	1.63%	103	14.01%	611	83.13%	735
	G	8	3.35%	24	10.04%	175	73.22%	30	12.55%	1	0.42%	1	0.42%	239
总计		365	4.44%	1692	20.57%	2230	27.11%	1775	21.58%	1547	18.81%	617	7.50%	8226

表7-13显示,绿色企业与重污染企业的非期望规模效率值等于1的企业数量差异较小,且前者占比高于后者,这一结论与绿色金融政策宗旨一致,即通过信贷资金投向限制和引导重污染企业绿色转型,扶持绿色企业发展。研究区间内,绿色企业绿色资金非期望规模效率等于1的企业数量减少,其中2017—2019年,两类企业的非期望规模效率值主要集中在[0.6,0.7)以及[0,0.6)区间,说明绿色资金缺口扩大对其规模效率产生了不良影响。

表7-14 2008—2019年分组企业绿色资金非期望规模效率描述性统计表

指标	平均值			最大值			最小值			标准差		
分类	S	G	P	S	G	P	S	G	P	S	G	P
2008年	0.93	0.957	0.922	1	1	1	0.397	0.743	0.397	0.042	0.031	0.041
2009年	0.972	0.923	0.987	1	1	1	0.769	0.769	0.936	0.034	0.037	0.011
2010年	0.859	0.813	0.873	1	1	1	0.661	0.661	0.803	0.059	0.068	0.047
2011年	0.818	0.934	0.783	1	1	1	0.62	0.875	0.62	0.086	0.033	0.064
2012年	0.746	0.967	0.677	1	1	1	0.62	0.673	0.62	0.14	0.035	0.072
2013年	0.828	0.928	0.796	1	1	1	0.60	0.772	0.60	0.078	0.036	0.058
2014年	0.859	0.912	0.841	1	1	1	0.67	0.77	0.67	0.055	0.044	0.046
2015年	0.886	0.908	0.879	1	1	1	0.678	0.819	0.678	0.04	0.045	0.035
2016年	0.822	0.932	0.785	1	1	1	0.586	0.6	0.586	0.081	0.044	0.053
2017年	0.72	0.837	0.683	1	1	1	0.371	0.766	0.371	0.087	0.057	0.056
2018年	0.743	0.881	0.699	1	1	1	0.616	0.679	0.616	0.094	0.046	0.053
2019年	0.645	0.844	0.58	1	1	1	0.503	0.562	0.503	0.125	0.054	0.052

表7-14显示,研究区间内,绿色企业的资金非期望规模效率的最小值大于重污染企业,前者标准差值较小。两组样本企业的非期望规模效率的组内均值

逐渐变小。相同年份中,重污染企业非期望规模效率均值下降的幅度要高于绿色企业,说明尽管绿色资金短缺对绿色企业造成了一定影响,但绿色金融政策确实对重污染企业的规模扩张产生了制约作用,绿色金融政策的节能减排目的已然初见成效,金融机构的资金引导有利于推动产业升级与实现节能减排目标。

综上所述,表7-3至表7-14汇总了绿色企业和重污染企业基于DEA模型的效率测度结果,但是该类模型测度的是企业静态效率、静态纯技术效率和静态规模效率,无法比较研究区间内企业绿色资金效率的动态变化情况,即无法判断企业T期的效率值等于1与T+1期效率值等于0.9是因为效率下降,还是因为T+1期总样本企业效率前沿面外移导致的结果。同时,也无法判断每年效率等于1的企业数量变化是企业整体效率普遍变动导致,还是由于企业自身的产权性质、经济表现等因素引起的企业效率变化。因此,绿色金融对企业资金效率的影响因素尚待进一步分析,本书暂不赘述。

第三篇　绿色金融监管

随着全球对环境保护的重视,绿色金融发展存在广阔空间。自 2015 年《生态文明体制改革总体方案》首次提出"建立绿色金融体系"以来,中国在绿色金融政策体系、基础设施和产品创新等方面都取得了显著的成效,赋能经济绿色发展。2022 年末,中国本外币绿色贷款余额 22.03 万亿元,境内外绿色债券存量规模约 3 万亿元。绿色股票、绿色保险和绿色基金等绿色金融产品推陈出新。然而,疫情冲击下经济亟待复苏,国际政治形势复杂,中国经济发展面临需求收缩、供给冲击、预期转弱三重压力。在内外部环境影响下,中国绿色金融发展面临着诸多挑战,诸如与国际接轨和顶层设计完善等。

现阶段,中国绿色资金效率较低,绿色金融发展在支持实体经济绿色低碳发展的成效亟待提升,绿色金融监管问题不容忽视。绿色金融监管是一个复杂而现实的问题。监管机构可借助监管手段监督绿色资金的运用,发挥"达摩克利斯之剑"的作用,减少"漂绿""洗绿"行为的同时,以实现最优绿色资金使用效率为目标,防范化解金融机构和企业在绿色投融资业务中蕴含的潜在风险。

中国绿色金融发展积累了丰富的实践经验,但绿色标准尚未统一、绿色资金来源较为单一、绿色认证评估制度不完善、环境信息披露欠规范化和绿色金融相关法律制度欠缺等现实问题,给绿色金融监管带来巨大挑战的同时,也体现了构建绿色金融监管体系的重要性。基于此,本篇界定了绿色金融监管定义与内涵,梳理了国际和国内绿色金融监管实践,详细分析了中国绿色金融监管面临的困境,在明确监管原则基础上,探讨了绿色金融监管体系构建。

第八章 绿色金融监管理论与实践

第一节 界 定

一、内涵

1992 年,联合国环境规划署发布《银行业关于环境可持续发展的声明》,倡导金融需要助力可持续发展。作为可持续发展的重要组成部分"绿色金融"概念得到广泛认知。2003 年,花旗银行、巴克莱银行和荷兰银行等金融机构牵头建立自愿性金融行业基准——赤道原则,旨在评估和管理项目融资中的环境与社会风险,绿色金融监管提上议程。2016 年,中国人民银行等七部门联合印发《关于构建绿色金融体系的指导意见》,指出要强化并规范信息披露,要求所有上市公司均要强制披露环境信息。2019 年,国家发展改革委、工业和信息化部、自然资源部、生态环境部、住房和城乡建设部、中国人民银行、国家能源局联合印发《绿色产业指导目录》为各地区、各部门制定绿色产业政策、引导绿色资本投入提供依据。2022 年,上海证券交易所发布《上海证券交易所股票上市规则》,明确上市公司应当按照规定编制并披露社会责任报告等非财务报告,以此促进上市公司的 ESG 信息披露。同年,银保监会印发《银行业保险业绿色金融指引》,要求银行保险机构加强资金拨付的事前审核,重视贷后及投后管理,开展情景分析和压力测试,在资产风险分类、准备计提等方面及时调整,对绿色金融业务的识别和监管提出了新要求。

然而,现阶段国内外金融监管机构和行业自律组织对绿色金融监管的内容尚未达成共识。各国政府所印发的绿色金融政策文件对风险管理的描述主要为指示性条款,金融机构对绿色金融的具体监管措施处于探索阶段。浙江省湖州市作为中国首批绿色金融改革创新试验区,在绿色金融监管方面做了较多探索。2016年,湖州市银保监分局建立了中国首个地方性绿色银行监管评价制度,将绿色金融表现纳入现场检查项目和非现场监管内容,从组织管理、机制管理、流程管理、经营目标四方面评估银行机构的绿色化程度。该制度采用"标准+弹性"评分对银行开展绿色银行评级,并将评级结果应用于财政资金竞争性存放评分体系。该制度还制定了绿色专营体系的监管准入标准,创新"六单"绿色管理模式,提高绿色金融服务质效。此外,湖州市银保监分局创新了监管工具,建立"EAST+绿色金融"智慧监管体系,对128家"中国制造2025"省级重点企业的贷款和表外融资进行动态监测。2021年,湖州市发布《湖州市绿色金融发展"十四五"规划》,布局绿色金融监管,如建立健全地方金融监管体系、对接浙江省金融风险"天罗地网"监测防控系统、加强地方金融监管队伍建设等具体举措。2019年2月,中共中央、国务院印发《粤港澳大湾区发展规划纲要》(以下简称《规划纲要》),提出发展绿色金融,并为香港、广州、澳门、深圳等城市做了不同规划,并提出相应监管政策。

绿色金融的快速发展不能脱离金融本质,有效识别和监管绿色金融业务的潜在风险是金融监管的重要职责。由于现阶段中国绿色金融体系尚不完善,绿色项目标准尚未统一,绿色金融监管尤为重要。综上,绿色金融监管是指以实现最优的绿色资金使用效率为目标,监管机构为防范化解金融机构和企业的绿色投融资业务中蕴含的各类风险所开展的监督管理活动。

二、必要性

中国绿色金融的发展取得世界瞩目的成效,截至2022年末,绿色信贷余额22万亿元,存量规模居全球第一;绿色债券存量约1.54万亿元,位列世界第二。在中国式现代化发展进程中,绿色金融政策红利将进一步释放,绿色企业或项目的支持力度持续加大。作为绿色资金供给者,金融机构应把好授信审批关,监管绿色资金的用途,确保"专款专用"。然而,绿色资金信息披露不完善,导致金融机构难以有效衡量绿色资金的投入与产出效率,使得绿色项目投资回报收益监测难度增加。此外,环境信息披露并非强制要求,绿色资金用途信息不透明,容易滋生项目"洗绿""漂绿"的情况。尽管项目投资中的"洗绿""漂绿"短期内将给企业带来经济效益,但长期发展导致绿色市场出现"劣币驱逐良币"的情况,影响绿色金融市场的有序运行。因此,有必要加强绿色金融监管,尤其注重对环境信息披露和绿色资金用途的监管。

现阶段,以中国人民银行和国家金融监督管理总局为代表的监管部门有必要对金融机构和企业的环境信息披露和环境表现进行严格审查,保障市场的可持续运行,避免"绿色泡沫"和绿色市场的虚假繁荣。一方面是审核信息披露方所呈现的社会责任报告或绿色低碳报告的真实性,防止其"美化"自身的环境表现,套取绿色资金。另一方面是规范环境信息披露格式及内容,增强企业环境信息的横向可比性,促进企业在获取绿色低碳发展资金中的竞争。具体而言,首先,由金融机构在现行绿色标准下,对授信企业或绿色项目进行严格的事前核准,筛选出符合政策要求的绿色项目。其次,监管部门应尽快制定统一的环境信息披露框架,细化绿色指标,使其具有可操作性和可比性,并推动强制性环境信息披露政策。最后,金融机构应针对积极开展绿色项目情景分析和环境风险压力测试,优化资产负债结构,防范搁浅资产带来的金融风险。

此外,绿色资金的使用效率监管既是保障绿色金融市场可持续发展的必要手段,亦是绿色金融事中监管的重要组成。银行等金融机构将资金投入绿色低碳行业或项目,一方面是响应国家"碳达峰碳中和"战略,另一方面则是抢占绿色发展新市场和布局绿色低碳发展新赛道。由于信息不对称和环境披露信息制度不完善,金融机构和个人投资者难以知晓企业绿色资金的实际使用效率。而绿色资金的使用效率低,则意味着资本未实现最佳配置。因此,仅依靠绿色金融市场的自我调节难以修正市场中资金的低效率配置和错误配置问题,绿色金融监管能有效解决市场失灵问题。金融监管部门应充分发挥作用,通过完善绿色金融监管,提高绿色资金的配置效率,促进绿色产业和项目高效发展,实现经济效益和环境效益。

第二节　国　际

绿色金融源自发达国家，各国的绿色金融发展阶段具有明显差异和本国特色，因此，不同国家积累了不同的绿色金融监管实践经验。本节将梳理国外绿色金融监管政策和实践，为中国绿色金融监管提供借鉴。

一、英国

英国绿色金融发展较早，在绿色金融实践中积累了丰富的经验，且形成了较为完善的绿色金融体系和绿色金融监管标准。2002 年，英国建立了全球首个排污权交易体系，于 2008 年颁布了气候变化法案。2009 年，伦敦证券交易所发行了首只绿色债券，并于 2011 年设立了国际气候基金。2012 年，成立了绿色投资银行。2016 年，英国同中国一起主持了 G20 绿色金融研究小组的首次会议，并于 2017 年成立了英国绿色金融工作组。2019 年，发布了《绿色金融战略》，于 2021 年成立了绿色技术咨询小组，对标欧盟的绿色分类，制定了英国的绿色分类法（如表 8-1 所示）。

表 8-1　英国绿色金融监管政策

时间	政策文件
2019 年	《绿色金融战略》
	《绿色定义：绿色债券上市要求》
	《2019 年保险压力测试》
2021 年	《英国政府绿色融资框架》
	《英国绿色分类法》

2019 年英国出台《绿色金融战略》要求监管部门明确权责并倡导透明机制和整体规划，严格审核市场准入，鼓励绿色投资并加大绿色创新，是英国最重要且全面的绿色金融顶层设计，稳固了其在全球绿色金融领域的示范地位。2021 年，《英国政府绿色融资框架》作为《英国绿色分类法》的补充，详细阐述了绿色资金的运用方式、绿色项目遴选标准和评估框架，为可持续性投资明确了标准。在环境风险和 ESG 等信息披露要求和监管方面，英国的政策与欧盟多有类似之

处,如根据2014/95/EU指令,公司规模超过500人的大型公共利益公司必须公开环境信息,英国证券期货交易所为获准进入市场的发行个体规定单独的披露义务,并且提供ESG报告发布指南和培训。

绿色金融发展过程中,英国监管机构发挥着重要作用,主要机构包括英格兰银行下属的审慎监管局(PRA)、金融行为监管局(FCA)、财务报告委员会(FRC)和养老金监管机构(TPR)等。

表8-2 英国绿色金融监管机构

机构	职责
审慎监管局(PRA)	监管约1500多家银行、建筑协会、信用合作社、保险公司和投资公司
金融行为监管局(FCA)	监管英国56000家金融服务公司和金融市场
财务报告委员会(FRC)	英国独立的会计师、精算师和审计师监管机构
养老金监管机构(TPR)	保护英国工作场所养老金的公共机构

表8-2所示,审慎监管局(PRA)负责监管约1500多家银行、建筑协会、信用合作社、保险公司和投资公司,设定了对银行和保险公司的公司治理、风险管理、情景分析和披露的期望,以加强管理气候风险的能力,要求保险公司将气候变化可能引起的物理风险和转型风险纳入压力测试。金融行为监管局(FCA)的职责是监管英国56000家金融服务公司和金融市场,扩大独立治理委员会的职权范围,考虑公司环境、社会和治理表现。财务报告委员会(FRC)是英国独立的会计师、精算师和审计师监管机构,鼓励公司和投资者在决策中考虑长期可持续性因素,并监管公司是否依法披露气候变化对其财务报表的影响。养老金监管机构(TPR)参与修订《尽责投资守则》,倡导投资治理和风险管理过程中考虑环境、社会和治理相关因素,包括气候变化,并成立气候变化行业工作组,在气候相关风险管理、披露等方面为养老金计划提供指导。

二、欧盟

绿色和可持续发展早已成为欧盟重要的政策议程。2016年,欧盟委员会统筹成立高级别专家组和技术专家组,通过欧洲银行管理局、欧洲证券和市场管理局以及欧洲保险和职业养老金局三大金融监管机构协同推进,建立可持续金融框架。2018年3月通过《可持续发展融资行动计划》,2019年12月,欧盟委员会提出新的增长战略文件《欧洲绿色新政》,旨在将欧盟发展为"公平繁荣且具有全球竞争力的资源高效利用的现代经济体",并于21世纪中叶实现温室气体净零排放。2020年1月,欧盟宣布《欧洲绿色新政投资计划》,计划在未来十年内调拨至少1万亿欧元用于可持续投资支持绿色低碳转型。2020年4月,欧盟委员会制定的《低碳基准条例》(第2019/2089号条例)生效,此条例规定欧盟气候转型的基准以及《巴黎协定》基准在欧盟层面的最低要求,同时也规范了企业ESG的披露标准,有助于投资者判断其投资项目的碳排放是否符合绿色低碳要求。2020年6月,欧盟公布《可持续金融分类法案》(纲领性监管框架),不仅为企业、机构投资者和政策制定者提供环境可持续性项目的判别标准,也保护个体投资者免受"洗绿""漂绿"的影响,有助于将绿色资金引导至最有需求的地方,从而实现绿色资金的最优配置。2021年7月修订通过《可持续金融战略》和新的《可持续经济转型融资战略》。此外,为落实相关政策法规,欧盟推出一系列的指导方针,如绿色经济活动的分类及标准、金融机构及企业的环境信息披露、ESG基准以及欧洲绿色债券标准等(见表8-3)。

表8-3　欧盟绿色金融监管政策

时间	政策文件
2018年	《可持续发展融资行动计划》
2019年	《欧洲绿色新政》
2020年	《低碳基准条例》
	《可持续金融分类法案》
2021年	《可持续金融信息披露条例》
	《欧洲绿色债券标准》

2021年3月,欧盟正式施行(强制性)《可持续金融信息披露条例》,规定了在欧盟市场中向终端投资者提供金融产品和服务的基金管理者、保险公司和银行等金融机构的可持续性披露义务。2021年7月,为应对长期诟病的"洗绿""漂绿"现象,欧盟委员会通过了一个非强制性和自愿的标准——《欧

洲绿色债券标准》,促使资金投向 2050 年净零碳排放项目。该标准沿用了欧盟绿色分类法中有关绿色经济活动的标准,主要涵盖三大核心问题:(1)绿色债券募集资金的用途必须符合《分类标准》中的绿色项目要求;(2)明确供发行人使用的绿色债券框架的范围和内容,以便发行人详细说明募集资金用途;(3)要求发行人定期发布绿色资金使用报告和环境影响报告,并要求使用定量指标进行评价。

三、美国

美国工业化和城市化进程的加快,引发了大量环境问题,美国通过立法促使社会生产主体重视环境问题,完善绿色金融制度体系。1980 年,美国出台《综合环境污染响应、赔偿和责任认定法案》(也称为《超级基金法》),溯及历史遗留的环境污染行为。《超级基金法》指出当责任人无法确定或无力、拒绝承担治理环境污染费用时,可运用超级基金支付环境治理费用,基金主要来源于财政资金、对责任人的追偿和罚款以及投资所得等。同年,美国出台《全面环境响应、补偿和负债法案》规定银行要对客户造成的环境污染行为负责,并承担相应的治理费用,金融机构若向环境不友好企业提供贷款,可能会遭受连带责任损失。20 世纪 90 年代,美国颁布《清洁空气法修正案》要求受管制排污源在特定的日期内遵守规定的排放限制,并为受管制主体创设排污权分配和交易体系。该法案鼓励减少大气污染物以及能源生产和使用过程中的其他不利影响,将节约能源、预防污染、采用可再生能源和清洁替代技术作为长期策略。2009 年 6月,美国众议院通过《美国清洁能源和安全法案》,对企业减排目标、资金机制、技术转让等问题进行系统阐述,并对碳关税(边境调节税)实施对象范围进行界定。

在绿色金融政策推进过程中,美国建立了环境金融中心(CEF)、美国环境金融顾问委员会(EFAB)和环境金融中心网络(EFCN)。2022 年 3 月,美国证券交易委员会发布《有关上市公司气候信息披露规则》草案,规定上市公司需要在其注册报表和年度报告中提供有关温室气体排放的披露、气候相关财务报表披露以及公司治理披露信息。企业需要确定董事会和管理层对气候相关事宜的监督,明确角色、责任及章程,还需要识别与气候相关的物理和转型风险,评估风险在短期、中期或长期内对财务报表产生的影响。

与欧盟、英国和中国的情况不同,美国的环境和气候政策相对分散,大多数政策由各个州单独制定,缺乏全国性的绿色金融政策框架和相关的行动计划。例如,加利福尼亚州颁布的《强制装置法》,要求加利福尼亚州新生产的汽车和在用车安装净化装置;康涅狄格州于2011年成立绿色银行,支持州长和立法机关的能源战略以及经济发展。此外,美国现有政策仍然多数采取自愿而非强制行为,各个州对可持续性或绿色的界定并未形成统一标准。

四、韩国

2009年为韩国绿色金融发展元年,由韩国绿色增长委员会制定《绿色增长国家战略及五年计划(2009—2013)》提出鼓励引导绿色投资、加快促进绿色金融发展的具体方案和发展规划。此外,还成立了专门推进绿色增长战略的组织机构,即直属于总统的绿色增长委员会,并由绿色增长委员会负责检查绿色增长计划的实施情况。2010年《低碳绿色增长基本法案》的颁布,完善了企业绿色业务管理的环境信息公开制度,法案要求金融机构给予绿色企业相应的财务支持,严格规范绿色业务审核程序。继2009年第一个绿色增长五年计划后,韩国于2014年和2019年相继出台第二、三个绿色增长五年计划,强调建设绿色金融体系和增强绿色金融国际合作的重要性。2016年,韩国金融服务委员会发布《机构投资者尽责管理守则(草案)》,要求作为外部监管的机构投资者承担起绿色监管的职责,对不符合可持续性发展的企业项目及时停止或撤回绿色资金,严格防范信贷风险。2019年,金融稳定委员会建议通过气候相关金融披露,要求包括金融公司在内的全部企业主动积极地公开披露气候环境变化风险的信息。此外,韩国完善了公共环境信息披露与绿色认证体系,如绿色管理公司金融支持系统enVinance,即通过收集和分析政府拥有的企业环境信息,向公司及商业银行提供环境绩效评估报告。2021年4月,韩国《环境技术与产业支持法》新增第10条第4款,要求金融机构进行环境责任投资(见表8-4)。

表 8-4 韩国绿色金融政策

时间	政策文件
2009 年	《绿色增长国家战略及五年计划(2009—2013)》
2010 年	《低碳绿色增长基本法案》
2014 年	《第二个绿色增长五年计划》
2016 年	《机构投资者尽责管理守则(草案)》
2019 年	《第三个绿色增长五年计划》
2021 年	《碳中和与绿色增长法》

绿色金融监管政策方面,2015 年 8 月,韩国交易所加入可持续证券交易所倡议,宣告加大长期绿色投资,促进上市公司 ESG 信息披露并改善其 ESG 表现。2019 年,韩国银行加入绿色金融网络(NGFS),以积极应对气候变化和环境问题带来的潜在风险。2020 年 8 月,韩国政府启动了公私联合绿色金融工作组,讨论在公共和私营部门促进绿色金融的措施并改进监管框架。2021 年 5 月,韩国金融服务委员会也申请加入 NGFS,以讨论和处理如气候变化和环境问题相关的金融风险监管措施,并建立了相关数据库。在韩国政府主导下,监管部门相互协调,绿色金融法制化较为迅速、法律体系较为完善,为其绿色金融发展提供了保障。

第三节 国 内

现阶段,中国绿色金融监管体系尚不健全,尽管绿色金融政策相关文件中对监管内容有所涉及,但监管要求和细则较为分散,多数为引导性或指引性管理办法,并非强制性的措施。部分相关监管政策尽管明确了绿色金融业务中的监管对象,但对违反监管要求的金融机构和企业的处罚要求不明确且约束力较小,且尚未对监管措施实施和解决方案进行系统阐述。表 8-5 汇总了涉及绿色金融监管相关内容的主要绿色金融政策。

表 8-5　中国绿色金融监管政策

时间	机构	政策文件
2007 年 7 月	国家环境保护总局、中国人民银行、银监会	《关于落实环保政策法规防范信贷风险的意见》
2012 年 2 月	中国银监会	《绿色信贷指引》
2016 年 3 月	上海证券交易所	《关于开展绿色公司债券试点的通知》
2017 年 3 月	中国银行间市场交易商协会	《非金融企业绿色债务融资工具业务指引》
2017 年 6 月	证监会、环境保护部	《关于共同开展上市公司环境信息披露工作的合作协议》
	中国人民银行、财政部、国家发展改革委员会、环境保护部、银监会、证监会、保监会	《落实〈关于构建绿色金融体系的指导意见〉的分工方案》
2018 年 5 月	生态环境部	《环境污染强制责任保险管理办法(草案)》
2018 年 7 月	中国人民银行	《银行业存款类金融机构绿色信贷业绩评价方案(试行)》
2018 年 11 月	中国证券投资基金业协会	《绿色投资指引(试行)》
2021 年 7 月	中国人民银行	《金融机构环境信息披露指南》
2021 年 12 月	生态环境部	《企业环境信息依法披露管理办法》
2022 年 6 月	中国银保监会	《银行业保险业绿色金融指引》

一、金融机构

1995 年,中国人民银行颁布《关于贯彻信贷政策与加强环境保护工作有关问题的通知》,要求各级金融部门在信贷工作中要重视自然资源和环境的保护,把支持生态资源的保护和污染的防治作为银行贷款考虑因素之一,初步涉及了绿色金融监管内容。2004 年,中国人民银行联合国家发展改革委和银监会出台《关于进一步加强产业政策和信贷政策协调配合控制信贷风险有关问题的通知》,指出各金融机构要立即停止对环境污染严重等归属于禁止类目录的国家明令淘汰的项目的各种形式的新增授信支持,采取妥善措施收回已授信的资金。2007 年 7 月,国家环境保护总局、中国人民银行和银监会联合制定《关于落实环保政策法规防范信贷风险的意见》,强调金融机构应依据国家产业政策,进一步加强信贷风险管理。在风险可控的前提下,对鼓励类项目积极给予信贷支持;不得对限制和淘汰类新建项目提供信贷支持;对属于限制类的现有生产能力,且国家允许对在一定期限内采取升级措施的企业,按照信贷原则继续给予信贷支持;停止对淘汰类项目各类形式的新增授信支持,并收回已发放的贷款。各级金融机构在审查企业流动资金贷款申请时,应根据环保部门提供的相关信息,加强授信管理,对有环境违法行为的企业采取措施,严格控制贷款,防范信贷风险。

2012 年 2 月,中国银监会发布的《绿色信贷指引》规定银行业金融机构应当将绿色信贷执行情况纳入内控合规检查范围,定期组织实施绿色信贷内部审计,公开绿色信贷战略和政策,充分披露绿色信贷发展情况。对涉及重大环境与社会风险影响的授信情况,应当依据法律法规披露相关信息,接受市场和利益相关方的监督。必要时可以聘请合格独立的第三方,对银行业金融机构履行环境和社会责任的活动进行评估或审计。此外,《绿色信贷指引》鼓励各级银行业监管机构加强非现场监管,完善非现场监管指标体系,强化对银行业金融机构面临的环境和社会风险的监测分析,及时引导其加强风险管理,调整信贷投向。银行业金融机构应当根据《绿色信贷指引》要求,至少每两年开展一次全面绿色信贷评估工作,并向银行业监管机构报送自我评估报告。银行业监管机构应当加强对银行业金融机构绿色信贷自我评估的指导,并结合非现场监管和现场检查情况,全面评估银行业金融机构的绿色信贷成效,按照相关法律法规将评估结果作为银行业金融机构监管评级、机构准入、业务准入、高管人员履职评价的重要依据。该指引还明确规定了银监会的监督管理权,依法负责对银行业金融机构的绿色信贷业务及其环境和社会风险实施监督管理。

2013 年,环保部和原保监会联合印发《关于开展环境污染强制责任保险试点工作的指导意见》,在设定环境污染强制责任投保范围、条件与程序的同时,明确了环保部和原保监会的监管职责。以中国人民银行等七部委于 2016 年联合发布的《关于构建绿色金融体系的指导意见》为开端,明确提出为防止绿色项目"洗绿"问题的出现,引发系统性金融风险,要求完善与绿色金融相关的监管机制,全面启动中国绿色金融综合推进与监管的探索工作,提出完善与绿色金融相关监管机制,有效防范金融风险。加强对绿色金融业务和产品的监管协调,综合运用宏观审慎与微观审慎监管工具,统一和完善有关监管规则和标准,强化对信息披露的要求,有效防范绿色信贷和绿色债券的违约风险,充分发挥股权融资作用,防止出现绿色项目杠杆率过高、资本空转和"洗绿"等问题,守住不发生系统性金融风险的底线。

2016 年 3 月,证监会发布《关于支持绿色债券发展的指导意见》,在设定绿色债券发行程序和信息披露义务的同时,规定严禁金融公司冒用以及滥用绿色环保名义募集绿色债券资金,确保绿色债券资金进入绿色产业。2018 年,中国人民银行发布《关于加强绿色金融债券存续期监督管理有关事宜的通知》《绿色金融债券存续期信息披露规范》以及信息披露报告模板,指出要重点核查发行人募集资金投向绿色项目的真实性、筛选和决策程序的合规性、募集资金管理的规范性、环境效益目标的实现情况。两份文件表明中国人民银行开始关注并加强绿色债券存续期的监管。

2018 年 7 月,为提升绿色金融支持高质量发展和绿色转型的能力,落实《关于构建绿色金融体系的指导意见》等政策,中国人民银行制定了《银行业存款类金融机构绿色信贷业绩评价方案(试行)》。该方案将绿色信贷业绩指标设置为定量和定性两类,其中定量指标权重 80%,包括绿色贷款余额占比、绿色贷款余额份额占比、绿色贷款增量占比、绿色贷款余额同比增速、绿色贷款不良率五项;定性指标权重 20%,绿色信贷业绩评价定性得分由中国人民银行综合考虑银行业存款类金融机构日常经营情况并参考定性指标体系确定。绿色信贷业绩评价结果纳入银行业存款类金融机构宏观审慎考核,中国人民银行对银行业存款类金融机构报送的定性指标数据进行校准及不定时核查。

2018 年 11 月,中国证券投资基金业协会制定《绿色投资指引(试行)》,对公开和非公开募集证券投资基金或资产管理计划的管理人的绿色投资作出指示。该指引规定基金管理人应每年开展一次绿色投资情况自评估,报告内容包括但不限于公司绿色投资理念、绿色投资体系建设、绿色投资目标达成等。此外,中国证券投资基金业协会不定期对基金管理人绿色投资的开展情况进行抽查,基金管理人应对发现的问题提供解释说明并及时整改。

2021 年 7 月,中国人民银行制定《金融机构环境信息披露指南》,对金融机构的环境信息披露规范作出指示,该指南要求金融机构的信息披露符合四大原则:(1)真实性,即金融机构应尽可能客观、准确、完整地向公众披露环境相关信息,引用的数据资料需要注明来源;(2)及时性,即金融机构可在报告期末以监管机构许可的途径及时发布年度环境信息报告,当本机构或本机构的关联机构发生对社会公众利益有重大影响的环境事件时,及时披露相关信息;(3)一致性,即金融机构环境信息披露测算口径和方法在不同时期宜保持一致性;(4)连贯性,即金融机构环境信息披露的方法和内容宜保持连贯性。此外,中国人民银行鼓励金融机构每年至少对外披露一次本机构环境信息,金融机构宜根据绿色金融产品需要开展相关信息披露。该指南提倡金融机构通过情景分析或压力测试方法量化环境因素对机构自身或其投资标的产生的影响,着重防范潜在转型风险可能带来资产搁浅损失。

2022年6月,为促进银行业保险业发展绿色金融,助力污染防治攻坚,有序推进"碳达峰碳中和"工作,中国银保监会制定《银行业保险业绿色金融指引》,对银行业保险业的内控管理、信息披露和监督治理提出相应要求。该指引要求银行保险机构应当公开绿色金融战略和政策,充分披露绿色金融发展情况,接受市场和利益相关方的监督,健全行业间的信息共享机制。

二、企业

中国绿色金融政策对企业的绿色生产和融资行为做出了详细规定,并明确了相关监管要求。2001—2003年间,国家环保总局与证监会发布《上市公司环境审计公告》等系列文件,将绿色金融监管政策聚焦于融资企业,约束上市公司发行证券募集资金的用途。2006年,中国人民银行联合国家环保总局发布《关于共享企业环保信息有关问题的通知》,指出将企业环保信息纳入征信系统,并作为商业银行等金融机构审办信贷业务的重要依据。中国人民银行、环保总局、国家发展改革委、证监会、银监会作为绿色金融发展的推进与监管机构,开启了通力协作的尝试。重点设计的监管机制包括监管部门对企业环境信息的共享机制、融资企业环境信息披露机制、违规责任追究机制等。2007年8月,国家环保总局颁布实施《关于进一步规范重污染行业生产经营公司申请上市或再融资环境保护核查工作的通知》,规定了火电等重污染行业企业的环保核查工作程序。同年12月,国家环保总局与保监会联合发布《关于环境污染责任保险工作的指导意见》,确立了企业投保目录以及环境污染定损与责任认定机制,通过保险费率机制促进企业加强环境风险管理。2008年2月,国家环保总局联合证监会等部门发布《关于加强上市公司环境保护监督管理工作的指导意见》,引导上市公司披露相关环境信息。

2016年3月，上海证券交易所在《关于开展绿色公司债券试点的通知》中鼓励发行人在申报发行绿色公司债券时，提交独立的专业评估意见，或认证机构就募集资金拟投资项目所出具的认证报告，鼓励发行人在绿色公司债券存续期内，按年度披露由独立的专业评估或认证机构出具的评估意见或认证报告。该通知强调绿色公司债券募集资金应主要用于绿色项目建设、运营、收购或偿还绿色项目贷款等。申报发行绿色公司债券募集说明书确定用于绿色项目的金额应不低于债券募集资金总额的70%，其余部分则可以用于补充公司流动资金或偿还借款等。

2017年3月，中国银行间市场交易商协会制定的《非金融企业绿色债务融资工具业务指引》指出，企业发行绿色债务融资工具应设立募集资金监管账户，由资金监管机构对募集资金的到账、存储和划付实施管理，确保募集资金用于绿色项目。在绿色债务融资工具存续期内，企业变更募集资金用途，应至少于变更前五个工作日披露变更公告，变更后的用途仍应符合绿色项目标准。

2017年3月，中国银行间市场交易商协会发布《非金融企业绿色债务融资工具业务指引》，强调对债务融资工具绿色程度的披露、第三方认证和跟踪评估。2017年6月，证监会上市公司监管部与环保部政策法规司联合签署《关于共同开展上市公司环境披露工作的合作协议》，内容包括定期报告环境信息披露定期通报机制、临时报告环境信息披露定期通报机制、信息共享和失信惩戒等，旨在共同推动建立和完善上市公司强制性环境信息披露制度，督促上市公司履行环境保护社会责任。2017年6月，由中国人民银行牵头印发的《落实〈关于构建绿色金融体系的指导意见〉的分工方案》明确提出，中国要分步骤建立强制性上市公司披露环境信息的制度。该方案分为"三步走"：第一步为2017年底修订上市公司定期报告内容和格式准则，自愿披露；第二步为2018年3月强制要求重点排污单位披露环境信息，不披露就解释；第三步为2020年12月前要求所有上市公司强制环境信息披露。但是就现实情况而言，该方案的落实存在诸多不足，例如，存在上市公司未披露环境信息、环境信息披露不规范或数据不详细等问题。

2018年5月，生态环境部拟定《环境污染强制责任保险管理办法（草案）》

规定环境高风险企业投保环境污染强制责任险,应当与保险公司依法签订环境污染强制责任保险合同,合同签订后,保险公司应当书面通知投保的环境高风险企业所在地的环境保护主管部门。保险公司应当在承保前开展环境风险评估,并出具环境风险评估报告。对于应当投保但未按照规定投保或者续保的环境高风险企业,由环境高风险企业所在地的环境保护主管部门责令限期投保或者续保,并处以 3 万元以下的罚款。

2021 年 12 月,生态环境部制定的《企业环境信息依法披露管理办法》指出企业是环境信息依法披露的责任主体,企业披露环境信息所使用的相关数据及表述应当符合环境监测、环境统计等方面的标准和技术规范要求。该管理办法要求企业年度环境信息依法披露报告应当包括:(1)企业生产和生态环境保护等方面的基础信息;(2)企业环境管理信息,包括生态环境行政许可、环境保护税、环境污染责任保险、环保信用评价等方面的信息;(3)污染物产生、治理与排放信息;(4)碳排放信息;(5)生态环境应急信息;(6)生态环境违法信息;(7)本年度临时环境信息依法披露情况;(8)法律法规规定的其他环境信息。此外,生态环境部、设区的市级以上地方生态环境主管部门应当依托政府网站等设立企业环境信息依法披露系统,集中公布企业环境信息依法披露内容,供社会公众免费查询,不得向企业收取任何费用。

三、中国绿色金融监管的独特性

中国绿色金融体系日趋完善,绿色金融工具和产品逐渐多元化,绿色信贷、绿色债券、绿色保险、绿色基金等相关产品数量和规模迅速扩张,使得绿色金融监管难度增加,监管部门需不断完善和更新的相关政策。中国绿色金融监管呈现出以下特征。

第一,政府主导、自律为辅的监管体制初步形成。中国绿色金融在多部门协同参与下,逐步形成了分别负责、密切协作的工作机制。在中国人民银行的统领与协调下,国家金融监督管理总局主要负责监管绿色信贷与绿色保险,证监会主要负责监管绿色证券,环保部、国家发展改革委、财政部等行政主管部门则在自己的职责范围内主要负责协助"一行一局一会"实施监管的工作。监管机构之间采用联席会议制度,在各单位内部确定责任部门和联络员,通过定期召开协调会议的形式保持沟通。

除了政府部门的监管外,绿色金融领域已出现金融机构、行业协会或学会等自律组织。无论是绿色信贷、绿色债券、绿色保险还是绿色基金等产品,发展初期主要以市场主体自律为主,但随着各类市场的规模化发展,行业协会或学会开始发挥行业自律的作用。银行间市场交易商协会和银行业协会成立的绿色信贷业务专业委员会,对绿色信贷实施行业自律监督;证券业协会成立的绿色证券专业委员会,对绿色证券实施行业自律监督;中国证券投资协会则在绿色基金的发展与监督中发挥重要作用。但遗憾的是,由于绿色金融统计与信息披露的局限性,社会监督机制尚未形成。

第二,逐步重视信息披露和共享机制的建立。及时充分地披露环境信息是绿色金融发展的基础性条件,有助于金融机构准确评估项目的环境风险。此外,绿色金融信息可以反映绿色金融发展的实质状况,倒逼金融机构大力提升其环境风险防范能力,也有助于监管机构、社会组织和个人实施外部监督。1995 年,中国人民银行与国家环保总局协商筹建环境信息共享机制,环保部门的企业环境信息已被纳入中国人民银行的征信系统,为金融机构评估融资项目的绿色化程度提供了极大便利,为相关主体监控绿色金融的实施情况提供了信息支撑。

第三,已认识到第三方评估认证工作的重要性。绿色金融评估认证是金融机构辨识绿色项目和实施贷(借)后监督的重要基础,也是进一步撬动社会资本投向绿色项目的核心条件。《绿色信贷指引》首次提出,建立健全绿色信贷标识制度,必要时可以借助合格、独立的第三方对环境和社会风险进行评审。在绿色债券领域,证监会也明令指出绿色公司债券申报前及存续期内,鼓励发行人提交由独立评估认证机构就募集资金拟投资项目属于绿色产业项目所出具的评估意见或认证报告。为确保第三方机构实施客观、公正的评估认证,央行联合证监会于 2017 年 10 月发布《绿色债券评估认证行为指引(暂行)》,对评估认证机构、业务承接、评估认证内容、评估认证意见表述等事项做出系统规定,初步建立起评估认证机构的行为规范。

纵观中国绿色金融监管实践,其监管的工作重点始终围绕授信对象的资质审核以及信息披露展开。但限于当前对"绿色"的定义仍未形成统一标准、上市公司社会责任报告所披露的与环境收益相关的定量数据（如二氧化碳减排量、污染物减排量、绿色收入、绿色投资等）不清晰、第三方机构的外部监督体制尚不完善等原因，中国尚未形成其系统且完善的绿色金融监管框架体系。

第九章 中国绿色金融监管体系构建与完善

第一节 当前中国绿色金融存在的问题

现阶段,中国绿色金融的监管主要依托于传统金融监管体系。然而,绿色金融不仅追求经济收益,还将污染整治和环境保护作为关注点,不断用金融工具支持绿色产业和项目发展,这意味着绿色金融监管政策应包含更广泛的要求。由于中国绿色金融发展仍处于探索阶段,叠加复杂的国际形势和需求收缩、供给冲击和预期转弱"三重压力",绿色金融体系的完善面临更为艰难的挑战。

一、绿色金融标准

绿色金融标准是绿色金融有序发展的基础,有助于规范市场主体绿色投融资行为、营造公平竞争环境,实现绿色金融高质量发展。绿色金融的发展需要进行有效监管,绿色金融标准是有效监管的重要基础和依据。近几年绿色金融相关实践,暴露出不同的文件对绿色项目的认定模式和口径一致等问题。以绿色债券为例,有关绿色债券认证标准的政策主要有中国人民银行、国家发展改革委、证监会联合印发的《绿色债券支持项目目录(2021 年版)》和国家发展改革委发布的《绿色债券发布指引》。两套政策中都有绿色债券标准,但两者存在差异,同时设置的标准过于泛化,缺少细分。比如《绿色债券支持项目目录(2021年版)》,剔除了"煤炭清洁技术"等化石能源相关的高碳项目,但其他绿色能源的相关标准如《绿色产业指导目录》及《绿色信贷指引》中还未做相应调整。再比如"核能的开发利用",《绿色债券指引》中属于绿色项目,但是在《绿色债券公告》中却未被认定为绿色项目。在绿色项目界定方面,《绿色债券支持项目目录》和《绿色债券发行指引》两套体系对绿色项目进行资质界定,但前者将绿色债券项目分为6大类和31小类,后者则将绿色债券项目分为12大类,这直接导致监管不统一的问题,容易造成重复监管或监管套利。这种差异不仅会降低项目间的可比性,增加绿色项目和产品的认定成本和难度;同时还将导致标准衔接困难,为绿色资金的流动设置障碍,降低绿色资金所能产生的经济和社会效益。短期来看,口径不一致会增加监管难度;长期来看,更不利于绿色金融标准体系的外延与拓展。作为保障绿色金融高效有序发展的技术支撑,完善中国绿色金融标准十分必要。

各国绿色金融发展存在明显的区域特征,绿色标准尚未统一,国内外绿色产品范围、资金用途和第三方评估等要求存在明显差异。中国的绿色信贷旨助力在绿色产业发展、降低碳排放等相关项目的资金融通,欧美国家的绿色信贷涉及范围则更广,包含了与可持续发展相关的、能够促进和支持环境和社会长期发展的经济活动。国内外绿色资金募资用途也存在明显差异,欧美国家要求绿色资金全额用于绿色项目,但国内不同绿色债券的资金使用额度存在一定的差异。在外部评估中,欧美国家要求绿色债券发行前通过第三方评估机构评估,但中国绿色债券发行尚未强制要求其提供第三方机构评估报告。国内外绿色金融政策的差异对国际绿色金融合作造成了一定的影响,也为中国绿色金融监管体系的构建带来了挑战。

为此,中国积极开展了绿色金融相关的国际讨论和合作。一是联席牵头G20可持续金融工作组。2021年初,G20恢复设立可持续金融研究小组,中国人民银行和美国财政部任联合主席,牵头制定完成了《G20可持续金融路线图》,成为国际层面引导市场资金支持应对气候变化的重要指引。二是欧盟推进绿色金融分类标准趋同取得阶段性成果。2020年起,中国人民银行与欧盟委员会开展中欧绿色分类标准比对,并于2021年11月发布《共同分类目录》,提出了中欧各自绿色金融分类标准共同认可、对减缓气候变化有显著贡献的55项经济活动清单。2022年6月3日,中国人民银行和欧盟委员会发布了《共同分类目录》的更新版,增补了17项经济活动。中欧率先推动双方绿色分类标准可比、互通,有利于引导跨境绿色资金流动。中国建设银行、兴业银行等商业银行发行了《共同分类目录》贴标绿色债券,部分新兴市场国家发布的绿色金融分类目录也参考了《共同分类目录》。三是以绿色金融打造绿色"一带一路"。2019年中国人民银行指导发起了《"一带一路"绿色投资原则》(GIP),GIP 对绿色投资提出七条原则。截至 2022 年 5 月,GIP 成员规模扩大到 41 家签署机构以及 14 家支持机构。此外,中国人民银行与绿色金融网络(NGFS)、金融稳定理事会(FSB)、巴塞尔银行监管委员会(BCBS)等开展多领域交流合作,推动完善绿色金融监管标准。

明确标准,才能让市场主体准确把握"绿色"的含义,这是绿色金融规范发展的前提,更是确保规则"引导绿"而非"统计绿"的关键。2018 年,中国人民银行牵头成立全国金融标准化技术委员会绿色金融标准工作组,按照"国内统一、国际接轨、清晰可执行"的原则,推动绿色金融标准体系建设。中国人民银行等监管主体在监管过程中需要注重多部门协作,持续通过多边平台推动绿色金融国际合作,统筹整合现有的绿色项目标准,减少标准间的分歧,为各类金融机构、市场主体提供更清晰精准的绿色金融项目标准,从而为金融机构精准支持绿色产业或项目提供依据,更好促进绿色金融业务贯彻落实。

二、环境信息披露

绿色金融承担着实现经济、生态和社会协调发展多重任务,目标更加多元化,因此,信息不对称、外部性和资金错配等问题也更加突出。环境信息披露是绿色金融发展的基础。于金融机构而言,环境信息是优化资金配置、降低运营风险的重要参考信息;于投资者而言,环境信息是降低信息不对称、优化投资决策的有力工具;于监管部门而言,环境信息是加强市场准入审核及存续期监督执法的必要依据。但是,由于绿色金融发展和制度体系建设时间较短,信息披露的广度、深度和透明度亟待提高。

信息披露有助于提高金融机构绿色金融业务的透明度,引导更多资金流向支持绿色发展的领域,推动金融机构对环境风险进行识别、分析和管理,增强金融系统应对气候变化、环境污染等风险的能力,助力金融监管部门更好地评估金融机构对气候相关风险的抵御能力,保障绿色金融可持续发展。为促进气候信息披露,2021 年中国人民银行发布《金融机构环境信息披露指南》,对金融机构环境信息披露的形式、频次、应披露的定性及定量信息等方面提出要求,并已指导 200 余家金融机构试编制环境信息披露报告,包括环境风险的识别、评估、管理、控制流程,经第三方专业机构核实验证的发放碳减排贷款的情况及其带动的碳减排规模等信息。2022 年,生态环境部发布《企业环境信息依法披露格式准则》,对企业环境信息披露的形式、环境管理信息、碳排放信息、生态环境应急信息等内容做出规定。与国外相比,中国环境信息披露制度的强制性不够,绝大多数上市公司在披露环境信息方面竭力应付,导致为其提供融资的金融机构和投资者无法准确预估其环境风险,无形中加大了投融资风险。

实行强制性环境信息披露制度,能够有效缓解企业和信息需求者之间的信息不对称问题,也有助于化解企业与监管者之间信息不对称产生的监管难问题。应确立以强制性环境信息披露为主、自愿性环境信息披露为辅的制度,通过前者来规范对环境有较大影响的企业环境信息披露行为,而通过后者来规范对环境有较小影响的企业环境信息披露行为。同时,引入社会中介机构以推广与执行强制性环境信息披露制度,通过要求会计师事务所、律师事务所、审计师事务所等中介机构在出具的会计报告、法律意见书、审计报告中加入有关环境影响评价的强制性内容,推动企业环境信息以多种形式予以强制披露。建立惩戒机制,发展中国家环境信息披露的绩效主要依赖于管制压力的强弱。对于未能达到环境信息披露要求的金融机构、企业,可以通过警告、责令限期改正或罚款等方式进行处罚。此外,监管部门需要不断完善环境信息依法披露制度,要求金融机构公开披露发放碳减排和绿色项目资金使用情况等具体数量信息,并由第三方专业机构进行核实验证,提高绿色资金透明度和资金使用效率。

三、第三方绿色评估与认证

中国的第三方绿色评估与认证仍处于自发探索阶段。透明且具有公信力的绿色评估与认证有助于绿色金融政策实施,也是对绿色金融市场监管的有效手段,通过引入第三方评估认证机构能有效提升监管专业化,有利于降低"洗绿""漂绿"风险,帮助投资者和监管机构识别绿色项目。证监会发布的《关于支持绿色债券发展的指导意见》指出鼓励企业在债券申报前及存续期内提交由独立专业认证机构出具的认证报告,但现阶段仅有少数企业自愿进行第三方评估。第三方绿色评估与认证机构主要由会计师事务所、信用评级机构以及环境咨询机构等组成,对环境效益信息的披露和评价尚未形成统一标准,导致专业性和权威性存在明显差异,市场认可度有限。中国应借鉴境外第三方绿色评估与认证机构的经验,设立明确的市场准入制度和更为具体的资质要求,提高第三方绿色认证机构的专业性和公信力,进而发挥其在绿色金融监管中的重要作用。例如,香港地区绿色金融认证范围涵盖绿色债券、绿色贷款和绿色基金,并详细规定认证的执行主体、认证程序、认证类型以及认证结果异议机制,既实现了绿色金融认证与国际标准的统一,也兼顾了香港地区发展绿色金融的特殊需求,精准分辨绿色项目,且对项目主体提交的环境数据有一定的鉴别能力,确保资金的绿色投向,分担了监管部门的压力。

现阶段,中国第三方绿色认证与评估标准尚未统一,导致第三方认证机构出具的认证报告存在随意性、差异性、失准性等问题。监管部门应着力制定详尽的第三方绿色评估与认证标准,结合绿色项目所涉及领域的专业特点,设计定量和定性指标以及分值标准,提升绿色金融标准的适用性。政府部门应参与绿色认证标准的制定,即由绿色金融标准化领导小组牵头,组织绿色金融监管部门以及行业协会,根据中国绿色产业分类标准并借鉴国际成熟经验,制定在各方面和各层面上尽量统一化的绿色金融标准,在标准统一化的基础上,再作细化与可操作化的持续改进。第三方绿色认证机构在确定统一且细化的标准下实施认证行为,提高绿色认证报告的可信度和有效性,为第三方绿色认证与评估由"自愿"认证改为"强制"认证提供制度保障。

四、相关法律制度

中国绿色金融的发展取得了举世瞩目的成绩,但仍存在"口惠而实不至"的情况(王去非,2017),部分绿色金融产品面临着"叫好不叫座"的尴尬局面(赵以邗,2018)。中国绿色金融发展初期,由于绿色金融监管不足,容易出现滥用政策红利的现象,并衍生"洗绿""漂绿"风险。例如,赵以邗(2018)认为监管方对金融机构以及绿色金融客户的监管存在监管不到位以及处罚力度弱等情况。饶淑玲等(2019)指出一些银行的绿色信贷以自愿填报为主,没有经过第三方认证,缺乏公信力,这会带来潜在风险。此外,中国债券市场分别被中国人民银行、国家发展改革委和证监会多头监管,不同主管部门发布的绿色债券支持项目目录和资金实际用途存在差异,容易造成"监管套利"。

在缺乏必要外部制度的约束下,绿色金融政策红利会让具有资本逐利性的金融机构和融资企业萌生"洗绿""漂绿"动机。因此,急需建立环境法律责任制度,提高对金融机构和企业行为的环境约束力。然而,中国绿色金融法律法规仍处于建议阶段,在立法效力层级和立法内容上都存在一定的不足,相关责任追究和惩罚力度欠缺,违规成本较低,对金融机构和企业的约束力有限。首先,立法层级过低。相关立法多为中国人民银行、国家发展改革委等行政部门制定,而且主要是以指导意见、指引等形式出现,这导致相关法律效力不足,缺乏强制力。其次,立法内容缺乏可行性。关于金融机构环境法律责任的相关规定以原则性规定居多,相关主体具体的权利、责任和义务等内容都没有明确,不具有可操作性,这也导致实践中极少金融机构因绿色金融问题而受到处罚或承担民事责任。配套法律的强制性不足使得绿色金融监管效力有限。因此,需要完善绿色金融相关法律法规,提高配套法律制度的约束力和可操作性,对绿色金融业务形成制约和规范,以推动绿色金融可持续发展。

第二节 监管原则

为改善环境问题,在过去几十年,发达国家在绿色金融政策、体制建设和产品创新等方面积累了许多成功经验,并以此推动经济转型和培育新的经济增长点。借鉴国外绿色金融实践经验,结合中国绿色金融发展的实际情况,解决当前中国绿色金融存在的问题,应遵循依法公正原则、协调性原则和效率原则的绿色金融监管原则。

一、依法公正原则

依法监管与严格执法是各国金融监管部门共同遵守的一项基本原则。金融监管必须依据现行的金融法规,保持监管的严肃性、强制性和连贯性。尽管绿色金融尚未被纳入《中华人民共和国银行业监督管理法》《中华人民共和国保险法》等法律条文中,但2018年3月十三届全国人大一次会议第三次全体会议经投票表决,通过了《中华人民共和国宪法修正案》,正式将"生态文明"写入宪法,充分体现了中国保护环境、发展绿色经济的坚定决心。

2021年5月，为提升金融支持绿色低碳高质量发展的能力，落实《关于构建绿色金融体系的指导意见》等文件精神，优化绿色金融激励约束机制，中国人民银行制定了《银行业金融机构绿色金融评价方案》（以下简称《方案》）。根据《方案》，绿色金融评价工作将每季度开展一次，评价指标包括定量和定性两类，定量指标权重80%，定性指标权重20%。定量指标共4项，分别为绿色金融业务总额占比、绿色金融业务总额份额占比、绿色金融业务总额同比增速和绿色金融业务风险总额占比；定性指标共3项，即执行国家及地方绿色金融政策情况、机构绿色金融制度制定及实施情况、金融支持绿色产业发展情况，权重分别为30%、40%、30%。该《方案》弥补了绿色金融规则制度短板，能够约束金融机构主体行为，做到既推进绿色金融加快发展，又实现绿色金融发展的商业可持续。

目前中国政府出台的绿色金融相关的政策文件已经对监管提出要求。2022年6月，中国银保监会发布《银行业保险业绿色金融指引》，在监督管理中对银保监会及派出机构做出了监管要求。主要包括：（1）银保监会及其派出机构应当加强与相关主管部门的协调配合，推动建立健全信息共享机制，为银行保险机构获得绿色产业项目信息、企业环境、社会和治理风险相关信息提供便利，并向银行保险机构提示相关风险；（2）银保监会及其派出机构应当加强非现场监管，完善非现场监管指标，强化对银行保险机构管理环境、社会和治理风险的监测分析，及时引导其调整完善信贷和投资政策，加强风险管理；（3）银保监会及其派出机构组织开展日常监管和监督检查，应当充分考虑银行保险机构管理环境、社会和治理风险的情况，明确相关监管内容和要求；（4）银行保险机构在开展绿色金融业务过程中违反相关监管规定的，银保监会及其派出机构可依法采取监管措施，督促银行保险机构整改。

现阶段，监管部门应在探索绿色金融监管标准、细化业务指导、落实监督检查等细则的同时，在绿色金融初期落实监管主体责任，避免重大系统性风险和绿色金融无序竞争。此外，监管机构应按照统一的监管标准和监管方式，监管绿色金融主体的行为，从根本上规范绿色金融市场行为，保证绿色金融市场良好有序地进行。监管部门在进一步扩大绿色金融评价方案覆盖范围的同时，还应做到信息公开。自《银行业金融机构绿色金融评价方案》实施后,相关部门尚未披露相应的评价结果。信息公开有利于减少各绿色金融主体的信息不对称,避免商业银行在发展绿色金融时,出现为了完成考核指标无序抢占绿色项目的情况,增加绿色金融市场的透明度。

二、协调性原则

绿色金融涉及金融、环境、财政等多个领域,监管部门在认定标准、业务监管、配套措施等方面存在差异和重叠不可避免,各职能部门和监管部门应加强沟通和协调。国外绿色金融体系主要由金融机构推动,政府提供辅助支持。而中国、巴西等新兴市场国家的绿色金融体系则是由政策主导,被视为"市场化的政策手段",形成了"自上而下"的以政府管理和金融监管为主体的发展模式。近年来,两种模式不断融合,市场与政府共同参与。但从中国金融监管实践来看,金融监管部门之间、金融监管部门与相关政府主管部门之间的跨部门协调制度有待完善。

监管部门之间的协调是绿色金融监管中的重点,构建"引导+监管+规划"的协调监管模式至关重要。首先,需厘清部门间的监管职责与地位,建立健全以中国人民银行为中心的分类合作监管体系。在现行分级分业监管的背景下,中国人民银行自始就扮演着绿色金融发展与监管的牵头角色,在绿色金融监管主体中居于"高优先级",拥有统领绿色金融监管的优势和经验;其他监管部门则在中国人民银行的指引下发挥自身监管之长。具体而言,应由中国人民银行牵头成立绿色金融监管协调机制,在此协调机制的综合管理下,全面筛查各绿色金融监管部门发布的部门规章或规范性文件,梳理其中监管职责交叉重叠的制度和政策,为有效地协调监管打下基础。其次,拟建立一个由中国人民银行和国家金融监督管理总局为主导,环境监管部门、金融机构和评估机构等多方参与的联合执法体系,设计科学合理的绿色金融监管标准体系和程序,并在此框架下赋予各监管机构细化执法标准的权力。最后,进一步发挥社会监督的作用,建立绿色金融社会组织与监管机构之间常规化的沟通机制,使社会组织成为监管部门的热心助手,有利于完善中国绿色金融监管体系。

三、效率原则

随着绿色金融政策的逐步完善,绿色金融监管应该提高其监管效率和绿色资金效率。效率原则是指监管主体在行使其职能时,要力争以尽可能短的时间,尽可能低的经济耗费,取得最大的社会和经济效益。绿色金融科技可以保障绿色项目库的高质量建设,提高绿色金融监管效率。绿色金融监管引入大数据和云计算等科技手段,实时监测绿色项目库内项目各项数值的动态变化,定期形成反馈入库标准选取效果的分析报告,完善绿色项目的识别机制,提高绿色金融监管实效性、绿色资金的安全性和资金使用的高效性。此外,绿色金融科技可以有效简化绿色识别认证程序,通过银行业务系统与绿色信用信息系统等底层数据平台对接,结合知识图谱技术,构建出绿色项目融资方的关系网络,自动生成环境效益评估报告等,建立智能化的绿色资质认证流程,缩短绿色认证周期,减少自行提交资料比重和人工执行尽职调查流程,降低道德风险和金融机构操作风险。

全国绿色金融改革创新试验区通过建立绿色金融信息统计平台,提高了数据采集统计准确度,帮助绿色金融监管部门提升监管效率。商业银行在开展绿色信贷业务时,经常面临识别和管理环境风险的能力不足、成本高、缺乏制度规范及流程管理等诸多挑战。金融科技通过将科技元素融入绿色信贷业务的全流程,对绿色贷款操作进行自动指引,对绿色项目分类进行自动识别,对环境风险进行自动预警。例如,新疆昌吉州开发的绿色小额农户贷款管理系统,构建绿色贷款风险防范体系和绿色产业可追溯大数据体系。农户贷款管理系统通过绿色金融卡,对信贷资金的交易过程进行跟踪,实现对资金的用途和对资金流动的有效监管,解决农户贷款的使用监管问题。浙江省湖州市"绿色银行"监管评级系统,对辖内银行机构按季监测、按年评级,科学、直观、综合地反映了银行机构的绿色化改造进度、绿色信贷执行与风险、绿色运营情况及绿色友好程度,便于监管部门及当地政府全面、及时地了解辖内绿色金融的整体改革进度。因此,中国绿色金融监管可以从监管科技入手,运用更有效的监管措施和报告机制,提高绿色金融监管效率。

第三节 监管体系

一、监管部门

绿色金融在全世界都属于新生事物,缘起于金融业的绿色转型和社会责任承担,是先有实践后完善理论体系的发展模式。绿色金融发展初期,各参与主体如银行业、保险业、证券业等根据自身的发展需求探索性地推出了相关的绿色产品和金融工具,使得绿色金融监管主要依托原有的金融监管部门和相关职能部门。但随着绿色金融产品和金融工具日趋增加,绿色投融资项目迅速增加,绿色金融相关的监管要求更为专业化,各国绿色金融监管部门和监管方式不断变化。绿色金融政策推行至今,中国一直采取多部门合作的方式进行绿色金融监管。多部门监管既容易导致监管漏洞或者重复监管的问题,也容易导致相互推诿责任的情况发生。此外,各个部门以自身的利益出发对绿色金融进行监管,一旦发生利益冲突将阻碍绿色金融的有序发展。

随着碳达峰行动方案的全面实施,碳中和进程的推进,中国绿色低碳转型的资金需求进一步增加,对绿色金融监管提出了新要求。为防范和化解绿色低碳转型造成的金融风险,中国应明确绿色金融监管部门,完善其相关的监管职能。有关部门在制定监管政策时,应细化绿色金融的发展要求,形成完善的绿色金融监管体系,细化和明确各个部门的监管职责,保证责任到部门,甚至责任到人。

中国绿色金融政策推行和发展过程中,存在同一个部门既负责绿色金融发展又负责监督管理的情况(例如银保监会既负责推动绿色信贷的发展,又负责对绿色信贷的统计和监管),这种运行方式容易造成部门内职责冲突问题出现。当绿色资金投放与确保绿色金融合规、防范金融风险等目标不一致时,容易出现管理冲突,即要么牺牲合规和风险控制,要么限制绿色资金投放。因此,在中国绿色金融发展新阶段,监管部门应出台相应的政策法规,明确绿色金融的发展部门和监管部门。由绿色金融发展部门对绿色资金进行整体核算、分配,制定各种政策支持和鼓励措施,保障绿色金融有序发展,推动绿色金融市场高效发展。由绿色金融监管部门聚焦于绿色金融市场的合规和金融风险防范,落实相关政策法规和监管要求,推动绿色金融市场公平公正,杜绝"洗绿""漂绿"现象,减少虚构环境信息等欺诈行为出现,确保绿色金融市场健康持续发展。

对各个职能部门具体职责清晰划定之后,各个部门的职责应具有连续性,不轻易变更部门职责,保障绿色金融政策的一致性和连续性,减少政策不确定性。绿色金融政策的不确定性是阻碍绿色投资的关键因素之一。例如,《绿色债券支持项目目录(2021年版)》将化石能源的清洁利用剔除,影响了化石能源清洁利用的长期投资。政策的不连续性和不确定性能增加风险溢价,带来更高的融资成本,通常会带来巨大的金融风险,使得能源、基础设施和其他领域的长期投资难以进行有效估值,影响投资者的信心,减少向可再生能源和其他低碳技术的资本流动,导致绿色项目资金匮乏。因此,监管部门应就绿色金融和绿色投资的战略框架向投资者提供更明确的环境和经济政策信号,确保政策有一个持续改进的机制。在监管部门职责持续的情况下,该部门可以就负责内容进行深度学习,掌握必要的技能,前瞻性地设计绿色金融监管制度,并制定相应的政策工具,防范绿色金融风险引发的金融危机。

二、监管方式

监管部门应当采取"双轨式监管"模式开展绿色金融监管工作,既要严格落实法律法规的约束规范作用,同时也要充分发挥市场机制的资源配置作用。绿色金融政策文件屡次提及环境信息披露的相关要求,一方面是因为绿色政策的频繁变更带来的不确定性损害了投资者的信心,另一方面是因为法律的强制性约束落实不到位,导致绿色金融的参与主体对其重视程度不够。此外,监管部门对外部环境信息披露缺少对应的激励举措,使得参与者选择性地披露有利于提升自身正面形象的环境信息。因此,应规范绿色金融监管方式,即实行"双轨式监管",形成"环境信息披露—信息不对称减弱—市场效率提高—正向激励"的正向反馈循环。首先,强制要求企业定期、准确无误并且按照行业要求披露环境信息,减少绿色项目投融资的信息不对称,提高绿色市场的信息透明度,引导绿色资金流向绿色转型的企业部门。其次,监管部门对绿色资金的用途进行监测,要求绿色项目定期披露环境信息,促使绿色资金的流入实现经济收益和环境收益,提高绿色资金的配置效率和使用效率,即提高绿色市场有效性。

　　中国绿色金融激励机制的核心分别是政策引导和市场驱动。政策引导应通过绿色证券、绿色基金、绿色信贷等政策引导金融机构参与生态保护,提供多元化、多样化的绿色金融产品。市场驱动则需要不断健全外生与内生机制,让奖惩措施在企业和金融机构的收益中充分体现。不仅要关注可再生资源、节能减排、污染治理的"正外部性"产业,改善它们的收益及现金流,做到降低融资成本,实现绿色金融的可持续性发展,而且应该高度关注高污染、高排放的产业,通过市场机制的作用,增加生产中出现的污染环境、占用资源等不良现象的生产成本,激励生产企业控制生产源头、持续绿色生产,提高企业绿色资金效率。

　　监管部门应将气候环境变化纳入宏微观审慎监管框架当中,形成政策驱动,积极推进金融机构及企业的环境风险压力测试的标准化、程序化、常态化,形成一套可操作推广的环境风险压力测试操作指南。一般而言,微观审慎监管立足于金融机构及企业个体层面的风险暴露情况,避免投资者遭受不应有的损失;宏观审慎监管立足于防范无序转型引发的金融不稳定,通过加强跨周期调节和前瞻性风险评估,引导金融机构及企业的有序转型。由于宏观审慎与微观审慎监管的目标并不完全一致,导致宏观与微观审慎监管手段也存在差异。比如宏观审慎监管更强调整体稳定性而忽略对个体利益的保护,而微观审慎监管更关注个体风险控制。微观审慎监管工具主要包括对银行和其他金融机构的信息披露要求、环境社会风险管理准则和差异化存款准备金率等。信息披露作为应对气候环境风险的核心要素缺少必要的外部环境信息披露会给金融稳定带来不良影响,例如对资源的错误配置和资产的错误定价,对金融机构的强制性外部环境信息披露使得市场信息更加充分,减少信息不对称。根据有效市场假说,市场更加有效,资产价格不会过于偏离其实际价值。除了强制性信息披露之外,金融机构在发放绿色贷款时要考虑投资项目对环境社会带来的收益或不良影响,而不应该盲目追求投资项目的经济收益。此外,法定存款准备金率的高低决定了商业银行对外发放贷款的上限,间接地决定了商业银行盈利水平的上限。监管部门可以适当降低绿色低碳密集型企业贷款的存款准备金率,适当提高棕色高碳密集型企业贷款的存款准备金率,以此来激励商业银行更多地向绿色低碳行业投入资金,助力经济实现绿色转型。

　　市场驱动可利用宏观审慎监管工具。宏观审慎监管工具主要包括逆周期资本缓冲、差异化资本要求、设置贷款上限等。逆周期资本缓冲要求商业银行在对碳密集型行业发放贷款时计提超额资本,若碳密集型行业在将来出现转型风险带来的资产减值损失,则可将逆周期资本缓冲用于吸收资产减值损失以维护金融稳定。监管部门要求金融机构持有一定比例的风险加权资产,差异化资本要求根据可持续性或低碳标准划分资产类别,赋予碳密集型资产更高的风险权重,以此应对碳密集型资产未来可能发生的减值损失。差异化资本要求是实现碳定价的重要工具,通过减少对碳密集型资产及其相关行业的投资,使得绿色信贷资金的配置更为有效。监管部门可以限制商业银行对某些行业的信贷扩张以及对特定资产类别的投资,以此限制绿色资金流向超过特定碳排放目标值的行业或企业。此外,监管部门也可以对绿色信贷提供补助,支持商业银行实行差异化的贷款结构,为绿色项目提供更低的贷款利率或更长的贷款期限,以此引导绿色资金更多地流向绿色项目。

三、外部监管

(一)中介机构

从监督主体来看,中介机构对企业内外部绿色金融监督都有一定作用。对绿色金融市场参与主体进行监督的中介机构包括会计师事务所、律师事务所和外部评级机构等。就外部监督而言,中介机构能为金融机构和监管部门提供企业的环境和财务信息。就企业内部监督而言,中介机构能协助和监督企业环境信息披露,促使其对环境意识的短期性关注转变为长期性关注,使企业内部监管主体加强绿色资金监管。中介机构在监管体系中发挥作用的主要方式是通过提供真实客观的审计报告、财务报告、资产评估报告、法律意见等文书,向外界披露企业的财务、环境信息,为其他外部监督主体实施监督时提供专业可靠的参考依据。中介机构可以对企业已披露的信息进行专业化分析,测算企业的环境绩效,实现外部监管作用,这种作用机制在环境监测和正式制度薄弱的发展中国家尤其重要。

外部监督能促使企业经营理念的转变,将承担环境保护责任及由此产生的社会成本视为企业理应支出的固定成本,而非排他性和偶发性支出,从而将环境保护的理念渗透到组织血液和企业文化中,为企业发展营造更佳的公益和社会氛围。从文化认同方面提高企业环境保护意识,对企业绿色资金效率起到一定的监督作用。然而,在现有的绿色金融监管体系中,中介机构的外部监督作用尚未发挥。这主要受限于中介机构受雇于企业,中介机构在出具评估或评级报告时,优先考虑企业利益,使得提供的企业财务与环境信息有悖于客观性和真实性。当中介机构的评估或评级报告公信力下降时,其外部监督作用难以彰显。因此,监管部门应规范中介机构的评估或评级报告,在授予中介机构披露企业环境信息权力的同时,制定相关问责机制。同时,相关监管机构应为企业社会责任各个维度提供更为明确的报告标准指导,以提高企业社会责任报告的一致性和可比性,增加企业操纵信息的难度。

总之,中介机构需要依靠专业、独立的执业能力,恪守客观、公正和诚实的原则,坚守职业道德,杜绝为委托方客户出具虚假报告、欺诈监管部门和投资者的行为,规范执业准则,强化其外部监督职能。

（二）社会监管

绿色金融监管体系中的社会监督是指社会公众通过运用各种传播媒介形成舆论,在举报制度和查处程序下对企业和金融机构实施的监督。社会公众作为环境资源的利益相关者,直接受环境影响,有动机对企业生产经营活动过程中产生的环境效应进行监督。随着新媒体和自媒体的快速发展,社会舆论的影响力越来越大,社会舆论监督在监管体系中发挥的作用逐渐增强。社会舆论既能发挥外部监督作用,又能对企业行为起到积极的约束和引导作用,抑制企业环境治理中的不当行为。

社会监督作为正式规范的补充,在实施监管过程中具有一定的优势。首先,社会公众既是环境资源的利益相关者,又独立于地方政府和污染企业,能有效弥补监管过程中的政府失灵。其次,社会监督的渠道多元,污染企业无法通过寻租或切断舆论传播渠道等方式来逃避监督。最后,社会舆论是一种过程性监督,可以使污染企业始终处于环保的高压状态之中。社会监督主要分为新闻媒体监督和消费者监督等两种形式。

1. 新闻媒体监督

新闻媒体监督是社会监督的有效手段。新闻媒体是创造新信息和传播信息的重要媒介,它在曝光和传播企业环境信息、警示环境违规企业等方面发挥着积极作用,进而使企业主动落实环境保护责任。新闻媒体报道也在影响投资者行为和市场反应中起着重要的治理作用,媒体报道能弥补市场强制性同构力量不足的问题。新闻媒体可以借助特有的专业体系深入跟踪企业环境信息披露的过程及其问题,而政府环保机构基本是对企业环境信息披露进行事后监督,从这一方面来说,在监督企业环境信息披露方面甚至比环保部门更有震慑力。同时,社交媒体让重视环境保护的群体和个人更容易发现企业的"洗绿""漂绿"行为并参与到对其的抵制行动中,从而能够推动企业进行有效的绿色信息沟通。

然而,当前新闻媒体监督仍存在一些问题,有待完善。新闻媒体在对企业行为进行曝光时,受限于信息披露不及时、不透明而导致的信息不对称问题,存在曝光能力弱的缺点。应完善中国企业环境信息披露体系,加强企业环境信息披露机制。此外,新闻舆论监督相关的立法不完善,缺少对新闻舆论监督权利的法律保障,导致新闻舆论渠道不畅,存在明显滞后性,从而阻碍了社会舆论监督的发展进程。因此,监管部门应该完善新闻舆论监督的相关立法,明确新闻舆论法定权利和义务并加以保障,使其有法可依。

2. 消费者监督

消费者在监督企业环境方面有其天然优势与动力。其优势在于消费者人数众多且覆盖范围广泛,能够发现因位置偏远或时间隐蔽而导致环境行政机关难以察觉的环境违法行为。其动力则在于公众往往是企业环境违法行为的第一受害人,公众通常都会积极举报企业的环境违法行为。随着消费者对环保认知增加,主动选择绿色生活方式与绿色消费模式,有利于倒逼企业重视生产经营过程中的生态环境保护工作。消费者对绿色产品的青睐以及对污染企业的抵制,能够促使企业更多地关注环境问题,推动企业朝着环境友好的方向发展。此外,消费者是企业的重要利益相关者,对企业行为具有一定影响力,能倒逼企业提高绿色资金效率。监管部门可以通过提高消费者的绿色消费意识和增加环保知识,引导公众践行绿色生活方式和绿色消费模式,更充分发挥其在绿色金融监管体系中的作用。

总体而言,社会监督是绿色金融监管体系的重要组成部分。新闻媒体通过向金融监管各主体传播已披露的与企业绿色资金效率有关的信息,扩大信息的影响力,而群体巨大、具有环保意识的消费者在进行消费时会主动选择环境友好型企业,这会带给企业更大的外部社会舆论压力,进而使得企业关注生产经营活动中的环境效益,起到一定的绿色金融资金效率监管作用。同时,相关检举制度和查处程序也会赋予社会舆论监督更大的威慑力,给企业带来一定的制度压力,保障监督更具效力。

第四节　监管措施

一、监管准备

（一）统一绿色标准

统一的绿色标准是识别绿色活动、引导资金准确投向绿色项目的基础。《绿色投资指引》和《绿色债券支持项目目录（2021年版）》,对绿色债券和基金的绿色投资标准进行了统一。但是,绿色信贷、绿色保险等绿色金融产品尚未形成统一标准,暂未形成统一的绿色产品支持目录及核算标准。绿色金融是金融机构进行内部预算、会计核算和绩效衡量的基础,如果没有对绿色金融产品的明确恰当的标准,金融机构将难以为绿色项目和资产配置金融资源。此外,由于缺乏绿色标准的不一致和不完善,增加了监管难度,容易引发管理风险。因此,中国监管机构应设置统一的、具有可操作性的绿色金融产品标准。监管部门应按照绿色金融基本原则,提出相应的绿色信贷、绿色保险等绿色金融行为准则,出台绿色项目和领域专业性目录清单,提供统一界定绿色投资的标准和重要依据,绿色标准与国际接轨可以减小跨境绿色投资的成本,吸引国外投资者进入中国绿色金融的市场,缓解境内资本市场的绿色资金压力。

（二）绿色评估认证标准化

绿色金融标准化是推动绿色金融规范发展的关键,而绿色金融认证则是其建设的重要前提。透明且具有公信力的绿色金融认证是绿色金融监管的重要环节。目前,中国第三方绿色认证停留在探索阶段,绿色债券、绿色贷款、绿色基金等金融产品并未强制要求实行第三方评估或认证。中国应在借鉴境外独立认证机构的经验的基础上,通过设立明确的市场准入制度及更为具体的资质要求,发展更多、更具专业实力的第三方认证机构,在绿色金融申报审批以及后续资金监控方面发挥公信力优势,分担监管部门的压力,同时为今后由"自愿"认证改为"强制"认证提供组织保障。应着力制定详尽的标准,结合绿色项目所涉及领域的专业特点,设计定量和定性指标以及分值标准,严格制定绿色认证评估体系,规范第三方绿色评估认证机制,使评估与认证机构在确定统一且细化的标准下开展业务。

(三)完善环境信息披露制度

1.完善金融机构环境信息披露制度

金融机构环境信息披露包括自身的环境信息以及持有资产的环境信息两个方面。自身的环境信息包括绿色办公、绿色采购、员工环保理念教育等绿色信息;持有资产的环境信息包括贷款的具体投向、持有的贷款抵押资产等等。通过文本分析法对商业银行绿色业绩进行评价,发现环境信息披露的银行数量较少,各商业银行环境信息披露的详细程度、形式、数据统计口径等均不一致。从银行数量来看,截至2019年末,中国共有4607家银行类金融机构①,然而,发布社会责任报告并披露环境信息的仅有55家上市商业银行,其中,披露绿色信贷余额数据的仅为42家,从环境信息披露的质量来看,大部分银行只披露绿色信贷余额,没有披露当期发放额与绿色信贷的具体投向,且绿色信贷信息披露并不连续。2013年,银监会发布《中国银监会办公厅关于报送绿色信贷统计表的通知》,建立了中国绿色信贷统计制度。中国人民银行从2013年6月到2017年6月,发布了9次《21家主要银行绿色信贷情况统计表》,可见,目前中国金融机构环境信息披露存在强制性不足、披露程度低、标准不统一等问题。

2020年12月,中国人民银行行长易纲在新加坡金融科技节上提出,中国要研究建立强制性金融机构环境信息披露制度。可见,中国监管部门已经意识到环境信息披露的重要性,并开始着手提高金融机构的环境信息披露质量。环境信息披露制度应对以下几方面做出详细规定。第一,环境信息披露应包括资金投向等详细信息,保证披露信息完善性。例如,银行在披露绿色信贷数据时,有些银行披露了绿色信贷余额,有些则披露了绿色信贷总额。第二,统一环境信息披露形式,相关监管部门应就各类金融机构需要进行环境信息披露的领域、格

---

① 数据来源于《中国银行业监督管理委员会年报》。

式、统计口径等进行标准化和统一化,允许金融机构在此基础上进行更详细、更多元的信息披露。例如,除绿色信贷外,银行在承销或发行绿色债券时,也应进行相应的信息披露,对于金融机构自身运营中的绿色办公、绿色采购等信息,监管部门也需制定标准,统一披露格式,使得各个金融行业之间的环境信息具有可比性。

2. 完善企业环境信息披露制度

企业作为绿色资金的实际运用者和社会最终产品、服务的制造者,其使用何种生产方式、排放多少污染物等生产行为将对环境造成直接影响。现阶段,中国商业银行的绿色资金规模不足,其中一个原因是银行缺乏企业的环境信息,无法对企业的环境风险进行度量,造成企业和银行之间的信息不对称。环境信息披露是缓解绿色投融资信息不对称、优化资金配置、降低运营风险、承担环境与社会责任的重要手段。

中国企业环境信息披露标准现阶段由各个证券交易所制定出台,对在该证券交易所上市的企业形成约束,但各个交易所对不同企业的信息披露要求不同,造成企业环境信息披露标准不统一,企业之间的环境信息缺乏一致性和可比性。进行环境信息披露企业的大部分为被强制要求的重污染企业,自愿披露环境信息的企业较少。2021 年 5 月,中国生态环境保护部发布《环境信息依法披露制度改革方案》,要求推动企业的信息披露标准化。但是这一方案仍只针对被要求强制披露环境信息的企业事业单位,对于自愿披露环境信息的企业事业单位仍没有统一的环境信息披露标准。可靠、一致和可比的环境数据是监管机构和金融机构进行环境风险度量和预测的基础,信息数据缺乏会导致无法正确评估环境风险。职能部门应建立起针对中国所有企业的环境信息披露标准,并针对强制环境信息披露制定更加详细全面的标准。

在制定环境信息披露标准时,职能部门要保证环境信息有效披露。第一,环境信息披露标准应当具有可操作性,监管部门应寻求与绿色金融参与主体的合作,了解各类信息诉求,进一步规范环境信息披露标准。第二,环境信息披露应该清晰、平衡、易懂,并保证随着时间的推移,信息披露具有一致性,不能存在前后信息披露不统一,导致无法纵向比较该主体环境行为的情况出现。第三,同一个行业的企业的环境信息应该具有可比性,并且保证披露的信息是可靠的、可核实的和客观的,避免各主体为了满足政策要求而虚构环境信息的情况,这就要求监管部门在统一的环境信息披露标准之上,与参与主体进行协商,进一步针对不同行业制定特定的环境信息披露标准,进行全方面、多维度的环境信息披露。第四,要确保环境信息及时披露,将环境信息披露纳入企业的定期报告当中,对于重大环境事件要及时发布企业公告,不能仅仅依靠于监管部门的信息发布。

二、过程监管

(一)绿色资金多元化

在对比国内外绿色金融产品与服务后,中国绿色金融市场存在绿色金融产品同质化、产品普及度不高等问题,例如现有绿色金融产品主要针对企业或者大型绿色项目,面向个人和家庭的绿色金融产品较少。此外,从绿色金融资金的投入来看,目前中国绿色资金主要依赖于绿色信贷和绿色债券,绿色基金和绿色保险等绿色金融产品和服务发展滞后。监管部门应推动金融机构积极运用金融科技,创新绿色金融产品,推动能效融资、林权质押、合同能源管理未来收益权质押等产品的创新发展,并以全国碳交易市场的构建为契机,探索碳排放权质押贷款、碳资产质押融资、节能减排收益权质押融资等产品或服务。针对个人和家庭,推动信用卡的改革,实现低碳信用卡常态化。加快研发适合城乡居民、中小企业特点的绿色普惠产品,促使绿色金融产品多元化。监管部门应引导如保险、社保基金等长期资金进行绿色投资,这样一方面可以实现基金自身的绿色发展,另一方面能够弥补绿色资金缺口。

(二)绿色资金追踪

现阶段,商业银行绿色信贷信息披露起始年限、统计口径、披露方式等均不统一。商业银行应落实金融科技在绿色领域的应用,对绿色资金的实际使用情况进行监督管理和统计,保证绿色资金运用到绿色领域。绿色金融科技作为新兴领域,相关顶层设计处于酝酿阶段,但是随着绿色金融和金融科技实践的发展,各界对于绿色金融科技内涵的理解逐渐加深。2014 年由联合国环境规划署发起"可持续金融体系设计探寻"项目,提出应用技术创新推动绿色金融发展,首次研究了发展数字金融支持可持续发展的可能性。2017 年 11 月,联合国环境规划署联合世界银行制定了《可持续金融体系路线图》,强调数字金融或创新型金融科技在防范环境风险和支持可持续发展融资转型的潜力。2018年，G20可持续金融研究小组把"运用金融科技推动可持续金融"列为研究议题之一，并形成提交领导人峰会的书面报告。2019年，欧盟委员会出台《欧洲绿色协议》(The European Green Deal)，探索建立欧盟经济全面绿色转型和数字转型框架，提出应用数字科技为产业循环发展和绿色投融资活动提供可持续性解决方案。

金融科技通过将科技元素融入绿色信贷业务的全流程，对绿色贷款操作进行自动指引，对绿色项目分类进行自动识别，对环境风险进行自动预警，保障绿色项目库的高质量建设。应用大数据和云计算等技术，实时监测绿色项目库内项目各项数值的动态变化，定期形成反馈入库标准选取效果的分析报告，完善绿色项目的识别机制。

目前，中国绿色金融试验区已经开始探索金融科技在绿色金融领域的运用。2019年3月，湖州银行上线绿色信贷管理系统，提高了绿色项目识别效率、数据报送速度、环境效益测算等绿色信贷流程。2020年，这一系统在国内其他中小银行得到推广应用。2021年，新疆昌吉回族自治州开发了绿色小额农户贷款管理系统，构建绿色贷款风险防范体系和绿色产业可追溯大数据体系。农户贷款管理系统通过绿色金融卡，对信贷资金的交易过程进行跟踪，实现对资金的用途和资金流动的有效监管，解决农户贷款的使用监管问题。绿色金融科技可实时向监管部门、金融机构和其他投资者披露绿色资金使用状况，实现绿色资金智能监控，提高绿色金融效率。

（三）气候压力测试

现阶段，中国商业银行发展绿色金融的主要动力源自于国家政策的强制要求。王修华(2016)认为中国绿色金融发展的瓶颈在于机制问题，依靠政府推动绿色金融发展是难以持续的，建立"政府引导、市场运作、社会参与"的绿色金融长效机制将更有利于绿色金融持续发展。而以市场运作为核心的机制要求市场参与主体在内在动力的促进下有效提供绿色信贷、绿色保险、绿色证券等创新型金融产品。詹小颖(2018)认为国外较为成功的绿色金融发展都是市场化驱动模式，尽管欧美国家也意识到纯粹的市场化机制对绿色金融的实施存在一定的局限性，需要借助一定的政府干预，但主要还是依靠市场主体的能动性。可见，提高商业银行绿色金融效率还需银行自身意识到绿色金融的重要性，积极主动防范规避环境风险,提高内生动力。

推动商业银行真正提高推行绿色金融的内生动力,除了加强学习教育之外,更主要的是落实商业银行气候压力测试。目前,国际组织与美国、欧盟、新西兰等国家的商业银行已经出台了气候压力测试手册。例如,荷兰银行于2019年将气候风险纳入风险管理流程,重点加强了抵押房产物理风险分析和风险管理;同时,监测贷款组合的碳强度,使投资组合与《巴黎协定》目标相一致。荷兰银行根据荷兰气象研究所制定的气候情景和方案,以4℃情景作为压力情景,将极端天气事件造成的影响按发生效应、认知效应和宏观经济效应区分。尽管目前国际上并未形成统一的气候压力测试方法和标准,但仍为中国商业银行提供了可行性参考,有助于推动商业银行认识到环境风险的重要性,提高绿色资金效率,防范金融风险。

三、配套监管

(一)环境影响奖惩制度

监管部门除了要从意识层面引导参与主体承担社会责任之外,还要建立相应的环境影响奖惩机制,对参与主体进行外部规制。监管部门可以在税收政策、排污指标、项目核准等方面建立正向激励机制,给予环境效益表现好的企业优惠,激励企业绿色转型升级。例如,财政部门可以出台财税激励政策,降低企业购买绿色生产设备的税率,减少环境效益良好企业的税款,对因使用价格更高昂的清洁能源等绿色生产导致的生产成本增加的企业,进行相应的财政补贴。而针对给环境带来严重不良影响的企业,监管部门也应从税收政策、排污指标等各方面建立惩罚机制,增加环境不良企业的经营成本,促使该企业向绿色转型发展。此外,监管部门应与私营部门合作,积极推动环境成本或环境效益的货币化方法,对使用高碳排放产品和服务的消费者,收取更高的价格,对使用绿色产品和服务的消费者进行价格补贴。

针对商业银行,监管部门可以实施差异化的资本要求,即根据银行的特点和提供的贷款类型,对绿色信贷制定较低的资本要求,对"棕色"贷款制定更高的资本要求,提高银行开展绿色信贷的积极性。现阶段,商业银行开展绿色信贷业务时,首要考虑的仍是企业的还款能力,保证自身经营的安全性,降低风险,导致绿色信贷资金投放不足。监管部门可以选择"反周期缓冲",对银行实施差异化的资本要求解决企业绿色资金需求,即要求银行随着向碳密集型行业放贷的增长而持有越来越多的资本,或者降低持有较多的绿色资产的银行的资本要求。监管部门可以对绿色信贷进行补助,支持银行实行差异化的贷款结构,向绿色项目提供更低的贷款利率或更长的贷款期限,以引导资金更多地流向绿色项目,推动经济实现绿色转型。

（二）发挥家庭部门作用

家庭部门作为经济活动中的最小生产主体,在社会运行中具有不可或缺的重要作用。家庭部门通过购买绿色产品、进行绿色消费、在绿色银行存款等绿色行为,能够发挥其"用脚投票"的作用,推动金融机构和企业绿色发展。绿色发展不只是政府、企业和金融机构的事业,家庭部门同样可以发挥作用。相关职能部门可以通过图书出版、大众传播、新闻报道、社会教育等多种渠道引导全社会理念绿色转型,使得绿色理念深入人心,推动绿色经济发展。

此外,职能部门还应对绿色产品进行推广,提高家庭对绿色产品的认识,培养消费者对绿色产品的偏好。职能部门还可以推动企业与金融机构合作,为购买绿色产品的消费者提供成本更低的消费贷款等激励,一方面消费者得到激励会更加愿意购买绿色产品;另一方面企业可以提高生产绿色产品的积极性,金融机构也可以扩张其业务渠道,形成一个良性循环。家庭部门除了做到绿色消费之外,也应形成减少不必要的用电、用水和减少私家车出行、更多使用公共交通工具等低碳节能的生活方式,将绿色理念融入日常生活。

（三）企业绿色经营

除了在生产端落实绿色技术,降低碳排放,实现绿色转型之外,企业在日常经营中也应降低碳排放,实现绿色经营。具体而言,企业可以依托于数字技术,实现生产和内部管理的低碳运营。例如,企业推行无纸化办公和信息系统建设,减少办公用品消耗,实现绿色办公;建设智能能耗监控系统,通过碳排放分析,及时淘汰老旧设备,更换高能源利用率的照明、供暖、供冷、供热水系统,减少碳排放;在生产方面,企业可以通过集成物联、工业互联网、云计算、大数据、AI等新型ICT技术,实现企业生产中碳排放数据的全面采集、全生命周期监控,并借助智能算法,借助数据引导企业改善生产计划、提升设备运行效率、优化生产方案,帮助企业在降低能源消耗的同时，提高工业产值。

企业还可以根据自身经营特点制定《绿色办公管理办法》，以"3R 原则"为企业经济活动的行为准则，即减量化原则（reduce）、再使用原则（reuse）和再循环原则（recycle）。减量化原则要求企业用较少的原料和能源投入来达到既定的生产目的或消费目的，进而达到从经济活动的源头就注意节约资源和减少污染。再使用原则要求企业制造产品和包装容器能够以初始的形式被反复使用，抵制当今世界一次性用品的泛滥。再使用原则还要求制造商应该尽量延长产品的使用期。再循环原则要求企业生产出来的物品在完成其使用功能后能重新变成可以利用的资源。

总之，推动绿色发展，实现经济绿色转型的意义不止于绿色环保，其背后蕴含的是人类社会经济增长模式的改变。通过完善监管制度、加强激励措施、提高社会环境保护责任的意识，推动中国经济乃至世界经济的可持续发展。

第五节　监管路径

一、参与主体效率监管

中国绿色金融政策实践尚处于发展阶段，对各个主体的效率监管不完善。商业银行和企业等参与主体的绿色资金效率偏低。监管部门应完善监管制度和监管政策，有意识地提高参与主体的绿色资金效率。

（一）金融机构

绿色资金的稀缺性决定应将有限的资金投入绿色企业或项目中，但现阶段绿色资金使用效率较低。对商业银行绿色金融效率测度的结果显示，目前各商业银行高效识别绿色企业或项目的能力尚待提高。表 6-6 中，平安银行、北京银行、常熟银行等绿色信贷信息披露不连续，截至 2016 年，37 家样本银行中仍有 14 家样本银行未披露绿色信贷余额等信息，对表 6-9 商业银行绿色信贷资金效率的冗余值分析部分商业银行绿色信贷资金冗余是由于盲目追求绿色信贷规模，存在"漂绿"的情况。如何在众多融资企业或项目中有效投放绿色资金，就需要商业银行提高绿色项目的识别能力。

　　监管部门在监管绿色资金效率时,应关注绿色资金的投向,增强商业银行识别绿色企业或项目的识别能力,力保有限的资金应用于绿色项目中。首先,引导商业银行制定适用于自身经营和监管要求的绿色金融管理规章制度。例如,建设银行于 2015 年推出《中国建设银行绿色信贷实施方案》,从基础制度建设、日常管理、业务考核、组织架构设置等方面,明确了绿色信贷发展任务和目标。2022 年,建设银行制定了服务"碳达峰碳中和"二十条行动计划以及 2022—2025 年绿色金融发展战略规划,为全面搭建绿色金融发展制度框架奠定基础。适用于银行自身的绿色金融管理指南是规范绿色信贷客户的基础,使得商业银行在推行绿色金融过程中有章可循。

　　其次,与赤道原则等国际标准接轨,制定绿色项目识别的监管标准,为规制商业银行的识别行为提供依据。赤道原则明确了项目融资中的环境和社会标准,从项目分类标准、要进行社会和环境评估并给出评估报告应包含的主要内容、以减轻和监控环境社会风险为内容的行动计划和环境管理方案、信息披露制度等方面,为银行评估和管理环境与社会风险提供了操作指南。加入绿色金融相关的国际标准,不仅有利于商业银行学习国际先进的绿色项目标准,引入国外先进的绿色管理理念和方式,还有利于中国绿色信贷发展与国际接轨,减少因标准等不同产生的矛盾和问题,有利于中国绿色金融发展。

　　最后,建立环境信息数据网。充足的环境数据是有效识别和评判企业或项目的环境表现的基础。以浙江省湖州市为例,作为第一批绿色金融改革创新试验区,通过协调各方资源,湖州市金融办编织了一张数据网,"绿贷通"、"绿信通"与"绿融通"三位一体,构成融资、贷款和评级一套绿色闭环。其中,"绿贷通"是由湖州市金融办牵头、当地各家银行机构共同配合打造以服务实体经济、民营企业为导向,以破解企业"融资难、融资贵"为出发点,集聚金融机构、汇集信贷产品、实现在线融资的综合服务平台。极大便利了各个企业信贷业务,有利于各个商业银行筛选绿色企业,将绿色资金发放给有需要的企业。各个平台数据相互联系、公开透明,为银行识别优质的绿色企业或项目提供便利和依据。

　　(二)企业

　　绿色发展对资金投入规模有巨大需求,但满足资金缺口不仅限于扩大资金投入规模这一途径,提高资金的使用效率同样十分重要。企业是整个经济体系重要构成部分,是绿色金融资金的实际使用者,其绿色金融效率的高低,既是企业管理运营和自身竞争力的集中体现,关系到企业能否快速高效实现绿色转型,又是社会范围内绿色资源配置水平的体现,关系到绿色金融能否可持续发展。

生态环境部公布的数据显示,2021年1—12月,全国共下达环境行政处罚决定书13.28万份,罚没款数额总计116.87亿元,较2020年罚没款总计82.36亿元,处罚金额明显上升。每日经济新闻联合环保NGO公众环境研究中心指出,2021年4000多家A股上市公司中,730家上市公司出现自身或旗下参控股、分公司暴露环境风险,产生2700多条环境监管记录,其中有超2300份环保罚单,罚没款数额总计约3.04亿元。① 日趋严格的环保政策加大了对企业环境违规的处罚,日趋完善的绿色金融政策提高了环境违规企业的融资约束,双重压力下,意味着企业更应提高其绿色资金使用效率。

对中国上市企业绿色资金效率测度的结果显示,企业绿色资金纯技术效率主要集中在(0.9,1)区间,部分企业的效率值低于0.6,说明现阶段企业的绿色技术有待提高。对比绿色企业和棕色企业的效率值,绿色企业的绿色资金纯技术效率均值略高于棕色企业。绿色企业在生产过程中,率先在生产过程中使用或向其他企业提供绿色设备、绿色技术和绿色服务,实现绿色生产,对减少碳排放起到了积极作用。而棕色企业在完成绿色转型、实现绿色生产的过程中,需要对生产设备进行绿色升级,或者对生产技术进行革新,无法在短时间内快速实现生产绿色转型,立即减少对环境的污染。因此,企业可推动绿色技术创新以降低碳排放,提高绿色资金效率。

因此,监管部门应重点对绿色技术的发明和应用进行监管。首先,在充分了解国际准则和市场需求的基础上,建立绿色技术创新标准,划定相应的范围,为企业创新提供依据。绿色技术创新是生态学向传统技术创新渗透的一种新型的创新系统,在技术创新的各阶段引入生态观念,有利于节约资源和保护环境。绿色技术创新的实质是提高资源利用率,减少废弃物排放。绿色技术创新不局限于单纯降低生产成本和提高经济效益,而是强调通过建立经济、资源、环境相协调的管理模式和调控机制,"倒逼"生产者将资源环境成本计入生产成本,提高

---

① 数据来源:https://view.inews.qq.com/a/20220422A0C16N00。

对污染治理技术和清洁生产工艺,推动相关领域深度研发和生态环保产品的有效供给。推动绿色技术创新,能够加速生产过程的绿色化、智能化和可再生循环进程,持续引发各类生产组织在发展战略、产品服务、组织制度等方面的绿色转型,推动绿色、高效、低碳生产体系构建。

其次,建立绿色技术创新数据库,积极推动和监管相应的技术运用于实践当中,避免"为了创新而创新"的情况。随着环境规制和生产体系环保标准的不断完善,提高环境要求能够激发企业围绕产品生命周期来拓展绿色业务,通过绿色技术创新获得市场竞争优势。为获得更多市场机会、扩大市场份额,越来越多的企业会通过增加资本、智力和装备投入,扩展绿色技术创新链条,在生产方式变革中增加符合生态环保标准的优质产品供给。同时,企业也更加重视与国际环保先进标准的对接,通过与相关科研单位及企业在关键共性技术、前沿引领技术、现代工程技术等方面的协同创新,来提高产品质量、潜在收益和品牌影响力。

最后,对企业绿色技术创新内容进行监管,优化企业的创新技术资源,减少资源浪费。数据显示,2016—2021 年,国家知识产权局在氢能领域专利授权量增长最快,年均增长 20.5%,并在储能技术、节电技术、节油技术领域实现增长。① 中国绿色技术创新领域较为集中。因此,监管部门应监管绿色技术创新方向,对有必要创新但创新较少的领域提供资金支持,推动绿色领域协调发展。

二、绿色金融市场效率监管

绿色金融参与主体不是相互割裂的,而是通过各种资金活动联系在一起。各个主体效率监管的同时,还应从绿色金融市场监管宏观角度绿色金融效率。绿色金融发展过程中,不可避免地产生各种风险,绿色金融效率监管,也应防范化解相关金融风险,避免系统性金融风险的产生。

（一）金融机构与企业效率联动

绿色金融效率提高不仅需要政策引导,还需要整合绿色金融市场参与者。绿色金融最终的受益者不仅包含了金融机构和企业,其带来的经济收益和环境收益还提高了全社会的共同福祉。

---

① 数据来源:http://www.news.cn/tech/2022-12-28/c_1129239487.htm。

商业银行和企业的绿色资金效率测度的结果显示,商业银行在推行绿色信贷时,不是以企业环境表现为主,向最需要资金的绿色企业放贷,而是在满足信贷条件的基础上,选择满足环境要求的企业进行放贷,即并未给予"绿色"企业环境正外部性的信贷优惠和支持。初创期的绿色企业融资约束较多,可用资金较少,向银行贷款难以获批。相反,绿色金融效率较高的企业资金渠道广,对银行信贷依赖程度较低,但银行都希望抢占优质客户,造成了"缺钱的贷不到款,有钱的不贷款"的情形,使得银行绿色信贷规模较小,尚未达到规模经济,同样限制了绿色资金规模效率的提升,陷入了绿色信贷的发展困境。此外,企业环境测度机制不健全,绿色创新存在技术壁垒,对银行授信审批人员提出挑战,且存在信息不对称问题。银行出于稳健经营的考虑,不会冒险将资金投放给绿色新兴企业。绿色资金规模受限使得银行和企业陷入恶性循环中。

因此,监管部门在对参与主体进行绿色金融效率监管时,应着手从市场角度建立相应的监管制度,推动绿色金融市场定价。首先,建立绿色金融效率测度体系和评价体系,对绿色资金效率定时检测,以便及时引导市场主体的行为和调整政策方向,提高资金效率,减少资源浪费。其次,充分利用科技手段,建立资金监测系统。提高绿色资金的追溯性、可靠性,实时向监管部门披露绿色资金使用状况,实现对绿色资金的智能监控,防止绿色资金挪作他用。例如,浙江省湖州市银保监分局建立"EAST+绿色金融"智慧监管工具,对128家"中国制造2025"省级重点企业的贷款及表外融资情况动态监测。

(二)绿色金融风险防范

在绿色金融发展过程中,除经济活动产生的信用风险等已经被纳入检测的金融风险外,还会有气候变化和相关环境风险对经济系统产生影响,造成金融风险。《中国金融稳定报告(2021)》显示,在评价金融稳定时,主要从宏观经济运行情况、金融业稳健性评估和构建系统性金融风险防范体系三方面入手。[1] 然而,金融业稳健性评估和构建系统性金融风险防范体系都未对气候风险压力测试和绿色金融等相关情况进行说明。监管部门应逐步将气候风险、碳风险等绿色低碳转型过程中可能带来的金融风险纳入评测体系。

---

① 资料来源:https://finance.sina.com.cn/china/2021-09-03/doc-iktzscyx2111917.shtml。

第一，建立绿色金融风险测评体系。气候变化和环境相关风险除了直接影响商业银行和企业等主体的经营,还会通过各主体间的经济往来影响整个经济体系。国外已经开始披露气候风险指数,如德国观察(German Watch)发布的《全球气候风险指数报告》包含气候风险指数和 CRIS 风险评分等。监管部门可在借鉴国外气候风险指数的基础上,依据中国气候风险认知和影响现状,构建相应的气候风险测度体系,并将其纳入金融稳定测度体系当中。

第二,建立绿色金融保险制度,发挥好央行"最后贷款人"角色。中国绿色金融发展尚未完全成熟,各个商业银行发放的绿色信贷对其流动性产生影响。绿色保险制度能为绿色信贷和绿色债券等绿色金融产品提供相应的保障,防范绿色低碳转型风险,助力绿色金融市场规模扩大。

第六节　自律监管体系

金融行业和非金融行业企业建立绿色金融自律监管体系,有利于其布局绿色金融市场,拓展盈利渠道。"自上而下"的绿色金融监管政策和"自下而上"的行业绿色金融自律监管反馈机制使得金融监管体系更加完善且有序,是实现经济绿色低碳转型和高质量发展的政策保障。建立绿色金融自律监管体系,既能提高绿色金融资金安全,又能提高绿色金融资金效率,有效防范绿色低碳转型风险。

一、银行业

商业银行是绿色金融的主要资金供给方最早建立绿色金融自律监管准则的行业,如 2003 年花旗银行、巴克莱银行、荷兰银行和西德意志州立银行等 10 家银行宣布实行《赤道原则》;2019 年全球超过 130 家银行推行《负责任银行原则》,首批签署行合计资产总额逾 47 万亿美元,约占全球银行业资产总规模的三分之一。遗憾的是,国内银行推行绿色金融政策的自主性不强,绿色金融自律监管体系不完善。银行业建立绿色金融自我规制和行业自律监管体系,有利于银行充分发挥绿色转型的主观能动性,将绿色发展理念落实到日常经营管理活动中,提高环境经济收益。银行可从以下方面进行自我规制及监管:(1)加强环保风险识别,严把授信准入关。银行应建立"负面客群数据库",即梳理受到环保处罚或环评不达标的负面企业清单并定期更新。银行在进行项目审查时,要严格审查客户是否获得环境和社会风险方面的合规文件,关注授信企业是否出现在"负面客群数据库"中,对环保不达标的项目实行"一票否决制",筛选出符合《绿色信贷指引》的企业,提高信贷资产的安全性。(2)做好贷后动态管理工作,切实贯彻绿色信贷管理要求。随着国内环保要求的提升,环保监管要求从项目立项建设到生产经营均有体现,贷款发放后要加强对授信客户环保评价的持续跟踪,开展主动管理,密切关注"负面客群数据库"的变化,及时调整授信方案。此外,银行应持续关注绿色信贷资金的投入产出,根据资金效率及时调整后续绿色贷款拨备。(3)应当加强绿色信贷的环节管控,实行全流程的环境风险管理,即将环境和社会风险管理纳入信贷业务全流程管理。银行应根据客户及项目所处行业、区域特点,对环境和社会风险进行深入调查,综合评判环境与社会风险对信贷业务安全性及可行性的影响。制定环境与社会风险调查清单,对客户环境与社会风险分类情况进行评估判定,根据客户风险状况,将风险调查清单及结果作为客户授信审批的必备材料。在尽责审查环节,银行要审慎评估判断客户环境与社会风险程度,作为项目审批的重要参考依据,对于环境与社会风险较高的客户应从严审批,并充分结合行业、客户、项目等多维度因素考量,实施差异化审批流程。(4)创新绿色信贷产品和服务。银行要加强绿色产品创新,建立节能减排和生态环境治理专项贷款,加大对节能减排等绿色项目的支持力度,如支持"两高一剩"行业的节能减排和技术改造,支持符合国家环保要求的火电项目及水电风电等清洁能源项目,支持工业污染防治、流域区域污染治理、生态环境保护等项目,提供灵活多样的绿色信贷融资模式,在贷款规模、期限、利率、还款方式、担保门槛等方面予以政策倾斜。

部分地方性商业银行开始制定本省(地区)的银行业绿色金融自律监管办法。浙江省湖州市发布了国内首个绿色信贷服务自律公约《湖州市绿色信贷服务自律公约》(以下简称《湖州公约》),要求公约成员承诺在绿色贷款认定程序、定价机制、授信管理、考核规范、信息披露等方面加强规范协调,深入推进绿色金融创新发展与风险防范、自律约束的协调统一。各成员将通过系统全流程贴标和专岗精细化管理的方式,强化对绿色贷款的识别和认定,从而实现绿色贷款认定程序的标准化。同时,加快贷款市场报价利率在绿色贷款领域的应用,对绿色贷款和非绿色贷款实施差异化的定价策略。《湖州公约》要求各成员及时向中国人民银行绿色金融信息管理系统报送每笔绿色贷款的详细信息,定期或不定期通报成员单位绿色信贷执行情况,常态化披露绿色贷款信息。江苏省发布的《江苏银行业绿色金融服务自律公约》(以下简称《江苏公约》),要求健全绿色金融业务发展组织架构体系,专设或指定内部相关机构负责牵头管理绿色金融业务,建立专业化工作机制,提升专业化经营能力,提高绿色认定准确性和数据质量,防范"洗绿、漂绿、染绿"风险,不得虚增绿色金融业务规模。此外,《江苏条约》拟建立绿色金融激励约束机制,强化内部考核引导,通过优化资源配置、绩效考核倾斜、专项费用激励、内部转移定价优惠、利润损失补偿、适度提高绿色信贷不良率容忍度等方式促进绿色业务发展。同时,加强环境气候与社会风险管理,鼓励学习借鉴国际先进环境气候与社会风险管理理念和方法,将环境气候与社会风险纳入自身风险管理体系,开展环境与气候风险压力测试工作,持续提升风险管理能力。相关绿色金融示范性地区的商业银行的自律准则能够对其他商业银行的自律监管提供一定参考价值。

二、金融行业其他企业

金融机构涉及的利益相关群体极为庞大,涵盖了社会投资各个领域。现阶段,绿色资金主要来源于银行业提供的绿色信贷,绿色债券、绿色保险和绿色基金等其他绿色金融产品规模迅速增加,非银行业金融机构同样需要建立绿色金融自律监管制度,完善绿色金融监管体系,防范绿色金融风险和提高绿色资金效率。

金融机构间业务往来密切,金融风险具有传染性,可从以下方面进行自我规制及监管:(1)设立绿色金融研究部门,研究适合自身发展模式的绿色金融监管制度。例如,基金公司应该设立绿色基金发展部门,在《绿色投资指引(试行)》等政策的引导下,加强对绿色项目的资金投入,发展绿色基金。保险公司应该设立绿色保险部门,加强环境责任险等环境险种的开发与推广,充分发挥保险的"兜底"作用,通过市场作用防范化解气候变化和环境相关风险。(2)提高对气候变化和环境相关风险的认知。针对自身拥有的特定客户群建立相应的压力测算模型和环境风险评价体系。依照环境风险评价方案和环境与气候压力测试操作指南,打破现有"在满足信用条件的客户中选择环境友好企业或项目"的模式,避免转型风险和资产标的物贬值风险,识别更有潜力的绿色企业或绿色项目,拓宽自身盈利渠道。(3)建立环境效益和成本的量化分析工具和绿色资金效率测度模型,用于估计环境成本造成的违约风险,使绿色资金效率评价标准化、程序化和常态化,提高监管效率和资金效率。(4)"双碳"目标背景下,金融机构应将"碳"纳入管理流程,完善内部监管体系。制定明确的"碳减排"路线图,测算自身的碳足迹,制定实现自身碳中和的路径和具体措施,将绿色理念融入战略目标、企业文化、治理架构、业务运用等各个方面,提高承担社会责任的积极性。

三、非金融行业企业

企业绿色低碳转型既是承担社会责任,亦是实现可持续发展的必要手段。从企业可持续发展角度,应当认识到绿色生产不是可选项而是必选项。企业应建立绿色金融自律监管制度,提高自我规制和监管意识,建立企业内部监管制度。各地区企业组织或行业协会应充分发挥其引领作用,将绿色发展纳入行业或企业的发展理念中,引导企业充分认识到绿色生产的重要性,定期举办绿色论坛,让绿色发展领军企业分享其绿色发展经验,帮助落后企业解决绿色发展难题。此外,企业应积极创新,生产具有绿色识别度的产品,提高绿色产品的性能及质量,引导消费者绿色生活。企业的日常经营和产品生产应降低碳排放,例如推行"无纸化"办公、使用水电或风电、降低办公设备能耗等,实现绿色经营和绿色发展。

企业可从以下方面进行自我规制,建立绿色金融自律监管制度:(1)建立绿色发展为导向的风险管理体系,以环保合规管理监督为重点,严格、规范、全面、有效地优化其内控体系,防范绿色转型过程中的风险。(2)提高对气候风险和环境风险的认知,计提气候风险和环境风险管理成本,将气候风险和环境风险管理嵌入业务流程,促使企业依法合规开展各项经营活动,实现"强内控、防风险、促合规"的管控目标。(3)应加强绿色项目岗位授权管理和权力制衡,严防企业所筹集的绿色资金被违规挪用,按照内控体系管控要求,严格规范重要岗位和关键人员在授权、审批、执行、报告等方面的权责,重点强化投资管理、绿色资金管理和工程项目等业务领域各岗位的职责权限和审批程序,形成相互衔接而非相互孤立、相互制衡而非一家独大的工作机制。(4)行业协会可在现有的环保法律和制度基础上,制定业内环境信息披露标准,统一环保风险管控和合规方案,建立企业治理框架下的环保合规制度。(5)充分发挥外部审计监督的作用,根据监督评价结果,委托聘请具有相应资质的中介机构或外部审计机构对企业内控体系开展专项审计,并出具内控体系审计报告,切实提高内控体系管控水平。

第四篇　绿色金融发展专题

环境资源和经济资源都是稀缺的，金融机构的可持续发展是建立在稀缺资源有效利用基础上。金融机构自身的"绿色"程度，一方面反映了现阶段绿色金融政策的实施成效，另一方面反映了相关经济主体对"绿色"的认知，这两个方面都将影响中国绿色金融政策的推行，也反映了现阶段金融机构在积极响应国家绿色发展政策时是否真正达到绿色发展要求。金融机构绿色金融发展水平影响着绿色金融政策的推行效果和资源配置效率。基于此，本篇分别构建了中国商业银行和保险公司绿色金融发展水平评价指标体系，对其绿色金融发展水平进行测度。最后，构建了包含政府部门、家庭部门和企业部门的动态一般均衡模型，考察家庭的环境意识和政府政策对绿色企业产出及环境的影响，为绿色金融政策的有效推行和可持续发展提供思路。

专题一　中国商业银行绿色金融发展评估

一、商业银行与绿色发展

实现《巴黎协定》的"确保全球平均气温升幅远低于 2°C"和可持续发展目标,将需要数万亿元的新增资金投入,例如低碳生产和绿色生产的设备、气候适应度的基础设施等方面的投资(Organisation for Economic Co-operation and Development,2017;Bhattacharya et al.,2016;Bielenberg et al.,2016)。银行信贷至今仍是企业外源融资的主要途径,且银行信贷总额远高于其他金融机构的融资配给。从金融功能观理论和社会责任理论出发,银行加强绿色发展是实现自身可持续发展的重要举措。一方面,银行绿色业务和服务创新,可为经济绿色转型和发展提供资金支持,重塑经济,使其为支持环保、节能、减排、低碳生态文明建设服务;另一方面,银行将绿色低碳技术和新的金融工具用于日常运营,实现绿色经营能降低其总投资和运营成本。

银行不仅面临着气候变化和环境风险,在绿色低碳发展的政策推动下,还面临同行业竞争和经营风险,主要概括为五类:企业因环境成本上升无力还贷的风险、银行承担污染连带责任的风险、第三方要求损害赔偿的法律风险、不适应新的环境要求而失去市场份额的风险以及声誉风险等①。气候变化和环境风险既会对银行造成直接影响,又会通过企业的经营活动和信贷行为间接影响银行信贷资金安全。自然灾害会中断银行和企业的正常经营活动,增加财务脆弱性,同

---

① 2016 年中国工商银行环境因素压力测试课题组在《环境因素对商业银行信用风险的影响——基于中国工商银行的压力测试研究与应用》一文中把银行面临的环境风险定义为以上五部分。

时还会降低贷款抵押资产价值，影响企业偿债能力，最终导致银行不良贷款增加，甚至威胁到整个金融体系稳定。因此，银行必须坚持可持续发展，推行绿色金融政策，才能最大限度地降低气候变化和环境风险对企业安全性和流动性的负面影响。

2020年，习近平总书记在第75届联合国大会上提出"2030年前实现碳达峰、2060年实现碳中和"的目标，推动中国气候治理体系和治理能力建设，使其达到新高度。银行作为重要的资金中介，在引导社会资本流向上发挥着重要作用，这意味着加快资金从高能耗、高污染产业退出，加大信贷资金对低碳节能项目的支持力度将成为中国银行业在2060年前主要的发展方向。《2021年中国节能环保产业发展分析报告》显示，2020年中国节能环保产业总产值达到7.5万亿元左右，年均增速为15%。绿色发展政策推动和产业结构调整，均要求银行应该"自己先绿起来，再引导社会资金绿色起来"，创新绿色产品和服务解决绿色资金缺口，减少重污染行业贷款，降低绿色转型过程中的贷款风险，促进中国金融绿色低碳转型和经济高质量发展。

二、商业银行绿色金融业务现状

以中国沪深A股市场和香港上市的中国商业银行为研究对象，手工整理各银行的社会责任报告、年报和公开报道，分析中国商业银行绿色经营活动的开展情况和绿色发展水平（见表1）。

表1　2008—2019年商业银行绿色发展水平统计结果

年份	绿色信贷业务	绿色信贷余额	绿色产品创新	行业交流合作	绿色办公	绿色办公成效	绿色采购理念	绿色采购政策	绿色公益	绿色理念	绿色环保宣传	加入赤道原则	样本总量
2008年	11	6	4	5	11	5	2	0	6	10	8	1	11
2009年	11	7	6	6	10	5	3	0	6	9	7	1	11
2010年	16	12	6	4	16	4	6	1	10	13	7	1	16
2011年	17	14	6	5	17	6	10	0	9	13	7	1	17
2012年	17	15	8	7	17	6	11	0	10	14	8	1	17
2013年	19	16	10	7	18	5	10	1	7	17	9	1	19

续表

年份	绿色信贷业务	绿色信贷余额	绿色产品创新	行业交流合作	绿色办公	绿色办公成效	绿色采购理念	绿色采购政策	绿色公益	绿色理念	绿色环保宣传	加入赤道原则	样本总量
2014 年	24	17	6	9	25	6	14	1	18	20	11	1	25
2015 年	25	21	8	11	25	6	15	1	15	22	11	1	26
2016 年	32	25	12	10	31	10	15	2	16	26	9	1	32
2017 年	34	28	23	10	33	14	20	2	24	29	13	2	35
2018 年	41	31	18	12	40	16	17	1	26	35	19	2	41
2019 年	45	40	22	19	41	16	22	3	22	38	20	2	45

表 1 统计了 2008—2019 年中国商业银行绿色发展水平。为了区分商业银行推行绿色信贷政策的力度和强度,本书分别统计了披露绿色绿色信贷业务和披露信贷余额的银行数量,结果见表 1 第 1 列和第 2 列。在研究区间内,越来越多的商业银行开始开展绿色信贷业务,由 11 家商业银行增长至 45 家,但只有极少数商业银行披露了绿色信贷相关信息。在收集和整理商业银行绿色业务及信息披露数据时,发现多数商业银行在其社会责任报告中提到"本行开展了绿色信贷业务",但是并未披露绿色信贷余额。绿色信贷余额的银行数量少于开展绿色信贷业务的银行数量,其中未披露绿色信贷余额的城(农)商银行居多。为完善绿色信贷体系,引导银行统计和公布绿色信贷项目相关信息,2013 年银监会发布《绿色信贷统计制度》,要求银行类金融机构对节能环保项目及服务贷款进行统计。在政策推动下,虽然商业银行关于绿色金融信息的披露有所完善,但远没有达到《绿色信贷统计制度》要求的全覆盖。

于银行而言,发展绿色金融并非局限于绿色信贷业务,银行的不同发展阶段对绿色发展的理解和认知存在差异,推行力度也不同。对比中国商业银行历年的社会责任报告,不少银行创新发展了绿色租赁、绿色基金等产品,并且坚持绿色运营、绿色战略的同步发展。因此,本书统计了商业银行其他的绿色金融相关业务,综合评价其绿色发展水平,统计结果见表 1 第 3 列至第 12 列。从绿色产品创新和行业交流合作来看,银行的创新和合作意识在增强,2019 年样本中 45 家银行都开展了绿色信贷业务,22 家银行有创新型绿色产品,19 家银行和政府、企业等开展绿色合作,拓展绿色金融服务。

　　绿色办公、绿色采购和绿色公益是银行在运营中践行绿色发展理念的有效途径。统计结果显示，大多数银行推行了绿色办公理念，但各银行在具体实践中存在明显差异。仅1/3的银行对每年的绿色办公成效①进行披露，大多数银行只在社会责任报告中提及在日常运营中坚持绿色办公，甚至每年文字描述内容相同。银行的绿色采购理念也存在差异，大多数银行只提到了推行绿色采购，而专门制定绿色采购准则并严格按照准则向供应商购买绿色材料的银行较少。因此，坚持绿色办公和绿色采购的银行是否真正将理念付诸实践，还有待商榷。绿色公益活动既是银行承担社会责任的表现，也是向基层员工、客户和其他公众传播绿色理念的途径。虽然大多数银行开展了绿色公益活动，但是并不连续。

　　银行的绿色战略规划涉及绿色理念、开展绿色环保宣传和加入赤道原则等三个指标，表明银行将绿色发展融入其战略决策中。在研究区间内，在其战略中涉及绿色理念的银行逐年增加，这表明越来越多银行意识到发展绿色金融的重要性，将绿色发展理念融入其发展战略有利于银行实现可持续发展。开展绿色环保教育和宣传是银行传递绿色发展理念、提高员工绿色意识的重要途径。统计结果显示，银行在推行绿色发展初期较重视对员工的教育培训，但开展绿色环保教育宣传的银行数量增长较慢。截至2022年初，共有兴业银行、江苏银行、湖州银行、绵阳市商业银行、重庆银行、重庆农村商业银行、福建海峡银行和贵州银行等8家银行加入赤道原则，与中国商业银行总数相比，加入赤道原则的银行占比极低。赤道原则作为国际上第一个把环境和社会标准因素纳入项目融资中的准则，倡导金融机构对项目融资中的环境和社会问题尽到审慎性核查义务。何丹（2020）认为赤道原则会造成经营成本增加和金融机构的"漂绿"行为，但是从长远来看，加入赤道原则会促进银行的贷款模式从"规模风险"转变为"价值创造"。

　　综上所述，目前商业银行绿色发展主要以绿色信贷业务为主，但是商业银行要真正实现绿色发展，仅依靠推行绿色信贷业务远远不够。潘锡泉（2017）认为绿色金融产品和服务的单一性以及绿色金融发展创新不足是

---

　　①　在银行社会责任报告中，披露了当年绿色办公的成效指标。

中国绿色金融实践的现实困境。因此,商业银行想要突破瓶颈和发展困境,应该要加强绿色产品创新,促进与其他行业合作建立风险评价体系或行业规章制度,建立多元化绿色发展体系和绿色发展战略,以此获得发展优势、扩大市场份额。

三、商业银行绿色金融发展水平评价指标体系

(一)指标体系构建及测度

1.指标体系构建

绿色金融政策对于银行而言,既是新政策,也是必然选择。中国生态文明建设进程中,商业银行发展绿色金融业务是其承担社会责任的体现,也是其实现自身可持续经营的战略选择。学者们研究发现银行绿色业务的开展对其财务绩效存在一定的负向影响(李程等,2016),而李苏等(2017)的实证结果显示绿色信贷对银行绩效有非常小的正向作用。尽管开展绿色业务对银行绩效产生的影响结论尚未一致,但银行忽视授信企业的环境风险容易受到连带责任,进而影响其经营业绩。① 因此,根据指标的层次性、系统性、可得性以及及时性原则,在构建中国商业银行的绿色金融发展水平评价指标体系时,应将其经营指标纳入评价指标体系中。将评价商业银行经营能力的二级指标确定为银行的收益性、成长性、流动性以及风险性,其对应的三级指标共计10个。商业银行绿色发展指标的选择则参考2014年银监会发布的《绿色信贷实施情况关键评价指标》,将绿色业务、绿色运营以及绿色理念设定为二级指标,具体指标体系如表2所示。最后,依据平衡记分卡方法对商业银行的绿色金融发展水平进行打分。

---

① 由于加拿大多伦多道明银行等17家银行为DAPL公司达科他州输油管道(对当地水源安全构成威胁)提供了3.6亿美元的项目融资,2016年9月12日,道明银行温哥华支行遭到群众抗议,抗议者以举牌示威关闭资产形式,要求银行停止对此项目的支持。

表2　商业银行绿色金融发展水平评价指标体系

一级指标	二级指标	权重	三级指标	权重
经营状况（50%）	收益性	25.00%	净资产收益率	33.33%
			非利息收入率	33.33%
			净息差	33.33%
	成长性	25.00%	净利息收入增长率	50%
			总资产增长率	50%
	流动性	25.00%	流动性比率	50%
			存贷比	50%
	风险性	25.00%	正常与关注贷款比率	33.33%
			贷款损失准备充足率	33.33%
			资本充足率	33.33%
绿色发展（50%）	绿色业务	33.33%	绿色信贷	33.33%
			绿色产品创新	33.33%
			行业交流合作	33.33%
	绿色运营	33.33%	绿色办公	33.33%
			绿色采购	33.33%
			绿色公益活动	33.33%
	绿色战略	33.33%	在战略规划中设计绿色理念	33.33%
			进行绿色环保教育培训、宣传	33.33%
			加入赤道原则	33.33%

　　收益性指标包含净资产收益率、非利息收入率和净息差等三个指标,从三个维度反映了商业银行的盈利水平。净资产收益率为净利润除以股东权益,用来衡量银行的自有资本获得净收益的能力,即从资产利用效果层面衡量银行收益性。银行的净资产收益率越高,说明其单位资本的获利能力越强。非利息收入率为非利息收入除以营业收入,反映了银行的中间业务为商业银行带来的盈利,该比率越高,银行业绩越突出,运营风险也会下降。这是由于中国银行业收入结构以利息收入为主,但是利息收入受经济周期和利率的影响较大,而非利息收入业务主要是信用卡业务和结算业务,不仅利润率高于利息收入业务,且业务相对稳定、风险较低,逐渐成为银行业绩的重要驱动力量。净息差衡量银行利用生息资产赚取净利息收入的能力,该指标为全部利息收入与全部利息支出之差除以全部生息资产,体现了所有生息资产为银行带来的盈利。它既反映了银行的存贷利差,还包括其他生息资产收益与成本的差额,银行的净息差越大,存贷款资

金运用效率越高。

　　成长性指标包含净利息收入增长率和总资产增长率,前者从业务层面衡量银行的成长性,后者则从银行规模层面衡量银行的成长性。净利息收入增长率为本年净利息收入与上年净利息收入之差除以上年净利息收入,净利息收入增长率越高,则银行成长能力越好。总资产增长率为本年总资产与上年总资产之差除以上年总资产,是反映银行体量的重要指标之一。总资产增长率越大,银行经营扩张的速度就越快,发展后劲就越足。

　　流动性指标包含流动性比率和存贷比。流动性比率为流动资产除以流动负债,从银行的资产组合层面衡量银行的短期偿债能力。经验值表明银行的流动性比率大于等于25%,则说明其流动性较低,该银行的短期偿债能力可能出现问题,但是流动性比率并非越高越好,较高的流动性比率说明银行资金运用能力较差,该指标为适度指标。存贷比为贷款总额除以存款总额,反映了银行总体流动状况和存贷款的匹配情况。从银行的盈利角度来看,存贷比越高,意味着银行的付息水平低于生息水平;从风险角度来看,存贷比过高会造成银行日常结算和支取的现金不足,严重时会导致银行出现支付危机。因此,存贷比为适度指标,应控制在合理的水平下。

　　风险性指标包含正常与关注贷款比率、贷款损失准备充足率和资本充足率。正常与关注贷款比率从资产质量层面衡量商业银行风险性,贷款损失准备充足率和资本充足率分别从准备金充足程度和资本充足程度衡量商业银行风险性。不良贷款率是不良贷款除以贷款总额,不良贷款率过高表示银行可能无法收回的贷款额越高,则银行的安全性不能保证。正常与关注贷款比率为1减去不良贷款率。贷款损失准备充足率为贷款实际计提准备除以贷款应提准备,《中华人民共和国商业银行法》规定商业银行的贷款损失准备充足率不应低于100%。资本充足率为资本除以风险资产,用来衡量银行存款人和债权人的资产遭到损失之前,能以自有资本承担损失的程度。《巴塞尔协议Ⅲ》要求,银行的资本充足率应不低于8%,资本充足率越高,说明银行抵御风险的能力越强。

　　通过对商业银行历年社会责任报告、年报、公开报道进行分析,选取绿色信贷、绿色产品创新、行业交流合作、绿色办公、绿色采购、绿色公益活动、在战略规划中设计绿色理念、进行绿色环保教育培训和宣传、加入赤道原则等9个定性指标为三级指标,用于衡量商业银行的绿色发展水平。为了体现银行开展绿色信贷、绿色办公和绿色采购的程度和深度,将这三个指标分为2分(优秀)、1分(一般)、0分(未涉及),具体评分标准如下。

绿色业务包括绿色信贷、绿色产品创新和行业交流合作三个指标。绿色信贷业务评分标准为,若银行未披露绿色信贷相关信息时,计为0分;若只说明推行绿色业务而未披露绿色信贷数据,计为1分;既开展绿色信贷业务,又详细披露绿色信贷数据,计为2分。绿色产品创新评分标准为,若绿色业务无创新,计为0分;若开发了新型绿色债券、绿色租赁、绿色信托等绿色金融产品,计为1分。行业交流合作评分标准为,未明确公布行业间合作交流,计为0分;与其他金融机构、企业等合作研发绿色金融工具或制定了行业规则等,计为1分。

绿色运营包括绿色办公、绿色采购和绿色公益活动三个指标。绿色办公的评分标准为,若银行未披露绿色办公相关信息,计为0分;若银行明确提出在经营中推行了绿色办公但没有相关数据,计为1分;既涉及绿色办公理念,又披露绿色办公相关的碳排放量、办公用纸量、水电使用量等数据,计为2分。绿色采购评分标准为,未披露绿色采购相关信息,计为0分;有绿色采购意识但没有相关标准,计为1分;制定了明确的绿色采购标准,计为2分。对绿色公益评分时,未开展绿色公益活动,计为0分;定期举办绿色环保活动和支持环保公益组织等,计为1分。

绿色战略指在战略规划中设计绿色理念,进行绿色环保教育培训、宣传和加入赤道原则。对绿色理念评分时,若银行仅指明践行绿色理念,但未将其上升至战略高度,则计为0分;若银行在其发展战略中明确提出绿色理念,则计为1分。绿色环保教育培训、宣传的打分标准为,若员工培训中没有绿色环保方面的内容则计为0分,银行定期对员工进行绿色金融知识的培训和宣传计为1分。对加入赤道原则评分时,若该银行未加入赤道原则计为0分,若信贷原则中采纳了赤道原则计为1分。

2. 指标处理及测算方法

由于银行经营性财务指标存在明显差异,而绿色发展指标的分值均为0—2

之间,为了使其与银行自身绿色发展指标的数据区间保持一致,都处于0—1之间,对银行经营能力和绿色发展指标等所有数据均做了离差标准化处理,即避免银行的经营性财务指标较大,夸大了财务数据对绿色金融发展的作用,而忽略了其绿色发展的真实水平。此外,由于银行经营的盈利性、流动性以及安全性等三性相互制约,存贷比和流动性比率这两个指标的数据值并非越大越好,对这两个指标先做正向化处理,再做标准化处理,使其处于0—1之间。

针对存贷比和流动性比率等两个适度指标,首先采用的正向化方法为:

$$x = 1 - \frac{|k - a|}{k}$$

其中,k 为该项指标的适度值,a 为该项指标的实际值,x 为该项指标正向化后的取值。然后,对所有指标进行离差标准化处理:

$$x' = \frac{x - \min(x)}{\max(x) - \min(x)}$$

将获得的数据做相应处理后,对数据赋权,对各部分进行打分,具体计算方法如下:

$$G_1 = \sum_{i=1}^{3} 33.33\% g_i, G_2 = \sum_{i=1}^{2} 50\% g_i, G_3 = \sum_{i=1}^{2} 50\% g_i, G_4 = \sum_{i=1}^{3} 33.33\% g_i,$$

$$G_5 = \sum_{i=1}^{5} 33.33\% g_i, G_6 = \sum_{i=1}^{4} 33.33\% g_i, G_7 = \sum_{i=1}^{3} 33.33\% g_i$$

$$S_1 = (G_1 + G_2 + G_3 + G_4) \times 25\%,$$

$$S_2 = (G_5 + G_6 + G_7) \times 33.33\% \quad G = S_1 \times 50\% + S_2 \times 50\%$$

其中,g_i 代表各个三级指标处理后的数据,乘以各个三级指标的权重再加总求和得到二级指标的得分 G_i;将各个二级指标得分赋权,得到一级指标银行经营状况 S_1 及其绿色发展 S_2 的得分;最后将 S_1、S_2 等权处理,得到该银行绿色金融发展水平评估总分 G。

(二)数据来源及描述性统计

2007年7月,中国人民银行发布了《关于落实环境保护政策法规防范信贷风险的意见》,要求商业银行将企业环保守法情况作为审批贷款的必要条件之一,首次明确要求商业银行考虑企业的环境影响。银监会颁布《关于防范和控制高能耗高污染行业贷款风险的通知》,要求严把"两高"贷款闸门,压缩和回收落后生产能力企业的贷款,将资金引流到绿色行业,是商业银行绿色信贷资金统计的起点。

1. 总样本描述性统计分析

表3为2008—2019年商业银行绿色发展水平描述性统计结果。研究区间内,国有商业银行的绿色发展平均水平最优,城(农)商行的绿色发展水平最低。

表3　2008—2019年商业银行绿色发展水平描述性统计表

	样本名称	样本量	平均值	最大值	最小值
绿色发展总得分	全样本	295	0.501	0.889	0.0555
	A	64	0.674	0.889	0.389
	B	93	0.557	0.833	0.0555
	C	138	0.383	0.778	0.0555
绿色业务得分	全样本	295	0.563	1	0
	A	64	0.737	1	0.167
	B	93	0.611	1	0.167
	C	138	0.449	1	0
绿色运营得分	全样本	295	0.499	1	0
	A	64	0.672	1	0.167
	B	93	0.536	1	0
	C	138	0.394	0.833	0
绿色战略得分	全样本	295	0.442	1	0
	A	64	0.615	0.667	0.333
	B	93	0.523	1	0
	C	138	0.307	0	1

注:A 为国有商业银行,B 为股份制商业银行,C 为城(农)商行,下文同。

研究区间内,国有商业银行中交通银行的绿色发展水平总分最高,主要源于其在2019年积极扩大对长三角地区绿色信贷的支持力度,创新绿色金融产品,推行绿色运营理念,开展绿色公益活动。股份制商业银行中兴业银行、中信银行、招商银行等均达到0.833分,这几家股份制商业银行于2007年率先开展了绿色信贷业务,把绿色可持续发展观融入银行的经营中,并注重对员工开展绿色金融培训。城(农)商行中,江苏银行和北京银行的绿色发展较好,尤其在2014

年后,这两家银行绿色发展数据披露完善,绿色产品和绿色项目投入比重加大,明显高于其他城(农)商行。

研究区间内,国有商业银行绿色发展总得分高于其他类型银行,这是由于国有商业银行推行绿色业务和绿色理念的时间早于其他商业银行。中国邮政储蓄银行(简称"邮储银行")于2016年上市后才开始公布社会责任报告。该报告中仅披露了绿色信贷开展情况,业务创新、行业合作以及绿色公益等方面信息尚未披露,因此,邮储银行绿色发展总分偏低。

商业银行绿色发展二级指标的描述性统计结果显示,绿色业务指标的得分较高,而绿色战略得分有待进一步提升。目前商业银行发展绿色业务最主要的驱动力是国家政策,在绿色金融政策引领下,其信贷资金向绿色产业倾斜。随着社会可持续发展和生态文明建设的持续推进,绿色信贷的强制性逐渐显露。而相较于绿色业务,商业银行在绿色运营和绿色战略上拥有更多自主权,尤其是绿色战略方面,虽然商业银行逐步开展绿色信贷业务,但是部分商业银行尚未将绿色发展理念纳入其战略决策中,仅少数商业银行加入了赤道原则或负责任原则。绿色运营方面,商业银行都在大力推行绿色办公,但是深度与广度存在差异。大部分商业银行只停留在"无纸化办公、节约水电"层面,少部分银行制定了严格的办公和采购文件指引,并披露了历年减少的碳排放量。综上所述,国有商业银行在绿色业务、绿色运营和绿色战略上的发展均处于业内领先水平。

2.绿色发展描述性统计结果

表4汇总了2008—2019年商业银行绿色发展总得分情况。数据显示,2008—2019年间,国有商业银行、股份制商业银行、城(农)商行的绿色发展水平都呈现稳步上升趋势。当2013年《关于绿色信贷工作的意见》和《关于报送绿色信贷统计表》政策出台后,股份制商业银行和城(农)商行的绿色发展均值和最大值都有明显提升。对比绿色发展总得分的最小值,国有商业银行最小值的提高,而股份制商业银行和城(农)商行则存在波动,这是由于城(农)商行上市前几年的绿色发展相关信息披露不完善,但随着上市年限的增加,其披露的绿色发展数据逐渐完善。

表4　2008—2019 年商业银行绿色发展总得分描述性统计表

指标	平均值			最大值			最小值		
类别	A	B	C	A	B	C	A	B	C
2008 年	0.622	0.500	0.305	0.833	0.555	0.389	0.444	0.444	0.222
2009 年	0.644	0.458	0.417	0.667	0.722	0.611	0.555	0.0555	0.222
2010 年	0.622	0.458	0.315	0.722	0.778	0.444	0.555	0.111	0.111
2011 年	0.633	0.479	0.278	0.722	0.778	0.555	0.5	0.278	0.111
2012 年	0.711	0.549	0.305	0.833	0.778	0.444	0.5	0.389	0.222
2013 年	0.578	0.583	0.343	0.722	0.778	0.500	0.5	0.278	0.167
2014 年	0.655	0.569	0.361	0.722	0.833	0.778	0.555	0.444	0.111
2015 年	0.678	0.597	0.350	0.833	0.833	0.778	0.5	0.444	0.111
2016 年	0.676	0.543	0.337	0.833	0.778	0.667	0.389	0.333	0.0555
2017 年	0.741	0.642	0.414	0.833	0.833	0.611	0.5	0.444	0.111
2018 年	0.741	0.568	0.423	0.833	0.778	0.667	0.611	0.444	0.111
2019 年	0.750	0.628	0.421	0.889	0.833	0.722	0.611	0.444	0.111

表5 为 2008—2019 年商业银行绿色业务得分描述性统计汇总表。数据显示,国有商业银行的绿色业务发展水平处于业内优秀水平。在 2017 年后,国有商业银行的绿色业务均值高达到 0.889 分,其中,中国银行、中国工商银行、交通银行、邮储银行均达到满分,绿色业务信息披露也越来越完善。国有商业银行作为第一批响应国家号召发展绿色金融的先行者,理念较为成熟,尤其是在开展绿色信贷业务时,已制定了规范的内部制度和工作流程。

表5　2008—2019 年商业银行绿色业务得分描述性统计表

指标	平均值			最大值			最小值		
类别	A	B	C	A	B	C	A	B	C
2008 年	0.600	0.500	0.417	1	1	0.667	0.167	0.167	0.167
2009 年	0.700	0.583	0.583	0.833	1	1	0.667	0.167	0.167
2010 年	0.600	0.521	0.389	0.667	1	0.667	0.333	0.167	0.167
2011 年	0.600	0.521	0.417	0.667	1	1	0.333	0.167	0.167

续表

指标	平均值			最大值			最小值		
类别	A	B	C	A	B	C	A	B	C
2012 年	0.800	0.604	0.458	1	1	0.667	0.667	0.333	0.167
2013 年	0.600	0.729	0.444	0.667	1	1	0.333	0.167	0.167
2014 年	0.600	0.604	0.333	0.667	1	1	0.333	0.333	0
2015 年	0.733	0.708	0.359	1	1	1	0.333	0.333	0
2016 年	0.833	0.518	0.422	1	1	1	0.333	0.333	0.167
2017 年	0.889	0.667	0.500	1	1	0.833	0.667	0.333	0
2018 年	0.889	0.555	0.449	1	1	1	0.667	0.333	0.167
2019 年	0.889	0.733	0.523	1	1	1	0.667	0.333	0.167

　　表 5 中,与国有商业银行相比,股份制商业银行绿色业务的发展存在较大差异。兴业银行不仅在绿色信贷业务等方面积极创新,作为国内首家赤道银行,其绿色信贷余额占比位列第一。兴业银行于 2019 年发布了国内首个绿色供应链金融业务指引,参与相关规则的制定。中信银行的绿色业务创新和行业合作有待进一步加强。城(农)商行中,江苏银行 2014 年以后在绿色业务上达到了优秀水平。但是部分刚开始发布社会责任报告的商业银行,其绿色业务发展有待提高,例如常熟银行、泸州银行、威海银行上市时间较晚,虽然开展了绿色信贷业务,但是数据披露不完整,绿色金融业务创新能力仍需提高。

　　表 6 汇总了 2008—2019 年商业银行绿色运营得分的描述性统计结果。结果显示,绿色运营得分呈波动上升状态,国有商业银行和股份制商业银行的差距逐渐缩小。在构建环境友好型和资源节约型社会的背景下,政府提出了绿色运营理念,因此银行推行绿色办公理念早于绿色信贷业务。自 2008 年起,国有商业银行绿色运营均值达到 0.600 分,这得益于其较早开始推行低碳环保的办公模式,即无纸化办公、低碳出行、节约水电等绿色办公理念。

表6 2008—2019 年商业银行绿色运营得分描述性统计表

指标	平均值			最大值			最小值		
类别	A	B	C	A	B	C	A	B	C
2008 年	0.600	0.417	0.167	0.833	0.667	0.167	0.333	0.167	0.167
2009 年	0.633	0.375	0.167	0.667	0.833	0.167	0.500	0	0.167
2010 年	0.667	0.396	0.444	0.833	0.833	0.667	0.500	0.167	0.167
2011 年	0.700	0.458	0.333	0.833	0.833	0.667	0.500	0.167	0.167
2012 年	0.733	0.500	0.375	0.833	0.833	0.667	0.500	0.167	0.167
2013 年	0.533	0.479	0.306	0.833	0.667	0.5	0.333	0.167	0.167
2014 年	0.767	0.562	0.444	0.833	0.833	0.667	0.667	0.167	0.167
2015 年	0.633	0.542	0.410	0.833	0.833	0.667	0.500	0.167	0.167
2016 年	0.639	0.593	0.353	0.833	0.833	0.833	0.167	0.167	0
2017 年	0.778	0.704	0.425	1	1	0.833	0.500	0.500	0
2018 年	0.667	0.630	0.436	0.833	0.833	0.833	0.500	0.333	0.167
2019 年	0.694	0.583	0.385	1	0.833	0.833	0.500	0.333	0

表6显示,城(农)商行和国有商业银行的绿色运营差距主要体现在两个方面:一是城(农)商行在绿色办公和绿色采购的得分大多为1分,但是绿色办公的成效没有显露,源于只停留在"喊口号"阶段;二是城(农)商行绿色公益相关活动开展较少。

绿色战略是银行推行绿色金融发展的更高层次要求。虽然中国绿色金融政策推行源于政府"自上而下"的政策引领,但是商业银行的可持续发展则需要其将绿色发展理念纳入长期发展战略中。表7汇总了2008—2019 年商业银行绿色战略得分描述性统计结果。

表7 2008—2019 年商业银行绿色战略得分描述性统计表

指标	平均值			最大值			最小值		
类别	A	B	C	A	B	C	A	B	C
2008 年	0.667	0.583	0.333	0.667	0.667	0.333	0.667	0.333	0.333
2009 年	0.600	0.417	0.500	0.667	1	0.667	0.333	0	0.333
2010 年	0.600	0.458	0.111	0.667	1	0.333	0.333	0	0

续表

指标	平均值			最大值			最小值		
类别	A	B	C	A	B	C	A	B	C
2011 年	0.600	0.458	0.0833	0.667	1	0.333	0.333	0	0
2012 年	0.600	0.542	0.0833	0.667	1	0.333	0.333	0.333	0
2013 年	0.600	0.542	0.278	0.667	0.667	0.667	0.333	0.333	0
2014 年	0.600	0.542	0.306	0.667	0.667	1	0.333	0.333	0
2015 年	0.667	0.542	0.282	0.667	1	0.667	0.667	0.333	0
2016 年	0.555	0.518	0.235	0.667	0.667	0.667	0.333	0.333	0
2017 年	0.555	0.555	0.317	0.667	0.667	0.667	0.333	0.333	0
2018 年	0.667	0.518	0.385	0.667	0.667	0.667	0.667	0.333	0
2019 年	0.667	0.567	0.356	0.667	0.667	1	0.667	0.333	0

表 7 显示,2008—2019 年间,国有商业银行绿色战略的平均值较平稳。国有商业银行较早把绿色可持续发展纳入战略规划中,且极为重视员工绿色金融理念的相关培训,但由于国有商业银行均未加入赤道原则,该项评分最大值未达满分。城(农)商行绿色战略总体呈上升趋势,部分银行最小值为 0 的原因在于该银行虽然提出了绿色发展理念,但是未将其纳入发展战略中。例如青岛银行于 2015 年在其社会责任报告中提出了"要持续推进绿色信贷",直到 2018 年才将绿色发展纳入发展战略,即对绿色发展的认知到战略制定存在一定的时间差。2016 年《关于构建绿色金融体系的指导意见》出台后,将绿色理念纳入发展战略的城(农)商行数量逐年增加。数据统计结果显示,没有商业银行在该项评分中持续得满分,一方面是因为加入赤道原则的银行极少,另一方面是因为对员工绿色金融专项培训较少。

四、商业银行绿色金融发展水平测度

2008—2019 年商业银行绿色发展评价的描述性统计结果显示,国有商业银行平均发展水平最高,股份制商业银行次之,城(农)商行较差。接下来,进一步分析不同商业银行的绿色发展及绿色业绩得分,初步探索绿色发展水平与商业银行经营状况之间的关系。

(一)商业银行绿色发展水平分析

国有商业银行于 2007 年《绿色信贷指引》政策推行后,开始开展绿色信贷业务,其中邮储银行自 2016 年在港交所上市后才披露相关信息。

表 8　2008—2019 年国有商业银行绿色发展得分和排名

年份	工商银行	建设银行	交通银行	农业银行	邮储银行	中国银行
2008 年	0.44 (8)	0.61 (3)	0.50 (6)	0.72 (2)	—	0.83 (1)
2009 年	0.56 (8)	0.67 (3)	0.67 (3)	0.67 (3)	—	0.67 (3)
2010 年	0.56 (7)	0.56 (7)	0.67 (4)	0.61 (5)	—	0.72 (2)
2011 年	0.56 (7)	0.67 (4)	0.72 (2)	0.50 (9)	—	0.72 (2)
2012 年	0.50 (9)	0.72 (4)	0.72 (4)	0.78 (2)	—	0.83 (1)
2013 年	0.5 (11)	0.61 (5)	0.5 (11)	0.56 (8)	—	0.72 (3)
2014 年	0.56(10)	0.72 (5)	0.72 (5)	0.56 (10)	—	0.72 (5)
2015 年	0.72 (5)	0.5 (12)	0.83 (1)	0.72 (5)	—	0.61 (10)
2016 年	0.67 (6)	0.61 (9)	0.83 (1)	0.72 (4)	0.39 (19)	0.83 (1)
2017 年	0.67 (8)	0.83 (2)	0.83 (2)	0.83 (2)	0.5 (19)	0.78 (5)
2018 年	0.78 (4)	0.61 (9)	0.83 (1)	0.83 (1)	0.61 (9)	0.78 (4)
2019 年	0.78 (4)	0.61 (16)	0.89 (1)	0.72 (7)	0.72 (7)	0.78 (4)

注:括号中为该银行在当年总样本银行中的得分排名,下同。

在绿色金融政策推行初期,中国银行和中国农业银行较早开展绿色信贷业务,并披露了相关信息。例如,中国银行于 2008 年推出了 CDM 现金流贴现、境外买家信用保证等新业务,并为煤炭企业 CDM 减排项目提供资金支持,也以北京奥运会为契机开展"绿色奥运"环保公益活动。中国工商银行最早建立绿色金融研究中心,但其绿色发展得分相对较低。2015年起,交通银行绿色发展得分位于前列,其绿色发展较为全面。随着绿色金融相关政策的落实,国有商业银行除了扩大绿色信贷投放额度外,在绿色产品创新和行业合作上也取得了一定的成果,在推动"一带一路"建设绿色可持续发展、产业结构升级、开展国际合作项目上发挥着重要作用。表9汇总了2008—2019年国有商业银行绿色信贷余额占比。

表9　2008—2019年国有商业银行绿色信贷余额占比

年份	工商银行	建设银行	交通银行	农业银行	中国银行
2008年	1.08%	4.06%	—	—	3.09%
2009年	7.12%	3.76%	5.20%	—	3.05%
2010年	7.48%	3.46%	4.55%	1.20%	3.39%
2011年	7.57%	3.37%	4.84%	1.57%	3.93%
2012年	6.74%	3.20%	4.88%	2.36%	3.32%
2013年	6.03%	5.68%	5.08%	4.56%	3.40%
2014年	5.95%	5.14%	4.43%	5.83%	3.55%
2015年	5.91%	6.99%	5.51%	6.09%	4.51%
2016年	7.47%	7.53%	5.88%	6.68%	4.68%
2017年	7.75%	7.75%	6.21%	6.99%	4.94%
2018年	8.05%	7.54%	5.84%	8.82%	5.36%
2019年	8.04%	7.87%	6.19%	8.95%	5.68%

注释:绿色信贷余额占比=绿色信贷余额/贷款余额,数据来自银行社会责任报告和年报。

2008—2019年,国有商业银行绿色信贷余额逐年增加,但绿色信贷余额占比仍然偏低。中国工商银行和中国建设银行的绿色信贷余额占比于2018年突破7%,中国农业银行的绿色信贷余额占比于2019年达到8.95%,中国银行和交通银行的绿色信贷占比较低。为贯彻落实"双碳"目标,2021年2月,国务院发布《关于加快建立健全绿色低碳循环发展经济体系的指导意见》,首次从全局高度提出"建立健全绿色低碳循环发展的经济体系",并作出顶层设计和总体部署,明确了经济全链条绿色发展要求,提出到2025年,国内产业结构、能源结构、运输结构明显优化,绿色产业比重显著提升。产业结构和能源结构深化改革为银行业的绿色业务带来了新机遇,国有商业银行需改变传统的信贷理念,"由内而外"深化绿色发展理念,重点关注政策支持领域衍生出的绿色融资需求和传统企业绿色升级的融资需求。在绿色低碳发展的背景下,绿色产业将迎来发展高潮,如果商业银行继续保持原有的信贷结构和运营模式,将丧失竞争优势,面临更高的信用风险。

表10汇总了中信银行、浦发银行、招商银行、光大银行、华夏银行、民生银行、兴业银行、平安银行和浙商银行等9家上市的股份制商业银行的绿色发展水平评分情况。股份制商业银行的绿色发展水平呈缓慢上升趋势,银行间的绿色发展水平个体差异显著。兴业银行自2008年加入赤道原则后,先后开发了首单境外双币种绿色金融债、环保贷、排污权抵押贷款等多种绿色金融产品,重点支持可再生能源与新能源开发、环境治理等项目及产业。

表10　2008—2019年股份制商业银行绿色发展得分和排名

年份	中信银行	浦发银行	招商银行	光大银行	华夏银行	民生银行	兴业银行	平安银行	浙商银行
2008年	0.44 (8)	—	0.56 (4)	—	—	0.56 (4)	0.44 (8)	—	—
2009年	—	—	0.61 (6)	—	—	0.44 (9)	0.72 (1)	0.06 (11)	—
2010年	0.44 (10)	0.5 (9)	0.78 (1)	0.22 (14)	0.28 (13)	0.61 (5)	0.72 (2)	0.11 (15)	—
2011年	0.56 (7)	0.44 (11)	0.78 (1)	0.33 (13)	0.33 (13)	0.5 (9)	0.61 (5)	0.28 (15)	—
2012年	0.44 (12)	0.56 (8)	0.78 (2)	0.44 (12)	0.39 (14)	0.5 (9)	0.67 (6)	0.61 (7)	—
2013年	0.78 (1)	0.61 (5)	0.78 (1)	0.56 (8)	0.61 (5)	0.28 (16)	0.5 (11)	0.56 (8)	—
2014年	0.56 (10)	0.5 (13)	0.83 (1)	0.61 (7)	0.5 (13)	0.5 (13)	0.61 (7)	0.44 (15)	—
2015年	0.67 (8)	0.44 (15)	0.72 (5)	0.67 (8)	0.5 (12)	0.44 (15)	0.83 (1)	0.5 (12)	—
2016年	0.61 (9)	0.33 (23)	0.61 (9)	0.56 (12)	0.5 (15)	0.5 (15)	0.78 (3)	0.44 (17)	0.56 (12)
2017年	0.83 (2)	0.67 (8)	0.72 (7)	0.56 (16)	0.61 (12)	0.56 (16)	0.61 (12)	0.44 (23)	0.78 (5)

续表

年份	中信银行	浦发银行	招商银行	光大银行	华夏银行	民生银行	兴业银行	平安银行	浙商银行
2018 年	0.44 (8)	0.44 (28)	0.56 (14)	0.5 (21)	0.5 (21)	0.72 (6)	0.78 (4)	0.44 (28)	0.72 (6)
2019 年	0.5 (24)	0.44 (28)	0.67 (12)	0.56 (20)	0.61 (16)	0.56 (20)	0.83 (2)	0.56 (20)	0.72 (7)

　　表 11 汇总了 2008—2019 年 9 家股份制商业银行的绿色信贷余额占比。数据显示,银行间绿色信贷余额占比存在较大差异。兴业银行自加入赤道原则以来,在实现赤道原则本土化的过程中,完成了从股东利益至上到兼顾社会、环境、经济协调发展的转变,绿色信贷比连年攀升,2019 年兴业银行绿色信贷余额高达 1.01 万亿元,接近同年度中国农业银行和中国工商银行的绿色信贷余额总量,其绿色信贷余额占比高达 29.36%。除了业务上向绿色产业倾斜,兴业银行承担起行业先行者的责任,参与国家相关规则和政策的制定,完善了中国银行业的绿色金融体系。中信银行、民生银行和平安银行的绿色信贷余额虽然逐年增加,但是绿色信贷余额占比增长并不明显,甚至出现了下滑。以中信银行为例,2019 年其贷款总额同比增长 10.8%,但绿色信贷余额总额仅增加 3.66%,即更多贷款资金投向了非绿色企业。浦发银行 2012—2015 年绿色信贷余额占比突破 7%,最高达到 9.68%,但是其 2017 年贷款总额突破 3 万亿元,绿色信贷余额占比呈现下降趋势。

表 11　2008—2019 年股份制商业银行绿色信贷余额占比

年份	中信银行	浦发银行	招商银行	光大银行	华夏银行	民生银行	兴业银行	平安银行	浙商银行
2008 年	—	—	2.85%	—	—	0.37%	—		
2009 年	—	—	3.34%	—	—		2.36%		
2010 年	1.28%	1.87%	3.24%	—	—	0.27%	3.67%		
2011 年	1.28%	1.92%	3.11%	—	1.28%	0.19%	8.99%		
2012 年	1.14%	9.68%	3.22%	3.16%	1.28%	—	5.74%	1.03%	
2013 年	1.07%	8.59%	5.27%	2.79%	4.22%	—	13.09%	1.32%	
2014 年	1.24%	7.68%	6.02%	2.68%	4.19%	—	18.62%	1.21%	—

年份	中信银行	浦发银行	招商银行	光大银行	华夏银行	民生银行	兴业银行	平安银行	浙商银行
2015 年	0.94%	7.64%	5.57%	2.56%	3.74%	0.56%	22.13%	1.34%	—
2016 年	0.89%	6.30%	4.42%	2.74%	3.72%	0.56%	23.75%	1.51%	0.14%
2017 年	1.89%	5.66%	4.40%	3.69%	3.83%	1.07%	28.02%	—	0.53%
2018 年	1.74%	5.92%	4.22%	3.24%	3.52%	0.82%	28.84%	1.32%	2.62%
2019 年	1.63%	5.69%	3.94%	3.35%	4.27%	0.93%	29.36%	1.09%	5.23%

城(农)商行是数量最多的一类商业银行,但其在 2013 年《关于绿色信贷工作的意见》和《关于报送绿色信贷统计表》政策出台后,才开始披露绿色发展相关信息,因此,城(农)商行的分析时间起点为 2013 年,见表 12。

表 12　2013—2019 年城(农)商行绿色发展得分和排名

	2013 年	2014 年	2015 年	2016 年	2017 年	2018 年	2019 年
北京银行	0.5 (11)	0.78 (2)	0.78 (3)	0.67 (6)	0.66 (12)	0.5 (21)	0.56 (20)
上海银行	0.44 (14)	0.44 (15)	0.44 (15)	0.33 (23)	0.56 (16)	0.56 (14)	0.44 (28)
南京银行	0.28 (16)	0.28 (20)	0.33 (18)	0.28 (27)	0.33 (30)	0.56 (14)	0.67 (12)
宁波银行	0.17 (19)	0.28 (20)	0.28 (21)	0.33 (23)	0.44 (23)	0.33 (34)	0.33 (36)
常熟银行	—	—	—	0.33 (23)	0.39 (27)	0.22 (38)	0.22 (41)
哈尔滨银行	—	0.39 (17)	0.28 (21)	0.33 (23)	0.44 (23)	0.56 (14)	0.56 (20)
杭州银行	—	0.33 (18)	0.28 (21)	0.33 (15)	0.44 (27)	0.55 (8)	0.55 (12)
徽商银行	0.22 (18)	0.22 (23)	0.22 (24)	0.56 (12)	0.61 (12)	0.44 (28)	0.61 (16)
江苏银行	0.44 (14)	0.78 (2)	0.67 (8)	0.67 (6)	0.5 (19)	0.5 (21)	0.67 (12)
江西银行	—	—	0.28 (21)	0.39 (19)	0.39 (27)	0.39 (32)	0.39 (32)
锦州银行	—	0.28 (20)	0.39 (17)	0.39 (19)	0.28 (32)	0.22 (38)	0.33 (36)

续表

	2013 年	2014 年	2015 年	2016 年	2017 年	2018 年	2019 年
青农商行	—	—	0.11 (25)	0.11 (26)	0.11 (30)	0.22 (34)	0.11 (40)
苏州银行	—	0.17 (24)	0.17 (25)	0.11 (30)	0.28 (32)	0.33 (34)	0.5 (24)
青岛银行	—	—	—	0.06 (32)	0.33 (30)	0.5 (21)	0.22 (41)
苏农银行	—	—	—	0.11 (30)	0.11 (35)	0.11 (40)	0.28 (39)
天津银行	—	—	—	0.28 (27)	0.44 (23)	0.44 (28)	0.39 (32)

表 12 显示,2013—2019 年披露绿色发展相关信息的城(农)商行数量逐年增加,越来越多的银行将绿色可持续发展理念融入了其战略发展定位中,加大绿色项目和产业的资金投放。城(农)商行推行绿色金融业务的时间晚于国有商业银行和股份制商业银行,一是由于城(农)商行上市较晚,二是其规模远小于前两者。多数城(农)商行的绿色发展信息披露不及前两者,有些城(农)商行在社会责任报告中并没有披露绿色信贷余额等信息。城(农)商行间的绿色发展水平存在较大差异,北京银行、江苏银行、南京银行的绿色发展得分均在 0.5 分以上,其他城(农)商行得分集中在 0.4 分以下。其中,北京银行大力支持大气污染防治项目,上海银行支持风电项目建设和节能环保项目,江苏银行为支持绿色林业开发项目和光伏发电项目,开发了光伏贷、固废贷和碳排放质押贷款等产品。表 13 汇总了部分绿色发展得分较高的城(农)商行的绿色信贷余额占比。

表 13　2013—2019 年城(农)商行绿色信贷余额占比

年份	北京 银行	上海 银行	南京 银行	宁波 银行	江苏 银行	杭州 银行	哈尔滨 银行	广州农 商银行
2013 年	1.88%	0.75%	2.78%	0.29%	1.70%	—	—	—
2014 年	2.67%	0.56%	5.31%	0.77%	2.86%	0.58%	0.46%	—
2015 年	3.37%	0.67%	4.94%	0.67%	4.32%	0.57%	0.50%	2.30%
2016 年	4.32%	2.36%	4.61%	0.79%	7.20%	0.77%	0.79%	2.31%
2017 年	—	2.77%	5.48%	1.45%	8.97%	1.86%	0.78%	2.18%

续表

年份	北京银行	上海银行	南京银行	宁波银行	江苏银行	杭州银行	哈尔滨银行	广州农商银行
2018 年	—	1.48%	5.92%	1.31%	8.95%	2.66%	0.74%	1.92%
2019 年	1.97%	0.96%	7.87%	1.42%	8.27%	3.89%	0.91%	1.90%

2013—2019 年,城(农)商行绿色信贷余额占比呈现逐年缓慢上升趋势,但银行间差异显著,大部分城(农)商行绿色信贷余额占比不足 1%。江苏银行绿色信贷余额总额较高,于 2019 年达到 860 亿元,南京银行达到 448 亿元,二者的绿色信贷余额占比处于较高水平,甚至高于部分同期国有商业银行绿色信贷余额占比量。但北京银行、上海银行和广州农商行的绿色信贷余额占比增长率远低于该银行贷款总额增长率,其绿色信贷余额占比出现了小幅下降。

(二)商业银行绿色金融发展水平分析

由表 8 至表 13 可见,不同类型商业银行的绿色发展水平存在明显差异,商业银行的经营状况会影响其绿色金融发展水平吗?接下来对商业银行的绿色金融发展水平进行整体全面评价,包含了绿色发展水平和经营状况两个部分。

表 14 2008—2019 年国有商业银行绿色金融发展水平得分和排名

	工商银行	建设银行	交通银行	农业银行	邮储银行	中国银行
2008 年	0.39 (10)	0.52 (3)	0.47 (5)	0.52 (4)	—	0.64 (1)
2009 年	0.46 (8)	0.55 (3)	0.53 (5)	0.48 (7)	—	0.58 (2)
2010 年	0.46 (8)	0.48 (7)	0.52 (5)	0.46 (9)	—	0.58 (3)
2011 年	0.47 (9)	0.54 (3)	0.54 (4)	0.4 (11)	—	0.57 (2)
2012 年	0.47 (11)	0.59 (4)	0.54 (7)	0.57 (5)	—	0.63 (2)
2013 年	0.49 (9)	0.58 (4)	0.45 (15)	0.50 (8)	—	0.60 (2)

	工商银行	建设银行	交通银行	农业银行	邮储银行	中国银行
2014 年	0.50 (9)	0.60 (3)	0.54 (6)	0.49 (10)	—	0.58 (5)
2015 年	0.58 (5)	0.48 (13)	0.61 (3)	0.56 (6)	—	0.52 (10)
2016 年	0.55 (8)	0.55 (7)	0.62 (2)	0.57 (4)	0.34 (25)	0.64 (1)
2017 年	0.58 (7)	0.67 (1)	0.60 (5)	0.66 (2)	0.46 (20)	0.63 (4)
2018 年	0.66 (4)	0.60 (9)	0.68 (3)	0.71 (1)	0.58 (13)	0.70 (2)
2019 年	0.68 (5)	0.63 (13)	0.72 (1)	0.67 (6)	0.63 (12)	0.68 (4)

对比表 8 结果,表 14 为增加了国有商业银行经营状况后的绿色金融发展水平得分。数据显示,国有商业银行的绿色金融发展水平得分有小幅下降,但是排名变化不显著,只有中国邮政储蓄银行的排名有明显下降。经营状况得分显示,国有商业银行并不处于领先水平,例如 2019 年国有商业银行经营状况得分均值为 0.59 分,与全样本均值(0.6 分)基本持平,国有商业银行净资产收益率均值为 10%,而同年度招商银行净资产收益率为 15%。国有商业银行历年的绿色金融业绩排名均在前 10 以内,这与国有商业银行于 2007 年开始推行绿色金融政策有关,并非源于国有商业银行经营状况好或者盈利能力强。

对比表 10,表 15 中股份制商业银行的绿色金融发展水平排名与其绿色发展排名差异不大,即其经营状况得分未影响其绿色金融发展水平排名。2008 年以来,兴业银行的净资产收益率逐年下降,但是并未对其绿色金融发展水平得分造成明显影响,其绿色金融发展水平排名仍然位居业内前列。2015 年后华夏银行的绿色金融发展水平受其经营状况的影响,出现下滑趋势。2018 年中信银行由于不良贷款率上升以及净资产收益率下降,使其经营状况得分骤降,导致其绿色金融发展水平排名大幅下降。

表 15 2008—2019 年股份制商业银行绿色金融发展水平得分和排名①

年份	中信银行	浦发银行	招商银行	光大银行	华夏银行	民生银行	兴业银行	平安银行	浙商银行
2008 年	0.46 (6)	—	0.52 (2)	—	—	0.45 (7)	0.42 (8)		
2009 年	—	—	0.54 (4)	—	—	0.45 (9)	0.58 (1)	0.24 (11)	
2010 年	0.44 (10)	0.5 (6)	0.62 (1)	0.34 (14)	0.36 (13)	0.54 (4)	0.6 (2)	0.55 (16)	—
2011 年	0.51 (6)	0.46 (10)	0.63 (1)	0.36 (14)	0.38 (13)	0.5 (7)	0.54 (5)	0.4 (12)	
2012 年	0.44 (13)	0.51 (9)	0.63 (1)	0.48 (10)	0.42 (15)	0.52 (8)	0.6 (3)	0.55 (6)	
2013 年	0.63 (1)	0.53 (5)	0.59 (3)	0.49 (10)	0.52 (6)	0.37 (17)	0.48 (12)	0.51 (7)	
2014 年	0.47 (11)	0.44 (15)	0.62 (1)	0.52 (8)	0.47 (12)	0.47 (13)	0.53 (7)	0.45 (14)	
2015 年	0.55 (9)	0.44 (16)	0.58 (4)	0.55 (8)	0.43 (18)	0.44 (15)	0.66 (1)	0.49 (12)	—
2016 年	0.49 (12)	0.32 (26)	0.5 (11)	0.44 (18)	0.4 (21)	0.46 (15)	0.59 (3)	0.44 (17)	0.52 (9)
2017 年	0.58 (8)	0.46 (19)	0.6 (6)	0.44 (21)	0.49 (17)	0.43 (23)	0.5 (14)	0.43 (24)	0.65 (3)
2018 年	0.46 (31)	0.45 (33)	0.58 (12)	0.51 (22)	0.47 (30)	0.59 (10)	0.66 (5)	0.48 (27)	0.65 (6)
2019 年	0.55 (23)	0.48 (29)	0.67 (8)	0.59 (17)	—	0.57 (19)	0.7 (2)	0.6 (16)	0.67 (7)

对比表 12,表 16 中城(农)商行绿色金融发展水平得分和排名出现一定变化,这主要源于城(农)商行的经营状况波动造成。宁波银行和常熟银行 2017 年后的经营状况向好,带动了其绿色金融发展水平评分增加,但是其经营状况并不是由绿色发展水平高低决定,例如宁波银行 2019 年的经营状况排名位列业内榜首,但其绿色金融发展水平排名位列第 26 名。哈尔滨银行的不良贷款率在 2018 年和 2019 年连续上升,净利润在 2019 年下滑至 36.4 亿元,同比下降 34.6%,绿色金融发展水平得分受其经营状况的影响明显,而其余城(农)商行绿色金融发展水平排名相较于绿色发展排名变化不大。

———————

① 华夏银行在 2019 年未披露流动性这一指标,故没有绿色业绩的打分结果。

表16　2008—2019年城(农)商行绿色金融发展水平得分和排名①

	2013年	2014年	2015年	2016年	2017年	2018年	2019年
北京银行	0.48(11)	0.58(4)	0.61(2)	0.55(5)	0.53(11)	0.54(17)	0.56(20)
上海银行	0.46(14)	0.43(16)	0.45(14)	0.4(22)	0.51(13)	0.61(8)	0.56(22)
南京银行	0.33(19)	0.34(22)	0.43(17)	0.4(23)	0.42(26)	0.58(11)	0.53(25)
宁波银行	0.34(18)	0.37(20)	0.41(20)	0.42(20)	0.53(10)	0.51(23)	0.52(26)
常熟银行	—	—	—	0.43(19)	0.49(15)	0.5(24)	0.46(35)
哈尔滨银行	—	0.39(17)	0.33(23)	0.4(24)	0.44(22)	0.48(29)	0.47(32)
杭州银行	—	0.38(18)	0.38(22)	0.47(13)	0.42(25)	0.61(7)	0.61(14)
徽商银行	0.38(16)	0.37(19)	0.41(19)	0.52(10)	0.57(9)	0.48(28)	0.61(15)
江苏银行	0.46(13)	0.62(2)	0.55(7)	0.55(6)	0.49(16)	0.52(21)	0.64(10)
江西银行	—	—	0.4(21)	0.45(16)		0.5(25)	0.47(30)
锦州银行	—	0.35(21)	0.5(11)	0.46(14)	—	—	—
青农商行	—	0.24(23)	0.26(24)	0.28(29)	0.36(38)	0.38(38)	—
苏州银行	—	0.23(24)	0.26(25)	0.22(31)	0.36(30)	0.44(34)	0.54(24)
青岛银行	—	—	—	0.28(29)	0.37(28)	0.54(16)	0.46(33)
苏农银行	—	—	—	0.28(30)	0.32(32)	0.39(37)	0.45(36)
天津银行	—	—	—	0.31(27)	0.39(27)	0.46(32)	0.51(27)

① 锦州银行2017—2019年未披露流动性指标,江西银行2017年未披露贷款损失准备充足率指标,故没有绿色业绩打分结果。

综上所述,商业银行绿色金融发展水平、绿色发展和经营状况三者间无直接的相关关系,即于大多数商业银行而言,其经营状况不是绿色金融发展水平的决定因素,绿色发展得分高的银行,其经营状况和绿色金融发展水平未呈现同步增加的情况。此结论说明,研究区间内,商业银行推行绿色金融政策的主要动力源于国家政策引领。随着中国绿色低碳发展新赛道的建立,商业银行应抢占绿色市场先机,提升绿色金融创新能力,将绿色金融理念全面融入其发展战略中,为自身的可持续发展和社会经济的高质量发展承担相应的社会责任和使命。

专题二　中国保险业绿色金融发展评估

一、保险业绿色发展理论与现状

（一）保险业与绿色发展

根据世界气象组织于 2020 年发布的《2015 年至 2019 年世界气候报告》，全球平均气温自工业革命后持续上升，破历史纪录新高。全球气候变暖不仅会引发气温升高、海平面上升、飓风和暴雨等自然灾害，同时也对公众健康、农业生产、水资源管理、生态系统等产生潜在危害，严重威胁经济与社会的健康发展。保险作为风险管理的重要工具，能够有效分散和转移气候灾害损失、降低和预防气候风险对资金的不利影响，已成为国际社会应对气候变化风险的重要方法。当前，我国正处于经济结构调整和发展方式转变的关键时期，对支持绿色产业和经济、社会可持续发展的绿色金融的需求不断扩大。绿色保险是绿色金融体系的重要组成部分，在加强气候及环境风险管理、助推经济低碳转型方面发挥着重要作用。绿色保险包括两部分：从保险公司的负债端来看，是指绿色保险产品及服务；从保险公司的资产端来看，是指保险资金绿色投资。绿色保险机制对环境风险管理具有重要作用，具体途径主要体现在以下三个方面：

第一，通过保险风险管理服务减少环境风险因素的影响。气候变暖的持续发展对环境产生了广泛的影响，造成极端天气发生频率增加，灾害损失增多。随着绿色金融政策的完善，保险业积极行动，发挥保险风险管理功能，为减少因极端天气对生产生活造成的影响和损失，不断完善保险风险管理服务。自 2014 年 5 月深圳开展巨灾保险试点工作以来，深圳、宁波、广东、黑龙江、上海等地相继开展的巨灾保险试点工作中,巨灾保险风险管理内容包括暴雨等与极端天气有关的自然灾害事件,积极探索运用保险机制参与当地的巨灾风险管理。

第二,通过保险产品定价机制促进环境成本内部化。根据投保企业的环境风险管理状况收取差异化的保费费率,这种保险产品及服务定价机制,不仅能加强保险机构业务的风险管理能力,也能在促进环境成本内部化方面发挥作用的工具,促进企业改进环境风险管理以达到投保条件或获得保费优惠。为促使保险机构在开展环境责任险过程中,收集相关企业环境风险管理信息进一步发挥作用。保险业探索建立相应的机制,将开展环境责任险业务过程中收集到的企业环境风险管理信息分享给银行,为银行信贷业务提供相应的信息依据。

第三,通过保险资金运用助力企业绿色化发展。随着绿色金融政策的深化,保险资金绿色投资持续增长,投资领域逐步扩展。2018 年 6 月,中国保险资产管理业协会发布了《中国保险资产管理业绿色投资倡议书》。环境保护政策法规的完善、新能源领域的技术创新、公众环保意识的提升,对资产估值及投资领域的选择会产生越来越重要的影响。

保险产业作为现代金融产业的重要组成部分,在防范社会系统性风险、保障民生等发面发挥着重要作用,在社会生活中的不可或缺性愈加明显。2011—2020 年,中国保险行业资产总规模持续扩张,由 5.98 万亿元增长至 23.3 万亿元,年均复合增长率达到 16.3%。2020 年中国保险行业资产规模增速为 13.3%,全年原保险收入 45257 亿元,同比增长 6.1%,原保险赔付支出 13907 亿元,同比增长 7.9%。国家统计局数据显示,2010 年至 2020 年,中国保险系统机构数量逐年增加,数量由 142 家上升至 235 家,其中,中资保险公司机构由 81 家增长到 160 家,省级分公司个数也明显增多,保险行业在国内发展速度较快①。2020 年世界保险密度平均水平为 818 美元,中国为 430 美元,与世界平均水平存在一定差距。保险作为减震器和稳定器,应该充分发挥托底和保障作用。

---

① 数据来源:https://www.qianzhan.com/analyst/detail/220/210312-c9e5abe2.html。

（二）绿色保险发展现状

绿色保险起源于欧美国家。1976 年美国出台《资源保护和恢复法案》,授权美国国家环保局对毒性废弃物的储存、处理制定管制标准,并对强制要求投保的企业做出规定,美国的强制责任保险制度逐渐形成。绿色保险的顺利推行与政府的强制政策有密切关系,环境责任保险保障的是投保人之外的第三方的利益,投保方和受益方的不一致性使大多数企业不愿意支付额外的保费,然而在严格的环境政策和法律的推动下,企业投保后风险转移,促使积极性提高。国际上的绿色保险模式主要有强制绿色保险模式、自愿与强制相结合的绿色保险模式,兼用强制责任保险与财务保证或担保相结合的绿色保险模式。

从绿色保险的承保机制来看,美国政府的财政支持力度较大,提高了承保公司的积极性。美国采用税收减免、保费补贴、保险公司运营支出补贴的激励措施鼓励保险公司承保绿色保险,扩大绿色保险的覆盖率。事故发生后,对于保险公司的除外责任采用严格解释,即保险公司不承担保单规定的不负赔偿责任的损失,一定程度上降低了保险公司的经营风险。

中国的绿色保险起步较晚,环境污染责任保险始于 1991 年中国人保的试点,并在 2013 年原环境保护部和原中国保险监督管理委员会联合发布《关于开展强制性环境责任保险试点工作的指导意见》后迅速发展。马骏等(2016)将绿色保险描述成"以解决因经济社会活动中的环境问题衍生的环境风险而提供的一种保险制度安排和治理机制"。中国清洁发展机制基金(2021)认为绿色保险主要是指在支持环境改善、应对气候变化和资源节约高效利用等方面提供的市场化保险风险管理服务和保险资金支持,覆盖保险业的负债端和资产端。其中负债端主要向清洁能源、节能环保相关的电力基础设施、新能源汽车、绿色建筑、绿色基建等领域的公司和项目提供责任保险、保证保险等细分财产保险产品及相关服务。资产端主要向相关绿色产业进行投资,发挥保险资金长久期和稳健的特征。

广义上的绿色保险险种包括环境污染强制责任险、巨灾保险、环保类消费品的产品质量安全责任保险、森林保险等产品(中国人民银行等,2016),但是当前对绿色保险的研究多数则集中于环境污染强制责任险(简称"环责险"),国家环境保护总局办公厅于 2007 年印发的《关于开展环境污染责任保险调研报告》的通知,将环责险定义为"以企业发生的污染事故对第三者造成的损害依法应负的赔偿责任为标的的保险"。陈敬元(2016)指出,作为当前我国绿色保险的主要险种,环责险的增长显得较为乏力,原因主要是因为投保环责险属于非强制性的鼓励措施,地方性法规强制投保环责险的地区仍占少数。胡鹏(2018)指出将绿色保险狭隘理解为环责险阻碍了绿色保险的深层次发展,且过分依靠行政措施干预的绿色保险存在市场化不足的问题。

中国绿色保险品种在不断丰富,目前全国环境污染投资达万亿元规模,环境污染责任保险试点已基本覆盖全国各省(区、市),涉及石化、重金属、危险化学品、废物处置、医药、电力、印染等多个领域。在养殖业保险与养殖业病死无害化处理方面进行初步尝试,并陆续开发新的绿色保险产品,涉及行业包括重大技术装备、光伏发电、太阳能发电、风力发电、新材料等。为推进双碳目标,碳保险基于碳排放交易衍生发展。碳排放保险产品一方面为节能减排企业的减排量进行保底,一旦超过排放配额,将给予赔偿;另一方面对碳价格进行风险保障,若市场波动导致碳价格下降,则保险公司为碳价格变动进行损失赔付。全国首单碳保险落地于 2016 年湖北碳排放权交易中心,目前陆续在北京、上海、深圳等试点交易所推进,是碳金融在保险方面的创新。在绿色产品投资、发行绿色信贷和债券、创新绿色保险产品和模式上,保险公司也在发展中积极拓展(见表1)。2021 年,平安产险承保首批深圳环境污染强制责任保险,并首创了根据污染因子数据测算保额的创新定价模式,中国太保和中国人保不断优化绿色保险产品的供给,中国太保资产发行了首只碳中和主题保险资管产品,碳中和的概念也逐渐深入到保险领域。

表1　2015—2021 年部分保险公司绿色保险实践

年份	保险公司	绿色保险实践
2015 年	中国平安	水力发电投资金额 3.5 亿元;玉米天气指数保险 510.5 万元;对三川能源公司股权投资 3.5 亿元;支持重点企业共同设立"绿色丝绸之路基金"300 亿元
	中国太保	与安信农保研发国内首个茶叶低温气象指数保险试点项目;承保风电、核电等清洁能源工程项目;发起"太平洋—东太湖综合整治工程债权投资计划"
	中国人保	发行贵阳地铁投资项目债权投资计划二期、南昌轨道交通债权投资计划、南昌轨道交通 1 号线一期项目、山东鲁信输气干线债券投资计划

续表

年份	保险公司	绿色保险实践
2016 年	中国平安	发行国内首单可续期绿色债券——北控水务绿色公司债 28 亿元
	中国太保	6 月 30 日签发了首份中国城乡居民住宅地震巨灾保险保单
	中国人保	发行人保资本—长沙城投项目债权投资计划、人保资本—南昌轨道交通债权投资计划（第二期）、人保资本—清华启迪创新基金股权投资计划；认购中广核三期产业投资基金、海峡晨阳清洁能源产业基金
2017 年	中国平安	平安—贵阳公交经营收费收益权绿色资产支持专项计划发行债券 26.5 亿元
	中国太保	开发野生动物肇事公众责任项目；全国首单藏系羊牦牛降雪量气象指数；开发业内首款台风保险；中标田湾核电 1—4 号机组核运营保险项目；中标中国广核集团核电统筹保险项目
	中国人保	发行人保—三峡新能源风电债权投资计划、人保资产—中节能新材料环保产业基金股权投资计划、人保资产—前海母基金股权投资计划、人保—华电新能源项目债权投资计划
2018 年	中国平安	启动"深圳绿色保险创新产品试点"
	中国太保	创新 27 款气象指数保险；中标海南核电 2018—2021 年运营保险项目
	中国人保	率先在浙江衢州推出安全生产和环境污染综合责任保险，承保 135 家企业，提供风险保障 120 亿元；创新建立"保险+服务+监管+信贷"的环境污染责任保险新模式
2019 年	中国平安	宣布正式签署联合国支持的"负责任投资原则"（简称 UNPRI），成为中国第一家加入该组织的资产所有者
	中国太保	建立长三角区域内环境治理的共保联治机制，扩大环责险覆盖面；开发 43 款气象指数保险；陕西商洛市农业巨灾保险；承保珠三角水资源项目
	中国人保	贷款保证险帮助绿色企业融资 2.64 亿元；承保森林面积 11.58 亿亩；签发首单"绿色建筑性能责任保险"；发起设立股权债权投资计划，发起设立 9 只金融产品，规模总计 145.1 亿元
2020 年	中国平安	宣布正式签署"一带一路"绿色投资原则，是全球首家签署该原则的保险集团；宣布签署《联合国环境规划署金融倡议可持续保险原则》；新华社中国经济信息社与中国平安集团联合发布"新华 CN-ESG 评价体系"
	中国太保	与青浦区、吴江区和嘉善县人民政府共同签署《长三角生态绿色一体化发展示范区绿色保险战略合作协议》
	中国人保	在浙江省湖州市落地全国首单"保险+服务+信贷"绿色建筑性能保险；联合清华苏州环境创新研究院发布业内首份《化工园区绿色保险与安环风险白皮书》

续表

年份	保险公司	绿色保险实践
2021 年	中国平安	平安产险承保首批深圳环境污染强制责任保险，并首创了根据污染因子数据测算保额的创新定价模式；平安产险开创绿色保险产品森林碳汇遥感指数保险在河北、广西、湖南三省相继试点落地，累计为 13 万亩林地提供 1558.2 万元碳汇风险保障；推出了以广东省巨灾指数保险为代表的灾害险
	中国太保	长江养老发行首单 ESG 保险资管产品——金色增盈 6 号，填补了养老保险资管领域在 ESG 产品发行方面的空白；绿色保险创新示范项目在上海、苏州、浙江三地与政府建立起紧密的合作关系，在建立行业标准上发挥主导作用；与上海环境能源交易所、申能碳科技有限公司、交通银行达成"碳配额+质押+保险"合作；太保资产发行首只碳中和主题保险资管产品
	中国人保	相继在北京、青岛、湖州、苏州、宁波、天津等地试点，推出既有建筑节能改造保险

　　绿色保险作为绿色金融体系的一部分，在增强环境污染治理、减轻企业经营负担和政府治理压力以及维护社会稳定方面发挥了积极的作用。绿色保险扩大了环境治理参与主体范围。就投保双方而言，保险公司在承保期间会对企业的环境风险状况进行评估，向投保人提出合理的消除隐患的措施；投保人要求在投保期间披露企业的污染危险等级、风险状况变化等信息，为降低环境污染带来的成本，投保人会积极采取措施降低环境风险。投保人通过购买绿色保险产品，将不确定的损失转移给保险公司，而保险公司为了降低自身风险，也会督促投保人做好防污工作。绿色保险为环境突发事故的托底在一定程度上减轻了政府的负担。完善成熟的绿色保险制度是处理环境污染纠纷的有效措施，通过责任社会化的方式对生态权益给予补偿，促进了经济的绿色低碳转型。

二、保险业绿色金融发展水平评价指标体系

　　环境污染事故严重威胁着人民的生命和财产安全，还给生产活动造成了不可估量的损失。2012 年联合国环境规划署发布了《保险业可持续发展原则》，提出保险行业应对环境风险治理的分析框架，强调保险行业应发挥风险防范管理功能支持经济绿色发展。

　　绿色保险需要为市场参与者创造环境收益和经济收益,同时对隐含的风险进行防范和监管。绿色保险的研究侧重于法律制度的完善(胡鹏,2018;时钰,2021)、绿色保险助力碳中和实现(王建魁和孙哲斌,2021;刘向东,2022)、绿色保险激励机制(王波和岳思佳,2020;Wei et al.,2021)等,对保险公司绿色保险业务的产出效率评价和风险管理鲜有涉及。关于测度绿色保险发展规模的指标以绿色保险保额、赔付金额作为参考依据,用两者同比增长率来衡量绿色保险业务发展速度(绿色金融发展研究中心,2021),但是绿色保险规模大、增速快不等于发展效率高。保险公司开展绿色保险业务不仅是为了响应相关政策要求,同时也为其绿色发展新赛道抢占先机,获得绿色保险带来的经济新增长点。构建保险公司绿色金融发展水平评价指标体系,测度其绿色保险投入产出效率,能精准指导保险公司高效地开展绿色业务,促进绿色金融市场健康有序发展。

(一)指标体系构建及测度

　　保险公司的经营能力与绿色发展水平影响着保险公司的绿色金融发展水平,前者是保险公司可持续发展的经济基础,后者是实现保险公司可持续发展的重要手段。综上所述,从经营能力和绿色发展两方面对保险公司绿色金融发展水平进行评价。经营能力包括经济规模、盈利能力、偿债能力等三个方面。绿色发展包括绿色业务、绿色理念、绿色发展潜能、绿色工作反馈等四个方面(见表2)。

表2　保险业绿色金融发展水平评价指标体系

一级指标	二级指标	权重	三级指标	权重	
经营能力	经济规模	33.30%	总资产	50%	定量
			利润总额	50%	定量
	盈利能力	33.30%	净资产利润率	33.30%	定量
			资金运用收益率	33.30%	定量
			保费收入增长率	33.30%	定量
	偿债能力	33.30%	资产负债率	33.30%	定量
			综合偿付能力	33.30%	定量
			流动比率	33.30%	定量

一级指标	二级指标	权重	三级指标	权重	
绿色发展	绿色业务	50%	绿色保险规模	20%	定量
			绿色保险赔付率	20%	定量
			开展绿色信贷业务	20%	定性
			投资绿色环保项目	20%	定性
			与第三方合作	20%	定性
	绿色理念	15%	把绿色发展纳入公司决策和业务流程	33.30%	定性
			向员工培训绿色知识、宣传绿色环保理念	33.30%	定性
			绿色办公	33.30%	定性
	绿色发展潜能	25%	员工整体素质	20%	定量
			数据信息化程度	20%	定性
			研发新型绿色保险产品	20%	定性
			创新绿色保险模式	20%	定性
			创新环境风险评估服务	20%	定性
	绿色工作反馈	10%	公开披露绿色数据	50%	定性
			企业新闻披露环境大事件应对情况	50%	定性

经营能力指标包括经济规模、盈利能力和偿债能力等三个方面的二级指标。总资产为保险公司流动资产、长期投资、固定资产、无形资产及其他资产的总和。利润总额为保险公司营业利润加上投资收益、补贴收入、营业外收入,减去营业外支出后的金额。净资产利润率用于评价保险公司净利润同净资产的关系和净资产的盈利能力。资金运用收益率是衡量保险公司资金水平和资金运用效率的关键指标。保费收入增长率=(本年保费收入-上年保费收入)/上年保费收入×100%,该指标越高,说明保险公司市场开拓能力越强,取值正常范围为-10%—50%。资产负债率为适度指标,该比率过高说明保险公司面临偿债风险,过低则说明该公司缺乏开拓能力。综合偿付能力用于衡量保险公司如期履行保险赔偿或给付能力。保监会规定保险公司偿付能力达标必须满足综合偿付能力充足率不低于100%。流动比率为适度指标,主要评价保险公司的资产变现能力,过低影响资金的流动性和支付能力,过高也会降低资金的增值能力。流动性比率正常范围为100%—120%,低于1则说明保险公司的资产市值不足偿还债

务,经营风险加大。

由于现阶段保险公司绿色业务相关信息披露不完善,采用定量指标和定性指标相结合的方式构建绿色发展指标体系,即绿色业务、绿色理念、绿色发展潜能和绿色工作反馈等四个方面。其中,绿色保险规模、绿色保险赔付率、员工整体素质为定量指标。绿色保险规模为绿色保险收入除以保险收入合计,用于衡量保险公司绿色产品的发展规模和公司对绿色保险的重视程度。绿色保险赔付率为绿色保险赔付支出除以绿色保险保费收入,反映绿色保险发展质量。员工整体素质为保险公司本科以上学历员工人数除以员工总数,反映其员工学历水平。对定性的指标采取 0—1 赋分法,评分依据为保险公司官网披露的信息。

评价指标体系中,资产负债率和流动性比率为适度指标,因此,采用的正向化,即 $x = 1 - \dfrac{|k-a|}{k}$(k 为该项指标的适度值,a 为该项指标的实际值,x 为该项指标正向化后的取值)。

中国保险公司在规模上呈现较大的差异化,例如 2019 年中国人保财险总资产为 5506 亿元,利润总额为 242 亿元,而长江财险的总资产和利润总额分别为 23 亿元、-194.86 亿元,呈现极大差距。因此,对指标采用归一化处理,即 $x' = \dfrac{x - \min(x)}{\max(x) - \min(x)}$。评分过程中,一级指标下的经济规模实力仅作为参考。

(二)数据来源与描述性统计

根据保险公司绿色金融发展水平指标数据可得性,选取 2018—2019 年财险公司共计 30 个样本保险公司,进行详细分析,寿险、资本、再保公司尽管也推行绿色保险,但其主营业务并不涉及绿色保险。表 3 汇总了 2018—2019 年样本公司相关变量的描述性统计结果。

表3 2018—2019年保险公司相关指标描述性统计

变量名称	2018 年				2019 年			
	均值	标准差	最小值	最大值	均值	标准差	最小值	最大值
资产总额	54520	119117	2744	550690	57789	129103	3001	595247
利润总额	1917	5730	−369.2	24268	1801	6117	−4101	24653
净资产利润率	−0.0057	0.126	−0.409	0.171	0.0139	0.101	−0.247	0.222
资金运用收益率	0.0315	0.0114	0.0077	0.0659	0.0315	0.0110	−0.0011	0.0503
保费收入增长率	0.133	0.144	−0.220	0.484	0.124	0.106	−0.0546	0.454
资产负债率	0.674	0.138	0.218	0.865	0.664	0.156	0.163	0.884
综合偿付能力	3.122	2.405	1.337	14.920	2.745	0.831	1.260	4.550
流动比率	1.244	0.529	0.590	2.970	1.172	0.377	0.590	2.070
绿色保险规模	0.144	0.243	0.0008	0.831	0.173	0.245	0.0008	0.831
绿色保险赔付率	0.744	0.292	0.156	1.791	0.795	0.289	0.156	1.791
开展绿色信贷业务	0.133	0.346	0	1	0.133	0.346	0	1
发行绿色债券	0.233	0.430	0	1	0.267	0.450	0	1
投资绿色环保项目	0.267	0.450	0	1	0.267	0.450	0	1
把绿色发展纳入公司决策和业务流程	0.167	0.379	0	1	0.233	0.430	0	1
向员工培训绿色知识、宣传绿色环保理念	0.167	0.379	0	1	0.233	0.430	0	1
绿色办公	0.700	0.466	0	1	0.700	0.466	0	1
员工整体素质	0.400	0.181	0.106	0.834	0.400	0.181	0.106	0.834
数据信息化	0.400	0.498	0	1	0.433	0.504	0	1
研发新型绿色保险产品	0.200	0.407	0	1	0.233	0.430	0	1
创新绿色保险模式	0.333	0.479	0	1	0.300	0.466	0	1
创新环境风险评估服务	0.0333	0.183	0	1	0.0667	0.254	0	1

变量名称	2018 年				2019 年			
	均值	标准差	最小值	最大值	均值	标准差	最小值	最大值
公开披露绿色数据	0.367	0.490	0	1	0.400	0.498	0	1
企业新闻披露环境大事件应对情况	0.300	0.466	0	1	0.300	0.466	0	1

　　2018 年统计数据显示,保险业总资产和净资产分别为 18 万亿元和 2 万亿元,同比增加 9.45% 和 6.95%,净资产增幅降至 6 年来最低。净资产的增加主要来自资管公司和再保公司,财险公司的净资产呈现下滑趋势,76 家财险公司中有 40 家净资产减少,财产险公司共承保亏损 13.59 亿元,利润率为 -0.13%。选取的 30 家财险公司中,2018 年的总利润最小值为浙商财险。华安保险、安华农险、安盛天平、都邦财险、中煤财险、浙商财险、国任财险 7 家保险公司的净资产利润率为负值,并且安华农险和浙商农险的亏损情况严重,净资产利润率分别为 -0.39 和 -0.41。从财险公司的偿付能力来看,银保监会规定保险公司每季度披露偿付能力指标并要求综合偿付率不低于 100%,各保险公司偿付能力控制在合理水平。2019 年保险行业的总资产突破 20 万亿元,同比增长 12.2%,保费收入和资金运用方面实现了恢复性增长,利润总额首次突破 3000 亿元。人保财险的资产总额和利润总额在 2018 年和 2019 年位列第一,市场份额占整个保险行业的 33% 以上,位居行业第一。

　　保险公司官网信息和社会责任报告显示,2018—2019 年保险公司绿色发展欠佳。保险公司在推行绿色办公方面表现较好,即日常经营活动中充分利用协同办公系统、倡导绿色出行、对办公区域进行智能化改造,减少水电等资源消耗,但绿色产品和服务创新不足。2018 年仅有 6 家保险公司开发了新型绿色环保产品,8 家公司在报告中或官网新闻中披露投资绿色项目,2019 年则分别为 7 家和 8 家。其中人保财险、平安财险、国寿财险、太保财险在绿色业务的开展、创新以及信息披露方面相对完善。

三、保险业绿色金融发展水平测度

(一)保险公司经营能力分析

表4汇总了2018—2019年保险公司经营能力评分结果及排名状况。其中,2018年北部湾财险经营能力得分排名第一(0.886分),浙商财险得分最低(0.408分),2019年泰山财险经营能力得分排名第一(0.831分),浙商财险得分最低(0.349分)。2018年国元农险的盈利能力最好,大地保险偿付能力最好。

表4　2018—2019年保险公司经营得分及排名

公司名称	2018 年			2019 年			2018 年排名	2019 年排名
	盈利能力	偿付能力	经营能力	盈利能力	偿付能力	经营能力		
人保财险	0.719	0.691	0.708	0.688	0.760	0.724	8	4
国寿财险	0.604	0.611	0.607	0.655	0.686	0.671	20	14
大地保险	0.651	0.815	0.707	0.599	0.899	0.749	9	3
太平财险	0.644	0.545	0.619	0.533	0.649	0.591	18	22
太保产险	0.711	0.676	0.672	0.682	0.746	0.714	15	6
平安产险	0.756	0.568	0.696	0.709	0.680	0.694	11	9
中华财险	0.711	0.673	0.696	0.747	0.691	0.719	12	5
阳光产险	0.688	0.564	0.684	0.612	0.693	0.652	13	16
华泰财险	0.580	0.707	0.706	0.446	0.824	0.635	10	18
天安财险	0.727	0.656	0.715	0.162	0.661	0.412	7	28
华安保险	0.536	0.673	0.603	0.611	0.628	0.620	23	19
永安保险	0.773	0.688	0.761	0.670	0.731	0.701	5	8
安信农险	0.684	0.571	0.605	0.648	0.717	0.683	22	12
安华农险	0.300	0.471	0.437	0.514	0.583	0.548	28	23
安盛天平	0.410	0.735	0.513	0.483	0.791	0.637	26	17
阳光农险	0.600	0.303	0.674	0.426	0.489	0.458	14	27
都邦财险	0.511	0.589	0.539	0.394	0.615	0.504	25	26

续表

公司名称	2018 年			2019 年			2018 年排名	2019 年排名
	盈利能力	偿付能力	经营能力	盈利能力	偿付能力	经营能力		
华农财险	0.738	0.769	0.802	0.388	0.681	0.534	2	25
亚太保险	0.714	0.622	0.606	0.748	0.774	0.761	21	2
安诚财险	0.624	0.498	0.428	0.400	0.684	0.542	29	24
中煤财险	0.493	0.374	0.492	0.370	0.446	0.408	27	29
紫金财险	0.610	0.722	0.648	0.646	0.740	0.693	16	10
浙商财险	0.418	0.412	0.408	0.226	0.472	0.349	30	30
国任财险	0.663	0.764	0.720	0.568	0.750	0.659	6	15
泰山财险	0.667	0.740	0.638	0.827	0.834	0.831	17	1
锦泰财险	0.727	0.726	0.794	0.618	0.757	0.687	3	11
诚泰财险	0.613	0.484	0.548	0.783	0.640	0.712	24	7
北部湾	0.856	0.722	0.886	0.548	0.666	0.607	1	20
国元农险	0.788	0.809	0.799	0.479	0.869	0.674	4	13
中原农险	0.644	0.521	0.583	0.568	0.622	0.595	19	21

2019 年泰山财险保险业务收入较 2018 年同比增长 30.57%,净利润同比增长 130.3%,其盈利能力和偿付能力均为最优,投资额和业务规模都呈上涨趋势。诚泰保险在经历保险业务连年亏损后,2019 年净利润有所增长,投资收益率水平较高。2019 年华农财险的盈利能力和偿付能力都有下滑,其中净利润由 7.5 亿元下降至 -2.16 亿元,而投资收益和保费收入只有小幅度增加,总体造成盈利能力下滑。2019 年亚太保险保费业务收入和投资收益同比分别增长 26.5%和 12.7%,在 30 家保险公司中处于靠前位置。

(二)保险公司绿色发展水平分析

表 5 汇总了保险公司绿色发展水平评分和排名情况。相较于保险公司经营能力得分,2018—2019 年其绿色发展水平排名的波动幅度较小。亚太保险、天安财险、浙商财险、国任财险等保险公司绿色发展水平得分较低,主要由于这几家保险公司的社会责任报告和企业新闻中有关绿色业务的信息披露较少,一定程度上说明该公司开展绿色业务的积极性不高,绿色发展水平偏低。

表5 2018—2019年保险公司绿色发展得分及排名

保险公司	2018年					2019年					2018年排名	2019年排名
	绿色业务	绿色理念	绿色发展潜能	绿色信息反馈	绿色发展水平	绿色业务	绿色理念	绿色发展潜能	绿色信息反馈	绿色发展水平		
人保财险	0.795	0.666	0.269	0.5	0.614	0.684	1	0.609	0.5	0.694	1	1
国寿财险	0.578	0.333	0.224	1	0.495	0.699	0.666	0.297	0.5	0.574	7	4
大地保险	0.603	0.666	0.230	1	0.559	0.201	0.333	0.224	0	0.206	4	19
太平财险	0.570	0.333	0.600	0.5	0.535	0.475	0.666	0.231	1	0.495	6	6
太保产险	0.776	1	0.205	0	0.589	0.499	0.333	0.600	0.5	0.499	3	5
平安产险	0.555	0.666	0.251	1	0.540	0.737	1	0.525	0	0.650	5	3
中华财险	0.526	0.333	0.432	0	0.421	0.340	0.666	0.267	1	0.436	10	7
阳光产险	0.180	0.333	0.288	1	0.312	0.485	0.333	0.449	0	0.405	12	8
华泰财险	0.189	0.333	0.236	0	0.203	0.089	0.333	0.340	1	0.280	23	12
天安财险	0.160	0	0.056	0	0.094	0.062	0.333	0.064	0	0.097	29	27
华安保险	0.143	0.333	0.426	0	0.228	0.088	0	0.082	0	0.064	20	30
永安保险	0.319	0	0.200	0	0.210	0.100	0.333	0.227	0	0.157	21	24
安信农险	0.151	0.333	0.241	0	0.186	0.180	0	0.094	0	0.114	25	25
安华农险	0.321	0.333	0.124	0	0.241	0.100	0.333	0.279	0	0.170	18	23
安盛天平	0.536	0.333	0.434	0.5	0.477	0.233	0.333	0.176	0	0.211	8	18
阳光农险	0.132	0	0.026	0.5	0.123	0.265	0.333	0.018	0.5	0.237	28	14
都邦财险	0.260	0	0.499	0.5	0.305	0.061	0	0.485	0.5	0.202	13	20
华农财险	0.085	0.666	0.258	0.5	0.257	0.223	0.333	0.297	0.5	0.286	17	10
亚太保险	0.174	0.333	0.050	0	0.150	0.039	0.333	0.021	0	0.075	27	29
安诚财险	0.149	0.666	0.216	0.5	0.279	0.150	0.666	0.240	0.5	0.285	14	11
中煤财险	0.405	0.333	0.050	0	0.265	0.318	0.333	0.076	0	0.228	16	17
紫金财险	0.169	0	0.223	0.5	0.190	0.087	0.333	0.209	0.5	0.196	24	21
浙商财险	0.007	0.333	0.062	0	0.069	0.079	0	0.288	0	0.112	30	26
国任财险	0.271	0.333	0.084	0	0.207	0.002	0.333	0.143	0	0.087	22	28
泰山财险	0.400	0	0.294	0.5	0.324	0.098	0.333	0.325	0.5	0.230	11	16
锦泰财险	0.175	0.333	0.063	0	0.153	0.113	0	0.510	0.5	0.234	26	15
诚泰财险	0.228	0	0.446	0.5	0.275	0.143	0.333	0.076	0.5	0.191	15	22
北部湾	0.236	0.333	0.067	0.5	0.234	0.055	0.333	0.517	0.5	0.257	19	13
国元农险	0.375	0.333	0.475	1	0.456	0.230	0.333	0.501	1	0.390	9	9
中原农险	0.685	0.666	0.414	0.5	0.596	0.845	1	0.210	0.5	0.675	2	2

对比影响绿色发展水平的四个因素,保险公司在绿色发展潜能和工作反馈上存在较大不足,部分保险公司的绿色理念也存在明显不足。现阶段,关于环境污染责任保险制度建设的法律框架已初步形成,为完善环境污染责任保险制度提供了法律依据。然而,由于这些规定只是原则性的条款,缺乏实施细则,可操作性差,导致绿色保险"叫好不叫座"。此外,现阶段绿色保险产品种类较少,主要为环境责任险、巨灾险等,叠加保险公司绿色业务相关数据披露不完善,导致其绿色发展评分整体偏低。

(三)保险公司绿色金融发展水平分析

表6汇总了2018—2019年保险公司绿色金融发展水平测度结果。

表6　2018—2019年保险公司绿色金融发展水平测度结果

公司名称	2018年				2019年			
	经营能力得分	经营能力排名	绿色发展水平总分	绿色发展排名	经营能力得分	经营能力排名	绿色发展水平总分	绿色发展排名
人保财险	0.708	8	0.614	1	0.724	4	0.694	1
国寿财险	0.607	20	0.495	7	0.671	14	0.574	4
大地保险	0.707	9	0.559	4	0.749	3	0.206	19
太平财险	0.619	18	0.535	6	0.591	22	0.495	6
太保产险	0.672	15	0.589	3	0.714	6	0.499	5
平安产险	0.696	11	0.540	5	0.694	9	0.650	3
中华财险	0.696	12	0.421	10	0.719	5	0.436	7
阳光产险	0.684	13	0.312	12	0.652	16	0.405	8
华泰财险	0.706	10	0.203	23	0.635	18	0.280	12
天安财险	0.715	7	0.094	29	0.412	28	0.097	27
华安保险	0.603	23	0.228	20	0.620	19	0.064	30
永安保险	0.761	5	0.210	21	0.701	8	0.157	24
安信农险	0.605	22	0.186	25	0.683	12	0.114	25
安华农险	0.437	28	0.241	18	0.548	23	0.170	23
安盛天平	0.513	26	0.477	8	0.637	17	0.211	18
阳光农险	0.674	14	0.123	28	0.458	27	0.237	14
都邦财险	0.539	25	0.305	13	0.504	26	0.202	20

续表

公司名称	2018 年				2019 年			
	经营能力得分	经营能力排名	绿色发展水平总分	绿色发展排名	经营能力得分	经营能力排名	绿色发展水平总分	绿色发展排名
华农财险	0.802	2	0.257	17	0.534	25	0.286	10
亚太保险	0.606	21	0.150	27	0.761	2	0.075	29
安诚财险	0.428	29	0.279	14	0.542	24	0.285	11
中煤财险	0.492	27	0.265	16	0.408	29	0.228	17
紫金财险	0.648	16	0.190	24	0.693	10	0.196	21
浙商财险	0.408	30	0.069	30	0.349	30	0.112	26
国任财险	0.720	6	0.207	22	0.659	15	0.087	28
泰山财险	0.638	17	0.324	11	0.831	1	0.230	16
锦泰财险	0.794	3	0.153	26	0.687	11	0.234	15
诚泰财险	0.548	24	0.275	15	0.712	7	0.191	22
北部湾	0.886	1	0.234	19	0.607	20	0.257	13
国元农险	6.500	4	0.423	9	0.674	13	0.390	9
中原农险	10.5	19	0.604	2	0.595	21	0.675	2

对比保险公司的经营能力和绿色发展水平,天安财险、安诚财险、浙商财险等保险公司绿色发展水平较落后,这几家公司当年的利润总额均为负值。可见,保险公司绿色发展水平在很大程度上取决于其经营能力。这是由于保险公司面临风险复杂多样,一旦造成损失则赔偿金额巨大。绿色保险的赔付率明显高于寿险和其他财险,并且绿色保险赔付变异系数是其他险种的几倍,导致绿色保险陷于低利润回报状态。以绿色保险中占比最大的环境责任保险为例,该保险是以企业发生污染事故对第三者造成的损害依法应承担的赔偿责任为标的,环境污染侵权事故的受害人往往分布广泛,且损害后果严重,一旦出险保险公司由此承担的赔付金额巨大,甚至出现超赔现象,这导致部分保险公司收缩绿色保险业务规模。

《中国环境污染责任保险问题与分析》报告显示,在全国范围,投保企业数量占规模以上工业企业的比例不足 5%。可销性是绿色保险能否持续发展运营的重要因素。2013 年环境保护部和保监会对环境高风险企业的投保意愿进行调查,结果显示企业虽支持环境污染强制责任保险,但投保意愿不足。经济实力雄厚的企业认为可以自行解决环境赔偿问题,而经济实力较弱的中小型企业投保数量更是不足,部分投保企业是在政府动员下才投保的;在已经参保的企业中,也会出现中途弃保的现象。究其原因,一方面投保企业认为绿色保险赔付率不足以覆盖事故发生后带来的损失。在短期时间内投保企业的环境风险并没有暴露出来,环境污染责任风险多为低频高损风险。保险公司和投保企业在理赔定损上没达成统一,容易造成投保企业认为该赔但未赔情况发生。保险公司理赔时需要投保企业出具环境污染事故性质的认定,若相关材料不完备则难以得到赔偿。另一方面,绿色保险作为新兴产品,企业、基层环保部门、公众个人对该保险存在认知滞后的情况,导致该类型保险产品的市场认可度偏低。

据统计,2010—2019 年,天气灾害事件的经济损失和保险赔付分别为 16180 亿美元和 6010 亿美元,赔付率仅为 37.1%(Fan and Bevere,2020),绿色保险的发展空间极大。随着绿色金融政策的不断完善,保险公司应扩大绿色产品供给,通过规模效应提升绿色保险的经营利润。从保险公司层面来看,保险公司经营绿色业务时,通常会面临更高的风险。保险公司在设计绿色保险产品时可以制定与投保企业环境风险相匹配的保险条款和充分细化的费率体系。随着公众对气候风险认知水平提高,绿色保险市场需求增加,保险公司开展绿色保险业务和绿色投资业务能提高其市场占有率和声誉,迎来经济的新增长点。保险作为经济社会的"减震器",绿色保险能提高企业乃至社会对环境风险的韧性。保险公司应创新绿色产品和相关服务,细化承保项分散和防范绿色发展带来的金融风险,为经济和社会的高质量发展承担相应的社会责任。

专题三　中国绿色金融政策可持续发展的理论探索

　　为应对气候变化和环境风险,实现经济绿色转型,中国政府和相关职能部门制定了一系列的绿色金融政策及实施方案,以充分满足绿色发展的资金需求。2022年10月,习近平总书记在中国共产党第二十次全国代表大会(简称"二十大")上提出"完善支持绿色发展的财税、金融、投资、价格政策",表明了中国发展绿色金融的决心。然而,绿色金融政策的连续性将影响经济绿色转型的效果和效率。美国作为巴黎协议的缔约国之一,前美国总统特朗普于2019年宣布退出巴黎协定,拜登当选美国总统后于2021年宣布再次加入巴黎协定。可见,不同的决策者对气候变化的态度不同,直接影响到绿色金融政策的连续性。尽管中国政府一直坚持环境保护的基本国策,并出台了一系列的绿色金融政策推动绿色发展,但是,政策的变更与执行力度也将给金融机构带来转型风险,间接影响绿色金融政策的延续性。发展绿色金融应该是一种金融常态,融于经济的各个发展阶段,是一种经济发展方式。中国绿色金融政策的推行初期主要依靠政府"自上而下"引导相关主体参与实现绿色转型和升级。离不开政府引导,但绿色金融政策的可持续性则需要与市场联动,最后达到稳态,即由市场机制推动绿色金融"自下而上"发展,政府则履行监督和管理职责。

　　绿色金融"自下而上"的发展范式主要分为两类:一是由参与主体提高社会责任意识,积极推动绿色金融的发展,即各个参与主体自觉承担社会责任,政府只需稍加引导,绿色金融市场实现有效运行。另一种是家庭部门提高自己的环保意识,增加对绿色产品和服务的偏好,充分发挥家庭部门的市场引导作用。若家庭部门提高对环保的偏好,选择购买绿色商品或服务,并且选择环境友好企业就业,向环境友好企业提供土地等资本,迫使企业推动绿色转型,实现绿色生产。家庭部门选择绿色银行存款或购买绿色理财产品、绿色投资,充分发挥"用脚投票"的作用,推动企业和金融部门实现绿色转型。2021年12月,中央经济工作会议明确要求要"在消费领域,增强全民节约意识,倡导简约适度、绿色低碳的生活方式"。数据显示①,中国居民生活碳排放量约占总排放量的40%,一部分企业碳排放因居民消费需求而产生。2022年10月,二十大报告中,进一步明确"推动形成绿色低碳的生产方式和生活方式","协同推进降碳、减污、扩绿、增长,推进生态优先、节约集约、绿色低碳发展"。可见,家庭部门在实现经济绿色转型中的作用不容忽视,提高家庭部门的环保意识,能有效降低碳排放。家庭部门也能通过"用脚投票"的方式,倒逼棕色企业绿色低碳转型,缩短实现经济绿色转型的进程。据此,基于真实商业周期模型,纳入家庭部门环保意识,构建包含政府部门、企业部门和家庭部门的三部门DSGE模型,分析不同绿色低碳经济发展阶段碳税制度和政府补贴政策对环境质量和经济发展的影响,探讨中国绿色金融政策如何实现自身可持续发展。

一、绿色金融政策可持续发展理论分析

双碳目标下,绿色金融成为实现经济绿色转型的重要手段,但目前仍面临巨大的资金缺口。消费者、企业和政府是主要的投资主体和融资主体,其消费意识和投资意识既影响金融机制运行,也受到金融机制影响。绿色金融在消费金融领域的创新,能够促进消费者购买更节能环保的产品,培养消费者的绿色消费意识。绿色金融对企业生产行为的影响主要体现在社会资金配置方面。例如,美国纽约绿色银行对环境友好型项目提供优惠贷款利率、降低贷款门槛或者延长贷款期限等措施对环境友好企业进行扶持,以延缓气候变化对环境和人类造成的影响;对环境具有正外部性企业的融资项目收取较低的利率,促进企业改善环境,为企业环境友好行为提供正向经济激励。因此,绿色金融的发展意味着经济发展方式和企业生产方式的转变,绿色金融理念应融于经济循环的各个环节,兼

---

① 数据来源:https://www.bjnews.com.cn/detail/162987487214986.html。

顾减碳排和经济高质量发展双重红利,发挥家庭部门作用,构建绿色经济发展闭环(如图1所示)。

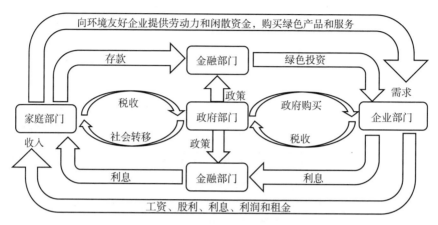

图1　绿色经济资金循环流动模型

在绿色经济循环中,家庭部门、企业部门、金融部门和政府部门之间形成了紧密联系,家庭部门向企业部门提供劳动力和闲散资金,并使用企业部门支付的工资等回报购买企业部门提供的产品及服务,将闲置资金投放到金融部门进行保值增值;金融部门集中了来自家庭部门的闲置资金之后,将资金投放到企业部门,以存贷利差为主要收入来源;企业部门利用来自家庭部门和金融部门的资本进行生产经营,为社会提供产品和服务。在这一过程中,政府部门会出台相应的财政政策和规范性的文件等,对家庭部门、企业部门和金融部门采取税收、财政补贴等财政手段,并对其进行监督管理,以保证绿色经济的健康有效发展。

现阶段,中国主要采取财政补贴和碳排放权交易市场两种措施,支持绿色企业发展和推动重污染企业和高碳排企业绿色低碳转型。碳排放权交易能通过市场供求关系决定配额价格,实现碳排放的一般均衡,弥补企业转型资金缺口。现阶段中国采用碳配额方式确定企业的碳排放额度,然而,在碳排放量不确定的阶段,无法精确分配碳排放份额,使市场价格无法准确反映供需之间的关系,影响市场的有效运转。此外,财政补贴持续投入经济绿色低碳转型,将加剧财政压力,损害经济发展。马骏(2021)指出"按与《绿色产业目录》相一致的'报告口径'测算,中国未来三十年的绿色低碳投资累计需求将达487万亿人民币",而随着绿色转型的不断推进,对财政政策将提出更高要求。财政补贴和碳排放权交易两种政策只能解决部分绿色资金需求,急需探讨别的政策以解决二者存在的不足。蔡栋梁等(2019)指出,只有碳排放补贴和碳税两种政策组合时,才能同时实现环境改善和经济增长两个目标。胡艺等(2020)对比分析了碳税和碳排放权交易制度在发达国家和发展中国家的有效性和适应性,指出碳税在减少发展中国家的碳排放上更有效。李毅等(2021)利用CGE模型分析了碳税制度对中国能源、经济和环境的影响,指出政府在推行碳税制度时应辅以合理的经济政策。可见,碳税制度存在三个优势:一是碳税能够帮助碳市场发现长期的碳价格,增强碳交易市场的流动性和可预期性,降低市场失灵(中国财政科学研究院课题组,2018);二是政府可以将碳税资金用于绿色产业补贴,减少政府的额外支出,缓解财政压力(王茹,2021);三是当碳税通过产品价格转移到最终消费者后,消费者能够直观感知碳排放的成本,从而提高减排意识。

综上所述,现阶段关于绿色金融政策的研究成果主要集中于碳税等制度自身对环境质量和经济发展的影响,忽略了家庭部门的作用。图1显示,家庭部门作为经济活动中的最小生产主体,在社会运行中具有不可或缺的重要作用。作为经济活动中最小的生产单位,家庭部门通过选择购买绿色商品或服务、选择环境友好企业就业、向环境友好企业投资等方式,能够充分发挥其"用脚投票"的作用,"自下而上"地影响企业生产方式。可见,家庭部门同样影响绿色金融政策的正常运行,在探讨绿色金融政策可持续发展时,不能忽略家庭部门的作用。但是现阶段中国家庭部门在绿色金融发展中发挥的作用较小。要想加速绿色发展,家庭部门的参与是有效的破冰利器。因此,将家庭部门引入绿色金融的传导当中,以探究在绿色金融的未来发展中家庭部门如何更好促进绿色金融发展。

二、绿色金融政策可持续发展的模型设计

近年来,绿色金融领域的定量研究发展迅速,但适用于绿色金融政策研究的

模型甚少。在国内外受到广泛应用的动态随机一般均衡(DSGE)模型,强调宏观经济的微观基础,通过优化经济主体的跨期决策,从而实现宏观经济均衡(钟永飞等,2017)。DSGE 模型能够为多种经济政策的分析提供一个基本参照点,展现经济政策引入前后,经济体中各变量稳态与波动性的差异,以及各变量取值发生变化的动态过程(王遥等,2019)。该模型为本书分析绿色金融传导机制的问题提供理论支撑,适用于衡量各种外生冲击给经济系统带来的周期性影响。

在环境和经济领域,应用 DSGE 模型分析绿色金融相关问题的文献较少,学者主要利用此模型分析各种政策冲击对产出、就业等宏观变量的影响。Fischer和 Springborn(2011)利用 DSGE 模型分析碳排放强度、碳排放税以及碳排放配额三种政策对社会福利的影响,指出制定碳排放强度目标为最优的政策。Annic-chiarico 和 Dio(2015)在具有名义不确定性和实际不确定性的新凯恩斯模型中,研究不同环境政策制度下经济体的动态行为,指出碳排放上限政策可能会抑制宏观经济波动,环境政策对冲击的最优反应受到价格调整程度和货币政策反应的强烈影响。钟永飞等(2017)以新疆地区为例,构建包括代表性家庭、企业、政府在内的 DSGE 模型,对绿色转型可能影响到的投资、产出、就业等宏观经济变量的冲击进行测度,指出在推动经济绿色转型的动态过程中,会造成一定的宏观经济损失,但经济实现绿色转型后会产生显著收益,从总体来看绿色转型的效益远高于成本。肖红叶和程郁泰(2017)以整个中国的经济系统为研究对象,通过引入环境因素处理技术,构建 E-DSGE 模型框架,发现环境政策对中国经济系统稳定性没有产生特别强烈的负面冲击,但不同减排政策存在较大区分度等信息。王遥等(2019)在真实商业周期框架中引入银行部门,将厂商部门拆分为"绿色"与"其他"两部分,发现绿色信贷的贴息、定向降准、再贷款(调整再贷款利率与质押率)均是有效且合意的激励政策。邹乐欢等(2020)构建六部门DSGE 模型分析技术外生冲击、环保技术及环境税冲击对社会总产出与异质性厂商产出的动态影响,发现污染厂商技术冲击对自身产出正向作用更加明显、环保技术冲击对社会总产出的正向效应更大,以及当某厂商的融资成本大于其他厂商的融资成本时,其他厂商的技术冲击增加对社会总产出增加有显著作用。

综上所述,构建包括家庭部门、企业部门和政府部门的 DSGE 模型,将企业部门划分为绿色企业和非绿色企业,以探讨家庭部门的环保意识和政府政策手段在提升绿色企业产出占比和改善环境上的作用。将企业部门划分为绿色企业和非绿色企业,这两种企业仅在生产方式以及对环境的影响上存在一定差异。家庭部门的环境偏好,将影响其消费和就业决策,即更倾向于购买绿色企业的产品和选择绿色企业就业。政府部门通过补贴绿色企业的成本、对非绿色企业征收碳税和政府支出三种方式降低碳排放,改善环境质量。具体模型构造如下。

(一)家庭部门

家庭部门的目标是实现各期效用贴现和最大。传统 DSGE 模型中,家庭效用取决于消费和劳动时间。为探讨家庭在减少碳排放、环境改善中的作用,假设环境质量会影响家庭的效用函数。当环境质量较高时,家庭部门的效用较高。家庭部门可以依据自身的环境偏好,选择就职于绿色企业还是非绿色企业。参考吴兴弈等(2014)的做法,将家庭的效用函数设置为如式(1)所示:

$$U(C_t, Q_t, N_t^g, N_t^{ng}) = E_t \sum_{t=0}^{\infty} \beta^t \left(\ln(Q_t^{\varphi_t} C_t^{1-\varphi_t}) - \frac{(N_t^g)^{1+\eta}}{1+\eta} - \frac{(N_t^{ng})^{1+\eta}}{1+\eta} \right) \quad (1)$$

其中,β 为家庭部门效用的主观贴现因子,Q_t 表示环境质量,C_t 表示家庭部门的消费量,N_t^g 表示家庭部门对绿色企业的劳动供给量,N_t^{ng} 表示家庭部门对非绿色企业的劳动供给量,η 表示劳动供给弹性的倒数,φ_t 和 $1-\varphi_t$ 分别表示环境质量和消费对效用的影响权重,φ_t 越高表示家庭越关注环境质量。

由于家庭部门每一期的消费都受到收支平衡的限制,因此,设定家庭部门的预算约束如式(2)所示。

$$C_t + I_t^g + I_t^{ng} = R_t^g K_{t-1}^g + R_t^{ng} K_{t-1}^{ng} + W_t^g N_t^g + W_t^{ng} N_t^{ng} \quad (2)$$

其中,等式(2)左边表示家庭部门的支出,包括消费 C_t、对绿色企业的资本投资 I_t^g 和对非绿色企业的资本投资 I_t^{ng}。等式(2)右边表示家庭部门的收入,包括绿色企业的资本收益率 R_t^g、非绿色企业的资本收益率 R_t^{ng}、绿色企业的工资收入 W_t^g 和非绿色企业的工资收入 W_t^{ng}。

家庭部门的资本收益与投资满足式(3)和式(4)所示的关系:

$$I_t^g = K_t^g - (1-\delta) K_{t-1}^g \quad (3)$$

$$I_t^{ng} = K_t^{ng} - (1-\delta) K_{t-1}^{ng} \quad (4)$$

其中,δ 表示资本折旧率。

根据效用最大化理论,消费者在预算约束下实现效用最大化,其一阶条件如式(5)—式(8)所示。

$$(N_t^g)^{1+\eta} = \frac{1-\varphi_t}{C_t} W_t^g \tag{5}$$

$$(N_t^{ng})^{1+\eta} = \frac{1-\varphi_t}{C_t} W_t^{ng} \tag{6}$$

$$\frac{C_{t+1}}{C_t} = \beta(R_t^g - \delta + 1) \tag{7}$$

$$\frac{C_{t+1}}{C_t} = \beta(R_t^{ng} - \delta + 1) \tag{8}$$

(二)企业部门

企业部门的目标是实现利润最大化。在"双碳目标"背景下,企业急需进行绿色低碳转型,根据企业生产时使用的能源类型,将其分为绿色企业和非绿色企业,前者使用清洁能源,后者使用煤炭、石油等化石能源。二者生产过程的碳排量存在明显差异,对环境产生不同程度的影响,因此,二者的利润函数和生产函数有所区别。

1. 非绿色企业

非绿色企业在生产过程中使用化石能源,排放大量温室气体,对环境产生负面影响。为了将环境成本内部化,政府向非绿色企业征收碳税,因此,非绿色企业的成本除了向家庭部门支付的工资和资本利息之外,还包括向政府部门缴纳的碳税,其利润函数如式(9)所示:

$$\pi_t^{ng} = Y_t^{ng} - W_t^{ng} N_t^{ng} - R_t^{ng} K_t^{ng} - Tax_t \, Car_t \tag{9}$$

其中,π_t^{ng} 为非绿色企业的利润,Y_t^{ng} 为非绿色企业的总收入,W_t^{ng} 和 R_t^{ng} 分别为非绿色企业支付的单位工资和资本利息率,N_t^{ng} 和 K_t^{ng} 分别为非绿色企业的劳动雇佣量和资本使用量,Tax_t 为政府征收的碳税税率,Car_t 为非绿色企业产生的碳排放量。

假定非绿色企业的生产满足科布—道格拉斯生产函数形式,如式(10)

所示:

$$Y_t^{ng} = A_t A_t^{ng} (N_t^{ng})^{\alpha} (K_t^{ng})^{1-\alpha} \qquad (10)$$

其中,A_t 为市场的平均生产率水平,A_t^{ng} 为非绿色企业的特有生产率水平,N_t^{ng} 和 K_t^{ng} 分别为非绿色企业的劳动雇佣量和资本使用量,α 和 $1-\alpha$ 分别为非绿色企业劳动和资本的产出份额。

根据企业利润最大化的目标,结合式(9)和式(10),构建相应的拉格朗日函数,并对变量 N_t^{ng} 和 K_t^{ng} 求偏导,得到利润最大化满足的一阶条件如式(11)和式(12)所示。

$$W_t^{ng} = \alpha(1 - \tau \, Tax_t) A_t A_t^{ng} (N_t^{ng})^{\alpha-1} (K_t^{ng})^{1-\alpha} \qquad (11)$$

$$R_t^{ng} = (1 - \alpha)(1 - \tau \, Tax_t) A_t A_t^{ng} (N_t^{ng})^{\alpha} (K_t^{ng})^{-\alpha} \qquad (12)$$

2. 绿色企业

绿色企业在生产中使用清洁能源替代化石能源,力图实现"零碳排",政府将不会向绿色企业征收碳税。但由于现阶段新能源或清洁能源的成本高于化石能源,故绿色企业的成本除了向家庭部门支付的工资和资本利息之外,还包括购买清洁能源的支出,其利润函数如式(13)所示:

$$\pi_t^g = Y_t^g - W_t^g N_t^g - R_t^g K_t^g - P_t E_t \qquad (13)$$

其中,π_t^g 为绿色企业的利润,Y_t^g 为绿色企业的总收入,W_t^g 和 R_t^g 分别表示绿色企业支付的单位工资和资本利息率,N_t^g 和 K_t^g 分别表示绿色企业的劳动雇佣量和资本使用量,P_t 为绿色企业向政府购买清洁能源的价格,E_t 为绿色企业的清洁能源使用量,并假设清洁能源的价格 P_t 高于劳动和资本的要素价格,即高于工资 W_t^g 和资本收益率 R_t^g。参考 Maria(2019)对绿色企业生产函数的设定如式(14)所示:

$$Y_t^g = A_t A_t^g (N_t^g)^{\alpha} (K_t^g)^{\omega} (E_t)^{1-\alpha-\omega} \qquad (14)$$

其中,A_t 为市场的平均生产率水平,A_t^g 为绿色企业特有的生产率水平,N_t^g 和 K_t^g 分别表示绿色企业的劳动雇佣量和资本使用量,E_t 为绿色企业的清洁能源使用量,α、ω 和 $1-\alpha-\omega$ 分别表示绿色企业劳动、资本和清洁能源的产出份额。

根据企业利润最大化的目标,结合式(13)和式(14),构建相应的拉格朗日函数,并对变量 N_t^g、K_t^g 和 E_t 求偏导,得到利润最大化满足的一阶条件如式 (15)—式(17)所示。

$$W_t^g = \alpha A_t A_t^g (N_t^g)^{\alpha-1} (K_t^g)^{\omega} (E_t)^{1-\alpha-\omega} \qquad (15)$$

$$R_t^g = \omega A_t A_t^g (N_t^g)^{\alpha} (K_t^g)^{\omega-1} (E_t)^{1-\alpha-\omega} \qquad (16)$$

$$P_t = (1 - \alpha - \omega) A_t A_t^g (N_t^g)^{\alpha} (K_t^g)^{\omega} (E_t)^{-\alpha-\omega} \qquad (17)$$

(三)政府部门

于政府部门而言,除了向非绿色企业征收碳税之外,还以 P_t 的价格向绿色企业提供清洁能源。假设清洁能源相应的成本为 $\bar{P_t}$,当 $P_t = \bar{P_t}$ 时,表示政府以市场价格向绿色企业提供清洁能源,没有对绿色企业进行补贴;当 $P_t < \bar{P_t}$ 时,表示政府向绿色企业提供了清洁能源补贴,$\bar{P_t} - P_t$ 差值越大,政府的补贴越多。若将清洁能源 E_t 理解为广义上的降低污染的专用设备和生产方式等,$\bar{P_t} - P_t$ 也可以理解为政府对绿色企业使用该类设备和生产方式的补贴。

假设政府每一期满足财政平衡,并将所有的收入 G_t 用于治理环境,则政府部门预算约束满足式(18):

$$Tax_t \, Car_t + (P_t - \bar{P_t}) \, E_t = G_t \qquad (18)$$

其中,$Tax_t \, Car_t$ 表示非绿色企业向政府部门缴纳的碳税,$(P_t - \bar{P_t}) \, E_t$ 表示政府部门对绿色企业的补贴支出,G_t 表示政府部门直接治理环境的支出。

(四)环境质量

假定所有碳排放均来自非绿色企业。参考 Maria(2019)的做法,设定非绿色企业的碳排放 Car_t 与其生产水平 Y_t^{ng} 正相关,满足式(19)所示的关系。

$$Car_t = \tau \, Y_t^{ng} \qquad (19)$$

其中,τ 表示碳排放量占生产水平的比例。

对于当期的环境质量,参考 Jouvet(2005)的设定,假定当期环境质量与上期环境质量和当期碳排放量相关。虽然当期碳排放量会对环境质量造成负面影响,但是,自然环境本身具备一定的吸收温室气体的能力,政府部门也将其收入用于环境治理,因此,当期的环境质量如式(20)所示:

$$Q_t = Q_{t-1} + h(\bar{Q} - Q_{t-1}) - Car_t + \pi G_t \tag{20}$$

其中，Q_{t-1} 为上期环境质量，$\bar{Q}$ 为没有污染时的环境质量，h 为环境吸收碳排放的能力，π 为政府支出对环境的改善能力，Car_t 为非绿色企业的碳排放量。在式（20）中，$h(\bar{Q} - Q_{t-1})$ 表示当期的自然环境可以吸收的碳排放，πG_t 表示通过政府治理减少的碳排放，$h(\bar{Q} - Q_{t-1}) - Car_t + \pi G_t$ 即为当期没有被吸收或处理，导致当期环境质量变化的碳排放，故式（20）为当期的环境质量，将式（20）进行整理得到式（21）：

$$Q_t = h\bar{Q} + (1 - h)Q_{t-1} - Car_t + \pi G_t \tag{21}$$

（五）市场出清条件

在宏观经济达到均衡时，市场达到出清条件，即各变量满足式（22）—式（24）所示关系：

$$I_t = I_t^g + I_t^{ng} \tag{22}$$
$$Y_t = Y_t^g + Y_t^{ng} \tag{23}$$
$$Y_t = C_t + I_t + G_t \tag{24}$$

其中，I_t^g 和 I_t^{ng} 分别表示绿色企业和非绿色企业的投资，Y_t^g 和 Y_t^{ng} 分别表示绿色企业和非绿色企业的产出水平，I_t 表示社会总投资，Y_t 表示社会总产出，C_t 表示社会总消费。

（六）外生冲击

选择家庭环境质量的偏好权重 φ_t、政府对非绿色企业征收的碳税税率 Tax_t 作为外生冲击变量，运用 DSGE 模型分析外生冲击对经济系统的影响。由于碳税制度会对政府清洁能源的补贴和绿色企业的生产效率产生影响，将政府为绿色企业提供的清洁能源价格 P_t、绿色企业特有的生产率水平 A_t^g 纳入外生冲击变量当中。与大多数 DSGE 模型设定一致，假设这些外生冲击变量服从 AR(1) 过程。

三、参数赋值

参考现有研究成果，对模型参数进行赋值，模拟碳税政策对中国实现"双碳目标"的影响程度。具体参数取值如表 1 所示。

表 1　参数赋值表

参数	参数含义	取值	参数	参数含义	取值
β	家庭效用折现因子	0.984	τ	产出污染强度	0.450
η	劳动供给弹性倒数	1.000	h	环境碳排放吸收能力	0.100
α	劳动产出弹性	0.349	δ	资本季度折旧率	0.025
ω	资本产出弹性	0.493	π	政府支出治理环境效率	5

参考杜清源等（2005）的研究结果，将家庭部门模型中的效用折现因子 β 赋值为 0.984。参考栗亮等（2014）将劳动供给弹性倒数 η 赋值为 1.000。参考 Angelopoulos 等（2010）将家庭的环境质量偏好权重 φ_t 的稳态值设定为 0.4。参考孙宁华等（2012）将企业部门模型中劳动的产出弹性 α 设定为 0.349，资本的产出弹性 ω 为 0.493。政府部门模型中，参考孙宁华等（2012）将能源价格的稳态值 P_t 设定为 1，并假定政府稳态时不补贴绿色企业，即 $P_t = \bar{P}_t = 1$。参考朱永彬等（2010）对中国碳税税率的研究，设定碳税税率 Tax_t 的稳态值为 0.05。环境质量模型中，参考李健等（2012）设定非绿色企业的产出污染强度 τ 的值为 0.450。参考 Angelopoulos 等（2010）的设定和齐结斌等（2013）贝叶斯估计的结果，将环境吸收碳排放的能力 h 设定为 0.100，政府支出治理环境效率 π 设定为 5。与经典 DSGE 模型一致，将生产率水平 A_t 和 A_t^{ng} 稳态值设定为 1，将资本的每期折旧率 δ 设定为 0.025。

四、绿色金融政策可持续发展的结果分析

基于上述模型和参数赋值结果，运用 MATLAB（R2020b）和 DYNARE（4.4.3）编程对模型进行求解和数值模拟。在基础市场情景下，假定绿色企业与非绿色企业的特有生产率水平相等，即 $A_t^g = A_t^{ng} = 1$，分别对家庭环境质量偏好权重、碳税税率、绿色企业、政府补贴清洁能源价格等四个外生变量赋予 1% 的冲击，观察碳排放、社会总产出、绿色企业产出占比等其他关键变量 40 期的动态变化

过程。此外,通过调整 A_t^g 的稳态水平,即绿色企业产出在总产出中占比分别为25%、50%、75%情形下,分别模拟当绿色企业在市场处于劣势、平等、优势地位时,外生变量的冲击结果,探究不同背景下政府政策的作用效果。

(一)基础情景脉冲反应结果

1. 稳态值

对各个参数赋值,计算其他变量的稳态值,结果如表2所示。模型的稳态结果显示,假定绿色企业与非绿色企业的特有生产率水平相等时($A_t^g = A_t^{ng} = 1$),绿色企业产出在社会总产出中占比不足1%。由于绿色企业在市场中占比很低,清洁能源使用量也显著偏低,表明绿色生产方式和绿色技术在社会生产中的市场占有率较低。绿色企业为了降低污染引进了价格更高的清洁能源等生产要素,使得绿色企业在市场竞争中处于劣势地位,绿色产品的价格优势不明显,市场竞争力低于非绿色企业的产品。生产方式的转变使得绿色企业需要来自政府或家庭的支持。

表2　基础情景关键变量稳态值

变量	变量含义	稳态值	变量	变量含义	稳态值
Y_t^g	绿色企业产出	0.8175	E_t	清洁能源使用量	0.1292
Y_t^{ng}	非绿色企业产出	104.0322	N_t^g	绿色企业雇佣劳动力	0.0567
Car_t	碳排放	46.8185	N_t^{ng}	非绿色企业雇佣劳动力	0.6322

2. 家庭环境质量偏好冲击

由于绿色企业和非绿色企业生产的是同质产品,家庭无法通过购买绿色产品和服务降低碳排放,只能通过减少消费的方式践行环保。当对家庭环境质量偏好权重赋予1%的正向冲击后,各变量的变化结果如图2所示。由于环境质量偏好的上升,消费带来的效用权重下降,家庭部门对环境的改善和降低碳排放的作用十分明显。但是,这种改善环境方式的代价是沉重的,因为消费偏好权重的下降,使得消费对于效用的提升作用下降,家庭部门的劳动动机下降,进而促使劳动供给减少,工资收入减少,导致消费减少,社会总产出下降。图2的结果显示,家庭环保意识的提升,降低了绿色企业在社会总产出中的比重。这是由于消费减少,资本成本率下降,这种变化对于更多使用资本的非绿色企业较为有利。由于绿色企业使用清洁能源替代部分资本,资本成本率的下降对绿色企业的影响相对较小,因此,绿色企业产品的竞争劣势被进一步拉大,使其在社会总产出中的占比下降。

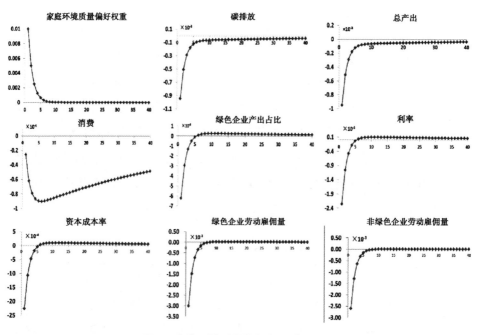

图2　家庭环境质量偏好权重冲击结果

随着家庭部门环境质量偏好权重回归稳态,在冲击后消费下滑,下滑速度降低并开始回升。利率和资本的成本率在冲击后便逐渐上升回归稳态,这意味着非绿色企业与绿色企业之间的成本劣势被缩小,绿色企业的产出占比也逐渐回归稳态水平。因此,家庭部门对环境质量的偏好虽然能够显著改善环境,但无法推动更多企业生产方式绿色转型,反而可能使得绿色企业在成本上更具劣势,降低绿色企业的市场占比。可见,在中国经济绿色低碳发展初期,政府需要积极参与,出台相应的政策,补贴和扶持绿色企业。家庭部门作为促进企业绿色生产转型的外部条件,激励企业绿色低碳转型。

3.政府补贴清洁能源价格冲击

当政府提高清洁能源补贴,即对清洁能源的价格赋予1%的负向冲击后,各变量的变化结果如图3所示。

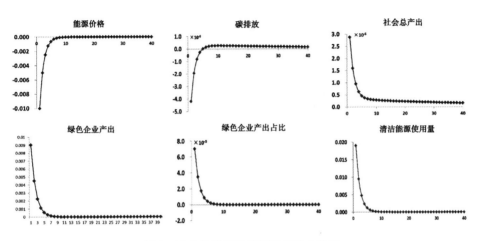

图3 政府补贴清洁能源价格冲击结果

图3结果显示,当政府部门在不增加税率的前提下,降低清洁能源价格,对绿色企业进行生产成本补贴时,绿色企业的产出占比上升,社会总产出上升、碳排量下降,取得了一举多得的效果。

随着能源价格回到稳态,绿色企业的产出占比迅速下降,这表明绿色企业对政府补贴依赖性强,一旦政府减少或停止发放补贴,绿色企业的产出随之回落,市场竞争力明显下滑。这是由于绿色企业使用的清洁能源价格更高,而绿色企业的生产率与非绿色企业没有明显差异。因此,政府对清洁能源的暂时性补贴,只能从成本端缓解这种劣势,仅具有短期作用。一旦补贴取消,绿色企业在市场中的地位又降至原有水平。若政府希望通过这种方式扶持绿色企业,就必须对绿色企业进行长期持续的补贴。然而图3显示,能源价格的负向冲击,使得清洁能源的使用量呈现明显上升趋势(上升近2%),这意味着政府补贴使得绿色企业增加了清洁能源的使用规模,进而加重了政府的财政负担。可见,通过补贴清洁能源提升绿色企业市场竞争力并非最佳方案。绿色企业获得政府补贴以后,从根本上提高其生产率水平才能既不增加财政负担,又能在市场中立足。

4.碳税税率冲击

当政府提高对非绿色企业的碳税税率,即对碳税税率赋予1%的正向冲击后,各变量的变化结果如图4所示。

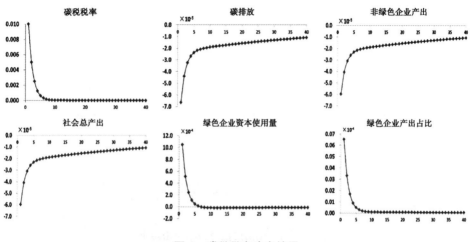

图4　碳税税率冲击结果

图4显示,当政府提高非绿色企业的碳税税率时,非绿色企业生产成本增加,导致其产出下降,碳排量也随之下降。家庭部门的部分投资和劳动供给转向绿色企业,绿色企业在社会总产出中的占比上升。但由于非绿色企业产出下降的幅度远大于绿色企业产出的增加,导致社会总产出呈现下降状态。政府取消碳税或碳税税率回归原有水平后,绿色企业的市场地位也将降低,并回到原有水平。可见,在中国绿色经济转型初期,政府增加碳税税率将导致社会总产出的减少。为实现2022年10月党的二十大报告中提出的"积极稳妥推进碳达峰碳中和",政府可以根据绿色企业的发展阶段,对非绿色企业推行阶梯式的碳税税率政策,既能持续扶持绿色企业,也能有效减少非绿色企业的碳排量。

5.绿色企业特有生产率水平冲击

绿色企业处于发展初期,其生产率偏低是其处于市场竞争劣势的主要原因。对绿色企业特有生产率水平赋予1%的正向冲击,考察提高绿色企业特有生产率水平后,各变量的变化情况结果如图5所示)。

图5显示,当绿色企业特有生产率水平提高后,绿色企业的劳动需求和资本

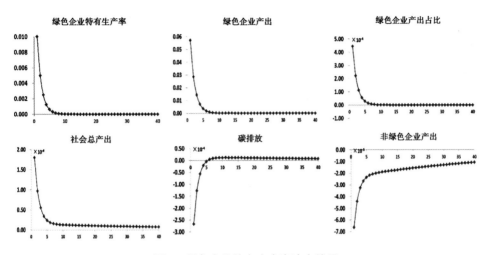

图 5　绿色企业特有生产率冲击结果

需求有所上升,要素市场中原本流向非绿色企业的劳动和资本,部分流向绿色企业,呈现出绿色企业的产出上升,非绿色企业的产出下降的现象。此外,绿色企业产出占社会总产出比重显著增加,社会总产出上升,总碳排放量减少,环境得到改善。可见,提高绿色企业特有生产率水平,实现了生产方式的绿色转型,能有效实现"保增加和降碳排"的效果。因此,绿色企业特有生产率水平的提升,能在社会总产出不变的前提下,有效实现中国经济的绿色低碳转型。

综上所述,政府清洁能源价格补贴、家庭部门环境意识提高和对非绿色企业征收碳税均能帮助绿色企业提高市场竞争力,但对社会经济的发展都将产生不同程度的负面影响。绿色企业提高其特有生产率水平,不仅能从根本上解决其市场竞争力偏弱的问题,而且能在不产生任何社会发展负面影响的前提下,达到减少碳排放的目标。

(二)不同市场环境的脉冲反应结果对比

通过调整绿色企业特有生产率水平(A_t^g)的稳态数值,分别为 25%(A_t^g = 1.9230)、50%(A_t^g = 2.3287)、75%(A_t^g = 2.8216),模拟经济绿色低碳转型不同阶段的绿色企业产出占比、碳排放和社会总产出的脉冲反应结果。

1. 政府补贴清洁能源冲击

图 6 显示,当对清洁能源价格赋予 1%的负向冲击后,绿色企业产出的市场

占比提高,清洁能源使用量的稳态值增加,政府补贴规模增加,导致政府财政负担加重,且没有带来碳减排和社会总产出的改善,这与基础情景下的作用机制相同。当绿色企业产出占比稳态值为75%时,其产出占比提升比例低于稳态值为50%的情形。可见,当绿色企业生产率水平和产出占比较高时,单位清洁能源补贴带来的正面作用下降,负面影响却在逐渐加重。

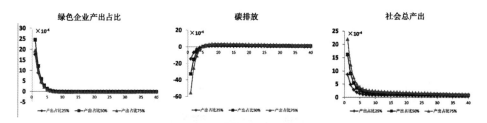

图6　不同情景下能源价格冲击结果对比图

如图6所示,政府清洁能源补贴降低了绿色企业的生产成本,有助于提高绿色企业产出占比和社会总产出,降低碳排放量。随着绿色企业产出占比稳态值的增加,清洁能源价格补贴对降低碳排放和提高社会总产出的作用更加明显。当绿色企业产出占比稳态值达到75%时,降低碳排放和提高社会总产出的作用最大。总体来看,尽管政府补贴能源价格能够降低碳排放,提高社会总产出,但在不同市场环境下,这一政策会对财政产生不同的压力。政府需要将清洁能源价格补贴政策与其他政策配合,减少财政压力增加的负面影响。

2. 碳税税率冲击结果

如图7所示,对碳税税率赋予1%正向冲击,当绿色企业产出占比稳态值为25%时,其产出占比有所上升,能够减少碳排放。但由于绿色企业产出的上升幅度小于非绿色企业产出的下降幅度,造成了社会总产出下降。随着绿色企业产出占比稳态值逐步增加,提高碳税税率对社会总产出的影响由负转正。这是由于当绿色企业产出占比稳态值较低时,绿色企业生产率水平较低,要素转移难以提升社会总产出。当绿色企业产出占比稳态值较高时,绿色企业生产率水平较高,转移的生产要素能够带来更大的产出,进而提升社会总产出。此时,提高碳税税率会降低非绿色企业的劳动需求和资本需求,家庭部门将部分劳动和资本等生产要素转向绿色企业。当绿色企业产出占比稳态值较高时,其产出占比稳态值增加,碳税税率冲击对减低碳排放的效果愈加明显。

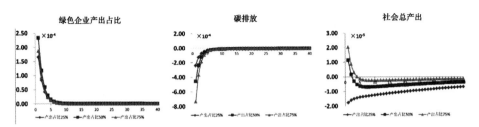

图7 不同情景下碳税税率冲击结果对比图

当绿色企业产出占比的稳态值为50%时,提高碳税税率对提升绿色企业生产占比的作用最大。碳税税率的正向冲击降低了碳排放,提升了绿色企业的产出占比。可见,当绿色企业生产率水平和产出占比较高时,对非绿色企业加征碳税不仅能够有效降低碳排放,还可以增加社会总产出,获得双重红利。

综上所述,为了更好地发挥家庭部门对绿色发展的推动作用,一方面政府应加强对绿色产品的宣传,制定相应的绿色产品指南,或者对绿色产品进行价格补贴,降低绿色产品的购买成本,另一方面绿色企业应提高绿色产品的生产技术,提高绿色产品的质量、使用性能等方面,增强绿色产品对非绿色产品的优势。

政府应因时制宜,根据市场所处的阶段,合理地选用政策工具。当绿色企业生产率水平较低、产出占比较低时,采用以补贴为主、以征收碳税为辅的政策组合。而随着绿色企业生产率水平的提高,市场占比的提升,逐渐改用以加征碳税代替补贴政策。因时制宜地进行政策手段选择,从而实现以最小的财政代价和总产出代价改善环境,推进企业生产绿色化的进程。同样,在现阶段,不同行业的绿色企业的生产率水平、市场占比可能不同,政府部门也可以依据具体发展现状,采取合理的政策组合。

政府应当长期坚持鼓励绿色企业相关技术的创新,提高绿色企业的生产率水平。绿色企业生产率水平的相对提升能够永久性地改善绿色企业的市场地位,技术水平的提升使得绿色企业在市场竞争中能够自力更生。绿色企业为实现绿色化生产,减少对环境的污染,需要引入新的生产要素,专业的技术设备,这一生产模式的转变使得绿色企业在成本上处于市场竞争中的劣势。相比于政府政策工具,提高绿色企业的生产率水平能够从根本上解决绿色企业在市场竞争中处于弱势地位的问题,在市场的各个阶段均能取得多种良好效果,并且不会造成负面影响,同时能够为政府其他政策发挥出更好的效果提供良好的环境。

基于现实情况,由于家庭部门无法准确区分绿色产品与污染产品,导致家庭部门只能通过降低消费达到降低碳排放的目的。但随着绿色金融政策的推行和绿色理念逐渐深入人心,家庭部门对绿色产品的识别度将有所提高,家庭部门今后能对绿色金融发展产生更大的影响。

参 考 文 献

[1] Afriat, S. N., "Efficiency Estimation of Production Functions", *International Economic Review*, 1972, 13 (3).

[2] Aniger, D. J., Lovell, C. A. K., Schmidt, P. S., "Formulation and Estimation of Stochastic Frontier Production Models", *Journal of Econometrics*, 1997, 6:21–37.

[3] Annicchiarico, B., Dio, D. F., "Environmental Policy and Macroeconomic Dynamics in a New Keynesian Model", *Journal of Environmental Economics and Management*, 2015, 69: 1–21.

[4] Banker, R. D., Charnes, A., Cooper, W. W., "Some Models for Estimating Technical and Scale Inefficiencies in Data Envelopment Analysis", *Management Science*, 1984, 30:1078–1092.

[5] Barnett, M., Brock, W., Hansen, L. P., "Pricing Uncertainty Induced by Climate Change", *The Review of Financial Studies*, 2020, 33:1024–1066.

[6] Barrows, G., Ollivier, H., "Foreign Demand, Developing Country Exports, and CO_2 Emissions: Firm–Level Evidence from India", *Journal of Development Economics*, 2020.

[7] Batten, S., Sowerbutts, R., Tanaka M., "Let's Talk about the Weather: The Impact of Climate Change on Central Banks", *Bank of England Sta Working Paper*, 2016:603.

[8] Bauer, P. W., Berger, A. N., Ferrier, G. D., "Consistency Conditions for Regulatory Analysis of Financial Institutions: A comparison of Frontier Efficiency Methods", *Journal of Economics and Business*, 1998, 50:85–114.

[9] Berger, A. N., "'Distribution – Free' Estimates of Efficiency in the U. S. Banking Industry and Tests of the Standard Distributional Assumptions", *The Journal of Productivity Analysis*, 1993, 4:261–292.

[10] Bhattacharya, A., Meltzer, J. P., Oppenheim, J., et al., "Delivering on Sustainable Infrastructure for Better Development and Better Climate", *Working Paper*, 2016.

[11] Bielenberg, A., Roberts, M., Kerlin, M., et al., "Financing Change: How to Mobilize Private-Sector Financing for Sustainable Infrastructure", *Working Paper*, 2016.

[12] Buchner, B., Oliver, P., Wang, X., et al., "Global Landscape of Climate Finance 2017", *Working Paper*, 2017.

[13] Buiter, W., Nabarro B., "Managing the Financial Risks of Climate Change", *Citi GPS*, 2019.

[14] Carney, M., "Breaking the Tragedy of the Horizon: Climate Change and Financial Stability", *Speech at Lloyd's of London*, 2015.

[15] Caves, D. W., Christensen, L. R., Diewert, W. E., "The Economic Theory of Index Numbers and the Measurement of Input, Output and Productivity", *Econometrica*, 1982, 50: 1393-1414.

[16] Charnes, A., Cooper, W. W., Rhodes, E., "Measuring the Efficiency of Decision Making Units", *European Journal of Operational Research*, 1978, 2: 429-444.

[17] Coelli, T., Prasada, R. D. S., Battesel, G. E., *An Introduction to Efficiency and Productivity Analysis*, Klower Academic Publishers, 1998.

[18] David, G., et al., "Managing Climate Risk in the U.S. Financial System", *Report of the Climate-Related Market Risk Subcommittee*, 2020.

[19] Debreu, G., "The Coefficient of Resource Utilisation", *Econometrica*, 1951, 19: 273-292.

[20] Deng, X., Lu, J., "The Environmental Performance, Corporate Social Responsibility, and Food Safety of Food Companies from the Perspective of Green Finance", *Revista De CercetareSi Interventie Sociala*, 2017.

[21] Deng, X., "How Do Environmental Violation Events Harm Chemical Enterprise External Financing in China?", *Chimica Oggi*, 2016, 34(6B): 20-26.

[22] Färe, R., Grosskopf, S., Lindgren, B., "Productivity Developments in Swedish Hospitals: A Malmquist Output Index Approach", *Data Envelopment Analysis: Theory, Methodology and Applications*, 1994, 1: 253-272.

[23] Farrell, M.J., "The Measurement of Productive Efficiency", *Journal of the Royal Statistical Society, Series A(General)*, 1957, 120(3).

[24] Fischer, C., Springborn, M., "Emissions Targets and the Real Business Cycle: Intensity Targets Versus Caps or Taxes", *Journal of Environmental Economics and Management*, 2011, 62: 352-366.

［25］Flammer, C., "Corporate Social Responsibility and Shareholder Reaction: The Environmental Awareness of Investors", *Academy of Management Journal*, 2012.

［26］Friedman, M., "The Social Responsibility of Business is to Increase Its Profits", *New York Times Magazine*, 1970, 32-33: 122-124.

［27］Guo, Z., Zhang, X., Zheng, Y., et al., "Exploring the Impacts of a Carbon Tax on the Chinese Economy Using a CGE Model with a Detailed Disaggregation of Energy Sectors", *Energy Economics*, 2014, 45: 455-462.

［28］Harvey, H., Orvis, R., Rissman, J., *Designing Climate Solutions: A Policy Guide for Low-carbon Energy*, Washington, D.C.: Island Press, 2018.

［29］International Energy Agency (IEA), *The Oil and Gas Industry in Energy Transitions: Insights from IEA Analysis*, Paris, FR.: International Energy Agency, 2020.

［30］International Organization of Standardization (ISO) (2019), "Adaptation to climate change—Principles, requirements and guidelines", *Working Paper*, 2019.

［31］Ivan, F., Danila, M., "The Climate Risk for the Finance in Italy", *Economic Research and International Relations Area*, 2020.

［32］Jensen, C., Meckling, H., "Theory of the Firm: Managerial Behavior, Agency Costs and Ownership Structure", *Journal of Financial Economics*, 1976, 3: 305-360.

［33］Jouvet, P. A., Michel, P., Rotillon, G., "Optimal Growth with Pollution: How to Use Pollution Permits?", *Journal of Economic Dynamics and Control*, 2005, 29: 1597-1609.

［34］Keenan, J. M., Hill, T., Gumber, A., "Climate Gentrification: From Theory to Empiricism in MiamiDade County, Florida", *Environmental Research Letters*, 2018, 13: 054001.

［35］Kefford, B. M., Ballinger, B., Schmeda-Lopez, D. R., et al., "The Early Retirement Challenge for Fossil Fuel Power Plants in Deep Decarbonisation Scenarios", *Energy Policy*, 119: 294-306.

［36］Kim, M., Surroca, J.J.A., Tribó, J.A., "Impact of Ethical Behavior on Syndicated Loan Rates", *Journal of Banking Finance*, 2014, 38: 122-144.

［37］Labatt, S., White, R., *Environmental Finance: A Guide to Environmental Risk Assessment and Financial Prod-ucts*, Canada: John Wiley & Sons Inc., 2002.

［38］Lee, K-H., Min, B., "Globalization and Carbon Constrained Global Economy: A Fad or a Trend?", *Asia Pac.Bus*, 2014, 15(2): 105-121.

［39］Liu, J.S., Lu, L.Y.Y., Lu, W., et al., "A Survey of DEA Applications", *Omega*, 2013, 41: 893-902.

[40] Malmquist, S., "Index Numbers and Indifference Surfaces", *Trabajos de Estadistica*, 1953,4(2).

[41] Maria, T.P., "The Impact of Energy Price Uncertainty on Macroeconomic Variables", *Energy Policy*, 2019, 128.

[42] Maxwell, K., Sonti, N.F., Julius, S.H., et al., "Built Environment, Urban Systems, and Cities", *Southern Research Station*, 2018.

[43] Alam, M.D., Atif, M., Chien-Chi, C., et al., "Does Corporate R&D Investment Affect Firm Environmental Performance? Evidence from G-6 Countries", *Energy Economics*, 2019: 401-411.

[44] Meeusenm, W., Broeck, J.V., "Efficiency Estimation from Cobb-Douglas Production Functions With Composed Error", *International Economic Journal*, 1977, 18:435-444.

[45] Modigliani, F., Miller, M.H., "The Cost of Capital, Corporation Finance and the Theory of Investment", *The American Economic Review*, 1958, 48:261-297.

[46] Nishimizu, M., Page, J.J., "Total Factor Productivity Growth, Technological Progress and Technical Efficiency Change: Dimensions of Productivity Change in Yogoslavia, 1965-78", *The Economic Journal*, 1982, 92(6):920.

[47] Noll, A.B., "The Pyramid of Corporate Social Responsibility: Toward the Moral Management of Organizational Stakeholders", *Business horizons*, 1991, 34(4):39-48.

[48] Nordhaus, W., "How Fast Should We Graze the Global Commons", *American Economic Review*, 1982, 72:242-246.

[49] Ouazad, A., Kahn, M.E., "Mortgage Finance in the Face of Rising Climate Risk", *National Bureau of Economic Research*, 2019.

[50] Richardson, S., "Over-investment of Free Cash Flow", *Review of Accounting Studies*, 2006, 11(3):159-189.

[51] Ritchie, H., Roser, M., "CO_2 and Greenhouse Gas Emissions from In Our World in Data", *University of Oxford Working paper*, 2017.

[52] Salazar, J., "Environmental Finance: Linking Two World", *Presented at a Workshop on Financial Innovations for Biodiversity Bratislava*, 1998, 1:2-18.

[53] Schmidt, P., "Frontier Production Functions", *Econometrics Reviews*, 1986, 4: 289-328.

[54] Scholtens, B., "Finance as a Driver of Corporate Social Responsibility", *Journal of Business Ethics*, 2006, 68(1):19-33.

[55] Shephard, R. W., *Theory of Cost and Production Functions*, Princeton University Press, Princeton, 1970.

[56] Stern, N., *The Economics of Climate Change*, The Stern Review, Cambridge, U. K.: Cambridge University Press, 2007.

[57] Stern, N., *Stern Review on the Economics of Climate Change*, Cambridge University Press, 2007.

[58] Tone, K., "A Slack-Based Measure of Super-Efficiency in Data Envelopment Analysis", *European Journal of Operational Research*, 2002, 143:32-41.

[59] United Nations Framework Convention on Climate Change(UNFCCC), "Paris Agreement", *Working Paper*, 2015.

[60] Weber, O., Hoque, A., Islam, M.A., "Incorporating Environmental Criteria into Credit Risk Management in Bangladeshi Banks", *Journal of Sustainable Finance & Investment*, 2015, 5: 1-15.

[61] World Economic Forum, "The Green Investment Report", *Working Paper*, 2013.

[62] Xie, J., Nozawa, W., Yagi, M., et al., "Do Environmental, Social, and Governance Activities Improve Corporate Financial Performance?", *Business Strategy and the Environment*, 2019, 28(2):286-300.

[63] Zhang, Y., Li, X., Jiang, F., et al., "Industrial Policy, Energy and Environment Efficiency: Evidence from Chinese Firm-level Data", *Journal of Environmental Management*, 2020.

[64] 白子健:《创业板上市公司资金使用效率研究》，西北大学硕士学位论文，2018年。

[65] 蔡栋梁、闫懿、程树磊:《碳排放补贴、碳税对环境质量的影响研究》，《中国人口·资源与环境》2019年第11期。

[66] 陈国进、丁赛杰、赵向琴、蒋晓宇:《中国绿色金融政策、融资成本与企业绿色转型——基于央行担保品政策视角》，《金融研究》2021年第12期。

[67] 陈敬元:《发展绿色保险的思路与对策》，《南方金融》2016年第9期。

[68] 陈燕燕:《绿色金融对农村企业绿色发展的影响研究》，《农业经济》2021年第12期。

[69] 陈胤默、文雯、孙乾坤、黄雨婷:《货币政策、融资约束与企业对外直接投资》，《投资研究》2018年第3期。

[70] 邓翔:《绿色金融研究述评》，《中南财经政法大学学报》2012年第6期。

[71] 邓翔:《上市公司资金持有、效率测度与影响因素分析》，《财经问题研究》2016

年第 4 期。

[72]邓翔:《我国上市公司货币资金使用效率的行业差异——基于 751 家上市公司的 DEA-TPDM 回归分析》,《中南财经政法大学学报》2015 年第 6 期。

[73]邓学衷、杨杰英:《环境责任与企业债务融资行为实证研究》,《科学经济社会》2013 年第 4 期。

[74]杜清源、龚六堂:《带"金融加速器"的 RBC 模型》,《金融研究》2005 年第 4 期。

[75]樊纲:《公有制宏观经济理论大纲》,上海人民出版社 1995 年版。

[76]冯兰刚、阳文丽、赵庆、尚姝:《绿色金融对工业污染影响效应的统计检验》,《统计与决策》2022 年第 6 期。

[77]冯志军:《中国工业企业绿色创新效率研究》,《中国科技论坛》2013 年第 2 期。

[78]郭希宇:《绿色金融助推低碳经济转型的影响机制与实证检验》,《南方金融》2022 年第 1 期。

[79]韩世君、韩阅川:《中国上市公司现金使用效率分析》,《财贸经济》2009 年第 2 期。

[80]韩世君:《上市公司货币资金使用效率问题研究——以北京市上市公司为例》,《财贸经济》2011 年第 6 期。

[81]韩松、王二明:《中国商业银行整体效率研究——基于具有中间投入和中间产出的综合网络 DEA 模型》,《经济理论与经济管理》2015 年第 8 期。

[82]何丹:《赤道原则的演进、影响及中国因应》,《理论月刊》2020 年第 3 期。

[83]何枫、祝丽云、马栋栋、姜维:《中国钢铁企业绿色技术效率研究》,《中国工业经济》2015 年第 7 期。

[84]胡鹏:《论我国绿色保险法律制度的完善》,《税务与经济》2018 年第 4 期。

[85]胡艺、魏小燕、沈铭辉:《碳税比碳交易更适合发展中国家吗?》,《亚太经济》2020 年第 4 期。

[86]李程、白唯、王野、李玉善:《绿色信贷政策如何被商业银行有效执行?——基于演化博弈论和 DID 模型的研究》,《南方金融》2016 年第 1 期。

[87]李健、周慧:《中国碳排放强度与产业结构的关联分析》,《中国人口·资源与环境》2012 年第 1 期。

[88]李江涛、黄海燕:《绿色金融的生态环境效应——双碳目标下粤港澳大湾区的实践检验》,《广东财经大学学报》2022 年第 1 期。

[89]李青原、肖泽华:《异质性环境规制工具与企业绿色创新激励——来自上市企业绿色专利的证据》,《经济研究》2022 年第 9 期。

［90］李戎、刘璐茜:《绿色金融与企业绿色创新》,《武汉大学学报(哲学社会科学版)》2021年第6期。

［91］李苏、贾妍妍、达潭枫:《绿色信贷对商业银行绩效与风险的影响——基于16家上市商业银行面板数据分析》,《金融发展研究》2017年第9期。

［92］李雪慧、李智、王正新:《中国征收碳税的福利效应分析——基于2013年中国家庭收入调查数据的研究》,《城市与环境研究》2019年第4期。

［93］李沂:《商业银行经营效率的差异性与影响因素研究》,《财经问题研究》2015年第8期。

［94］李毅、石威正、胡宗义:《基于CGE模型的碳税政策双重红利效应研究》,《财经理论与实践》2021年第4期。

［95］李志辉、王文宏:《提升中国上市商业银行经营效率之见解》,《现代财经(天津财经大学学报)》2011年第4期。

［96］栗亮、刘元春:《经济波动的变异与中国宏观经济政策框架的重构》,《管理世界》2014年第12期。

［97］连莉莉:《绿色信贷影响企业债务融资成本吗?——基于绿色企业与"两高"企业的对比研究》,《金融经济学研究》2015年第5期。

［98］林毅夫、付才辉、郑洁:《新结构环境经济学:一个理论框架初探》,《南昌大学学报(人文社会科学版)》2021年第5期。

［99］刘强、王伟楠、陈恒宇:《〈绿色信贷指引〉实施对重污染企业创新绩效的影响研究》,《科研管理》2020年第11期。

［100］刘向东:《切实发挥绿色保险对实现碳达峰碳中和目标的赋能作用》,《金融博览》2022年第2期。

［101］娄伟:《城市碳排放量测算方法研究——以北京市为例》,《华中科技大学学报(社会科学版)》2011年第3期。

［102］罗勇、曹丽莉:《基于超效率模型的中国商业银行效率评价》,《金融论坛》2005年第9期。

［103］莫磊、粟梦薇:《EVA业绩评价机制、薪酬支付与公司价值》,《会计之友》2019年第18期。

［104］莫凌水、翟永平、张俊杰:《"一带一路"绿色投资标尺和绿色成本效益核算》,《中国人民大学学报》2019年第4期。

［105］潘冬阳、陈川祺、Michael Grubb:《金融政策与经济低碳转型——基于增长视角的研究》,《金融研究》2021年第12期。

［106］潘锡泉:《绿色金融在中国:现实困境及应对之策》,《当代经济管理》2017 年第 3 期。

［107］齐结斌、胡育蓉:《环境质量与经济增长——基于异质性偏好和政府视界的分析》,《中国经济问题》2013 年第 5 期。

［108］尚勇敏、周冯琦、林兰:《开放式创新对节能环保企业创新绩效的影响》,《科技进步与对策》2021 年第 10 期。

［109］邵汉华、杨俊、廖尝君:《中国银行业的竞争度与效率——基于 102 家商业银行的实证分析》,《金融论坛》2014 年第 10 期。

［110］时钰:《我国推进环境污染责任保险的问题与对策建议》,《中国物价》2021 年第 12 期。

［111］苏冬蔚、连莉莉:《绿色信贷是否影响重污染企业的投融资行为?》,《金融研究》2018 年第 12 期。

［112］孙宁华、江学迪:《能源价格与中国宏观经济:动态模型与校准分析》,《南开经济研究》2012 年第 2 期。

［113］孙秋枫、年综潜:《"双碳"愿景下的绿色金融实践与体系建设》,《福建师范大学学报(哲学社会科学版)》2022 年第 1 期。

［114］孙天印:《可持续金融和气候风险分析》,《金融纵横》2020 年第 5 期。

［115］汪洋、刘林林:《我国国有银行和股份制银行 X 效率比较》,《中央财经大学学报》2008 年第 6 期。

［116］王波、岳思佳:《我国绿色金融激励约束保障机制研究》,《西南金融》2020 年第 10 期。

［117］王刚、尚晓贺、洪金明:《财务公司对集团型企业资金使用效率影响的实证研究》,《投资研究》2019 年第 5 期。

［118］王红莉:《基于平衡计分卡的我国商业银行绿色金融发展的评价指标体系构建》,《西部金融》2018 年第 1 期。

［119］王建魁、孙哲斌:《绿色保险助力碳达峰碳中和》,《中国金融》2021 年第 19 期。

［120］王韧、何小波、王睿:《环保企业技术效率的分布特征与异质性来源:微观实证与比较》,《中国人口·资源与环境》2020 年第 7 期。

［121］王茹:《碳税与碳交易政策有效协同研究——基于要素嵌入修正的多源流理论分析》,《财政研究》2021 年第 7 期。

［122］王婷婷、尹进、北碚:《让绿色成为高质量发展的底色》,《重庆日报》2021 年 12 月 8 日。

［123］王修华、刘娜:《我国绿色金融可持续发展的长效机制探索》,《理论探索》2016年第4期。

［124］王玉梅、姬璇、吴海西:《基于三阶段DEA模型的创新效率评价研究——以节能环保上市公司为例》,《技术经济与管理研究》2019年第3期。

［125］吴朝霞、张思:《绿色金融支持低碳经济发展路径研究》,《区域经济评论》2022年第2期。

［126］吴沭林:《后危机时代我国商业银行经营效率测度研究》,《山西财经大学学报》2016年第11期。

［127］吴兴弈、刘纪显、杨翱:《模拟统一碳排放市场的建立对我国经济的影响——基于DSGE模型》,《南方经济》2014年第9期。

［128］武春友、陈兴红、匡海波:《基于AHP-标准离差的企业绿色度可拓学评价模型及实证研究》,《科研管理》2014年第11期。

［129］李晓西、夏光、蔡宁:《绿色金融与可持续发展》,《金融论坛》2015年第10期。

［130］谢朝华、陈学彬:《论银行效率的结构性基础》,《金融研究》2005年第3期。

［131］星焱:《推进联合国责任投资原则》,《金融博览》2016年第10期。

［132］胥刚:《论绿色金融——环境保护与金融导向新论》,《中国环境管理》1995年第4期。

［133］许立新、史雪明:《基于资金链视角的企业融资约束及效率研究——以我国房地产上市公司为例》,《大连理工大学学报(社会科学版)》2013年第1期。

［134］许荣、向文华:《银行效率问题研究新进展》,《经济学动态》2009年第9期。

［135］杨林京、廖志高:《绿色金融、结构调整和碳排放——基于有调节的中介效应检验》,《金融与经济》2021年第12期。

［136］易会满:《中国商业银行效率的实证研究》,《上海金融》2006年第10期。

［137］尤志婷、彭志浩、黎鹏:《绿色金融发展对区域碳排放影响研究——以绿色信贷、绿色产业投资、绿色债券为例》,《金融理论与实践》2022年第2期。

［138］游达明、李琳娜:《环境规制强度、前沿技术差距与企业绿色技术创新》,《软科学》2022年第8期。

［139］俞毛毛、马妍妍:《绿色金融政策与地区出口质量提升——基于绿色金融试验区的合成控制分析》,《中国地质大学学报(社会科学版)》2022年第2期。

［140］喻平、张敬佩:《区域绿色金融与高质量发展的耦合协调评价》,《统计与决策》2021年第24期。

［141］袁云峰、郭莉、郭显光:《基于多阶段超效率DEA模型的银行业效率研究》,《中

央财经大学学报》2006 年第 6 期。

[142]岳正坤、丰君柏、冯艳琴、李阳:《湖北上市公司货币资金使用效率问题研究》,《统计与决策》2013 年第 19 期。

[143]詹小颖:《我国绿色金融发展的实践与制度创新》,《宏观经济管理》2018 年第 1 期。

[144]张恒、周中林、肖祎平:《低碳经济下我国商业银行绿色管理效率的实证分析——基于组合 DEA 模型》,《上海财经大学学报》2014 年第 2 期。

[145]张江雪、朱磊:《基于绿色增长的我国各地区工业企业技术创新效率研究》,《数量经济技术经济研究》2012 年第 2 期。

[146]张小可、葛晶:《绿色金融政策的双重资源配置优化效应研究》,《产业经济研究》2021 年第 6 期。

[147]傅志华、程瑜、许文、施文泼、樊轶侠:《在积极推进碳交易的同时择机开征碳税》,《财政研究》2018 年第 4 期。

[148]朱朝晖、谭雅妃:《契约监管与重污染企业投资效率——基于〈绿色信贷指引〉的准自然实验》,《华东经济管理》2020 年第 10 期。

[149]朱宁、赖晓璇:《我国绿色信贷效率评价及改善路径研究》,《金融监管研究》2020 年第 6 期。

[150]朱永彬、刘晓、王铮:《碳税政策的减排效果及其对我国经济的影响分析》,《中国软科学》2010 年第 4 期。

责任编辑:赵圣涛
封面设计:胡欣欣

图书在版编目(CIP)数据

绿色金融:效率与监管/邓翔 著. —北京:人民出版社,2023.9
ISBN 978－7－01－025748－8

Ⅰ.①绿⋯ Ⅱ.①邓⋯ Ⅲ.①金融业-绿色经济-研究-中国 Ⅳ.①F832

中国国家版本馆 CIP 数据核字(2023)第 101437 号

绿色金融:效率与监管
LÜSE JINRONG XIAOLÜ YU JIANGUAN

邓 翔 著

人民出版社 出版发行
(100706 北京市东城区隆福寺街 99 号)

北京盛通印刷股份有限公司印刷 新华书店经销

2023 年 9 月第 1 版 2023 年 9 月北京第 1 次印刷
开本:710 毫米×1000 毫米 1/16 印张:21.5
字数:350 千字

ISBN 978－7－01－025748－8 定价:89.00 元

邮购地址 100706 北京市东城区隆福寺街 99 号
人民东方图书销售中心 电话 (010)65250042 65289539